KB060690

김사량
평전

김사량 평전

펴낸날/ 2000년 5월 30일

지은이/ 안우식
옮긴이/ 심원섭
펴낸이/ 채호기
펴낸곳/ ㈜문학과지성사
등록번호/ 제10-918호(1993. 12. 16)

서울 마포구 서교동 363-12호 무원빌딩(121-210)
편집/ 338)7224~5 FAX 323)4180
영업/ 338)7222~3 FAX 338)7221
인터넷 홈페이지/ www.moonji.com

評傳 金史良
© Ahn Wooshik 1983
All rights reserved
Korean Translation Copyright © 2000 by Moonhak-kwa-Jisung-Sa.
The Korean translation rights arranged with Ahn Wooshik.
ISBN 89-320-1164-8

값 15,000원

김사량 평전

안 우 식 지음 / 심 원 섭 옮김

문학과지성사
2 0 0 0

한국어판 서문

이 책은 지금으로부터 30년 전에 일본 도쿄에 있는 암파서점에서
당시 월간으로 간행된 잡지 『문학』 편집부가 1970년 11월호에서 '조
선문학 특집'을 기획한 것을 계기로 다음해 1971년 8월호까지 10개월
동안 연재한 『김사량(金史良)——그 저항의 생애』를 한 권으로 엮은
것이다. 『문학』지의 연재를 마친 뒤 그것을 집약해서 1972년 정월에
같은 표제로 된 한 권을 암파신서로 상자하였다. 이 신서판은 그 후
서울에서 한국말로 번역되어 책자로 출판되었다는 소식을, 그 책자
를 읽었다는 어떤 독자로부터 들은 일이 있었으나 유감스럽게도 근
서른 해가 지난 오늘까지 번역한 분으로부터의 연락은커녕 출판된
책자도 보지 못하고 있다.

신서판으로 출판될 원고의 교정 작업을 끝내고 며칠 안 되는 1971
년 12월 27일 밤에 나는 난생 처음으로 서울땅을 밟았다. 그런데 그
날 김포 공항 항공기 트랩에서 내려 입국 심사대가 있는 청사까지 지
상을 걸어가면서 바라본, 전깃불이 거의 안 켜져 있어서 어두컴컴한
속에 웅크리고 있던 자그마한 청사 건물의 마냥 초라하고 보잘것없
던 모습이 지금도 기억에 생생하다.

내가 김사량이라는 작가의 이름을 처음으로 알게 된 것은 군국주
의 나라 일본이 패전해서 몇 해 안 된 1947년경이었다고 기억한다.
그 무렵 나는 도쿄에서 민족적인 교육을 받고 있었다. 태평양전쟁에
서 일본이 패전한 결과 그 동안 일본 군국주의에 의하여 식민지 통치

를 받아 수난을 겪어온 우리 민족이 1945년 8월 15일에 광복을 되찾았기 때문이다. 모국을 찾아 귀국하는 날에 대비하여 한글과 모국말, 그리고 민족의 역사와 지리 등을 배우고 있었다는 뜻이다. 당시 도쿄에는 일본이 패전할 무렵에 중학교나 여학교에 다녔던 재일 교포 자녀들만을 대상으로 한 학교가 한 군데 있었다. 이름은 중학교였지만 전쟁에 못 이긴 대일본 제국 육군이 쓰던 조병창, 즉 병기 제조 공장의 창고들을 빌려서 개설한 강습소라고 하면 보다 정확할 것이다. 광복 직후에는 귀국하는 날에 대비해서 교포들이 여럿 사는 지역들에는 일본 국민학교의 일부 교실들을 빌려서 민족적 교양을 갖게 하기 위한 강습소들이 생겼으나 국토가 남북으로 쪼개지고 광복한 지 2년이 지났는데도 귀국할 날은 자꾸 멀어지기만 하기 때문에 중학생이나 여학생들을 따로 모아 교육하게 된 것이다. 그 학교 선생들 가운데 고향이 평양이라고 하는, 대학에서 한국의 역사를 전공했으며 우리들의 역사 과목을 담당한 임광철이라는 분이 있었다. 그 분이 어느 날 수업 시간에, 역시 평양 출신이며 일본 군국주의 식민지 시대에 아쿠타가와 상 후보작이 된 소설을 쓴 김사량이라는 작가가 있었다며 「곱단네」를 비롯한 이 작가의 몇몇 소설들을 소개해준 것이다. 그 소설들의 내용은 금방 잊어버렸지만 「곱단네」라는 소설의 제목이자 여성의 이름만은 어쩐지 작가의 이름과 함께 두고두고 머리에 남았었다. 아마 일본적인 냄새라고는 전혀 느낄 수 없는 이름이어서 그랬던 것인지도 모르겠다. 내가 처음으로 김사량이라는 이름을 알았을 그 시기에, 훗날에 안 일이지만 그는 중국 · 태항산에 있었다는 화북조선독립동맹과 이 동맹의 소속 단체였던 조선의용군에 참가한 종군 작가로서 귀국하여, 태항산 시대에 창작했다는 희곡 『호접』을 무대에 상연하기 위하여 평양과 서울 사이를 오가고 있었던 것이다. '호가장의 전투'라는 부제목을 가진 이 희곡이 자서전 『최후의 분대장』(문학과지성사, 1995)의 저자이자 지금은 중국 연변시에 살고

6

있는 교포 작가 김학철씨와 그의 동지들의 항일 투쟁의 현장을 그려 낸 작품이라는 사실에 대해서는 새삼스럽게 설명할 필요도 없을 것이다. 임광철 선생으로서는 그런 고향 친구가 대견스럽기도 하고 자랑스럽기도 하여 느닷없이 수업 시간에 우리들에게 작가 김사량에 관한 이야기를 해주었는지도 모른다.

정작 내가 김사량의 소설을 읽을 수 있었던 것은 그 후에도 여러 해 지난 1954년에 재일 교포 작가 김달수 편으로 『김사량 작품집』(이론사)이 도쿄에서 출판된 이후의 일이다. 이 책을 읽고 나서 가장 흥미로웠던 것은 「빛 속으로」라는 단편 소설이었다. 이 작품이 아쿠타가와 상 후보작으로 뽑혔다거나 작품의 완성도가 어떻다거나 하는 그런 이유에서만이 아니라 보다 개인적인 이유에서였다. 이 소설의 무대가 된 후카가와 긴시초, 오시아게 등 당시의 혼조쿠, 지금의 고토쿠에서 스미다쿠의 일부에 걸친 지역은 바로 내가 태어난, 말하자면 고향땅이었기 때문이다. 그 무렵엔 이주 조선인이라고 불리던 재일 한국인 사회의 구성원이었던 우리 부모님은 이 지역에 거주하는 교포들의 어느 가정에서나 그랬듯이 품팔이로 생활을 이어나가지 않으면 살아갈 수 없었다. 그 품팔이 일로 이주 교포네 집들을 빈번히 찾아다니시는 어머님을 따라 나들이를 시작한 게 바로 나의 교포 사회 탐방의 첫걸음이었다. 말을 바꾸면 김사량의 「빛 속으로」의 세계는 바로 어린 내가 엄마를 따라다닌 길과 중첩되며 이 소설에 등장하는 사람들과 그들의 일상 생활, 그리고 분위기들은 나의 어린 날의 기억 그 자체였던 것이다. 그러나 내가 나름대로 김사량이라는 작가의 실상을 추구하려고 마음먹은 동기는 물론 이것만이 아니었다. 지금까지 보아온 그것도 동기의 하나이기는 하였으나 그에 못지 않게 식민지 통치라는 진퇴양난의 극한 상황에서 목숨을 지탱한 우리나라 지식인들의 참된 삶의 한 모습을 그의 생애에서 발견했기 때문이다. 그에 관해서는 이미 암파신서판을 상자할 때 서장에 대충 다음과 같은 내용의 글을 실은 바가 있다.

식민지 치하의 조선 작가들 앞에 펼쳐져 있었던 길은 결코 평탄한 것은 아니었다. 김달수가 소설 『현해탄』에서 적절하게 지적한 바 있듯이, "그들에게는 세 갈래 길이 주어져 있었다. 고개를 들고 앞으로 나아갈 것이냐, 눈을 감고 절망에 빠져버릴 것이냐, 굽신거리며 타협하고 '항복하고 배반'할 것이냐, 이 세 가지가 그것이었다."

그렇다고는 하나, 식민지 지배 체제에 대항·대결하였다든가 자기가 처한 운명에 절망하였다 하더라도, 또한 굽신거리며 타협하고 '항복하고 배반'하였다고 하더라도, 이 '세 갈래 길' 중의 어느 하나를 선택할 수밖에 없었던 한국의 작가들에게 있어서, 현실 상황은 실로 혹독하기 짝이 없는 것이었다. 그 가혹한 환경 속에서 그들은 때로 절망 속에서 투지의 불씨를 다시 불러일으켰으며, 혹은 좌절하고 굴복하였으며, 그리고 또다시 절망의 나락 속으로 빠져들어가는, 무수한 굴절 과정을 거치지 않으면 안 되었던 것이다.

이 인용에 보이는 '작가'라는 말을 '지식인'으로 바꾸면 충분할 것이지만, "무수한 굴절 과정을 거치지 않으면 안 되었던" 조선 지식인의, 식민지 통치하에서의 전형적 삶의 하나를 김사량에게서 찾아낸 것이 이 책을 쓰려고 마음먹은 동기이기도 하였다.

『문학』지의 연재를 마치고 신서판을 출판한 뒤에도 나와 김사량과의 인연은 끊어지지 않았다. 『김사량 전집』(전4권)을 하출서방신사에서 출판하기로 되었던 것이다. 내가 난생 처음으로 서울땅을 밟은 것도 바로 그 일 때문이었다. 어둠 속에 잠긴 김포 공항에서 택시에 몸을 싣고 서울 시내로 들어가 조선 호텔에 체크인을 마치고 나서 늦은 저녁 요기를 하려고 명동 거리로 나갔는데 시내가 어두컴컴하기는 김포 공항이나 크게 다름이 없었다.

앞에서도 언급했듯이 내가 난생 처음으로 서울땅을 밟은 것은 『김사량 전집』에 수록하기 위하여 일본에서는 구하기 힘든 작품들을 국립도서관 등에서 찾아내어 입수하기 위해서였다. 이 작업은 큰 어려움 없이 해결되어 한국말로 쓴 장편 소설 『낙조』와 『바다에의 노래』, 일본말로 쓰인 『태백산맥』을 비롯하여 적잖은 자료를 새롭게 구할 수 있었다. 여기에는 문예 분야에 가지가지 소중한 업적을 남겼으며 지금은 고인이 된 문예평론가 임종국씨의 도움이 컸다.

그 후 『김사량 전집』은 1973년부터 다음해에 걸쳐서 예정대로 하출서방신사에서 출판되었는데 내가 서울을 찾아간 것은 실은 일본에서 찾을 수 없었던 작품들을 구하기 위해서만이 아니었다. 김사량을 잘 알고 지낸 분들, 따라서 평양으로부터 월남한, 지연이 있는 분들, 또는 평양고등보통학교 시절의 선후배들, 아니면 혈연 관계가 있는 분들과 만나서 식민지 시대의 김사량에 관하여 의견들을 나누고 확인할 문제는 확인했으면 하는 의도가 있었기 때문이다. 구체적으로는 극작가 오정민씨가 김사량을 잘 안다고 귀띔해준 분이 있었고 김사량의 글에도 등장하는 누이동생 김오덕도 서울로 출가했다는 이야기를 듣고 있었다. 그러나 오정민씨는 만나기를 꺼리는 눈치였고, 김오덕은 거처를 알 수 없어서 못 만나고 말았다. 군사 정권 시절의 일이다. 이분들과 만나기를 바란 내가 너무도 철부지였던 것이다.

광복 이후 1950년 초까지의 김사량의 동향에 관해서는 도쿄에서 『김사량 전집』이 나온 후였든지 아니면 암파신서판이 나온 후였든지, 당시 캐나다의 토론토 대학에서 교편을 잡고 있던 김사량의 조카 김정섭 박사와 중학교 시절에 평양에서 동급생이었다는, 스위스의 취리히에 거주하고 있던 김일식이라는 독자로부터의 편지가 단편적이기는 하나 전해진 일이 있었다. 그는 그 편지에 다음과 같이 썼다.

김사량은 과연 공산주의자였을까. 나는 광복 전후 시기를 통하여 그로부터 공산주의 또는 공산주의자, 혹은 소련을 찬양하는 말을 들어본 적이 없다. 도리어 반동 분자로 지목될 행동을 곧잘 취했었다. 〔……〕

만약에 김사량이 전쟁 중에 죽지 않았더라면 어찌 되었을까. 북한에서는 상류층·중류층 출신의 지식인들은 물론이거니와, 조선로동당의 장안파와 연안파까지도 숙청당하는 판이다. 김사량도 그 대상이 되었을 가능성을 부인하기 어렵다.

광복 후 한국으로부터 참으로 많은 학자나 예술가들이 월북했었다. 또한 일본에 살던 동포들도 상당수가 귀국했다는 말을 엿들었다. 그들과 또다시 만나거나 소식을 듣거나 하는 일은 어쩐지 거의 없다. 설령 김사량이 지금 살아 있다손 치더라도 그만이 예외일 수 있는 이유를 생각해내기란 어려운 일이다. 내가 말하고 싶은 것은, 그의 작가로서의 생애란 어쨌든 1950년 이전에 끝났었다는 얘기다.

이상이 내가 어릴 적에 사실로서 보고 듣고 한 일이다.

김일식이라는 독자가 편지를 통하여 알려준 이상과 같은 사실들을 부인할 만한 근거를 유감스럽게도 나는 구하지 못했다. 아니 그와는 반대로 김일식씨가 어릴 때 보고 듣고 한 일들을 사실로 수긍할 수밖에 없는 간접적인 근거까지 한둘 발견하게 되었다. 그 하나는 항일 독립군의 '최후의 분대장'인 김학철 선생이 또다시 중국땅으로 망명하지 않으면 안 되었던 사실이 그것이다. 호가장의 전투에서 일본군과 싸우다가 적의 총탄을 맞아 포로가 된 김학철 선생은 일본에서도 규슈 지방인 나가사키 현 이사하야시에 있었던 형무소에서 몇 해 동안 옥고를 치르다가 광복의 날을 맞이하였다. 그 후 귀국하여 서울을 경유하여 평양으로 가서 활약하다가 6·25전쟁의 와중에 평양을 탈출하여 다시금 중국땅으로 망명할 수밖에 없었던 것이다. 이유는 지극히 분명하다. 김일성 직계의 항일 부대가 아닌 연안에 있었던 독립군계, 곧 연안파였다는 게 숙청 대상이 된 근거였다. 그것도 6·25전쟁 이전에 벌써 항일 독립 운동을 해온 투사 대열 내부에 김학철 선생이 생명에 위험을 느껴서 또다시 망명을 결심할 만큼 심각한 대립과 암투가 있었던 것이다. 이것은 내가 몇 해 전 김학철 선생으로부터 들은 이야기이다. 따라서 이런 논리에 비추어본다면 김학철 선생과도 친근한 사이였을 뿐만 아니라 그 자신도 연안으로부터 귀국한 김사량의 경우도 어엿한 연안파의 일원이 될 것이다.

또 하나의 간접적인 근거는 일본 작가 오다 마코토 씨의 증언이다. 소련의 작가 동맹이 물주가 되어 세계적인 범위로 조직망이 형성되었던 아시아·아프리카·라틴아메리카 작가회의의 일본 조직을 오랫동안 대표한 한 사람이었던 오다 씨는 여러 번 평양과 도쿄 사이를 다녔으며 한때는 일본에서 김일성의 대변인과 같은 역할까지 한 일이 있다. 그런 사례의 하나로 김일성과 만난 결과 아들인 김정일에게 권력을 승계시킬 문제에 대하여 김일성이 지극히 부정적인 자세를 보이더라는 소식을 마이니치 신문 지상을 통해 발표하여 화제가 된 작가이기도 하다. 그런 오다 씨가 평양에 머물고 있을 동안에 한번은 작가 동맹 관계자에게 김사량의 유가족과 만날 수 있게 조치를 취해줄 것과 책자로 되어 있는 김사량의 작품들을 보게 해줄 것 등을 요청했더니 그런 소설가는 없다며 그 자리에서 거절당했다는 글을 귀국 후에 어떤 잡지에서 읽은 일이 있다.

평양에서 작가로서의 김사량의 명예가 회복된 것은 1987년경이다. 문예출판사에서 『김사량 작품집』이 출판된 것이다. 그리고 문학예술 종합출판사에서 1994년에 출판된 『문예 상식』이라는 표제의 흡사 문학 예술 사전 비슷한 주간지만한 크기의 700페이지가 넘는 두터운 책의 '해방(광복) 후 문학 예술'을 소개한 '창작가와 작품' 난에도 김사량의 이름이 들어 있는 게 그 사실을 뒷받침하고 있다. 그런데 어째서 김사량은 1987년에야 비로소 작가로서 명예 회복이 되었을까. 아니 그 동안 그가 크게 명예를 손상당하고 그의 작품이 푸대접을 받아왔다는 추측은 맞는 말인가. 앞에서 언급한 '창작가와 작품' 난은 그 경위를 1954년 5월 어느날 김일성이 "김사량의 가족들에게 뜨거운 사랑과 은정을 베풀"었으며 그 후에 김정일 역시 "……혁명적인 작가였다고 높이 평가하시고 그의 정치적 생명이 영원히 빛나도록 크나큰 믿음과 배려를 돌려" "1987년에 문예출판사에서 『김사량 작품집』을 다시 출판하였다"고 설명하고 있다. '다시 출판하였다'는 것은 과거에도 출판된 일이 있다는 뜻이며 그 후에 사정이 생겨 끊어졌다는 말이다. 끊어진 것은 김일성이 김사량의 유가족에게 '뜨거운 사랑과 은정을' 베풀었다는 1954년 5월의 어느 날 이후의 일일 것이다. 김두봉이나 최창익을 비롯한 소위 연안파에 대한 피의 숙청이 시작되는 것이 그로부터 몇 해 후에 있은 조선노동당 제3차 대회가 계기였기 때문이다. 이때부터 연안파는 공공연히 반당 종파분자로 몰려 혁명가로서의 '정치적 생명'을 영원히 잃어버리는 것이다. 그런데도 김사량에게 "정치적 생명이 영원히 빛나도록 크나큰 믿음과 배려를 돌려주"게 되었다는 것은 바로 한번은 박탈당한 명예가 회복되었다는 뜻이 아니고 무엇이겠는가.

이런 사례는 극히 드문 일이겠지만 김사량에 대한 명예 회복은 1970년대 이후의 일이었을 것이다. 일본에서 이 책의 원본이 되는 글이 잡지에 연재되어 점차 화제가 되고 『김사량 전집』이 나오고 한 데 자극을 받은 게 틀림이 없으리라고 보고 있기 때문이다. 이것은 결코 아전인수도 아니며 자화자찬도 아니다. 1987년에 재판된 작품집에 수록된 작가에 대한 해설이 그것을 여실히 알려주고 있다. 이북의 사회 체제 속에만 있는 사회 성분, 곧 김사량의 출신 성분과 같은 부분은 이북의 현실에 맞추어서 그럴싸하게 윤색하고 있으나 그 밖의 대부분은 암파신서판을 거의 그대로 한국말로 옮긴 것이나 다름이 없기 때문이다. 또한 이북에서는 일본의 여러 방면에 대하여 일상적으로 적지 않은 관심을 돌리고 있다는 사실을 잊어서는 안 될 것이다. 그러한 사실을 김사량의 출세작인 「빛 속으로」와 관련되는 다음과 같은 글이 짐작하게 해줄 것이다.

"이 소설의 발표를 계기로 김사량은 작가로서 재능을 가진 존재로 인정을 받게 되었다. 1970년에 일본에서 간행된 『명작집』 3권과 『일본현대문학전집』 제69권에 이 소설이 실렸는바 이것은 이 소설의 가치에 대한 응당한 평가로 된다."('창작가와 작품')

이 글에서 말하는 『명작집』 3권이란 추오코론샤에서 간행된 『일본의 문학·명작집 3』을 가리키는 것이리라. 『일본현대문학전집』에 대해서는 미처 확인을 못하고 있다.

명예회복설의 또 하나의 근거는 김사량이 이미 40여 년 전에 고인이 되었으며 이북에서는 6·25전쟁 때 인민군에 종군하여 전사했다는 게 공식 견해('창작가와 작품')가 되어 있다는 사실을 잊어서는 안 될 것이다. 지금에 와서 '혁명적인 작가'로 고인의 명예를 회복해주는 선심을 쓴들 밑지는 무엇이 있겠는가.

끝으로, 주로 평양에서 작가 생활을 한 김사량이 어떤 작품들을 남겼는가를 살펴 작가 연보를 보충하기로 하겠다. 여태까지 이 점이 가장 분명치 않아 애를 먹었으니까. 창작 연대와 게재된 잡지나 신문들의 이름까지는 밝히지 않았으나 앞에서 보아온 '창작가와 작품'은 아래와 같은 작품 이름들을 소개하고 있다.

수필　　「소년 고수」, 『노동신문』, 1940년 8월 15일

희곡　　「뢰성」(4막 6장), 1946년 8월

　　　　「지열」

시극　　「무쇠의 군악」

단편 소설 「차돌이의 기차」
　　　　　「마식령」
　　　　　「칠현금」
　　　　　「남에서 온 편지」
　　　　　「대오는 태양을 향하여」
종군기　　「서울서 수원으로」
　　　　　「우리는 이렇게 이겼다」
　　　　　「지리산 유격 지대를 가다」
　　　　　「낙동강반의 전호 속에서」
　　　　　「바다가 보인다」

　일본말로 씌어 있는 이 책의 원문은 쉽게 읽어낼 수 있는 문장이
결코 아니다. 특히 인용한 글들은 반세기를 훨씬 넘은 것들이라 오늘
의 한국말로 옮기려면 무척 애를 써야 했을 것이다. 그런 까다롭고
귀찮은 일을 훌륭히 감당해주신 심원섭씨의 노고를 치하하며 깊은
사의를 표한다.
　특히 오랜 경험으로 외국말로 된 글을 제대로 번역하는 사람이야
말로 가장 무서운 평론가로 알고 있는 나로서는, 기회를 얻어 꼭 이
책에 대한 평을 들어야 김사량과의 인연도 끊을 수 있을 것 같다.

　　　　　　　　　　　　　　　　　　　　2000년 5월
　　　　　　　　　　　　　　　　　　　　안우식

차례

일러두기

1 일본 인명, 일본 지명, 일본 학교명 등은 일본식 발음으로 표기하되 학교명 중 '대학' '중학' 등은 한국식 발음으로 표기하였다. 그 외에 서(書)명, 작품명, 잡지명, 출판사명, 단체명, 역사적 사건명, 중국 인명, 중국 지명 등은 모두 한국식 발음으로 표기함을 원칙으로 하였다.

2 일본 인명, 일본 지명, 일본 작품명과 일본어로 발표된 한국인의 작품명 중 일부는 그것이 처음에 나오는 경우에 한하여 괄호 속에 원래의 한자를 병기해주는 것을 원칙으로 하였다. 일본 학교명 중 한국식 발음만으로는 원래 형태를 알기 어려운 경우, 기타 한글만으로는 원래 형태를 알기 어려운 명칭이 나올 경우도 위의 원칙에 따랐다.

3 일본식 발음 표기는 1986년 1월 7일 문교부에서 고시한 외래어 표기법을 따랐다.

제1장
그 저항의 생애

　그들에게는 세 갈래 길이 주어져 있었다. 고개를 쳐들고 앞으로 나아갈 것이냐, 눈을 감고 절망에 빠져버릴 것이냐, 굽신거리며 타협하고 '항복하고 배반'할 것이냐, 이 세 가지가 그것이었다.

　위 글은 김달수의 대표적인 장편 소설 『현해탄(玄海灘)』에 나오는 내용이다. 김달수는 일제 식민지 통치하에서 조선 민족이 살아나갈 수 있는 길을 이렇게 요약하였다. 식민지 통치 체제에 항거하며 투쟁할 것이냐, 자신을 둘러싼 운명에 절망할 것이냐, 혹은 굽신거리며 타협하고 배반할 것이냐, 이 중 어느 한 길을 선택할 수밖에 없었던 조선인들에게 현실 사회는 가혹하기 짝이 없었다. 그것은 때로 절망 속에서 새로운 투지를 불러일으키는가 하면, 싸우고 절망하고 굴복하며, 또다시 절망의 심연 속으로 가라앉기도 하는, 극심한 착종(錯綜)으로 일관되었다.
　조선 지식인들의 경우도 이와 마찬가지였다는 것은 두말할 필요도 없다. 그들 대부분은 민족적 분노로 일제 통치 권력에 대항하였다가 상처를 입고 착종의 고뇌와 절망 속에 쓰러져 있었다. 바꿔 말하자면 이것은, 민족 해방과 독립을 위한 정열을 고투(苦鬪) 속에서 생성 · 실현하려는 조선 지식인들의 '피'에 대한 자각이, 그것을 포기하게끔 압박을 가하던 시대적·개체적 위상 속에서, 지속적으로 짓밟히며 패배하게 되는 '운명' 그것에 대한 자각으로 투영된다는 사실, 즉 조선 지식인은 끊임없이 상승 지향과 하강 인식의 접점에 서 있었다는 것을 의미한다. 그들은 끊임없이 자기 형성 — 조선 민족으로서의 —을 되풀이하고 있었다.

이러한 갈림길에 서서, 조선의 지식인으로서의 자기 상을 훌륭하게 형성해내고, '고개를 들고 앞으로 나아가는' 길을 지향하면서 '빛 속으로' 나아간 작가 김사량의 이름은 찬란하다. 1914년 평양에서 태어나, 1950년 가을 한국 전쟁의 포연(砲煙)이 난무하는 조국의 산야에서 36세를 일기로 산화한 김사량의 생애야말로 상승 지향적 의지를 관철해낸 대표적인 예였다.

이러한 김사량의 의지적 행동과 생애는, 그가 작가 활동의 제1보를 일본 문단에서 내딛었다는 점에서 장혁주의 그것과 비교되는 경우가 적지 않다.

장혁주는 1932년 소설 「아귀도(餓鬼道)」가 잡지 『개조(改造)』의 현상 모집에 당선되면서 세상에 나온 작가이다. 김사량은 이보다 7년 늦은 1939년, 잡지 『문예수도(文藝首都)』에 게재된 소설 「빛 속으로(光の中に)」가 아쿠타가와 상(芥川賞) 후보작으로 뽑힘으로써 본격적인 작가로서의 길을 도쿄에서 걷기 시작했다. 둘 다 식민지 출신 작가이면서도 김사량과 장혁주가 조선인으로서 남긴 행보는 전혀 상반된 것이었다. 김사량이 택한 그 길이 민족 해방과 독립을 지향하는 항일 투쟁의 전열로 이어졌음에 비해, 장혁주의 길은 "제 나라를 억압하는 민족에게 귀화를 구걸한 피억압 민족 작가"[1]의 그것이었기 때문이다. 즉 장혁주는 "굽신거리며 타협하고 '항복하고 배반하는'" 길을 선택한 것이다.

---

1) 임전혜(任展慧), 「장혁주론(張赫宙論)」, 『문학(文學)』, 1965년 11월호.

한편 김사량은 「빛 속으로」에 이어 「천마(天馬)」「무성한 풀섶(草深し)」 등 그의 대표작이라고 할 만한 작품들을 잇달아 발표했는데, 1945년에는 일본군에 끌려가 있었던 조선인 학도병들을 위문한다는 명목으로 중국 대륙으로 건너갔다가 결국 팔로군 항일 지구로 탈출을 꾀한다. 이것이 소위 연안 탈출이라 불리는 사건이다. 그는 이어 화북(華北) 조선독립동맹 소속의 조선의용군에 투신한다. 그 행동은 가히 극적이었다. 김사량이 오늘날 이기영 등과 더불어 "상황에 대한 저항의 자세를 관철"2)할 수 있었던 극소수의 조선 작가 중의 하나로 간주되는 이유도, 그의 작품이 전해주는 감동과 더불어 이 점에 빚지고 있는 바가 적지 않다. 그의 이 영웅적인 행동을 빛이라고 한다면, 당시 상황으로 미뤄볼 때 이것이 매우 선열(鮮烈)했다는 것은 상상하기 어렵지 않다. 아니 김사량 스스로가 끊임없이 '빛 속으로' 나아가기를 희구하고 있었기 때문에 더더욱 그 행동이 강렬한 빛을 발했다. 그러나 빛은 항상 깊은 어둠과 공존하고 있다는 사실 역시도 잊어서는 안 될 것이다. 빛이 선열하게 광채를 발할수록, 그 그림자 또한 깊고 진하기 때문이다.

그러나 김사량에 관한 논의에서 이 깊은 그림자 부분이 간과되어 온 것은 무엇 때문인가. 정상적인 상식을 가진 한 인간이 새로운 행동을 취했다고 한다면, 거기에는 그에 상당하는 논리가 뒷받침되어 있어야 한다. 그 행동이 생명을 건 것이라면, 여러 가지 긴박한 사정이 그 안에 복잡하게 뒤얽혀 있을 수밖에 없다. 그리하여 그것이 하나의 뚜렷한 논리로 작용하면서, 그 행동을 더 어찌해볼 수 없는 필연적 논리로 목표하는 바 지점으로 내달리게 하는 것이다. 그러나 김사량의 경우에는 그를 그 선열한 빛을 발하는 행동의 길로 달려가게

---

2) 쓰루미 순스케(鶴見俊輔), 「조선인이 등장하는 문학(朝鮮人の登場する文學)」, 구와바라 다케오(桑原武夫) 편, 『문학 이론의 연구(文學理論の研究)』, 암파서점(岩波書店).

한 그 논리, 즉 주변에 휘감겨 있었던 여러 가지 사정들과 김사량 자신의 내면의 움직임에 대해서 상세하게 검토된 적이 없었다고 생각된다.

일반적으로 김사량의 중국 항일 지구로의 탈출 관련 사항은 그가 소설집 『빛 속으로』의 후기에서 이미 밝힌 바 있다. 아래와 같은 문장이 그 점과 관련된 부분이라고 알려져 왔다. 즉

현실의 중압 속에서 나의 눈은 아직도 괴로운 곳만 향하고 있다. 그러나 나의 마음은 언제나 명암(明暗) 속을 떠다닌다. 긍정과 부정의 한가운데를 누비며 언제나 어슴푸레한 불빛을 찾아 헤매고 있다. 빛 속으로 빨리 나아가고 싶다. 〔……〕 그러나 빛을 맞이하려면, 나는 아직 어둠 속에 웅크리고 앉아 눈동자만 빛내고 있을 수밖에 없을지도 모른다.

말하자면 김사량의 행동은, '빛을 맞이하'기 위해 '어슴푸레한 불빛을 찾아'간 의지의 당연한 결과로 이해되어온 데에 그치고 있다. 물론 이러한 논리가 꼭 잘못된 것이었다고만은 할 수 없다. 중국 항일 지구로의 탈출을 감행한 김사량은 조선의용군 근거지——연안에서 이미 이동한 상태였다. 따라서 김사량은 연안으로 간 것이 아니었다——에 도착한 직후에 쓴, '항일 중국 기행'이라는 부제가 붙은 장편 르포 『노마만리(駑馬萬里)』의 서문에서 탈출 동기에 대해 이렇게 술하고 있다.

이제 와 돌이켜보면, 그것도 옛날의 어렴풋한 꿈으로밖에는 생각되지 않는다. 그러나 내게 있어 그것은 생명까지 바치려 했던 혁명에의 지향이었으며, 그 출범이었다. 그것은 거침없이 흐르는 탁류의 한가운데를 헐떡이며 맴돌았던 생활이라든가, 그야말로 도시 인텔리의 습성

인 무사안일을 꾀하는 데에 급급했던 태도와, 양심의 날개 그 어두운 그림자 밑에서 언제까지나 살그머니 숨어지내려 하는, 움켜쥐면 금방 부서질 정도로 연약한 유리 구슬과 같은 정신, 이런 것 모두와 나 자신과의 결별을 의미했다.

'어둠 속에' 숨어 '눈동자만 빛내'면서 '빛 속으로 빨리 나아가'기만을 기원했으며, 결국은 결별을 감행했던 자신의 삶을, 김사량은 자조를 섞어 "움켜쥐면 금방 부서질 정도로 연약한 유리 구슬"로 비유했던 것이다. 그러나 여기에는 날로 심각성을 더해가는 일제 식민지 통치 아래에서 피억압자의 운명——사르트르의 표현을 빌리자면 짐승적인 압제 체제하에서 아무런 권리도, 생의 권리조차도 소유하지 못한 채 죽음이라는 양식을 택할 수밖에 없는, 억압자로부터 절망이라는 선물을 받을 수밖에 없는——과, 그 운명에 희롱당하고 있는 동포의 모습을 목도하면서도 아무 방책도 없이 그저 가슴만 치고 있을 수밖에 없었던 김사량의, 무력한 자신에 대한 가책이 들어 있다는 것은 두말할 필요도 없다. 따라서 김사량이, 조선 민족의 머리 위에 덮어 씌워진 불행, 특히 자신의 고뇌를 용기로 전환시켜, 민족적 양심이 이끄는 바대로 살려고 했던 그것이 식민지 질곡으로부터의 탈출로 표현되었다는 것은 충분히 이해할 수 있다.

한편 김달수는 1942년 봄, 일본에서 쫓기듯 귀국한 김사량의 소식을 다음과 같이 전한 바 있다.

김사량은 조선에서 약간의 활동을 계속하고 있었다. 경성에서 발행되던 『국민문학』이라는 일본어 잡지에 역사 소설 비슷한 『태백산맥(太白山脈)』이라는 장편을 연재하고 있었는데, 잠시 후에는 당시 단하나 남아 있었던 조선어지 『매일신보(每日新報)』에 『바다에의 노래(海への歌)』라는 것을 쓰기 시작했다.[3]

김달수는 '역사 소설 비슷한'이라는 다소 애매한 표현을 쓰고 있는데, 이것은 실은 "나(김달수)는 이 중 아무것도 읽은 적이 없"[4]기 때문이었다. 김달수는 이어서 자신이 그 작품들을 읽지 않았던 이유를 이렇게 설명하고 있다.

결코 나 자신이 훌륭한 인간이라고는 생각하지 않으나, 김사량이 그런 잡지나 신문에 작품을 발표하는 것이 그렇게 좋은 기분이 아니었다는 것만은 분명하다. 어딘가 비참한 느낌이었다. 나는 당시 경성일보(京城日報) 기자로 있었기 때문인지 그도 나와 같이 그 더러움에 물들어가고 있구나, 이렇게 생각되었다. 당시 조선의 잡지나 신문에서는 그 누구라도 당국의 요구를 벗어나는 작품을 쓸 수가 없었다. 때문에 그것은 내가 쓴 신문 기사와 똑같은 것일 터였다. 특히 『바다에의 노래』라는 것은 그 제목부터가 일본 해군용 선전 소설일 것이기 때문에, 안 읽어도 이미 알고 있는 듯한 기분이었다. 당시 나는 그렇게 자각적이지도 않았기 때문에, 그런 소설을 읽고 싶다든가 하는 흥미나 기력 따위가 전혀 없었는지도 모른다. [강조: 인용자]

김달수가 우려한 바 '더러움에 물들어가고 있'다는 말에 관해서는 새삼스럽게 설명할 필요도 없다. 그것은 조선인이 조선에 대한 일본의 식민지 지배 체제를 도와주는 것을 의미한다. 말하자면 민족에 대한 배반 행위를 가리킨다. 스스로도 인정하고 있듯이, 이때 이미 김달수는 경성일보 기자가 됨으로써 자기 손을 더러움에 물들였던 것이다. 그 경성일보란 어떤 것이었는가. 김달수 자신의 글을 빌려보자.

---

3) 김달수, 「김사량, 그 인간과 작품(金史良, 人と作品)」, 『김사량 작품집』, 이론사(理論社).
4) 같은 글.

만약 하수인으로 일하게 된다 하더라도, 그것마저도 쉽지 않은 것
이 식민지다. 특히 경성일보사에 조선인이 취직한다고 할 때에는, 조
선 13도 중에 두 명 정도 있을 뿐인 조선인 지사로부터 보증 추천을
받아놓았다 하더라도 마지막에 다시 총독부 경무국장의 추천을 받아
야 한다. (『현해탄』)

문자 그대로 좁은 문이다. 그 좁은 문을 뚫고 경성일보 기자로 취
직함으로써 김달수는 그 '하수인으로 일하'며 더러움에 물들어버린
것이다. 따라서 그와 같은 김달수의 눈에 김사량이 총독부 기관지 등
에 집필하는 행위가 일본 통치 권력에 대한 굴복 내지는 민족에 대한
반역으로 비쳤으며, 더러움에 물드는 것으로 생각되었다고 해도 전
혀 이상할 것은 없다. 뿐만 아니라, 김사량의 친한 친구로서 더러움에
물들어가는 김사량의 모습에서 '기분 좋은 일이 아니'라 '비참한 느
낌'을 받았으며, 그 총독부 기관지 등에 발표된 것들을 도저히 읽을
수 없었던 김달수의 심정도 무리가 아니었다고 할 수 있다.

이상을 통해서 김달수의 심정은 파악이 가능하다고 할 수 있겠으
나, 역시 이것만으로는 똑같이 '그 더러움에 물들어'가는 것을 우려하
는 그 마음이 충분히 설명되었다고 하기 어렵다. 김사량이 어째서 총
독부 기관지나 어용 잡지 『국민문학』 등에 작품을 발표하게 되었는가
에 대한 설명으로서는 아직 불충분한 데가 많기 때문이다.

그러나, 바로 이러했기 때문에 김사량이 항일 지구로 탈출할 기회
를 잡을 수 있었다고도 생각된다. 또 지금까지 제시되어온 많은 견해
들은 모두가 그것을 전제로 한 비탕에서 니왔다. 즉 그것이 탈출 기
회를 얻기 위한 '위장 협력'[5] 혹은 '위장 전향'[6]이었다는 설이 그것이

---

5) 임전혜, 「장혁주론」.
6) 이승옥(李丞玉), 「김사량론」, 『문학평론』, 1956년 4월호, 이론사.

다. 바꿔 말해서, 탈출 기회를 얻기 위해서는 그 정도의 '협력'은 불가피했다. 그것이 바로 '위장'이었다고 하는 해석이다. 김달수의 다음 글은 이런 견해들을 뒷받침해준다.

그런데 후에 알게 된 것이지만, 당시 나의 생각은 너무나도 모자란 것이었다. 적어도 김사량의 태도에 관해 나는 전혀 알지 못했다. 김사량은 『바다에의 노래』 등의 선전 소설을 써 보임으로써 조선군의 보도반원이 될 수가 있었으며, '황군 위문'이라는 명목으로 중국 대륙으로 건너가는 데 성공했던 것이다.[7]

이것이 사실이었다고 생각할 수도 있다. 그러나 문제가 너무나도 완벽하게 해결되지 않는가. 우선, 만약 김사량이 '황군 위문'을 나갈 수 있는 기회를 얻을 수 없었다면 어떻게 되었을까, 라는 소박한 의문부터 품지 않을 수 없다. 그렇다면 그의 더러움은 '위장'이라는 말로 덮어버릴 수가 없게 된다. 이런 관점을 취한다면, 김사량이 상황에 대해 수동적인 자세밖에는 취하지 않았다고 할 수 있겠기 때문이다. 그러나 앞서 『노마만리』의 서문에서도 볼 수 있었던 것처럼, 김사량의 행동은 결연한 의지의 소산이었다. 또 김사량이 『태백산맥』 『바다에의 노래』 등을 발표한 것은 1943년의 일이었다. 이후 그가 중국 항일 지구로의 탈출을 꾀한 것은 일본의 패전을 2, 3개월 앞둔 1945년 5월부터 6월에 걸친 일이었다. 즉 1944년부터 다음해에 걸친 약 1년 반의 시기 동안, 그는 완전히 침묵하고 있는 것이다. 따라서 패색이 점점 짙어가는 태평양전쟁 말기의, 그것도 식민지 조선이 처해 있었던 상황이 앞에 제시된 위장 협력이나 위장 전향, 즉 협력하는 체하는 정도로 끝날 수 있었던 일인지, 그 여부는 매우 의심스럽

---

7) 김달수, 「김사량, 그 인간과 작품」.

다. 과연 당시 일본의 정치 상황은 어떠했던가. 요시모토 다카아키(吉本隆明)는 그것을 이렇게 요약하고 있다.

일본적인 파시즘 운동이 소위 '정치 신체제'를 공고히 하여 군부, 천황제 관료, 금융, 산업자본의 지배하에 사회민주주의자, 마르크스주의 전향자, 일본 근대주의자, 노동자 조직을 재편하여 익찬(翼贊) 정치, 문화 운동을 전개하면서 이른바 '초'절대주의로 이행함과 동시에, 고도(高度) 제국주의적인 침략전에 임하려 한 것이 소화 15년이다.[8]

이보다 일찌감치 일본에서는 광폭한 파시즘의 위협이 그칠 줄을 몰랐다. 1931년 만주에서 시작된 일본의 대륙 침략은, 1937년 노구교(蘆溝橋) 사건을 시발로 하여 중국 대륙을 남하하는 데에까지 이르고 있었다. 또 이해 9월, 일본은 독일 · 이탈리아와 방공(防共) 협정을, 다음해 9월에는 3국 군사 동맹을 체결하여 국제 파시즘 국가군에 그 이름을 올린 상태였다. 1941년 8월에는 도조(東條) 내각이 성립되었으며, 12월에 들어서서 대본영(大本營)이 "제국 육해군은 8일 미명(未明), 현재 태평양에서 미 · 영군과 전투 상황에 들어갔다"고 발표한 바 있는 그 태평양전쟁이 일어난 것은 주지의 사실이다. 이즈음 일본 문학이 놓여 있었던 상황은 다케우치 요시미(竹內好)의 다음과 같은 글로 충분히 설명이 가능할 것이다.

강권에 의한 자유 정신의 완전한 말살 및 그것과 표리 관계에 있는 시국 편승형 예스 문학의 유행, 바로 이것이다. 일보 일보 후퇴가 전면 퇴각이 되다가 결국에는 완전히 숨통을 조이는 지점까지 도달했다. 인간의 생존을 위한 모든 조건이 박탈당했으며 문학은 창조적 에너지를

---

8) 「예술적 저항과 좌절(藝術的抵抗と挫折)」, 『요시모토 다카아키 전(全) 저작집』 제4권 『문학론』(1), 경초서방(勁草書房).

상실하고 말았다. 남은 것은 사막과 같은 황폐뿐이었다.[9]

김사량의 신변에 눈을 돌려보자. 그는 이 시기, 정확히 1941년 12월에 그로서는 두번째 맞는 구류 생활을 체험하고 있었다. 이 시기의 체험을 돌아보면서 그는 다음과 같이 쓰고 있다.

아닌게아니라 한때는 일본 남방군에 종군하라는 위협을 받은 적도 없지 않았다. 태평양에 도적불을 지른 다음날 새벽, 놈들에게 붙들려 나가 나 역시 예비 구금수로 철창 신세를 지게 되었다. 필리핀이 떨어지면 석방하느니 싱가폴이 점령되면 돌려보내느니 속여오다가 하루는 남방군을 따라다니며 '황군'을 노래하고 전첩을 보도할 결심만 한다면 당장이라도 풀어놓으리라 달랜다. 이에 응하지 않는대서 놈들은 뺨을 갈기고 얼굴에 침을 뱉고 다시 방으로 덜덜덜 끌고 들어갔다. (「초소의 피오닐」, 『노마만리』)

당시 조선의 잡지나 신문에서는 그 누구라도 요청받은 방향과 다른 작품을 쓴다는 것은 생각조차도 할 수 없는 상황이었다. 김달수는 이 시대의 양상을 아래와 같이 묘사하고 있다.

조선인 인텔리(물론 그것은 인텔리에 국한되지 않는다), 그들이 도쿄 등지에서 학생 시절을 보낼 때도 그랬지만, 학교를 중퇴하든 혹은 어찌어찌 해서 졸업을 하든 해서 돌아온다고 하자. 이번에는 그와 동시에 이쪽 관할 경찰서 특고계(特高係)의 '요시찰인' 명부에 그 이름이 새로 오른다. 그리하여 한 명 혹은 두 명의 감시인이 필히 붙어다니는 것이다. 특히 〔……〕 도쿄에서 한 번 정도 유치장을 체험한 적이

---

9) 『일본 프롤레타리아 문학대계』 8권 해설, 삼일서방(三一書房).

있는 이의 경우라면 그것은 더 말할 필요도 없었다. (『현해탄』)

이와 같은 현실에서 처음에는 사상범 혐의 때문에, 두번째는 불온 사상을 이유로 해서 예방 구금(豫防拘禁)까지 당한 김사량에게, 당시 상황이 위장술 정도로 지나칠 수 있는 것이었다고 보기는 매우 어렵다. 오히려 예방 구금 건 때문에 그가 '집필 금지' 조치를 당했다는 소문이 단순한 소문만은 아니었다고 할 수 있는 것이다. 이 소문과 관련하여 나카조노 에이스케(中薗英助)는 이렇게 쓰고 있다.

나는, 저 조선인 영세민의 처참한 생활에 붓을 댄 유일한 민족 작가로서 정평이 있으며 한때는 집필 금지 조치를 당했다고도 하는 그〔김사량: 인용자〕가 너무나도 여린 소년 같은 사내인 데 놀라서, 잠시 입을 벌리고 있었다. (『검은 자유(黑い自由)』)

후에도 논하겠지만 1942년 봄, 일본에서 귀국한 김사량이 그 후 1년이라는 기간 동안 작품 활동을 완전히 멈췄던 데에는 이러한 사정이 있었다고 판단된다. 당시 귀국한 후에 그가 쓴 첫작품이 아까부터 거론해온 장편 『태백산맥』이었다는 것은 중요한 의미를 갖는다고 할 수 있다. 당시는 민족적 양심에 몸을 내맡기는 것만으로도, 동포 출신의 전향자나 식민지 통치 협력자들에 의해 마녀 사냥의 대상이 되는 위험에 노출되지 않으면 안 되었던 것이다. 그 양상은 다나카 히데미쓰(田中英光)가 쓴 『취한 배(酔いどれ船)』 속에 소상하게 묘사되어 있다. 그리고 이것도 나중에 논하겠지만, 김사량 역시도 가끔씩 그 표적이 되었다. 따라서 이러한 위험에 내몰리는 와중에서 김사량의, 특히 『바다에의 노래』 집필을 전후한 문학 활동을 단순한 '위장 협력' 혹은 '위장 전향'이라 보는 견해는 전적으로 인정하기 어렵다. 있는 그대로 말하자면 『바다에의 노래』가 집필된 전후의 시기, 즉

1943년 후반부터 다음해에 걸쳐 작가로서의 김사량에게는 심각한 좌절기가 있었다고 생각되기 때문이다.

　그러나 김사량이 이 좌절기를 멋지게 극복해낸 것 또한 사실이었다. 그가 민족 해방과 독립을 기도하는 전열을 향해 목숨을 걸고 탈출을 행한 것은 틀림없는 그 증거라 할 수 있다. 그의 중국 항일 지구로의 탈출은 그의 작품이 갖고 있는 강렬한 인상과 맞물려, 김사량을 아는 이의 마음에 형언할 길 없는 감동을 불러일으켰다. 그러나 한편으로는 그 감동이 너무도 선명한 나머지, 그가 직면해야 했던 심각한 좌절의 내용들을 모두가 간과해왔다는 것 역시도 분명하다. 그것이 바로 그의 어두운 부분이다. 예를 들어 짧은 기간이었다고는 하나, 좌절의 고뇌에 몸을 맡김으로써 그는 결과적으로 일본의 통치 권력에 굴욕적 협력을 하게 되었던 것이다. 이것은 그에게 있어 결코 단순한 일이 아니었다. 그럼에도 불구하고 우리는 그 심각한 사실에서 눈을 돌림으로써, 좌절로부터 다시 일어서기 위한, 김사량의 뼈를 깎는 듯한 투쟁의 실체를 접하지 않고 그냥 지나쳐왔다. 그 행동이 보여준 찬란한 빛이 오히려 우리로 하여금 김사량을 우상화하는 작용을 했다고 할 수 있다. "원래 개성적인 작가가 존재하고 많은 숭배자를 갖는 경우, 그 사후 사반 세기 동안은 어느 의미에서 신화다"라 말한 사람은 에토 준(江藤淳)이었으나, 김사량 역시도 그 예에 속할지 모른다. 그러나 그것이 우상인 한 언젠가 파괴될 운명에 있다는 것은 말할 필요도 없다. '신화'도 결국은 허상 위에 성립하는 것으로서 결코 실상이 될 수는 없기 때문이다.

　김사량이 결코 길다고는 할 수 없는 생애에서 보여준 저항과 좌절——그 청춘 시대의 착종을 포함하여——그리고 그 좌절을 극복하기 위한 그의 투쟁의 실체를 포착하지 않고서는, 저항의 자세를 관철해낸, 피억압 민족의 한 민족 작가의 실상에 다가가기가 어렵다는 것을 다시 반복할 필요는 없다. 뿐만 아니라 그 고뇌와 분노, 혼의 신음 소리에 실감을 갖고 접근하지 않고서는, 김사량이 우리의 마음에 불러일으켰던 감동의 질을 고차원적인 것으로 승화시키는 것 역시도 바랄 수 없다.

이상과 같은 이유에서 김사량의 문학 활동 및 중국 항일 지구로의 탈출 과정, 더 나아가 귀국 후의 활동 전반에 대해 새롭게 검토해보는 작업이 꼭 필요하다고 생각한다.

김사량이 아쿠타가와 상 후보작이 된 출세작 「빛 속으로」를 통해 작가로서의 힘찬 제1보를 내딛게 되었다는 것은 앞에서도 이미 말한 바 있다. 그는 이 작품에 뒤이어 1940년 한 해만 해도 「토성랑(土城廊)」 「기자림(箕子林)」 「천마」 「무성한 풀섶」 「무궁일가(無窮一家)」 등의 역작을 속속 발표하여 민족 작가로서의 명성을 양보할 수 없게 만들었다. 그 김사량이 당시의 조선이 처해 있던 사회 상황을 어떻게 인식하고 있었는가를 알아보는 것은 매우 흥미로운 일이라 하지 않을 수 없다. 김사량은 지금까지 그 존재가 전혀 알려지지 않았던 평론 「조선 문화 통신(朝鮮文化通信)」[10]을 통해서 그가 당시 상황을 어떻게 인식하고 있었는가를 명백하게 보여주었다. 뿐만이 아니다. 그가 이 평론을 통해서 그의 사상과 문학을 포함한 조선 문화에 대한 자신의 자세, 그리고 조선인인 그가 왜 일본어로 소설을 쓰지 않으면 안 되었는가 하는 등등의 제문제를 소상하게 밝히고 있다는 점에서라도 그 의미는 매우 크다. 말하자면 이 평론은 김사량의 문학을 지탱하는 기둥과도 같으며 동시에 매우 현실적인 선언이기도 했다. 따라서 그의 문학 활동에 접하기 전에 우선 「조선 문화 통신」의 내용부터 검토해가는 것이 순서일 것이다.

잡지 『현지 보고』에 게재된 이 평론은 임화가 조금 앞서 쓴 「현대

---

10) 『현지 보고(現地報告)』, 1940년 9월호, 문예춘추사(文藝春秋社).

조선 문학의 환경」[11]의 자극을 받고 씌어진 것이었다. 임화의 그 글에는, 일본의 식민지 통치하에 있다고는 하나 조선의 문학·예술은 일본의 그것에 대해 독자성을 지닌 것이어야 한다는 내용이 서술되어 있었다. 임화는 그것을 다음과 같은 말로 표현했다.

조선 문학은 우리의 독특한 생(生)의 방법의 소산(所産)이다. 사람들은 객관적으로는 같은 세계에 살고 있으면서도 주관적으로는 다른 환경을 체험한다.

이 체험이 소위 '우리만의 현실'이며, 이 현실 속에서 전혀 새로운 인간이 형성되어, 그들 인간 속에서 또 새로운 사고 방법이나 독특한 감정의 양식이 태어난다. 이것이 다름 아닌 독특한 문화라는 것이다. 사람들이 같은 세계 속에서 서로 다른 환경을 체험하는 것과 같이, 문화는 같은 것을 다른 방법을 통하여 사고하고 다른 양식으로 느끼는 것이 가능하다. 문화와 예술의 자유로움이 이곳에 있다.

김사량은 임화의 이 논리를 한층 더 부연·발전시켜 조선 문화 전반의 상황과 더불어 그 지향하는 바를 논했다. 즉 일본 문화와는 다른 조선 문화의 독자적 발전 상황을 소상하게 밝히고, 그 속에서 현실 사회에 대응해가는 스스로의 자세를 명확하게 드러낸 것이다. 이와 같은 내용을 지닌 「조선 문화 통신」은 아래와 같이 3항으로 구성되어 있다.

1) 지식 계급을 위하여
2) 조선 문화와 언어 문제
3) 번역 기관의 필요

---

11) 『문예(文藝)』, 1940년 7월호.

조선의 문화 상황을 일본인들에게 널리 보고하는 형식을 띠고 있는 이 평론 속에서, 그가 우선 거론한 것은 조선 문화계의 동향에 관한 것이었다. 그는 이를 슈투름 운트 드랑이라는 한 마디로 요약하고 있다. 즉

조선의 신문화라고는 하지만 겨우 30년의 역사밖에 갖고 있지 않기 때문에, 조선에서 적어도 문화 영역 내에 있는 모든 것은 연륜이 적다. 이조 쇄국의 악몽으로부터 눈을 뜬 결과 갑오 개혁 운동이 벌어졌으며, 이때부터 조선은 새로 태어나기 시작했다고 한다. 세계 사정이나 일본의 흥륭(興隆)에도 경이의 눈을 돌리고, 그 자극을 받아 신문화 신교육을 열렬히 요구하며, 과학 정신과 신의학 지식 등의 함양에 여념이 없었던 것도 그 이후의 일이다.

그리고 이 30년 사이에 "모든 추하고 낡은 것을 질풍노도적으로 궤멸하고 서둘러 새로운 광명과 새로운 문화를 추구하려 하였다"는 것이다. 그는 지금은 봉건 이조가 남긴, 사회 발전을 저해하는 요소들이 모두 쓸려나가는 가운데, 조선의 근대 문화가 시시각각으로 구축되어가고 있다고 보았다. 그리고 그것은 말할 필요도 없이 "이조 쇄국의 악몽으로부터 눈을 뜬" 조선인 자신의 손에 의해 이뤄지는, 조선의 독자적인 것이기도 했다. 김사량은 이에 대해 아래와 같이 쓰고 있다.

현재 조선의 문화계는 과거의 전통을 보다 엄밀히 음미하고, 나아가 그것을 정당하게 계승하여 점차 독자적인 조선 문화를 수립하려는 단계에 있는 것으로 보인다.

김사량의 이 말은, 말하자면 조선 민족의 주체적 입장을 그 근거로 하고 있다. 그는 이러한 민족적 입장에 서서, 요원의 불길처럼 번져가고 있었던 조선학, 즉 언어 · 문학 · 역사 · 민속 · 철학 · 종교 등 전반에 걸친 연구가 노대가(老大家)들로부터 기백이 넘치는 신예에 이르는 수많은 학자들에 의하여, 일찍이 볼 수 없었던 열의로 추진되고 있었던 사실에 주목했다. 특히 언어학의 이극로 · 이윤재 등이 주도한 조선어학회의 획기적인『조선어사전』편찬, 같은 언어학자들에 의한 신라 향가 방면의 고어 연구, 고려 가사의 새로운 해석 등을 중요시했다. 또 문학에서는 김태준의 조선 소설사 연구, 조윤제의 시가사(詩歌史) 연구, 임화의 근세 문학 연구, 시조에 대한 이병기의 학문적 연구 등에 주목하였다. 그는 이외에도 역사학 방면의 문일평 · 안재홍의 업적, 이병도의 사회사 연구, 황의돈의 향토사 연구, 민속 · 고고학 방면의 손진태 · 송석하 등의 활약, 그리고 경성제국대학 조선문학과의 젊은 세대 학생들에 의한 조선 민요 채집, 무속 탐사, 속담 수집, 묻혀 있던 여성 문학의 발굴 등에 주목하고, 그것들을 높이 평가하였다.

이와 같은 김사량의 견해는 의심할 여지 없이 임화의 그것을 일보 전진시킨 것이다. 그러나 김사량의 이 작업은 당시에 시작되었던 것이 아니었다. 임화의 그것이 나오기 이전부터 그는 이미 자신의 작품 속에서 그것을 보여주었다. 1940년 6월『문예춘추(文藝春秋)』지에 발표된「천마」는 이미 문화의 민족적 독자성에 관한 그의 견해가 고려된 상태에서 씌어진 것이었다. 더 나아가 말한다면, 그 견해의 일단을 드러내기 위해 씌어졌다고 보는 것도 가능할 것이다.「천마」에는 그것이 아래와 같이 표현되어 있다.

겐류(玄龍)도 어디선가 이 문인들의 모임이 있다는 소식을 듣고, 거의 모임이 끝나가는 시간에 맞춰 어슬렁어슬렁 나타난 것이다. 그런데 거기에는 그를 조선 문화의 진드기로 증오하고 있는 남녀들이 나란히 앉아서, 얼굴마다 흥분과 긴장색을 띤 채로 조선 문화의 일반 문제라든가 조선어로 창작하는 문제의 옳고 그름에 관해 열심히 토론을 나누고 있었다. 그는 헤에 하고 웃으며 구석진 곳에 자리를 잡았다. 역시 그들은 자기 자신의 손으로 조선의 문화를 세우고 그 독자성을 키워야 하며, 그것이 결국 전 일본 문화에 대한 기여가 되며 나아가서는 동양 문화와 세계 문화를 위하는 길이 된다는 등등의 것에 대해 말하고 있다. 〔강조: 인용자〕

「천마」에서는 이것말고도 도처에 김사량이 「조선 문화 통신」에서 밝힌 내용들이 발견된다. 이것은 바로 김사량의 민족주의 사상의 지속성을 드러내는 증거라 할 수 있다. 그리고 임화가 매우 비유적인 언어로 민족 문화의 독자성을 논한 데에 비해 김사량의 글은 매우 구체적인 특징이 있었다. 이것은 당시 풍조로 보아서는 대담하기 짝이 없는 행위였다. 이것은 그들이 처해 있는 상황의 차이를 반영하고 있었다. 여기에서 임화에 대해 약간 언급해둔다면, 그는 일찍이 조선의 프롤레타리아 문학 및 예술 운동의 유일한 조직이었던 카프(조선 프롤레타리아 예술 동맹)의 마지막 서기장이었다. 1935년 5월 통치 권력에 의해 카프가 강제 해산당하게 되자, 그도 역시 투옥의 위협 앞에 놓여지게 되어, 결국 사상적 회심을 행한 것이다. 전향 후에도 그는, '시국대응전선사상보국연맹(時局對應全鮮思想報國聯盟)'의 삼엄한 통제를 받았다. 이러한 조건 아래에서 씌어진 그의 평론이 비유적 언어로 씌어진 것은 당연한 일이었다. 임화에 대한 사항들은, 픽션이기는 하나 마쓰모토 세이초(松本淸張)의 『북의 시인(北の詩人)』에 자세하게 소개되어 있다. 또 '시국대응전선사상보국연맹'에 대한 사항은 「조선사상계 개관」[12]에 다음과 같이 기록되어 있다.

조선의 사상 전향자는 조선 사회에서 특수한 지위를 갖고 있다. 조선 사회에서 이지적이며 정열가로서 패기를 지닌 자 거의 모두에 해당하는 그들은 민족주의나 공산주의에 가담했던 것이다. 이들이 전향하고 나서 조용히 지내는 것은 양심이 허락하지 않았다. 이 전향자들은 즉시 집단을 이루어 사회적 기여를 하려고 하였다. 여기에 당국의 지도와 발맞추어 소화 13년 7월 24일, 시국대응 전조선 사상보국연맹이라 이름 붙인 조직을 결성, 경성을 중심으로 각지에 지부가 생긴 것이다. [강조: 인용자]

이 글을 통해서도 알 수 있는 것처럼, 거의 모든 조선의 인텔리들은 민족주의 내지 공산주의 사상을 갖고 있다가 결국 전향자 대열 속으로 들어서게 되었다. 뒤에 제령(制令) 16호에 의해 '조선사상범 보호관찰령'이 시행된 것은 1936년 12월이다. 비전향 민족주의자 및 공산주의자에 대해서는 '조선사상범 예방구금령'이 내려지게 되었다 (1941년 3월 10일 실시). 또 1938년 7월 7일을 기해 국민정신 총동원 조선연맹(1940년 10월 16일부터 국민총력조선연맹으로 개편)이 발족되었다. 조선의 사상보국연맹의 결성이 이와 같은 움직임과 그 궤를 같이하고 있는 것은 말할 필요도 없다. 연맹은 결성된 그해 말에 이르러 기관지 『사상보국』을 발간하고 신사 참배, 황군 위문, 국방 헌금 등을 맹원에게 강요하였으며 사상 선전의 수단이 되는 영사기도 헌납할 것을 강요하고 있었다. 또한 일본정신연구회, 좌담회, 강연회 등을 빈번히 개최하고 수형(受刑) 전향자 '격려'를 위한 형무소 방문 등도 조직하였다. 연맹에 소속된 전향자는 소화 14년(1939년) 7월말 현재 2,765명이었다고 한다. 이해 10월 8일에 개최된 제1회 통상 대회에서는 반 코민테른 결의를 내고, 코민테른 본부 및 스탈린 앞으로

---

12) 『금일의 조선문제 강좌』 4권, 녹기(綠旗) 일본문화연구소, 1939년.

그것을 발송하기도 하였다.

조선인 전향자 가운데에서도 통치 권력의 뒷받침 아래 활발하게 움직인 이들은 김두정(金斗楨)·장덕수(張德洙)·박영희(朴英熙) 등 이었다. 김두정은 옥중에 있으면서『방공(防共) 전선 승리의 필연성』을 집필·출판했다. 전 동아일보 총무였던 장덕수는 반공 강연에 나섰다. 그 중에서도 전 카프의 지도적 평론가이며 시인·작가였던 박영희는 1931년 일찌감치 전향하여, 그 '기쁨'을 "밀운(密雲)의 어두운 그림자에 둘러싸여 / 끝없이 혼미한 / 초조와 고통 속에 쓰러진 무리들의 / 황야에 빛은 다시 봉화처럼 비친다 / 오— '광복이여'"라고 읊어 바쳤다. 그는 또한 펜 부대의 일원으로서 '황군'을 현지에서 위문하고 조선어로「전선기행」(1939년) 등을 발표하고 있었다.

아무런 알맹이도 없었던 사상보국연맹이라는 조직은 허울 좋은 주구의 집단이었다. 그러나 이 집단 개개의 성원들이 민족 반역에 대한 가책 때문에 한층 더 시기심에 불타면서 이미 전향한 이들을 감시하고 모략까지도 동원하여 민족주의와 공산주의 등 이른바 모든 반일적 경향의 적발에 혈안이 되어 있었던 것은 상상하기 어렵지 않다. 다나카 히데미쓰의『취한 배』는, 말하자면, 그들 전향 문인들의 충실한 주구 행각을 극명하게 묘사하고 있었다. 조선인 속에 존재하는 공산주의와 민족주의적 경향은 통치 권력에게 있어서는 그 정도로 증오스러운 대상이었던 것이다.

상황이 이렇게 심각하다는 사실을 김사량이 몰랐을 것으로는 생각하기 어렵다. 원래 그는 임화와는 달리, 조선 프롤레타리아 문학 운동이나 그와 관련된 어떤 조직과도 관계가 없었다. 그럼에도 불구하고 김사량은 틀림없는 민족주의자였다. 따라서 "많은 이들이 곧바로 정치적으로 해석하려고 한다. 〔……〕 어째서 문학이나 예술의 세계에까지 이런 풍습이 유행하고 있는지 나는 모르겠다"[13]고 임화를 개탄하게 만들었던 그 정치적 해석과 관련해서 본다 하더라도, 민족주의적 색채를 노출한 그의 발언은 극히 위험했다. 그렇게 된다면 통치권력과 그 주구들의 더럽혀진 손에 의해 압살당하지 않을 수 없다. 그의 이 행위야말로 칼날 위를 걷는 것과 같이 목숨을 건 것이었다. 그런데 그걸 빤히 알고 있으면서도 그는 일부러 그 위험을 무릅썼던 것이다. 이와 같은 추측이 틀리지 않는다는 것은, 8·15 해방 후 잠시 뒤에 쓰어진 임화의 평론 「조선 민족 문학 건설의 기본 과제」[14]를 통해서 충분히 입증된다. 즉

양심적인 조선의 작가와 시인들에게 협동을 촉진시킨 정치적 변화가 일어났다. 일본 제국주의가 기세 좋게 세계 전쟁의 막을 연 것이었다. 우선 1930년에 만주 침략을 개시하면서, 가장 반일적인 계급 운동과 프롤레타리아 문학 운동을 공격하고, 중국에 대한 한층 가속화된 대규모 약탈 전쟁을 개시하고, 모든 종류의 진보적 운동과 진보적 문학에 대한 더욱더 가혹한 압박에 착수했다. 〔……〕 일제히 공포와 위협이 가속화되어가는 박해의 와중에 휘말리고 있었으면서도, 조선의 문학은 대략 다음의 세 항목에 걸쳐 공동 전선을 전개하는 태도를 취했다.
1) 조선어를 수호할 것.
2) 예술성을 수호할 것.
3) 합리 정신을 주축으로 할 것.

이를 보면 명백하게 알 수 있듯이, 김사량은 자신의 평론을 통해 이 공동 전선에 참가하겠다는 의지를 표명했다. 원래 이 공동 전선은 조직적 실체를 갖고 있지는 않았다. 같은 사상을 갖고 있는 조선인 문인들이 암묵적으로 그러한 태도를 취한 것이었다. 혹 그런 것이 형태를 갖추는 데까지는 이르지 못했다 하더라도, 민족적 양심에 눈을

---

13) 임화, 「현대 조선 문학의 환경」.
14) 『민주조선』, 1947년 12월호, 조선문화사.

뜬 자라면 누구나 조선 문화의 담당자로서 일본 문화에의 예속·동화란 용인할 수 없었다. 김사량이 이것을 거부한 것은 당연한 일이었다. 그는 그 의지를 이렇게 교묘하게 표현하였다.

이것은 파도처럼 밀려오는 외래 문화에 대항하기 위한, 반동적 표현이라고 해석될 수 있을지도 모른다. 그러나 그것은 선진 문화에 눈을 감고, 자기의 빈약한 아성(牙城)에 틀어박히려는 완고함의 산물이 아니라, 그것을 자기의 육체를 통해 되살리기 위한 일시적인 회고(回顧)이다. (「조선 문화 통신」)

즉 김사량은 '일시적인 회고'라는 말을 사용함으로써, 민족 문화의 전통과 독자성을 옹호하는 주장을 합리화하려고 했다. 그러나 그는 단순히 민족 문화의 독자성을 수호한다는 그것만을 위해 이 주장을 편 것이 결코 아니다. 예를 들면 그가 "특히 금일과 같은 시대에는 조선의 독자적인 문화 양상을 규명하고, 그것을 훌륭하게 구축하여 미래의 전망을 타진하기 위한 것"이 중요하다고 거듭 강조하고 있는 점만 보아도 알 수 있다. 이 진술을 볼 때 김사량은, 일본의 식민지 통치하에 있었던 조선의 장래에 대하여 어떤 '전망'을 갖고 있었던 것으로 판단되기 때문이다.

과연 그는 어떤 전망을 갖고 있었을까.

애초부터 민족주의자였던 김사량이, 조선 문화계의 민족적 경향에 적지 않은 관심을 보낸 것은 자연스러운 일이다. 강대한 이민족이 통치하는 '금일과 같은 시대'에 약소 민족이 생존해나갈 수 있는 길은 자기의 뛰어난 민족 문화를 유지하는 길밖에 없다. 이것을 위해서는 또한 민족의 문화적 전통 속에 뿌리를 내린 새로운 문화를 발전시켜야 한다는 것도 말할 필요가 없다. 김사량의 생각이 여기까지 미쳤다 해도 그것은 이상한 일이 아니다. 김사량은 조선 민족이 새로운 문화를 발전시킴으로써, 비록 식민지 통치하에 있다고는 하나 결코 자기를 상실하는 일은 있을 수 없으리라고 생각했다. 그의 이 생각이, 앞서 거론한, 공동 전선에 대한 그의 자세를 행동으로 옮기게 한 것이었다. 그리고 그것은 틀리지 않았다. 그러나 달리 말한다면, 이 정도의 '전망'으로 충분하다고 하기는 어렵다고 생각된다. 그의 생각이 그렇게 구체적인 전망에 의해 뒷받침되어 있다고 보기에는 너무 거칠기 때문이다. 그러나 이 문제는 당시의 상황을 고려해야 할 필요가 있을 것이다. 김사량뿐 아니라 모든 조선인들이 합법적인 수단을 통해서는 그 비전의 실현을 꾀하는 운동은 고사하고, 조직과의 관계를 갖는 것조차 생각할 수 없을 정도로 혹독한 현실에 직면하고 있었기 때문이다.

그런데 김사량은 조선의 지식인들이 이 전망을 실현해주리라고 기대했다. 즉 그가 말하는바, 파도처럼 밀려오는 외래 문화——말할 필요도 없이 일본 문화가 범람하는 와중에서 자기 것을 지키고 발전시키는 일이 조선 지식 계급에 부과된 역할이라고 생각했던 것이다. 그는 조선 문학이 승합 버스에서 흔들리면서도 성장하는 소녀들처럼 발전하였다고 하는, 임화의 비유[15]를 끌어들여 이렇게 설명하였다.

조선 문화가 승합 버스에서 흔들리고 있다고 할 때, 이 문제를 좀더 넓게 생각해본다면 조선의 지식인들은 각자 차를 몰고 있는 운전수라고 해도 좋을 것이다. 이 때문에 나는 그 문화적인 의욕과 건설적인 정열면에서, 조선의 유능한 지식인들이야말로, 다소 외람되지만 그 이름에 매우 잘 들어맞는 이들 중의 하나가 아닐까 생각한다. (「조선 문화 통신」)

---

15) 임화, 「현대 조선 문학의 환경」.

그런데, 이에 앞서 일본인 사이에서는 조선의 지식인에 대한 논의가 끊이지 않고 있었다. 논의의 대상은, 조선 문화 일반 및 그것의 창조에 임하는 지식인의 모습에 관한 것이었다. 그것은 이윽고 조선인 전반이 지니고 있는 성격 진단에까지 이르면서, 조선인은 교활하고 신뢰할 수 없다, 당파심과 질투심이 강하다, 격정적이며 거칠다, 이런 따위가 정설이라는 식으로들 떠들어대고 있었다.

여기에 이것을 긍정하기라도 하는 듯한 장혁주의 평론 「조선의 지식인에게 호소함」[16]이 발표되면서 문제가 더 커지게 된다. 임전혜의 「장혁주론」이 장혁주의 그것을 잘 요약한 바 있다. 즉

> 「조선의 지식인에게 호소함」에서 장혁주는 조선인의 "격정적이며, 정의심이 결여되어 있으며, 질투심이 강한" 민족적 결함을 시정하는 유일한 길은 '내선일체'밖에 없다고 하면서, 이렇게 말한다.
>
> "저는 조선 통치에 관한 한 정당 정치의 부활을 두려워하는 자이며, 군부 정치의 진보성을 인정하는 것을 주저하지 않습니다. 이렇게 말한다고 해서, 저를 파쇼라고 부른다면 그렇게 불러도 좋습니다."
>
> 이것은 '내선일체화'에 찬의를 표명한 최초의 '정치적 감상'인데, "하나의 우수한 민족이 되기 위하여 얼마나 힘을 기울여야 하는가와 관련하여 하나의 사견(私見)이 제시된 것"이라는 점이 강조되어 있다.

조선 지식인의 모습에 관해서는 임화도 그 평론에서 "도처에서 우리는 갖가지 억측과 오해에 당면하지 않으면 안 된다"고 하면서, 문제가 올바른 방식으로 논의되어지지 않고 있는 점을 개탄하고 있다. 이에 대응하여 김사량은 다소 알레고리적인 언어를 빌려 다음과 같이 표현했다.

---

16) 『문예』, 1937년 2월호.

조선에서는 문학만이 아니라 모든 영역의 문화가 제각각 버스에 타고 있다. 자리에 앉아 좌석을 데울 사이도 없이, 눈이 전방을 향해 달려간다. 너무 빨라 어지럽다고 하는 이도 있다. 급조된 차라서 손에 익지 않았다고 비난한다. 너무 덜커덩거린다고 하는 이도 있다. 이런 식으로 조선 문화나 문화인에 대하여 외부로부터 이러저러한 해석과 억측이 퍼부어지고 있는 것이다.

김사량의 말에 의한다면, 민족 문화 건설의 정열에 불타는 조선 지식인의 절박성과 초조가 그런 오해와 억측을 낳는 원인이 된다는 것이다. 그리고 조선인의 그와 같은 진정(眞情)을 따뜻한 마음으로 이해하려고 하지는 않고, 쓸데없이 일본인이 "남의 버스에 척 걸터앉아 한번 둘러보고는 멋대로 비판을 해대는 데에 그 원인이 있다"는 것이다. 꽤 과감한 발언이라 할 수 있다. 그러나 그뿐만 아니다. 그는 그러한 일본인으로서 오무라(大村), 다나카(田中), 가도이(角井) 등의 인물을 소설 「천마」에 등장시킨 것이었다. 분명히 여기에는 김사량이 갖고 있었던 일본 지식인관의 일단이 투영되어 있다. 원래부터 김사량은, 조선 지식인에 대한 오해나 억측의 원인을 일본인 쪽에만 돌리고 있는 것이 결코 아니다. 일본인에게 빌붙어 그 권력을 등에 업은 채 설치고 다니는, 이른바 조선 지식인 속에 뿌리내린 식민지 의식이 그런 현상을 낳고 있는 측면도 간과하지 않았다. 김사량은 그것을 작중에서 이렇게 묘사하고 있다.

실은 겐류라는 자는 애국주의라는 미명 아래, 조선어 창작은 언어 그 존재까지도 무언(無言)의 정치적 반역이라고 비방해대는 자 중의 한 명이었다. 그렇지 않아도 조선의 특수한 사정 때문에 순수한 문화적 창작 행동, 그리고 그 본래의 예술 정신조차도 자칫하면 정치적인 색채를 띠고 있는 것으로 당국에 비쳐 오해를 사기 쉽다고 한다면 그렇다고 할 수도 있다. 특히 사변〔중일전쟁: 인용자〕이후 그 우려는 한층 더 심해지고 있다. 겐류는 그 속에 뛰어들어 애국주의를 높이 쳐들고 그것을 사람들에게 강매(强買)해가면서 배회하고 있는 것이다. 그 때문에 얼마나 많은 이들이 불안과 초조, 고민의 심연 속으로 빠져들고 있었는지 모른다. (「천마」)

이러한 김사량은 조선인 일반의 성격에 관한 일본인들의 갖가지 비난에 대하여 조금도 동의하려 하지 않았다. 뿐만 아니라 정면으로 반론을 제기하였다. 다음과 같이.

그런데, 한때 내지(內地)에서 조선 지식인들에 대한 여러 가지 피상적 인식에 기초한 오해나 억측이 유행하면서, 그 성격적인 결함 등등이 운운된 바 있다. 물론 우리는 스스로를 돌아보며 반성하고 우리가 운전하고 있는 차를 주의깊게 조사하고 이를 수리하는 일에 인색하지는 않으나, 〔……〕 그러나 우리는 그러한 부당한 억측과 독단을 그대로 전면적으로 받아들일 수는 없다. 특히 그즈음 이미 조선의 인텔리, 나아가서는 조선인 일반의 인간성에 대한 연구가 시작된 듯한 점과 관련해서는 더더욱 그러하다. (「조선 문화 통신」)

더 나아가 그는 장혁주의 평론에 대해 거론하면서, 이것이 조선인에 대한 일본인의 인식을 왜곡시키는 요인이 되었으며, 또 그런 논의를 더욱 무성하게 만든 결과를 낳았다면, 그것은 "장씨(張氏)의 진심을 잘 이해하고 있는 자의 한 사람으로서 유감을 금할 수 없다"고 하였다. 즉 장혁주의 그것이 다분히 주관적 · 악의적이었던 것은 조선인 자신의 반성을 촉구하기 위해서였는데, 그것이 예상치 못한 반향을 불러일으켰다고 변호한 것이다. 김사량은 이 점을 「천마」의 창작 동기·반향 등까지 예로 들며 강조하였다.

　나의 예를 들어본다. 졸작 「천마」에서 나는 부정적인 면만 집요하게 파고들어간 경향은 있으나, 이렇게 가증스러운 주인공을 설치고 다니게 만드는 그 사회를 저주하지 않을 수가 없었다. 또 그러한 인물 때문에 조선인 전반을 이러쿵저러쿵하는 것은 곤란하다고 하는 내용까지 암시했다. 그런데 이것이 오히려 역효과를 낳았는지, 한두 명의 내지인(內地人) 친구와 비평가로부터 너무 자학적이지 않느냐 하는 말을 들었다. (「조선 문화 통신」)

이 글 속에서 분명하게 알 수 있듯이, 김사량이 「천마」에서 가장 적극적으로 표현하려 한 것은 "이렇게 가증스러운 주인공을 설치고 다니게 만드는 그 사회"였다. 즉 식민지 통치하의 조선과, 조선인이 직면하고 있는 현실이 그것이었다. 그 현실이야말로 그가 가증스러워하는 주인공을 길러내면서 또한 그를 설치고 다니게 하는 것이다. 따라서 그 책임은 조선을 통치하는 일본 권력에 있으며, 그것에 의해 농락당하고 있는 조선인이야말로 슬프기 짝이 없는 피해자가 된다. 「천마」의 오무라와 겐류의 관계는 바로 그 축도(縮圖)이다. 이 작품 속에, 김사량이 말한 바도 있는 그 자학적인 성격이 없는 것은 아니다. 그러나 그 자학이야말로, 가증스러운 주인공을 낳았으며 그를 설치고 다니게 만드는 일본 통치 권력에 대한, 김사량의 최대한의 비판이며 항의가 아니겠는가. 동시에 가증스러운 주인공으로 전락한 조선 지식인들과 공통적인 허약성을 은닉하고 있는 자신에 대한 훈계이기도 했던 것이 아니겠는가. 이렇게 생각할 때, 김사량이 「천마」를 쓴 속사정은, 일본 통치 권력을 고발하는 데에 있었다고 할 수가 있다. 이 작품이 실제 인물을 모델로 한 점 역시도 그것을 더 한층 강력하게 뒷받침하고 있다. 작품 「천마」에 관한 사항은 그 창작 과정 등을 포함하여 다시 거론할 것이므로 이 자리에서 자세하게 다룰 수는 없다. 그러나 「천마」「조선 문화 통신」 등에서 김사량이 조선 지식인에 대해 진술한 그것과, '장씨(張氏)의 진심' 사이에 본질적인 차이가 있다는 것은 이상의 사실을 볼 때 분명하다. "나는 최근 「조선의 지식인에게 호소함」이라는 글을 발표한 적이 있는데, 이것은 물론 조선 민족을 개조하자는 게 그 첫째 의도였다"[17]고 한 장혁주 스스로의 말이 보여주고 있듯이, 그것은 이광수의 「민족개조론」의 연장선상에 있는 것이었다. 이것은 움직일 수 없는 사실이었다. 김사량이 일부러 조선 지식인의 문제에 대해 거론한 이유 중의 하나도 여기에 있었다고 할 수 있다.

그런데 조선 문화에 대한, 지금까지 보아온 바와 같은 김사량의 인식이 조선 문학에 대한 그의 인식과 모순되는 것이 아니라는 것은 새삼스럽게 말할 필요도 없다. 그는 조선 문학도 다른 분야와 같이, 겨우 30년 사이에 모든 사회 풍조의 격랑에 시달리면서, 선진 문학의 성과를 흡수하여 자신의 것으로 만들었으며, 새로운 건설이 현재 이뤄지고 있다고 보았다. 그의 이와 같은 인식은 1939년 11월에 씌어진 「조선의 작가를 말한다」[18]에도 이미 드러난 바 있다. 그 30년 동안에 새로 건설되고 있는 조선 문학의 독자성에 대해 그는 이렇게 설명하고 있다.

조선 문학은 기후·풍토와 장구한 역사에 적응해온 조선인 독자의 기질과 성격과 언어와 감성의 증거이며 또한 그 반영이기도 하다.

그렇다면 조선인의 기질과 성격, 언어와 감성의 증거라는 그 조선 문학의 담당자인 조선 문단의 상황은 그의 눈에 어떻게 비쳤을까. 김

---

17) 장혁주, 「나의 경우—나의 문학 수업」, 『문장(文章)』, 1939년 4월호.
18) 『모던 일본(モダン日本)』 조선판, 1939년 11월호.

사량은 그것을 이렇게 전하고 있다.

말하자면, 작가들이 각자 내적인 세계 속으로 보다 깊게 파고들어가 고독한 방황을 시작하였으며, 인간과 생활을 정확하게 파악하고 새로운 모럴을 수립하기 위하여 노력하고 있다는 것은 힘주어 말할 수 있다. 그 때문에 지금까지보다도, 각 작가가 한층 더 진지하고 냉철한 태도로 문학에 임하여, 조선 문학 본연의 자태를 상세하게 검토·규명하고, 어떻게 해서든지간에 현재의 문학을 보다 충실하게 만들고 이를 더욱 고양시키기 위하여 혼신의 노력을 기울이고 있다. (「조선 문화 통신」)

바꿔 말하자면, 김사량은 조선 문학이 독자적인 길을 걸어나가고 있으며, 작가들도 성실하게 노력을 계속해가고 있다고 보았다. 그 자신의 말을 빌려 표현한다면, "조선 문학의 르네상스를 마련해야 한다는 자각에 이르렀다"(「조선의 작가를 말한다」)는 것이었다. 김사량은 작가들의 그 '자각'이, 고전 문학의 풍요한 언어 유산을 계승하고 그것을 토대로 언어의 통일과 감각의 조탁을 꾀하여, 새로운 현대 조선어를 발견해가려는 노력과 더불어 행해지고 있다는 점을 강조하면서, 그의 민족주의적 입장을 명확하게 드러냈다. 분명히 이즈음의 조선 문학은, 프롤레타리아 문학이 쇠퇴해가는 와중에서도 착실한 진보의 길을 걷고 있었다. 그것은 최남선·이광수 등 소위 노대가들의 손을 떠나, 문예지『문장』『인문평론』등을 근거지로 한 중견 작가들의 노력을 통해 발전하고 있었다. 거의가 조선어로 표기되었기 때문에 어느 정도 통치 권력의 감시의 눈을 피할 수가 있었던데다가, 비록 한계는 있다 해도 창작의 자유가 일정하게 존재하고 있었기 때문에, 발전을 향한 길이 확보되어 있었던 것이다. 따라서 김사량이, 전진을 거듭하는 조선 문학의 담당자들인 중견 작가들의 노력에 기대를 걸고 있었던 것도 무리는 아니었다.

그러나 다른 면에서는, 그의 이러한 기대와는 달리, 조선의 작가들에 대한 통치 권력의 통제가 한층 더 강화되는 가운데, 강권 앞에 굴복하는 작가들이 속출한 것 역시도 사실이었다. 특히 '조선문인협회'의 출현과 더불어 그 현상은 한층 더 박차를 가하고 있었다. 국민정신 총동원 조선연맹(國民精神總動員朝鮮聯盟) 가입을 그 목적의 하나로 하여, 결국 '조선문인보국회'로 개편된 문인협회가 창립 대회를 가진 것이 1939년 10월 29일이었다. 경성일보(1939년 10월 30일)의 보도에 의하면, 그 대회는 "십수 명의 여류 작가를 포함한 약 250여 명"에 이르는 '내선 문사(內鮮文士)'들을 집결시킨 것으로서, "각각의 주장을 갖고 있는 이들이 이렇게 많이 한 당파에 집결한 것만으로도 조선 문단 최초의 일"이라고 할 정도였다. 회의석상에서 회장으로 지명된 이광수의 개회사는 다음과 같았다.

본회의 결성 목적은 일본 정신을 기초로 새로운 국민 문학을 창조하고자 하는 자각에 있으며, 그것을 향한 결심과 그것을 위한 노력에 있는 것입니다. 〔……〕 한마디로 말씀드린다면, 문장보국(文章報國)을 위한 조선 문인들의 새로운 결심 아래 본회가 결성된 것입니다.

일본의 문학이 일본의 국민 문학이어야 함은 물론 조선어로 씌어진 문학도 당연히 이 범주를 넘을 수 없는 것입니다. 일본적인 문학, 이것을 저는 일본인이 창조할 수 있는 유일한 순정(純正) 문학이라 이름 붙이고 싶습니다. 본회 결성의 사명도 여기에 있다고 저는 믿고 있습니다. 이에 본회는 내지인과 반도인을 막론하고 그야말로 내선 일체의 정신을 구현해낸 것입니다.

'조선문인협회' 창립 대회는 가라시마 교(辛島驍), 쓰다 다카시(津田剛), 모모세 기치로(百瀨吉郞), 스기모토 나가오(杉本長夫), 김동환, 김문집, 박영희, 이기영, 주요한, 정인섭 등을 간사로 선출하고 그 막을 내렸다. 조선어로 씌어진 작품이 '일본의 국민 문학이어야' 하며, 조선인 작가의 손으로 씌어진 작품까지도 일본의 국민문학 범주에 편입되며, 조선인 작가의 손으로 씌어진 작품도 "일본인이 창조할 수 있는 유일한 순정 문학"이라는 이 모순에 관해서는 새삼스럽게 거론할 필요가 없다. 그 모순이 이치에 들어맞는 것이라고 통용되었던 시대였기 때문이다. 그보다는 이것이 조선인인 이광수의 발언을 통해 행해졌다는 점이 주목되어야 할 것이다. 그의 발언은 문인협회의 성격을 규정하고 있을 뿐만 아니라, 통치 권력에 대한 조선인 작가들의 예속 성명이라 해도 무방하기 때문이다. 사실상, 문인협회의 결성과 더불어 조선인 작가 대부분이 차례로 여기에 편입되어야 할 운명에 처해 있었다는 것은 말할 필요도 없다. 김사량 자신도 이 그물망을 피할 수 없었음은 물론이다.

그럼에도 불구하고, 김사량은 무엇을 근거로 하여 중견 작가들이 조선 문학을 "보다 충실하게 만들고 이를 더욱 고양시키"는 노력을 하고 있다고 본 것이었을까.

이 의문을 풀기 위해서는 그가 쓴 「조선의 작가를 말한다」와 「조선 문화 통신」을 비교해볼 필요가 있다. 전자는 문자 그대로 조선 문단에서 활약하는 작가들의 소식을 전함으로써 조선 문학의 현황을 알리기 위한 목적 아래 씌어진 것이었다. 김사량이 취급한 작가도, 총화식(總花式)이라는 이름에 어울리게, 이광수를 필두로 하여 염상섭 · 김동인으로부터 이기영 · 장혁주 · 김문집에 이르는 40명 남짓의 작가들이 망라되어 있다. 이석훈 · 김용제 · 박영희 등의 전향 문인 및 통치 권력에 적극 협력하는 작가들도 역시 포함되어 있었다. 그런데 이보다 약 1년 후에 씌어진 「조선 문화 통신」에서는, 순수예술파로 알려진 이태준 · 이효석 · 박태원, 지성파로 알려진 한설야 · 유진오, 고발문학파로서는 김남천, 조선의 이시카와 다쓰조(石川達三)라 불리는 채만식 등 겨우 수명에 그 대상이 국한되어 있었던 것이다. 이 차이가 의미하는 바가 결국은 앞의 의문에 대한 답이었다.

억측을 무릅쓰고 말해본다면, 이 중견 작가들이 조선문인협회를 은신처로 삼음으로써, 그들의 문학 이념을 유지하고 또한 이를 통하여 공동 전선 태세를 유지·지속할 수 있었으면 하는 김사량의 기대가 이곳에 함축되어 있다고 할 수 있지 않을까. 더 나아가, 김사량이 그것을 통하여 강권 앞에서 궤멸되어가는 작가들의 공동 전선 태세의 붕괴를 멈출 수 있는 제동 장치를 마련하려고 시도한 것이라 생각해보더라도 부자연스럽지는 않다. 그 어느 쪽이든간에, 당시 김사량이 그 나름의 가능성을 이곳에서 발견했다는 것은 분명하다. 이미 보아온 바대로, 강권의 박해 와중에 있었던 조선의 작가들은 첫째, 조선어를 수호하는 것, 둘째, 예술성을 수호하는 것, 셋째, 합리 정신을 주축으로 하는 것 등의 세 가지 조건을 기초로 하여 그 공동 전선 태세를 취했다. 김사량은 바로 이곳에서 그 가능성을 발견한 것이다.

첫째 사항은 조선 작가에게 있어서 민족 문학을 유지하기 위한 유일한 기본 조건이 되는 것이었다. 특히 조선어를 통한 사상·감정 표현의 자유가 박탈당할 위기에 몰려 있었던 당시로서는, "그 어휘가 풍부하고 뉘앙스가 뛰어나며" "번역이 거의 불가능한 감각적인 성격의 작품을"(「조선의 작가를 말한다」) 쓰는 순수예술파 작가에게, 조선어를 수호하는 것은 사활이 걸린 문제였다.

두번째 목표는 예술성을 수호하자는 것이었다. 이것은 모든 정치성을 거부하기 위해서였다. 어찌 보면 이것은 민족주의를 내용으로 하는 문학, 마르크스주의를 기본으로 하는 프롤레타리아 문학 등과는 그 본질면에서 모순되어 보인다. 그러나 당시로서는, 이렇게 문학 방면에서 정치성을 극력 배제하는 것이 보다 높은 수준의 정치성을 획득하는 길과 연결되어 있었다. 바꿔 말한다면, 매우 소극적이기는 했으나 이 정치성의 배제가 일본 제국주의를 선전하는 어용 문학에

로의 전락을 막는 방편이 되기도 하였다.

세번째 사항은 주로 평론과 관련된 문제였다. 즉 합리 정신을 주축으로 삼음으로써, 비합리성을 그 체질로 갖고 있는 파시즘에 저항하는 이론적 근거를 구축하려 한 것이다. 따라서 김사량이 이곳에서 그 가능성을 발견한 것은 결코 틀린 것은 아니었다. 그러나 그 공동 전선이 갖고 있는 힘은 통치 권력의 그것에 비해 너무도 미약할 수밖에 없었다. 결국 많은 작가들은 김사량의 기대에도 불구하고 침묵의 심연 속에 빠져들거나 일신의 안전을 도모하기 위해 협력의 방향으로 선회할 수밖에 없었다.

이 기간중의 협동 속에서 조선의 문인들이 남긴 업적은 결코 적지 않다. 또 하나 기억해두어야 할 것은, 조선의 문인들이 신문학 이래 처음으로 공동 전선 태세를 취하고 협동했다는 사실이었다. 그러나 발광하는 세계 파시즘의 멈출 줄 모르는 침략 정책은, 조선 문학이 이와 같은 상태를 오래 지속할 수 없게 하였다. (임화, 「조선 민족 문학 건설의 기본 과제」)

일본의 통치 권력에 대한 조선 작가들의 협력은 이러한 과정을 거쳐 박차를 가하게 되었다. 그 중 중요한 예 하나로 당시 일본어 창작이 유행한 현상을 지적할 수 있다. 1936년 8월 미나미 지로(南次郎)의 조선 총독 취임과 더불어 일본의 조선 통치는 전면적으로 강화되었다. 그 중에서도 특히 이전부터 강요되어온 '국어'(일본어) 상용은 유례없는 강도로 강요되었다. 이에 동반하여 1937년 4월 이후는 중등학교의 조선어 교육이 전면적으로 금지되고 말았다. 이러한 움직임에 대응하여 가야마 미쓰로(香山光郎 = 李光洙), 아오키 교(青木洪 = 洪鐘羽), 『취한 배』에 마키 도오루(牧徹)이라는 이름으로 등장하는 마키 히로시(牧洋: 이석훈) 등 조선 작가들의 일본어 작품 활동도 점점 더 활발해지고 있었다. 1939년에는 기쿠치 히로시(菊池寬)의 주선으로 모던일본사에 의해 '조선예술상'까지 제정되었다.

이것은 내 기억인데, 묘하게도 이 시기 일본의 문학계에는 현격할 정도로 조선 문학의 진출이 두드러졌다.[19]

김달수의 기억 속에 '묘하게' 남아 있는 이 시기란 바로 이것을 가리킨다. 이와 같은 조선 문학의 동향에 대하여, 당연히 일본의 작가들 사이에서도 조선 문학을 일본 문학의 일부로 간주하는 견해들이 분분하게 나오기 시작했다. 이와 더불어 그 표현 수단인 조선어에 대해서 수다한 견해가 발표되었던 것은 말할 필요도 없다. 그 중에서 가장 대표적인 것이 필자를 밝히지 않은 평론 「조선 문학에 대한 하나의 의문」[20]이었다. 이 속에 제기되어 있는 문제는 다음과 같았다.

합병 이래 조선어가 어떠한 변화와 추이 과정을 거쳐 오늘에 이르고 있는가 하는 문제에 대해 나는 조금도 아는 바가 없다. 그러나 한편에서는 국어(일본어: 역자)가 전조선에 걸쳐 보급되고 있으면서도, 다른 편에서는 조선어가 그 본래의 토양에 더욱더 깊이 뿌리를 내리고 있음에 틀림없다는 사실만은 나 역시도 알고 있다. 그렇지 않다면, 조선어로 씌어진 조선 문학——그 언어를 마치 사수라도 하고 있는 듯해 보이는——이 금일 존재하는 의의는 인정될 수 없다.

언어·문자를 통해 성립되는 예술이 민족 고유의 언어·문자를 모태로 하지 않고서는 그 민족의 완전한 사상 감정을 표현할 수 없다고 하는 설(說)을 이 경우에 적용하여 생각한다면 이렇게 될 것이다. 〔……〕 반복한다. 언어·문자를 통해 성립되는 예술——더욱이 일국

---

19) 김달수, 「김사량, 그 인간과 작품」.
20) 『신조(新潮)』, 1940년 5월호.

의 문화에서 중요한 위치를 점하고 있는 문학이, 조선에서는 금일과 같은 존재 방식을 취하지 않으면 안 된다고 하는 사실, 그것은 한 민족이 지닐 수밖에 없는 필연적 숙명임에 틀림없다고 생각되나, 한편으로 이와 관련하여 민족의 혼일(渾一)적 융화라는 것은 어떻게 해결되어야 하겠는가 하는 의문이 일어난다. [강조: 인용자]

이것은 다름 아니라 도덕률 폐기론이다. 이 필자는 우선 한 민족의 완전한 사상 감정을 표현하는 민족 문학이 성립하기 위해서는, 그 기반에 민족어가 존재해야 한다는 긍정적 전제를 제시했다. 이것을 긍정하면서 조선 문학의 존재가 "한 민족이 지닐 수밖에 없는 필연적 숙명"이라고 인정했던 것이다. 그러나, 이렇게 된다면 조선 문학도 식민지 통치 체제에 종속되어야 한다는 그들의 정치적 요구는 부정되는 결과가 생긴다. 이 지점에서 튀어나오는 것이 '민족의 혼일적 융화'라는 것이다. 즉 '내선 일체'이다. 이것은 통치자의 논리에 입각해 있다. 말하자면 민족 문학에 관한 이론이 정당하다는 것을 인정하면서도, 그곳에서 시선을 돌려 통치자의 논리로 진실을 뒤엎으려 했던 것이다. 그러나 이렇다고 해서 진실 자체가 뒤엎어질 리는 없다. 이 필자가 통치자의 논리를 정면에서 휘두르는 방법을 피해, '내선 일체'를 '민족의 혼일적 융화' 등등 에두르는 표현을 사용하는 것, 그리고 의문이라는 형태로 문제를 제기하고 있는 것 등은 모두 그 내적인 가책 때문이라고 할 수 있다. 그것을 입증하는 사실로 다음과 같은 예를 들 수가 있다. 즉 같은 『신조』의 다음호에 실린, 역시 필자를 밝히지 않은 '신조평론(新潮評論)' 속에 들어 있는 「정치상으로 본 만선(滿鮮) 작가」라는 글이 그것이다. 이 글에는 전호의 「조선 문학에 대한 하나의 의문」과 달리 그 정치적 의도가 노골적으로 드러나 있다. 즉 조선 문학은 조선 문학대로 오히려 만주 문학 이상의 정치적인 가능성을 갖고 있다는 것을 잊어서는 안 된다. 지난달의 '신조평론'에도 실려 있었지만, 이광수 이하 조선 작가들이 금일 반도 내에서 실천하고 있는 문학은 조선 문자로 기록한 것이다. 일선(日鮮) 합일이라는 명분에서 볼 때, 이것은 매우 큰 문제다. 용케도 지금까지 국내문제화되지 않았다고 생각된다. 이러한 근본적인 대문제가 소홀하게 처리되어 왔으니, 다른 면들이야 오죽하겠는가. 이러한 현재의 양상이 일본 국내의 대다수 사람들에게 알려져 있지 않을지도 모른다는 의문이 떠오른다. 그런 의미에서도 조선 문학의 번역은 중대한 의미를 갖는다.

이 글이 의미하는 바를 일부러 설명할 필요는 없다고 생각한다. '일선 합일'이라는 명분으로 보더라도 조선 문학의 정치적 가능성, 바꿔 말하면 그 일본화를 촉구해야 하며, 그 동향을 감시하는 일을 태만히 하지 말아야 한다고 촉구하고 있다. 그 때문에 번역의 필요성을 인정하고 있는 것이다. 그런데, 이것이 하야시 후사오(林房雄)에게 오면 그 말솜씨가 매우 정교해진다. 하야시는 '조선의 정신'[21]이라는 제목의 글 속에서 이렇게 말하고 있다.

나는 내지어론자(內地語論者)로서, 조선의 작가가 모두 내지어(內地語)로 쓰는 날이 오기를 바라나, 성급하게 그것을 주장하는 일은 삼가겠다. 먼 장래라도 상관없다. 〔……〕 일본은 조선의 정복자가 아니다. 조선의 정신과 문화적 전통을 올바르고도 강력하게 활용하는 방향으로 언어 문제를 해결하지 않으면 안 된다. 〔강조: 인용자〕

대단히 관용스럽다. 일본이 조선의 정복자가 아니라면, 어째서 조

---

21) 『문예(文藝)』, 1940년 7월호.

선인에게 일본어를 강요할 수 있다는 말인가. 하야시 말대로 "조선의 정신과 문화적 전통을 올바르고도 강력하게 활용하는 방향으로 언어 문제를 해결"한다면, 그것은 당연히 조선인의 유일한 민족어인 조선 어에 의거해야 할 것이다. 나아가 이를 위해서는 식민지 통치라는 현실 역시도 부정되어야 마땅하다. 그런데 하야시는 언젠가는 조선의 작가 모두가 '내지어'로 쓰는 날이 오기를 기대하고 있다. 자가당착 이라는 말밖에는 생각할 수가 없다.

하야시는 일찍부터, 조선 문학에 대한 그의 관심을 "만약 조선 작가의 작품이 조금만 더 일찍 내지에 소개되었더라면, 내지인은 일찌 감치 조선인의 심정과 정신 세계, 그리고 그 장점과 고통과 번민을 이해할 수 있었을 것이다. 그리하여 내선 일체 운동은 보다 더 일찍, 가장 근본적인 형태로 시작되었을지도 모른다"[22]는 방향으로 기술한 적이 있다. 뿐만 아니라, 조선 외에 만주에서도 그 운동을 근본적으로 추진하기 위해, '동아(東亞) 작가 연맹'의 준비를 제창했다. 이것 이 후일 '대동아 작가 대회'로 발전되었다는 것은 더 말할 필요가 없 다. 이외에도 하야시는 조선어 문제에 대해서도 이미 직접적으로 의 견을 표명한 적이 있다. 하야시가 고바야시 히데오(小林秀雄)와 함께 만주 여행을 하던 도중, 경성에서 개최된 '조선 문화의 장래(朝鮮文 化の將來)'에 관한 좌담회[23]에서 한 발언 속에 그것이 제시되어 있다.

이태준 아키다 우자쿠(秋田雨雀) 선생께 묻겠습니다. 아까 조선어 로 쓰건 내지어로 쓰건 아무 상관이 없다고 말씀하셨습니다만, 우리들 에게는 너무나도 중대한 문제이기 때문에, 본론과 상관이 없음에도 불 구하고 질문드립니다. 내지의 선배님들은 우리 조선 작가들이 조선어

---

22) 하야시 후사오, 「동양의 작가들(東洋の作家たち)」, 『문예춘추(文藝春秋)』, 1940 년 4월호.
23) 『문학계(文學界)』, 1939년 1월호.

로 쓸 것을 진심으로 원하고 있습니까. 아니면 내지어로 쓰는 것을 더 원하고 있습니까.

　아키다(秋田)　우리 작가들의 요망, 그리고 대중의 요망으로서, 특히 대상을 대중에 두는 작가는 내지어 쪽이 좋다고 생각합니다.

　〔……〕

　하야시 후사오　국어 문제가 나왔는데, 이것은 매우 중요하다고 생각합니다. 조선의 여러분께 저희 입장을 말씀드린다면, 작품은 모두 내지어로 써주었으면 합니다.

　하야시는 더 나아가, 일본어로 쓰는 것이 '세계 문화를 위하'는 길이 된다고까지 말한다. 따라서 위에서 본 하야시의 관용이야말로 식민지 통치자의 역겹고도 터무니없는 궤변에 지나지 않는다. 이 속에는 "하야시 후사오는 대단히 오해받기 쉬운 사내다"(하야시 후사오, 『낭만주의를 위하여』)라고 기술한 고바야시 히데오의, 그 '오해'에만 그칠 수 없는 것이 숨어 있다.

　이외에도, 일본 작가들 사이에서는 조선 문학과 일본 문학과의 관계를, 영국 문학과 아일랜드 문학과의 그것에 비유한 의견이 나온 적도 있었다. 하야시 후사오도 앞의 좌담회에서 같은 의견을 낸 바 있다. 그러나 결국은 그러한 자그마한 배려마저도 자취를 감추게 되면서, 일본어 창작만 강요되는 추세로 변했다는 것은 주지의 사실이다.

　이상에서 살펴본 바와 같은 일본 작가들의 의견에 대하여, 김사량이 조선인이라는 입장에서 반론을 제기한 것은 당연하다. 그는 우선 「조선 문학에 대한 하나의 의문」과 하야시 후사오의 발언에 대하여, 문제를 세 가지로 좁혀 반론을 전개하였다.

　그 첫째는 조선의 작가가 일본어로 써야 한다는 것에 관해서였다. 김사량은 서두에 이렇게 말했다.

요즈음 언어 문제에 관한 논의들이 무성해졌다. 조선 작가도 모두 내지어로 써야 한다는 논의가 일고 있는가 하면, 일부에서는 조선 문학은 지금이야말로 수난기에 들어서 있다고 하는 듯하다. 그러나 우리는 이 문제에 대해 그렇게 신경질적으로 대응하지 않아도 된다고 생각한다. (「조선 문화 통신」)

김사량은 도대체 어떤 근거에서 이 언어 문제에 대해 신경질적으로 대응하지 않아도 된다고 낙관하고 있었을까. 그것은 우선 김사량이 민족어의 존속에 대해서 그렇게 비관적인 생각을 갖고 있지 않았던 데에 기인한다. 즉 조선 민족이 어떠한 곤경에 처해 있다 하더라도, 민족으로서 존속하고 있는 한 조선어의 멸망은 있을 수 없다고 하는 확신이 있었기 때문이다. 또한 그 확신은, 글을 읽을 수 있는 조선인 중 대부분이 조선 문학 외에는 읽을 수가 없다는 실상에 근거를 두고 있다. 바꿔 말한다면, 이러한 실상에 비춰볼 때, 혹 조선 작가들 모두가 일본어로 작품을 썼다 하더라도 그것은 전혀 의미가 있을 수 없는 행위라고 생각했던 것이다. 이와 같은 생각은 이미 「천마」에서도 제시된 적이 있었다. 그러나 「천마」에서 제시된 그 내용은, 이곳에 제시되어 있는 내용 이상으로 굳은 결의에 차 있으며, 조선어 창작의 의의를 절박하게 호소하는 것이기도 하다.

갑자기 이(李)는 흥분한 나머지 목울대를 울리며
"그건 자명하네" 하고 외쳤다.
"조선어가 없으면 문학이 불가능하다고 하는 게 아니네. 나는 오로지 언어의 예술성만을 위해서 이렇게 말하고 있는 게 아니네. 수백 년이라는 장구한 세월 동안 고루한 한학(漢學)의 중압 아래에서 문화의 빛을 맞이할 수 없었던 우리가, 우리의 귀한 문자 문화에 눈을 떠온 오늘이 아닌가. 이조 5백 년의 악정 밑에 묻혀 있었던 문화의 보옥(寶玉)

을 발굴하고, 그것을 갖고 과거의 전통을 계승하기 위해 과거 30년 간 우리가 피투성이로 노력한 끝에 이만한 조선 문학이라도 일으켜세운 게 아닌가. 이 문학의 빛, 문화의 싹을 왜 우리들의 손으로 다시 묻어 버려야 한다는 건가. 나는 감상적으로 이 문제를 대하는 게 아니네. 진짜 중대한 문제는 조선인의 8할이 문맹이라는 것, 글자를 읽을 수 있는 이 중 90퍼센트에 달하는 이들이 조선 문자밖에 모른다는 사실이란 말일세!"

이곳에서 김사량은 조선어를 단순히 조선 문학의 표기 수단으로만 보고 있지 않다. 조선 민족의 귀중한 문화 유산으로서, 더 나아가서는 민족의 사상 감정을 매개하는 유일한 수단으로 생각한 것이다. 언어 문제에 대한 그의 진지한 태도를 이곳에서 쉽게 확인해볼 수 있다. 이와 더불어, "조선어로 창작하는 것이 비애국적이라고 하는 일파의 말을 우리는 결코 묵과할 수 없다(「조선 문화 통신」)"는 말을 같이 생각해볼 때, 언어 문제에 관한 그의 신념의 정도가 한층 더 강하게 우리의 가슴을 울린다. 그뿐만이 아니다. 앞에 예를 든 말에 뒤이어 제시되는 다음의 일절은 김사량의 민족주의 작가로서의 진가를 드러낼 뿐만 아니라, 그 정치적 자세까지도 엿볼 수 있는 자료라는 의미에서 매우 중요한 가치가 있다.

이와 관련하여 작년 10월 전(全) 조선의 문단인이 시국적인 인식 아래 동원되어, 조선문인협회가 결성된 바 있다. 그러나 만약 조선글이라는 존재 자체가 반국가적이라고 한다면, 이 조직의 임무나 실천의 의의는 도대체 어디에서 찾아야 한다는 말인가.

이 글은, 조선문인협회 창립 대회에서 이광수가 행한 개회사 내용과도 미묘하게 관련되어 있다. 이것은 김사량이 언어 문제를 갖고 문인협회 및 그 배후에 있는 강권력에 대해 정면으로 비판을 한 것이라고 할 수 있다. 그가 일본어로 소설을 썼으며, 이를 통해 일본 문단에서 작가로서의 역량을 인정받게 된 사실을 생각해본다면 이 글은 다소 기이한 느낌을 준다고도 할 수 있겠다. 어쨌든간에 일본 문학이 일본어를 기반으로 해서 존재할 수 있는 것처럼, 조선 문학 역시도 조선어를 기반으로 하여 존재할 수밖에 없다는 것은 의심할 나위가 없다. 그럼에도 불구하고 그가 이렇게 너무나도 자명한 사실을 일부러 강조하고 있는 것은 어째서일까. 그러한 주장이 자칫하면 목숨을 거는 일이 될 수도 있는 것이 바로 그 당시의 상황이었다는 것은 이미 언급한 바 있다. 그것을 알면서도 그는 왜 그것을 반복했을까. 언어 문제에 대한 그의 확신에도 불구하고, 한편으로 심각한 위기 의식에 사로잡혀 있는 김사량의 심리가 이곳에 투영되어 있는 것을 볼 수 있다. 즉 "그렇게 신경질적으로 대응하지 않아도 된다"고 하면서도, 실은 위기 의식 때문에 가슴 밑바닥에서부터 끓어오르는 초조감과 비슷한 감정을 그는 억제할 수가 없었던 것이다.

김사량은 두번째 문제점으로서, 조선어에 의한 조선 문학이라는 명제에서 한 걸음 더 나아가, 조선의 작가가 일본어로 창작할 경우에 발생하는 위험성에 대해서 언급한 바 있다. 이것 역시도 위와 같은 심리 상태와 무관하지 않다. 김사량은 이것을 자신의 창작 체험에 비추어 설명하고 있다.

조선의 사회나 환경에 대한 동기(動機)나 정열이 회복되어, 그것을 통해 포착한 내용을 형상화할 때, 그것을 조선어가 아닌 내지어(內地語)로 쓸 때에는, 아무래도 일본적 감정이나 감각 때문에 작품이 해를 입게 된다. 감각이나 감정·내용은 언어와 결부되어 있을 때에만 비로소 가슴속에 떠오를 수 있다. 극단적으로 말한다면, 우리는 조선인의 감각과 감정을 통해 기쁨을 느끼고 슬픔을 기억한다고 할 수 있겠다.

뿐만 아니라, 뗄래야 뗄 수 없는 관계로 맺어져 있는 조선어를 통하지 않으면 그 표현 역시도 분명하게 맞아떨어지지 않는다. 예를 들어 슬픔이나 욕설 등을 내지 언어로 옮긴다고 한다면, 직관이나 감정을 엄청나게 굴절시켜서 번역하는 수밖에 없다. 그것이 불가능하게 될 때엔, 순연한 일본적 감각으로 바꿔 문장을 만들어나가게 된다. 그러므로 장혁주나 나의 경우, 그 밖에 내지어로 쓰려고 하는 많은 이들은, 그가 의식하고 있든 그렇지 않든간에, 일본적인 감각이나 감정 쪽으로 아예 쓸려넘어가 버리지 않을까 하는 위험성을 느낀다. 말하자면, 원래는 자기의 것임에 틀림이 없는데도 그 이그조틱한 쪽에 현혹되기 쉬운 것이다.

위의 글은 언어와 사유, 언어와 의식에 관한 문제를 포함하고 있다는 점에서 중요한 문제 의식을 담고 있다. 언어가 사유라든가 의식의 형성 등과 불가분의 관계를 맺고 있다는 것은 말할 필요도 없다. 언어란 민족의 성립과 밀접하게 관련되어 있으며, 그것의 발전 과정에서 형성된다. 그러므로 언어란 그 민족의 사상과 감정의 표현은 물론, 그 이전에 사유 내지 의식과 깊은 관련을 맺고 있을 수밖에 없다. 따라서 조선인이 모국어를 떠나 일본어로 사상과 감정을 표현하려 할 때에는, 일반적으로 그 의식 속에서 필연적으로 '번역'이라는 과정이 발생하는 것은 자연스러운 일이다. 그러나 거기에는 위험한 함정도 숨어 있다. 즉 이 '번역'의 과정을 필요로 하지 않고, 일본어로 사유하고 사상과 감정을 그것으로 표현하려고 하는 경우, 게다가 조선어를 그 기초로 하지 않고 조선적인 감정이나 감각을 등한히 할 경우, 자칫하면 "일본적인 감각이나 감정 쪽으로 아예 쓸려 넘어가버릴" 수 있는 위험이 기다리고 있다. 그리고 그 위험한 함정 속에 빠졌을 때에는, "자기의 것임에 틀림이 없는데도 그 이그조틱한 쪽에 현혹되기" 쉽게 되는 것이다. 바꿔 말한다면, 거기에는 조선인인 자신을 조선 민족의 외곽 지대로 몰아내고, 민족이 처한 현실을 방관자적 입장에서 바라보는 위치에 자신을 놓을 수밖에 없는 위험성이 내재되어 있다.

그 예를 장혁주에게서 찾아볼 수 있다. 출세작 「아귀도」를 발표했던 당시에는, 그 역시도 일본어로 쓰는 목적을 아래와 같이 밝힌 바 있다.

조선 민족만큼 비참한 민족은 세계에 유례가 드물 것이다. 나는 이 실상을 어떻게 해서든지간에 세계에 호소하고 싶다. 아무래도 조선어 만으로는 이 목적을 달성하기 어렵다. 범위가 너무 협소하다. 외국어로 번역될 수 있는 기회도 많으므로, 아무래도 일본 문단으로 진출해야 하겠다고 생각했다.[24]

이렇게 말하고 있었다. 이런 한에서는, 후에 다시 거론하는 자리에서 분명해지겠지만, 장혁주 역시 김사량과 동일한 위상에 있었다고할 수 있다. 그러나 장혁주는 「아귀도」로부터 2년이 지난 후, 즉 1934년에는 일찌감치,

내가 일본어로 문장을 쓴다는 사실이 이상할 것은 하나도 없다. 나는 일본어로 생각하고 공상한다. 이것은 내게 자연스러운 일이다. 이 것을 자랑으로 생각하는 것도 아니지만, 모국어를 경시한다는 수치감을 느끼는 것도 아니다. 〔……〕 내가 일본어에 깊은 매력을 느낀 것은 쓰레즈레구사(徒然草)를 읽고 난 뒤부터의 일이다. 〔……〕 호오조키(方丈記)를 읽고, 마스카가미(增鏡)·마쿠라소오시(枕草子) 등을 읽기에 이르면서는 점차 일본어에 집착을 갖게 되었다. 이어 일본의 현

---

24) 임전혜, 「장혁주론」.

58

대 문학을 알게 된 다음부터는 일본어는 내게 없어서는 안 될 존재가
되어버리고 말았다.[25)]

이렇게 언어관에 두드러진 변화를 겪게 된 것이다. 이것이 1939년,
즉 김사량의 「조선 문화 통신」이 씌어지기 전 해에 이르면,

　　예를 들면, 저의 처녀작은 「아귀도」라고 합니다만, 훨씬 이전에 이
작품에 대해 이러한 글을 쓴 적이 있습니다. 대강을 제시하면 조선의
빈고(貧苦)의 정(情)을 세간에 널리 알리고 싶다, 오로지 이것만을 위
해서 이 작품을 썼던 것이다, 라고. 〔……〕 그 작품을 쓰고 있었던 당
시는 마침 프로 문학 전성기의 말기였습니다. 그래서 제가 프로 문학
의 영향을 받고 있었던 것은 물론이었습니다만, 고백하자면 저는 마르
크스주의자가 아니고 아나키스트였습니다. 〔……〕 저는 교묘하게도
구라하라 고레히토(藏原惟人)의 문학 이론이나 고바야시 다키지(小林
多喜二), 마에다가와 고이치로(前田河廣一郎) 등의 모든 프로 문학의
옷을 빌려입었습니다. 여기에 심리상의 거짓이 하나 있었습니다. 그리
고 조선의 빈곤상을 세간에 널리 알리고 싶었던 데에는 거짓은 없었습
니다만, 이렇게 심각한 소재이기 때문에, 독자(현상 選者와 발표 후의
비평가 등)에게 상당한 반향을 줄 것임에 틀림이 없다, 이렇게 은밀히
바라고 있지 않았다고는 할 수 없습니다. 빈고에 빠져 있는 농촌민들
을 나의 출세에 이용했다는 사실은 모르는 체 제쳐놓고, 그저 세간에
널리 알려지고 싶었기 때문에, 썼다 하는 일면만 과장해서 감상을 쓰
거나 했습니다만, 〔……〕 지금은 생각만 해도 부끄러워지는 「사코다
농장(迫田農場)」 등 르포를 썼고 그 외에 프로 소설을 5, 6편 썼습
니다.

---

25) 장혁주, 「나의 포부(我が抱負)」, 『문예』, 1934년 9월호.

이것은 하나의 예입니다만, 그렇게 빌려입었다는 심리상의 거짓은 의외에도 일찌감치 저의 소설을 숨막히게 만들어버렸습니다.[26]

이렇게 「아귀도」에서부터 시작되는 장혁주의 작품 속에서는 가장 긍정적으로 평가될 수 있는 초기작들을 전면적으로 부정하는 지점에 까지 그는 변화해나가고 있는 것이다. 여기에는 "자기의 것임에 틀림이 없는데도 그 이그조틱한 쪽에 현혹되"어버린 장혁주의 모습이 있다. 그 얼굴이 있다. 김사량이 그 글 속에서 장혁주에 대해서 거론했을 때, 추악하게 변모해버린 그의 얼굴을 떠올렸을 것이라는 것은 상상하기 어렵지 않다. 또 그 때문에 더 한층, 그 위기──일본어 창작이 민족 의식을 박탈하게 되는──를 경고하는 의미를, 여기에 넣은 것이라 해도 틀림은 없을 것이다.

세번째로 김사량은 이외에도 일본 문단에서 나온, 일본 문학과 조선 문학의 관계를 영국 문학과 아일랜드 문학과의 관계에 비유한 의견에 대하여 다음과 같이 반론했다.

가와카미 데쓰타로(河上徹太郎)는 조선 문학에 접한 뒤 그 감상으로 세계 문학이 저 20세기라는 시대에 지방적으로 꽃을 피웠다고 쓴 바 있다. 또 구메 마사오(久米正雄)나 하야시 후사오는 조선 문학이 아일랜드 문학에 비길 만하다면 이 이상의 좋은 일은 있을 수 없다는 의미의 말을 한 바 있다. 〔……〕 그러나 지금까지 조선 문학은 좁은 영역 속에 갇혀서 자신의 육체를 구축하는 데 급급했던 나머지, 영국 문학과 아일랜드 문학의 관계가 그랬던 것처럼, 일본 문단과 그 정도로 밀접한 관계를 가지지는 못했다. 그것을 상호간에 교류시키는 데에서부터, 이제부터의 문제가 생기는 것이다.

---

26) 장혁주, 「나의 소설 수업(私の小説勉強)」, 『문예』, 1939년 11월호.

즉 지금은 때가 아니라는 것이다. 그러나 '이제부터의 문제'라 하더라도, 김사량이 이제부터 이것을 승락하지 않을 것이라는 것은 불을 보는 것보다도 뻔한 일이다.

일본 작가들이 어찌했건간에, 이광수 등의 적지 않은 조선 작가들이 일본 정신에 기초한 새로운 국민 문학 건설을 자각하자고 호소하면서, 일본적 문학의 창조를 제창하고 있는 것과 김사량의 이것은 엄청난 차이가 있다. 쌍방의 태도가 보여주는 현격한 차이로부터 눈을 돌릴 수가 없다. 동시에 이렇게까지 민족적 입장을 고집하는 김사량이, 어째서 일본어로 작품을 쓰려고 하는가 하는 의문을 새삼스럽게 품지 않을 수 없다. 이에 대한 해답을 김사량의 평론 속에서 찾아보도록 하자.

진리는 어디까지나 진리여야 한다. 그러나 나는 여러 가지 불편을 감수하면서도 내지어로 쓰고 있는 이들이나, 또 장차 내지어로 쓰려고 하는 이들의 입장도 이해하지 않으면 안 된다고 생각한다. 어째서인가. 나는 현재 어떠한 희생을 치르고서라도 자신의 언어로 말을 걸어야 할 넓은 독자층을 갖고 있으면서도, 그것을 제쳐놓고 일부러 내지어로 쓰고 있는 이들에게는, 절대적으로 그 당사자들에게 어떤 통절(痛切)한 심적 동기가 있을 수밖에 없다는 것을 전제해 마땅하다고 생각하기 때문이다.

그렇다면 그의 전제, 즉 '어떤 통절한 심적 동기'란 무엇인가. 한 미디로 말하지면 그것은 조선인의 생활과 감정을 일본인에게 널리 이해시키고 싶다는 것에 다름 아니었다. 즉

조선의 문화나 생활과 감정을 내지의 독자에게 더 적극적으로 알리

려고 하는 동기, 혹 다른 의미에서 말한다면 조선 문화를 내지나 동양
이나 세계 차원으로 넓혀가기 위해서, 미력하나마 그 중개자로서의 수
고를 맡고 싶다는 동기 등도 그것일 것이다.

이것은 아까 거론한 내용 속에서 장혁주가 자신의 초기 창작의 목
표라고 밝혔던 내용과 거의 동일한 위상을 갖고 있다. 김사량은 이와
같은 심적 동기를 갖고, 일본어 창작이 가능한 작가들만이 민족어 창
작을 행하는 한편으로, 훌륭한 일본어로 또한 적극적으로 작품을 써
서, 이것을 일본 문단에 내보내야 한다고 주장했던 것이다. 뿐만 아
니라, 그 작업을 적극적으로 추진하기 위한 의도에서 전문가들로 구
성된 번역 기관의 설치도 제창했다.

김사량의 이러한 의견들을 새롭게 검토해본다면, 그는 일본 제국
주의의 식민지 통치하에 있는 조선의 현실과 그 속에서 삶을 영위하
고 있는 조선인의 감정, 민족 고유의 문화적 전통 등을 널리 알리기
위한 목적이 있을 때에만 일본어 창작을 허용할 수 있다고 생각했다
는 결론이 된다. 더 나아가 그는 "내지의 문단이 조선 문학자에게 호
소하는 이유도 거기 있을 것이라고 생각"했다. 김사량의 이러한 생각
은, 이미 보아온 「천마」에도 반영되어 있다. 그리고 「천마」의 그것은
평론에 제시되어 있는 그것보다 상당히 직접적이다.

"에에, 됐네" 하고 이(李)는 눈을 감고 기운을 누르려고 애쓰면서 떨
림을 감춘 신음하는 듯한 목소리로 계속했다. "조선어로 창작하는 것
이 이 사람들(조선 동포)에게 문화의 빛을 제공하기 위해서도, 또 그
들을 즐겁게 하기 위해서도 절대적으로 필요하다는 것은 더 논할 필요
가 없는 게 아닌가. 지금도 조선 문학의 3대 신문은 문화적 역할을 홀
륭하게 다하고 있고, 조선 문학의 잡지나 간행물도 민중의 마음을 풍
요하게 하고 있네. 조선어는 분명히 규슈(九州) 방언이나 도호쿠(東

北) 방언류와는 다르네. 물론 나는 내지어로 쓰는 것을 반대하는 게 아니네. 적어도 언어의 쇼비니스트는 아니란 말일세. 쓸 수 있는 우리의 생활과 마음, 예술을 널리 전하기 위해 매진해야 하지 않겠는가. 그리고 내지어로 쓰는 것이 싫은 이, 혹은 실제로 쓸 수 없는 이의 예술을 위해서는, 이것을 이해하는 내지 문화인의 지지와 후원 아래, 해마다 좋은 번역 기관에 의뢰하여 소개가 가능하도록 노력하는 게 좋을 것이네. 내지어로 쓸 바에는 붓을 꺾겠다고 하는 일파의 주장 같은 것은 언어 도단일세." 거기서 급히 탁자를 내려치고 일어섰다.

김사량도 말하고 있는 바처럼, 조선 문학이 조선어로 씌어져야 한다는 것은 의심할 여지가 없는 진실이다. 그리고 그것을 일본의 독자들에게 널리 알리기 위해서 적절한 번역 기관을 설치하는 것 역시도 필요하다. 1940년 적총서방(赤塚書房)이 발행한 『현대 조선 문학 선집』 전3권, 신건(申建) 편역으로 교재사(教材社)에서 출간한 『조선 소설 대표작집』 등은 바로 그 가능성을 드러내는 좋은 예였다.

그러나 상황은 과연 어디까지 그것을 허락했을까. 즉 "내지 문단이 조선 문학자에게 호소하는 이유"가 김사량이 말하는 그곳에 있었는가 하는 것이다. 이것은 상황인식면에서 그에게 커다란 착오가 있었다는 것을 분명하게 드러내고 있다. 진실은, 앞에 예를 든 하야시 후사오의 발언들이나 「조선 문학에 대한 하나의 의문」 등에 잘 드러나 있다. 즉 '내지 문단'의 호소가 그 밑에 감추고 있는 진짜 속셈은, 조선 문학을 일본 문학에 동화 혹은 예속시키려는 것이었다.

그중에서도 특히 상황인식면에서 김사량이 저지른 가장 큰 착오는 당시 조선 문화계의 동향을 슈투름 운트 드랑이라고 본 데에 있었다. 이미 논한 바와 같이 김사량은, 일본의 침략을 받은 전후 30년 동안, 조선에서 민족적인 것에 대한 자각이 급격하게 높아지면서 이것을 촉구하는 움직임이 문화계에서 활발하게 논의되는 것을 보고 슈투름 운트 드랑으로 판단했다. 분명히 현상적으로 드러난 그것은, 김사량의 눈에는 독일의 그것을 연상시키는 것으로 비쳤는지도 모른다.

예를 들면 가메이 가쓰이치로(龜井勝一郎)도 슈투름 운트 드랑에 대해 이렇게 쓴 바 있다.

　　어느 민족이 정신적으로 한 단계 높은 곳에 도달하는 경우, 그 민족은 항상에 위기에 직면한다. 왜냐하면 정신의 상승은 크건 적건간에 그 고유의 전통을 변형함으로써만 가능하기 때문이다. 금일, 세계 문화에 뭔가 기여를 하고 있는 민족은 모두 이 위기를 돌파할 수 있었던 민족이라고 할 수 있을 것이다. 독일은 18세기에 질풍노도적 시대라는 혼돈의 한 시기를 통과하고, 고대 그리스·로마에 적극적으로 임함으로써 자신의 문화적 여명을 완성했다. 〔……〕 민족의 문화력이란 그 고유의 전통을 지속적으로 변형하고 상승시키는 발랄한 정신을 의미한다. 환언하면 이민족의 문화적 재보(財寶)를 섭취하고, 이것을 우리 것으로 만드는 거대한 정신적 소화력에 다름 아니다. (「인간 교육」)

18세기 후반 독일에서 일어난 이 낭만주의 운동에 관해서는 많은 설명이 필요하지 않을 것이다. 시민 계급의 활동과 그 상승을 저지하는 계몽주의에 대한 강렬한 반항이 주로 사상과 문예 영역에서 발생한 이 낭만주의 운동은, 위대한 괴테와 쉴러를 세상에 내보낸 것으로도 이름이 높다. 대학에서 독일 문학을 공부한 김사량이 이것에 매료되어 조선의 그것을 슈투름 운트 드랑에 비겨보았다는 것은 그렇게 부자연스러운 일이 아니다. 그러나 그 독일 낭만주의자들이 직면했던 현실 사회의 제조건과 김사량이 놓여 있었던 조선의 실정을 동일시할 수는 없다. 당시의 독일, 즉 프러시아든 오스트리아든 바이마르든간에 이들은 모두 독립 주권을 행사하는 왕국이며 공국(公國)이었다. 바꿔 말한다면, 일본의 식민지 통치 체제하에 있었던 조선의 경우, 김사량이 말하는 식의 진실한 질풍노도 시대를 맞이하기 위해서는, 민족의 해방과 국토의 독립이 필수 불가결한 조건으로 존재해야 했다. 그것을 쟁취한 뒤, 그 기반 위에 서 있어야 비로소 그 정신의 진취적 지향이 가능해진다. 하물며 식민지 조선 민족으로서는 '이민족의 문화적 재보'를 섭취하는 것은 고사하고 자기의 '문화적 재보'를 침략자의 파괴로부터 지키는 것조차 용이하지 않았다. 상황 인식과 관련된 김사량의 기본적인 착오가 바로 여기에 있었다고 할 수 있다. 그 착오 외에, 이 지점에서 또 하나 확인해두어야 할 것이 김사량의 낭만주의자적인 측면이다. 이것은 그의 작품을 검토해가는 과정에서 중요한 논의 대상이 된다.

상황 인식과 관련된 착오가 있었음에도 불구하고 자신의 판단이 정확하다고 확신하면서, 조선 민족이 처해 있는 엄혹한 현실을 타개해가기 위해 김사량이 전력을 다했던 것은 의심할 바 없는 사실이었다. 민족주의자로서의 그의 진면목을 그 작품 속에서 확인하는 것은 그렇게 어려운 일이 아니다. 상승 지향과 하강 인식의 접경 지점에서서 몸부림치는, 한 명의 성실한 조선 민족 작가의 모습을 확인하는 것 역시도.

제2장
도일(渡日), 일그러진 청춘

    한 사람의 조선인 작가인 김사량이 일본 식민지 통치하에 있었던 당시 조선의 문화 상황을 어떻게 보고 있었으며, 또 이에 어떤 방식으로 대응하려 했는가와 관련된 내용들은 이미 살펴보아온 그대로이다. 그러나 김사량은 왜 일본으로 건너갔으며, 또 무엇을 계기로 하여 작가의 길을 걷게 되었을까. 우선 김사량이 일본에 건너가게 된 경위부터 살펴보기로 한다.

    반복하지만, 김사량은 과연 어떤 사정이 있어서 이 일본으로 건너가게 되었을까. 당시 일본으로 건너간 조선인 유학생들처럼 그 역시도 소위 입신 출세를 노리고 있었던 것일까. 조선인에 국한하여 말한다면, 보통 유학생이라 불리는 그들 대부분은 도쿄 혹은 일본 유학을 마치고 일정한 직업을 얻을 것을 목적으로 삼고 있는, 말하자면 청운의 뜻을 불태우고 있는 이들이었다. 이것은 당시로서는 매우 일반적인 풍조였다. 그들 유학생은, 조선인의 빈곤——한국이 일본의 식민지로 전락한 사실을 포함한——의 원인이 새로운 학문이 없었기 때문이라고 생각하고 있던 부모들의 한결같은 희망을 등에 업고 있었다. 그 부모들은 자식 중 하나에게는 강제로라도 신학문을 배우게 해야겠다, 그것이 그들을 가난에서 해방시켜주는 길로 이어질 것이다, 라는 기대를 갖고 있었다. 그리하여 내 자식의 세상에 새로 떠오를 태양을 학수고대하면서, 전답은 물론 집까지 저당잡혀 마련한 돈을 송금하였다. 그러나, 이 기대가 얼마나 허망했는가는 구차하게 말할 필요가 없다. 고학 생활을 이어가야 했던 유학생들 대부분은 학비 조달 문제로 좌절하고 있었다. 설령 무사히 유학을 마쳤다 하더라도 기적 따위가 일어날 리는 만무하였다. 조선인이라고 하는, 단지 그 이유 하나 때문에 제대로 된 직장에 취직할 길이 가로막혀 있었기 때문이다. 이런 의미에서 그들이 민족 의식을 불태우면서 계급적 자각의 길로 나아간 것은 당연한 일이었다. "조선 사회에서 이지적인 정열가로서 패기를 지니고 있던 거의 모든 자들이 민족주의와 공산주의로 달려갔다"(『조선 사상계 개관』)고 하는 이유가 여기 있었다. 그러한 주인공의 모습을 문학 작품 속에 정착시켜 귀향 후 그들이 전개한 투쟁을 묘사해낸 것이 다름아닌, 조선 프롤레타리아 문학이 낳은 최고의 걸작 중의 하나로 손꼽히는 이기영의 장편『고향』(1933년)이었다. 김사량의 「천마」의 주인공인 겐류에게서도, 그의 뜻과 달리 좌절의 과정을 밟을 수밖에 없었던 조선인 유학생들의 모습의 일단이 발견된다. 김달수 역시도 부모들의 간절한 기대에 부응하기 위해 처절한 야망에 몸을 불태우는 조선인 유학생 군상을 서경태(西敬泰) · 윤종개(尹鐘介) 등『현해탄』의 등장 인물을 통해 보여준 바 있다.

그러나 김사량의 도일(渡日)은 이 일반 유학생들과는 방향을 달리하고 있었다. 어쨌든간에 그는 고학을 할 필요가 전혀 없었다. 뿐만이 아니었다. 일본 유학 자체가 그의 본뜻이 아니었던 것이다. 「에나멜 구두의 포로(エナメル靴の捕虜)」「어머님께 드리는 편지(母への手紙)」등의 수필에서도 분명하게 볼 수 있듯이, 그는 북경(北京)에 있는 대학으로 유학가는 것을 꿈꾸고 있었다. 뿐만 아니라 언젠가는 미국으로 건너가겠다고 생각하고 있었다.

외출 시간에 앞서, 나는 내가 알고 있는 중국어 단어 몇 개를 점검

해보아야 했다. 중국어라고는 하나 그저 적당하게 공부한 기억밖에는 없었다. 중학 4년 때에 틈틈이 강습회 등에 나가 배운 것과 대학에서 선택 과목으로 한 학기 청강한 정도가 전부였다. 중학 시절 나는 유난히도 이 북경으로 유학 오고 싶었다. 북경의 대학을 나와 미국에 가고 싶었다. 그런 이유로 해서 나는 북경에 관한 것은 전부터 도서관에서 상세하게 조사해둔 바 있었다. 그러므로 북경에서 우선 무엇을 봐두어야 하는가 정도는 미리 알고 있었다. 나는 양차(洋車)를 불렀다. 그리고 북경 대학! 하고 외쳤다. 운전수는 알아들었다. 곧장 차를 몰았다. 그러면 그렇지, 이 정도는 통하는구나, 나는 생각했다. 그러나 나는 북경 대학을 향하여 북해공원(北海公園) 앞을 달리면서 내가 정말 이 대학에 다니고 있었다면 지금 어떻게 되어 있을까 하고 고소를 머금을 수밖에 없었다.

대학은 의학부 외에는 모두 폐쇄되어 있었다. 학생들은 모두 전장(戰場)에 나갔다고 한다. 나는 어느 날 만수산(万壽山)에 있는 연경대학(燕京大學)에도 가보았다. 그곳은 내 종형(從兄)이 공부했던 곳으로서 꽤 아름다운 미국계 학교였다. 나도 아차 했더라면 여기서 공부할 뻔했구나, 이렇게 생각하니 감개가 무량했다. 독일계 보인대학(輔仁大學)에도 가보았다. S교수의 부인과 나는 일찍부터 친교가 있었다. 교수의 말로는 학생들이 지금 비통한 고민에 빠져 있다는 것이었다. 카톨릭 계통의 학교인데다가, 학생들이 모두 교인이고 하니 아마도 전장에 나갈 기력들이 없었던 것이 아닐까. (「에나멜 구두의 포로」)

1939년(소화 14년), 도쿄 제국대학 문학부를 졸업한 김사량은 그해 여름, 북경에 놀러간 적이 있었다. 이때의 견문 등을 가벼운 수필풍으로 정리한 것이 「에나멜 구두의 포로」였다. 그해 9월, 잡지 『문예수도』에 게재된 이것은 일본어로 활자화된 김사량 최초의 작품이기도 했다. 이 최초로 활자화된 수필 속에서 그는 중학 시대를 이렇게 회상하고 있다. 여기에서 추측 가능한 것은 북경 유학에 대한 김사량의 집착이 얼마나 강했는가 하는 점이다. 그는 북경 유학 준비로서, '엉터리'이기는 했지만 중학교 4학년 때부터 일찌감치 중국어 강습을 받고 있었다. 그는 북경 시가 안내문까지도 머릿속에 담아두고 있었으며, 더 나아가서는 비록 단기간이었다고는 하나 도쿄 제국대학 입학 후에도 중국어 강의를 받고 있었던 것이다. 이것은 그 집착의 정도를 엿볼 수 있는 단서라고 할 수 있다. 또 중학교 4년생이었던 당시 김사량은 진학을 희망하는 대학까지도 구체적으로 염두에 두고 있었던 듯하다. 일찍이 종형이 그곳에서 공부한 적이 있다는 점, 그리고 김사량이 미국행을 꿈꾸고 있었다는 점 등을 합쳐서 생각해본다면, 그의 의중에는 미국계인 연경대학이 들어 있었다고 보아도 거의 틀림이 없을 것이다. 그 자신도 "나도 아차 했더라면 여기서 공부할 뻔했"다고 진술한 것은, 이러한 추측을 뒷받침하는 유력한 증거일 것이다. 김사량이 카톨릭계 보인대학의 S교수 부인과 친교가 있었던 것은, 그의 어머니와 누나 · 처 등이 독실한 기독교 신자였기 때문이었던 것으로 보인다. 어쨌든 김사량이 그가 희망하는 바대로 북경이나 미국으로 유학을 간다고 하더라도, 경제적인 면에서는 하등의 곤란이 있을 수가 없었다. 즉 그는 고학을 할 필요가 전혀 없었던 것이다. 그가 일본으로 건너갔던 시점에서도 그러한 사정에는 변화가 없었다. 들리는 바에 의하면 김사량의 생가는, 그의 일족을 포함하여 평양에서 손꼽히는 대지주 혹은 실업가였다고 하기 때문이다. 또 그의 처가인 최씨 일가도 김사량의 생가에 뒤지지 않는 굴지의 자산가(資産家)였다고 한다. 따라서 이 방면에서의 어려움은 전혀 생각할 수 없는 것이다. 상식적으로 생각해보아도, 김사량의 형인 김시명(金時明)이 교토 제국대학(京都帝國大學) 법학부에서 공부하고 있었으며, 여동생이 '경성의 전문학교'[1]에서 공부했다는 것, 종형이 연경대학에서 유학했다는 점 등으로 미뤄볼 때, 그가 소위 부르주아 계급에 속

해 있었다는 사실은 틀림이 없다. 그러한 사실은 히로쓰 가즈오(廣津
和郎)의 다음과 같은 글을 보아도 입증되는 바다.

　　우리는 평양에 3일간 머물렀는데, 김사량군으로부터 정성스러운 대
　접을 받았다. 그래선지 그때의 기억들이 지금도 아름답게 남아 있다.
　　평양은 꽃천지였다. 벚꽃이 만개한 어느 언덕 위에서 징기스칸 요
　리를 대접받고 있었는데, 그 언덕 부근을 지나는 여성들 중에, 일본식
　으로 말하자면 얼굴이 갸름한 교토식 미인이 많았던 것으로 기억하고
　있다. 또 기생 학교 바로 옆에 있는 요정(그 요정은 김사량군의 집에
　서 돈을 주고 빌린 것이라 한다)에서 저녁 식사 초대를 받았다.[2]

이 글은 히로쓰가 마미야 모스케(間宮茂輔)와 함께 만주로 향하던
여행 도중에 평양에 들렀던 때의 기억을 쓴 회상문의 일절이다. 히로
쓰 등의 방문이 있고 난 뒤 1년 후, 즉 1942년(소화 17년)에는 유아사
가쓰에(湯淺克衛), 야스타카 도쿠조(保高德藏), 『신조(新潮)』 편집장
이었던 나라사키 쓰토무(楢崎勤), 미우라 이쓰오(三浦逸雄, 미우라 슈
몬[三浦朱門]의 부친) 등도 북조선을 여행하다가[3] 역시 평양에서 김
사량으로부터 3일간을 이 요정에서 환대받았다고 한다. 유아사의 말
에 의하면, 이 요정은 대동강의 절경 근처에 있었는데, 김사량의 모
친이 경영하고 있었던 곳으로 평양 제일이라는 명성을 갖고 있었다
고 한다. 김사량의 모친은 이 밖에도 평양 시내에서 백화점을 경영하
고 있었으며, 그 지점망이 통화(通化) 등 멀리 만주 각지까지 미치고

　1) 김사량, 「고향을 생각한다(故鄕を思ふ)」, 『지성(知性)』, 1941년 5월호.
　2) 「평양──김사량의 추억들(平壤──金史良のことども)」, 『속 세월의 발자취(續 年
　　月のあしおと)』, 강담사(講談社).
　3) 나라사키 쓰토무는 "소화 19년 연말, 조선 시찰에 나섰다"고 쓰고 있다. 『작가의
　　무대 뒤(作家の裏舞臺)』, 요미우리 신문사(讀賣新聞社).

있었다고 한다. 김사량이 동경에서 "창작 때문에 부인을 평양에 돌려 보내고 나서는 한층 더 부지런히 창작 삼매에 빠"⁴⁾질 수 있었던 것도 (소화 16년) 이러한 경제력에 기인하는 바가 컸다.

이럴 정도로 경제력면에서 복 받은 가정 환경에서 자라난 김사량이 어째서, 또 오랫동안 품어왔던 희망을 버리고, 북경의 대학에 진학하지 않고 일본으로 건너갔는가.

김사량은 본명이 김시창(金時昌)으로서, 평양부(平壤府) 인흥정(仁興町) 458의 84번지에서 태어났다. 이 김사량이 일본에서 문학 방면에서 사숙한 야스타카 도쿠조는 이 사이의 사정을, 중학생 시절 김사량이 광주 학생 사건에 휘말렸기 때문이라고 설명⁵⁾하고 있다. 즉,

> 그는 평양 태생으로, 일본식으로 말하자면 그가 중학교 4학년 재학 시에 광주 학생 사건이 일어났다. 〔……〕 광주 사건이 발생한 원인은, 식민지를 멸시하는 재조(在朝) 일본인 자제들이 조선인 학생을 모욕한 데에 있었다. 김사량으로서는 묵과할 수가 없었을 것이다. 그는 일군(一群)의 리더가 되어 격돌 현장으로 돌진했다. 그러나 일본인들의 뒤에는 관헌 세력이 버티고 있었다. 김사량 등은 뿔뿔이 흩어졌다. 〔……〕 김사량은 그 노인〔숨어 있던 집의: 인용자〕으로 하여금 친척 집의 상황을 살펴보게 하였는데, 노인은 트렁크에 양복과 돈을 갖고 돌아왔다. 관헌이 지키고 있으니 집에는 절대로 돌아올 생각 마라, 그리고 교토 대학에 가 있는 형에게 연락해서 일본으로 건너갈 방법을 생각해보라는 전갈도 함께 갖고 왔다. 〔강조: 인용자〕

1929년 11월 3일, 남조선의 전라도 광주시에서 발생한 이 사건은

---

4) 야스타카 도쿠조, 『김사량 작품집(金史良作品集)』 서(序), 이론사(理論社).

5) 야스타카 도쿠조, 「광주 학생 사건과 김사량(光州學生事件と金史良)」, 『조선시보(朝鮮時報)』, 1961년 11월 4일.

중국의 5·4운동에도 영향을 미쳤을 정도였는데, 통학 도중 일본인 중학생이 차 안에서 마주친 조선인 여학생을 조롱한 데에서 발단이 되었다. 그리고 이것은 그날 저녁부터 조선 민중의 마음속 깊이 쌓여 있었던 반일 감정에 기름을 붓는 결과를 야기했다. 사건은 순식간에 전국으로 확대되어, 소학생으로부터 대학생은 물론 일반 민중까지 포함하여 각지에서 일제히 민족적 반일 항의 행동으로 표면화되었다. 따라서 평양고등보통학교(중학) 재학중이었던 김사량이 적어도 이 사건으로 인해 자극을 받았을 것은 의심할 바 없다. 그러나 야스타카가 말하는 바처럼, 사건 발생 소식을 들은 김사량이 즉각 "일군(一群)의 리더가 되어 격돌 현장으로 돌진했다"는 것은 정확성이 결여되어 있다고 할 수 있을 것이다. 왜냐하면 사건 발생을 안 직후 북조선의 평안남도 평양에서 남조선의 광주시까지 달려갔다는 것은 신기(神技)로도 불가능할 뿐 아니라, 물리적으로도 불가능하기 때문이다. 어쨌든 각지에서 항의 데모가 일어남과 동시에 엄중한 경계 태세에 들어간 총독부와 관헌의 매서운 눈길을 빠져나와 '일군'을 끌고 조선의 최남단 가까이에 있는 광주까지 달려가는 것은 지난(至難)한 일이라고 할 수밖에 없다. 물론 김사량 등 일군의 학생이, 평양 시내에서 그러한 행동에 돌입했을 가능성을 생각할 수 없는 것은 아니다. 그러나 이와 관련하여 명확히 밝혀져 있는 것은 다음해인 1월 12일, 숭실전문학교를 중심으로 한 평양부 내 각 중학교 학생들의 항의 데모에 김사량도 참가했다는 사실뿐이다. 그는 이때의 체험을, 후일 김달수에게 이렇게 말한 바 있다.

　　중학생 김사량은 칼을 찬 제복의 순사에게 쫓겨서 이 골목 저 골목으로 도망다닌다. 뒤에서는 숨이 턱에까지 차오른 늙은 조선인 순사가 바짝 뒤쫓아온다. 뒤쫓아오는 순사는 조선어로 이렇게 외친다.
　　"얼른 내빼라! 얼른 내빼라!"[6]

야스타카가 말한 바와 같이, 당시의 반일 항의 데모에 참가하였다는 이 사실이 직접적 원인이 되어 김사량이 일본으로 건너간 것은 결코 아니다. 이에 관한 사항은 김사량 자신의 글을 인용해두는 것이 가장 좋을 것이다.

제가 처음으로 기차에 몸을 실은 것은 17세 때, 추운 12월의 어느 날이었습니다. 당신 홀로 남의 이목을 피해가며 저를 어느 작은 역까지 데려다 주셨습니다. 그때 저는 5년 간이나 다녔던 중학교의 단추를 한 개도 달고 있지 않았습니다. 모자도 쓰고 있지 않았습니다. 당신께서는 저의 머리에 당신의 솔을 둘러주시며 우셨습니다. 저도 화악 울음이 터져나왔습니다. 중학교를 졸업하면 곧바로 북경의 대학에 진학했다가 미국으로 건너가려 했던 제가, 남행 열차에 타고 있는 것입니다. 하나의 소년적인 반발 때문이었을까요. 나도 이제 고등학교에 간다, 남의 이목을 피해 달아나야 했던 저는 이 기분 하나만을 의지하고 담대하게 기차에 오를 수 있었습니다. (「어머님께 드리는 편지」)

이것은 소설 「빛 속으로」가 아쿠타가와 상 후보작에 오르면서 수상식에 초대를 받고 참석했던 그가, 수상식장의 이모저모를 전하기 위해 그의 어머니에게 올린 편지의 일절이다. 처음으로 일본에 건너가게 되었던 당시의 사정을 그는 이렇게 회상하고 있었던 것이다. 여기에는 일본에 건너오는 것이 당시 그가 갖고 있었던 속심과 얼마나 거리가 멀었는가가 소상하게 드러나 있다. 우선 "남행 열차에 타고 있"다는 표현 속에서 그것을 알 수 있다. 평양으로부터 북경~미국으로 가는 지리적 거리와 도쿄로 가는 거리는 비교할 필요조차 없다. 그에

---

6) 김달수, 「김사량, 그 인간과 작품」.

게 일본~도쿄 쪽으로 가는 것은 그렇게 먼 여행길은 아닐 터이다. 그럼에도 불구하고 그는 힘주어 "남행 열차에 타고 있"다고 하는 것이다. 그의 이러한 심리적 반동은, 뜻하지 않게 식민지 지배국인 일본으로 건너갈 수밖에 없게 되었던 조선인으로서의 울분과, 일본행이 북경 유학의 의지에 반하는 것이라는 사실에서 오는 심리적 거리감이 이중으로 투영되고 있기 때문일 것이다. 바꿔 말한다면, 만주에는 어머니가 경영하는 백화점 지점들이 여러 개 있었다. 더 나아가 북경 유학은 그 후의 미국 유학, 말하자면 자유로운 장래를 보장해주는 상징으로서, 그에게는 움직일 수 없는 사실이어야 했다. 그러했기 때문에 북행 열차에 오른다는 것은 그에게 저항감이 적은 사실이었을 뿐만 아니라, 거리적인 감각에서도 그는 북경을 가까운 곳으로까지 느끼고 있었던 것이다.

이를 뒷받침하는 증거를 히로쓰 가즈오의 글에서 다시 한번 확인해볼 수 있다. 히로쓰는 다음과 같이 진술하고 있다.

우리는 김사량군의 친구들과 함께 거리를 거닐었다. 다방에 들어가 이야기도 나누었다. 그 청년들의 일본어는 완벽한 표준어였다. 문맥 표현도 정확하였으며 탁음(濁音)의 발음에도 아무 하자가 없었다. 나는 물었다.

"언제 동경에 오셨던 적이 있으십니까?"

"이 친구들은 일본에 가본 적이 없습니다" 하고 김사량군이 대답했다.

"그렇다고 보기에는 일본어 발음이 너무들 훌륭하시군요……"

"모두들 여기서 공부했어요" 하고 김사량군은 웃으면서,

"이 친구들의 영어는 일본어보다 훨씬 낫지요. 일본에 실망한 탓도 있고 해서, 가능하다면 미국에 건너가 영어로 소설을 써보자는 것이 이들의 희망입니다."[7] [강조: 인용자]

김사량은 히로쓰 가즈오에게 "일본에 실망한 탓도 있고 해서" 미국에 가서 영어로 소설을 쓰고자 하는 것이 친구들의 희망이라고 매우 겸손한 어조로 대답했다. 그러나 이것을 단순히 친구들의 의사를 대변해서 말한 것일 뿐이라고 이해해서는 안 된다는 것은 설명할 필요도 없다. 물론 그것이 친구들의 희망이었을 것임은 의심할 바 없다. 그러나 이 이상으로 중학교 시대의 그의 희망과 일그러진 청춘기의 꿈에 대한 그의 쓰디쓴 추억이 여기에서 서로 엇갈리면서 어두운 그림자를 드리우고 있는 것이다. 이러한 내용을 진술하는 김사량은 이미 작가로서 세상에서 인정을 받고 있는 존재였다. 더구나 멀리서 온 일본인 작가 히로쓰 가즈오에 대한 배려가, 그에게 조심스러운 대답을 하지 않을 수 없게끔 만들었던 것이다. 따라서 오로지 북경 유학만을 꿈꾸면서 미국으로 건너갈 희망을 품고 있었던 소년기의 김사량에게는, 일본은 '실망'을 주는 존재, 혹은 그 이상으로 격렬한 증오의 대상이 되는 존재였을 것이다. 그 증오의 감정을 그는 "남행 열차에 타고 있"다는 짧은 글 속에 묻어두었던 것이다.

그것은 그렇다 치더라도, 히로쓰에게 한 김사량의 말 속에서 다시 주목해보아야 할 점이 있다. 그는 이미 중학교 시대부터 작가의 길을 걸으려는 뜻을 품고 있었던 것이 아닌가 하고 생각되는 점이 그것이다. 즉 "미국에 건너가 영어로 소설을 써보자"는 것은 '이들의 희망'이었을 뿐만 아니라 김사량 자신의 희망이기도 했던 것으로 보여지기 때문이다. 바꿔 말한다면, 김사량의 말 속에는 '이들,' 즉 그의 친구들의 희망과 그 자신의 희망이 이중으로 겹쳐져 있다고 생각된다. 이 당시 미국에는 하와이 주 등 각지에 1919년 3·1 운동 이후 많은 수에 이르는 조선인들이 망명해왔거나 이주해 있었다. 따라서, 이런 의

---

7) 히로쓰 가즈오, 「평양—김사량의 추억들」.

미에서도 그들에게 미국은 일본과는 비교할 수 없을 정도로 친근감을 주는 존재였다.

　그러면 김사량은 왜 작가의 길을 선택하려 했을까. 이미 밝힌 바와 같이, 그는 일찌감치 중학교 시절부터 그 의지를 간직하고 있었던 것으로 생각된다. 이에 관한 내용은 다음 장에서 상세하게 고찰해보기로 한다.

　그런데, 앞서 인용한 야스타카의 글 속에는 명백한 오류로 보이는 점이 하나 더 있다. 김사량이 "중학교 4학년 재학시에 광주 학생 사건이 일어났다"고 쓴 것이 그것이다. 이 사건이 발생한 것은 앞서 밝힌 바와 같이 1929년이었다. 이때는 1914년생인 김사량이 15세 되던 때였다. 따라서 야스타카가 말하는 바와 같이, 이해에 김사량이 구제(舊制) 4학년생이었다는 것은 타당성이 결여되어 있다고 하지 않을 수 없다. 기껏해야 그는 2, 3학년 재학중이었을 것임에 틀림없다. 따라서 김사량이 도일하게 된 직접적 원인도 그의 평양고등보통학교 후배였던 박원준(朴元俊)의 설명[8]에 의하는 수밖에 없을 것이다. 즉 5학년 재학중이었던 김사량 등 학생들이 배속 장교(配屬將校) 배척 운동을 벌였으며, 그것이 이유가 되어 퇴학 처분을 받았다는 것이다. 일본에서는 1925년부터 이미 '현역 장교 배속령(配屬令)'에 의거하여, 중학교 이상의 학교에 현역 장교가 배치되어 군사 교련 수업이 시행되고 있었다. 평양고등보통학교 재학중이었던 김사량 등의 학생들, 그리고 이즈음의 조선 전역은 일본에서 행해지고 있었던 것과 똑같은 상황에 처해 있었다고 보아도 무방할 터이다. 그러나 김사량이 '남의 이목을 피해'가면서 기차에 몸을 실었다는 것은 어떻게 된 일인가. 이것은 사건이 분명히 배속 장교 배척에 그치는 것이 아니었다는 것을 의미하고 있다. 이 이상한 사정을 소설 「무성한 풀섶」에서

---

8) 김달수, 「김사량, 그 인간과 작품」.

확인해보기로 하자. 이 소설 속에서 김사량은 그의 분신으로 보아도 좋은 인식(仁植)과 관련하여 이렇게 쓰고 있다.

실은 중학교 5학년 2학기에 전교생이 동맹 휴교에 들어갔을 때, 인식(仁植) 등은 이 하나카미 선생도 같이 배척했던 것이다. 그가 너무나도 딱한 존재로 생각되었기 때문이었다. 하나카미 선생은 그들에게 조선어 독본을 가르치고 있었다. 그러나 그는 원래 조선어 선생으로서는 적합하지 않은 이였다. 그래서 학교의 소사(小使) 노인까지도 고향에 돌아가면 술자리에서 자기가 조선어 선생이라고 허풍을 떤다는 소문까지 돌고 있었던 것이다.

김사량의 이 글이 단순한 허구가 아니라면, 배속 장교 외에도 학생들로부터 심하게 배척을 받는 인물이 또 있었다는 셈이 된다. 그가 어떤 교사였는가 하는 것은 상관이 없다. 말하자면 학생들로부터 가장 심한 혐오를 받았던 교사가 대상이 되었음에 틀림이 없는 것이다. 그도 그럴 것이, 당시의 중학교 역시도 피식민지 민족인 조선인 자제들에게 있어서는 그들을 일본인으로 동화시키기 위한 하나의 '시설'에 불과했기 때문이다. 특히 그 속에서 수치스럽게 근무하고 있었던 하나카미 선생의 모습은 일본인 교사 이상으로 추한 존재로 학생들의 눈에 비쳤을 것이다. 이렇게 "너무나도 딱한 존재로 생각되었"기 때문에, 학생들은 더욱더 격렬하게 하나카미 선생을 배척하였다. 아래와 같이.

그러나 어슴푸레한 새벽빛이 비쳐오듯, 동맹 휴교를 단행했던 그날의 광경이 떠올라온다. 그날의 외침 소리가 들려온다. 분노의 목소리가 메아리친다. 전교생이 2층의 각 교실에서 농성하고 있던 때였다. 눈이 가득 충혈된 하나카미 선생이 숨을 거칠게 몰아쉬며 올라왔다.

우리 모두는 일어서서 숲[林]처럼 주먹을 들어올리고 외쳤다. "(2자 누락) 물러가라! 물러가라!"고 외쳤다.

주목할 만한 것은 김사량이 이를 '중학교 5학년 2학기 때의 일'이라고 기록하였다는 점이다. 이것은 김사량이 12월에 남의 이목을 피하여 열차에 몸을 실었다는 사실과 일치하기 때문이다. 뿐만 아니라, 그들의 동맹 휴교 사건이 단순한 교사들의 배척에 그치는 수준의 것이 아니었다는 사실을 입증하고 있다. 그들의 동맹 휴교 사건의 직접적 동기는 배속 장교를 포함한 교사들의 배척에 있었음에 틀림없다. 그러나 동시에 11월 3일을 기하여 광주에서 발생한 학생 사건에 연결되는 반일 항의운동적 성격을 지닌, 즉 민족주의적인 성격 역시도 강하게 지니고 있었다고 생각된다. 1929년으로부터 고작 2, 3년밖에는 지나지 않았던 때의 일이었다. 그 여파가 김사량 등의 동맹 휴교가 있었던 1931년 이후에도 각지로 퍼지면서 여러 가지 사건을 파생시킨 것은 역사가 분명히 보여주고 있는 바이다. 따라서 동맹 휴교 사건이 2학기에 발생했다는 사실, 그의 도일 시기가 12월이었다는 것 등도 이 추정의 정확성을 입증한다고 볼 수 있다. 이렇게 볼 때 광주 학생 사건에 휘말린 것이 원인이 되어 김사량이 일본으로 건너왔다고 하는 야스타카 도쿠조의 말에는 정확성이 결여된 면이 있다고 하지 않을 수 없다.

어쨌든 이 동맹 휴교 사건은 김사량이 학교에 더 이상 머무는 것을 허락하지 않았다. 김달수에 의하면 그는 '논지(論旨) 퇴학'[9] 처분을 받았다는 것이다. 그러나 김사량은 그가 중학교 시대에 소동을 일으켰기 때문에 중학교에서 쫓겨났다고 쓰고 있다.[10] 이것은 그가 '논지 퇴학'이라는 어중간한 것이 아니라, 방교(放校)라는 강력한 처벌을

---

9) 같은 글.
10) 김사량, 「복마전(伏魔殿)의 북경반점(北京飯店)」, 『노마만리』.

받았다는 것을 입증하는 것이 아닐까. 뿐만 아니다. 처벌과 동시에 주모자 혹은 사건의 중심 인물 중의 한 명으로 지목되어, 관헌의 추적을 받기에 이르렀든가, 혹은 그런 위험이 신상에 닥칠 것이 이미 예측되었다고 보아도 좋을 것이다. 그 위험으로부터 피하기 위해, 남의 이목을 피해가면서, 모친 단 한 분의 손에 이끌려 학생복 단추를 떼어버리고, 모자도 쓰지 않은 채, 도항증명서(渡航證明書)도 준비하지 못한 채, 몰래 부산까지 내달려야 했던 것이다.

"1925년 6월경에는 이미 도항증명서 제도가 생겨나서 도일(渡日)에 대한 당국의 감시가 시작되고 있었다"고 김달수는 『현해탄』에서 쓴 바 있다. 예를 들어 도항증명서가 있다 치더라도, 수상경찰서(水上警察署) 출장소까지 출두하여 검인을 다시 받아야 했다. 이때부터가 또 고역이었다. 관헌의 매서운 감시 속에서, 조선인이라는 이유 하나 때문에 일본인과는 전혀 다른, 소나 말과 같은 취급을 받으며 승선하지 않으면 안 되었다. 더욱이 거동에 이상한 점이 있다고 판단된 경우에는 가차없이 연행되어, 두들겨맞고 차이면서 취조를 받아야 했다. 민족적 굴욕감을 흠뻑 맛보는 곳이 부산~시모노세키(下關) 간의 연락선 도항장(渡航場)이었다. 그 비참한 도선(渡船) 풍경은 김달수의 『현해탄』에 극명하게 묘사되어 있다. 마루야 사이이치(丸谷才一)도 『조릿대 베개(笹まくら)』의 일부분에서 조선인의 시모노세키 하선(下船) 광경을 묘사한 바 있다.

그러나 김사량에게는 그 승선 준비조차 되어 있지 않았다. 당시 궁지에 몰려 있었던 김사량에 대해서는 야스타카 도쿠조가 이렇게 기록하고 있다.

부산까지는 갔으나 관부연락선(關釜聯絡船)은 경계가 엄중하여 여권(도항증)이 없는 자는 승선이 불가능하였다. 여관에 머물면서 부근을 배회하고 있던 중에 그만 특고(特高)에 붙잡히고 말았다. 경찰로

가던 도중 그와 동년배인 또 다른 청년 하나가 연행되어 왔다.

형사부(刑事部) 방에서 그 청년이 먼저 조사를 받았다.

고향이 어디냐, 이름은 뭐냐, 학교는 어디냐고 몰아치는데 대답이
지체되면 형사로부터 따귀를 심하게 얻어맞았다. 그것을 보고 김사량
은 자신을 취조할 때도 그럴 것이라고 생각하고 탈주를 결심하였다.
그는 경찰관이 변소까지도 따라올 것이라고 판단, 그가 잠깐 자리를
뜬 사이에 트렁크와 옷가지까지 내버려둔 채로 질풍같이 경찰서의 현
관으로부터 거리로 뛰쳐나와 인적이 드문 곳을 향해 뛰었다. [……]
인적이 없는 곳까지 도달하여 뒤돌아보니, 경찰이 뒤쫓아오는 모습도
보이지 않았다. [……] 근처 인가에서 물을 얻어마시고 따뜻한 대접을
받았는데 [……] 거기서 그는 수일을 보냈다. 파지장(波止場)에 가면
붙잡히기 때문에, 부산의 해변을 2,3일간 돌아다녔다. 여권도 없고 연
락선도 탈 수 없었던 조선인들이 근처 해변가를 돌아다니고 있었는데,
당시는 돈을 긁어낼 목적으로 밀항을 권유하는 어부나 선두(船頭)들
이 상당수 있었던 것 같다.[11]

김사량도 당시 상황을 수필 「현해탄 밀항(玄海灘密航)」에서 이렇게
쓰고 있다.

실은 나도 부산에서 밀항을 한번 시도한 적이 있다. 18세 때, 12월
의 일이었다. 그러나 당시는 어떤 사정 때문에 당당하게 연락선에 오
를 수가 없었다. 그래서 매일처럼 부둣가에 나와 차가운 바닷바람을
맞으며 어떻게 하면 이 바다를 건너갈 수 있을까, 이것만 생각하고 있
었다. 아무래도 나이가 어렸을 뿐 아니라, 중학교에서도 쫓겨난 직후
였기 때문에, 유유히 형세를 지켜본다든가 지혜를 짜낸다든가 하는 것

---

11) 야스타카 도쿠조, 「광주 학생 사건과 김사량」.

이 불가능하였다.

김사량이 당시 밀항까지 기도하면서 일본에 건너가려 했던 것은 이 정도로 심각하게 그가 쫓기고 있었기 때문이라고 보아도 좋다. 아마도 심리적으로는 극한 상황에까지 내몰리고 있었을 것임에 틀림이 없다. 게다가 '중학교에서도 쫓겨난 직후'였던 점으로 미루어본다면, 그가 냉정을 유지하기는 어려웠을 것이다. 김사량을 심리적으로 이 정도로까지 내몰았다는 점에 대해서는 이미 기술한 바대로다. 그러나 이미 손을 뻗쳐 추적을 하고 있을지도 모르는 관헌들의, 그 검은 손의 올가미가 두렵기는 했을 것이다. 그러나 모친 앞으로 부친 편지에도 나와 있듯이, "중학교를 졸업하면 곧바로 북경의 대학에 진학했다가 미국으로 건너가려 했던" 희망을 박탈당한 데 대한 절망감과 분노가, 더욱더 그로부터 냉정해질 수 있는 여유를 빼앗아버렸던 것이다. 그리고 그의 청춘기가 일그러지는 것에 대한 분노가 강한 반발심이 되어, 그로 하여금 이렇게 저돌적으로 부산으로 내어몰았다. 그가 "하나의 소년적인 반발 때문이었을까요. 나도 이제 고등학교에 간다, 남의 이목을 피해 달아나야 했던 저는 이 기분 하나만을 의지하고 담대하게 기차에 오를 수 있었습니다"라고 쓴 것은 결국 이것을 의미하고 있다. 바꿔 말한다면 어떻게 해서든지 고등학교에는 진학하고 싶다는 외골수적 기분이 그를 일본으로 달려가게 한 것이었다. 당시는 중학교 4학년만 수료하면 고등학교에 지원할 수 있는 시험 자격을 얻을 수 있었다. 김사량이 일본에 건너간 진짜 이유는 여기에 있었다.

그렇지만, 다감한 소년 시절에 이러한 일련의 사건을 체험하게 됨으로써 일찌감치 그가 민족주의적 운명관이라고 할 수 있을 만한 자기 사고의 패턴을 주체화할 수 있는 계기를 얻게 되었다는 점은 주목해볼 만하다. 물론 당시까지 그것을 얻을 수 있는 기회가 그에게 주어지지 않았을 리는 없다. 그의 주변에 있는 모든 존재가 일본인으로

부터 멸시를 받았다. 조선 민중들은 통치 권력의 억압과 지배의 대상
에 지나지 않았다. 그의 일족(一族) 역시도 그런 의미에서는 전혀 다
를 바가 없었다. 다른 점이 있다고 한다면, 부유한 조선인과 가난한
조선인이라는 차이가 있을 뿐이다. 그리고 그는 이 부유한 조선인 쪽
에 속해 있었다. 그럼에도 불구하고 그는 빈부의 차를 낳는 현실 사
회의 모순에 대해 그렇게 유의할 필요는 없었다. 식민지 통치 권력과
피억압 민족 사이의 모순·상극이라는 형태로, 현실 사회의 문제가
끊임없이 눈앞에서 확산되고 있었기 때문이다. 그러한 가운데에서
빈부의 차를 그렇게 심각하게 인식할 수는 없었다 하더라도, 다감한
소년 김사량의 감정을 자극하고도 남는 것은 있었다. 이런 점에서 김
사량은, '부유한 자'라는 의식에 눈을 떴다는 사실 때문에 소년 시절
을 불안 속에서 보냈다고 하는 가메이 가쓰이치로 등과는 분명하게
달랐다. 가메이는 이렇게 쓰고 있다.

중학생의 사고는 우선 다음과 같이 움직이기 시작했다. 이 세상에
는 '부유한 자'와 '가난한 자,' 두 종류의 인간이 있다. 따뜻한 옷을 입
고 중학교에 다니는 신분과 소학교를 나오자마자 즉시로 그날의 식량
을 마련하기 위해 노동을 해야 하는 신분, 이 두 종류의 인간이 있는
것이다. 그리고 이 차별은 정신의 고귀함이나 재능에 따라 결정되는
게 아니라 단지 우연한 운명의 산물인 재력에 의해 결정된다. 〔……〕
'부유한 자'라는 자각이 가져다준 불안은 이때부터 점차 심해지고 있
었던 듯하다. 그 무언가에 의해 질책을 받는 듯한, 박해를 받고 있는
듯한 느낌, 그 누군가가 나를 질책하고 그 누군가가 나를 박해하고 있
을까. 15세 소년의 눈에 새롭게, 더욱이 아득한 전율로 비쳐오고 있었
던 존재는 신(神)이었으나, 그것이 분명하게 그 모습을 드러내기 시작
한 것은 '민중'이라는 이름이 붙은 존재로서였다. (『내 정신의 편력』)

여기서 가메이를 인용한 것은 다름 아니라, 김사량도 역시 '부유한 자'의 가계에서 태어났을 뿐만 아니라, 그 가정이 모두 열성적인 기독교 신자였다는 이유 때문이다. 그러나 김사량은 "누군가 학대를 하고, 누군가 박해를 하고 있"다고 괴로워할 필요가 전혀 없었다. 학대를 하고 있는 것은 통치자인 일본인이며, 박해하고 있는 것은 그 통치 권력이었기 때문이다. 그 박해라는 사실이 주위에 일상 다반사로 펼쳐져 있기 때문에, 그의 눈 속에 그것이 들어오지 않을 수가 없었다.

김사량의 모친과 누나가 경건한 기독교 신자였다는 사실은 이미 밝힌 바 있다. 김달수는 이렇게 쓰고 있다.

> 그의 집은 기독교를 믿는 집안인데, 상당히 부유했던 것 같다. 그러나 그 자신은 신자는 아니었던 듯하다. 그런 이야기를 들은 적이 없었을 뿐 아니라, 그 역시도 그런 태도를 드러낸 적이 없다.[12]

김사량이 '부유한 자'의 집안에서 태어났다고 하는 사실은 앞에서 잠깐씩 언급한 바 있다. 그 역시도 소설 「물오리섬(ムルオリ島)」[13]에서, 유년 시대를 회상하며, "생각해보면 어떤 의미에서 그는 도시 도련님이었다는 점에서 〔……〕 6, 7세경에는 서양식으로 가르마를 탔으며 세일러복과 양복에 반바지를 입었다. 소학교에도 양복을 입고 다녔다"고 쓴 바 있는데, 이로 볼 때 그 사실은 의심할 수 없는 것으로 보인다. 그러나 그 이상으로, 그가 기독교 가정에서 성장하였다는 것은, 그것이 그의 윤리적 골격을 형성하고 있다는 점에서 중요한 의미를 지닌다. 그가 기독교 신자였던 흔적은 분명 어디에서도 찾아볼 수 없다. 그러나 그의 윤리적 골격의 형성, 더 나아가서는 민족주의

---

12) 김달수, 「김사량, 그 인간과 작품」.
13) 『국민문학(國民文學)』, 1942년 1월호.

사상의 형성 과정과 그 성격을 살펴가는 면에서 이 사실을 소홀히할 수는 없다. 그렇다면 당시 한국에서 기독교는 어떤 성격을 지니고 있었는가. 김달수는 계속해서 이렇게 말하고 있다.

　　당시 조선의 종교, 특히 기독교는 하나의 적극적인 의미를 갖고 있었다. 어쨌든 이것은 지배자였던 일본 제국주의에게는 기분 나쁜 것이었으며, 그 중심 세력은 평양을 중심으로 하고 있었다. 이러한 의미에서 그도 기독교를 인정은 하고 있었던 듯하다.[14]

　사실 조선의 기독교도들은, 이민족의 침략에 의해 조국이 멸망하는 것은 부당하며, 멸망으로부터 조국을 구하기 위해서는 생명을 건 행위도 불사하지 않으면 안 된다는 사고 방식을 갖고 있었다. 특히 타민족을 침략하는 행위야말로 신 앞에서 죄를 범하는 것에 다름 아니라고 단정지었다. 그 결과, 그들 기독교인들은 자기 민족이 이민족에 의해 노예와 같은 비참한 처지로 전락하는 것은 죽음으로도 용서받을 수 없는 죄악으로 간주하였다. 그리하여, 민족 해방을 위하여 궐기하는 것이야말로 신으로부터 부여받은 의무라고 생각하며 독립 운동에 뛰어들었다. 하얼빈역에서 이토 히로부미(伊藤博文)에게 총탄 세례를 퍼부은 안중근 의사를 위시하여 당시 독립 운동 지사들 중에 적지 않은 수의 기독교도들이 포함되어 있었다는 사실은 그것을 입증하는 유력한 증거라고 할 수 있을 것이다. 따라서 수많은 기독교도들은 그 신앙 때문에, 민족 문화와 역사를 말살하는 통치 권력에 대하여 유형 무형의 저항을 기도했다. 당시 교회에서 "조국을 잃고 떠나가는 영혼에게는 천국도 지옥"[15]이라는 노래가 불려지고 있었던

14) 김달수, 「김사량, 그 인간과 작품」.
15) 오윤태(吳允台), 「일한 그리스도교 교류사(日韓キリスト敎交流史)」, 신교출판사 (新敎出版社).

것은 이 때문이었다. "일본이 조선 반도를 지배하기 시작한 때부터 개신교 교회라는 존재가 문제시되기 시작했다"[16]고 하는 이유가 여기 있다.

그렇기 때문에 김사량이 기독교 가정에서 자라났다고 하는 점이 깊은 의미를 갖는다. 이런 의미에서 그가 혹 기독교를 받아들였다고 하더라도 이상할 것이 전혀 없다. 소설 「향수(鄕愁)」에는 그의 이러한 태도가 분명하게 투영되어 있다고 생각된다. 그러나 여기서 문제삼고 싶은 것은 그 점이 아니다. 그의 가정이 이렇게 기독교를 신봉함으로써 가정 환경을 보다 반일적, 즉 민족주의적인 것으로 만들었다고 하는 바로 그 점이 문제인 것이다. 이 민족주의적 환경은, 그들의 신앙을 별도의 문제로 친다 해도 한국인으로서 당연한 것이었는데, 김사량의 그것에 관해서는 히로쓰 가즈오가 매우 흥미있는 회상을 하고 있다. 앞에서 인용한 글에 이어 히로쓰는 이렇게 쓰고 있다.

기생 학교 바로 옆에 있는 요정에서 저녁 식사를 대접받고 있던 자리였는데, 저쪽 방에서 일본식 소동이 벌어지는 소리가 들려왔다. "저것은 지금 제 숙부님께서 경찰 관계자들을 대접하고 있는 방에서 나오는 소리입니다" 하고 김사량군은 미소지으면서 설명했다. "지금 저의 어머님은 경찰서에 계십니다. 명분은 기독교 문화 활동을 했다는 것입니다만, 실은 우리 집안에 할당된 전시 공채(戰時公債) 3만 엔을 다 내지 않고 그 중 1만 엔만 냈다는 것이 진짜 이유이지요. 지금 조선에서 정치 운동을 하는 것은 거의 절망적입니다. 그래서 기독교 문화 운동 속에서 그 탈출구를 엿보고 있는 중입니다만, 그것조차도 당국은 금하려 하고 있습니다. 그러나 어머님의 경우에는 그것은 명분에 불과합니다. 공채를 산 액수가 부족하다는 것이 진짜 이유이지요."

---

16) 『현대사 자료(現代史資料)』 26 · 조선(2), 미스즈서방(ミスズ書房).

"굉장히 심한 처사군요."

"하지만, 오늘 밤 경찰의 반수, 그리고 내일 또 반수를 대접하고 경성에 올라가면 석방 명령이 떨어지게 되어 있습니다."

"내지(內地)에서는 도저히 상상도 할 수 없는 일이군요."[17]

이런 가정 환경 속에서 성장한 김사량이 민족주의적인 영향을 받지 않았다고 한다면 그것이 오히려 더 이상할 것이다. 아니 그 영향이 있었기 때문에, 그는 일찍이 소년기에 광주 학생 운동에 항의하는 데모 대열에 참여할 수 있었으며, 수년 후 스스로 선두에 서서 다시금 동맹 휴교의 길로 달려갈 수 있었다. 무엇보다도 그의 소설 등에 투영되어 있는 민족주의적 색채는 이와 같은 환경 속에서 비로소 탄생할 수 있었다고 볼 수밖에 없다. 따라서 15세의 김사량의 눈에 비친 것은, 앞서 가메이 가쓰이치로가 말하는 '민중'의 모습을 한 신(神)이 아니라, 일본 제국주의 통치 권력에 의해 억압받는 조선 민중의 모습 그것이었다. 그러나 그의 눈에 비친 그것이 조선 민족의 모습이었다는 사실이 그로 하여금 동맹 휴교의 길로 달려가게 하였으며, 퇴학 처분 후 일본으로 건너가게끔 강요하여 그의 청춘기의 꿈을 일그러뜨리는 결과를 야기했다는 것은 또한 얼마나 아이러니컬한 일인가.

그런데, 지금까지 보아온 기독교 가정이라는 환경과 더불어, 김사량의 성격 형성에 미친 그의 모친의 영향, 그리고 형제들의 영향에 대해서도 언급해두지 않을 수 없다. 그는 자신의 부친에 대해서는 거의 언급한 적이 없다. 아마도 그의 유년기에 이미 작고한 상태였을 것이다. 겨우 다음과 같은 일절이 남아 있는 정도이다. 즉

어머니와 달리 아버지는 절벽처럼 보수적이며 완고했기 때문에, 매

---

17) 히로쓰 가즈오, 「평양—김사량의 추억들」.

번 어머니로부터 간청도 받고 질책을 받으면서도 누나를 소학교에조차 보내지 않으려 했다. 여자에게 신교육 따위는 허락할 수 없다는 것이었다. 울고불고 해도 소용이 없었다.

이것은 「고향을 생각한다」라는 수필 속에 수록되어 있는 내용이다. 이 글 내용으로 미뤄볼 때 그의 아버지는 고루한, 그러나 당시로서는 평범한, 극히 봉건적인 인물이었다. 그러나 그의 어머니는 아버지와 전혀 달랐다. 김사량이 야스타카 도쿠조의 부인인 미사코에게 종종 자랑스럽게 말한 바와 같이, 그의 어머니는 미국의 미션계 여학교를 졸업하고 개화 사상에 눈을 뜬 여성이었다. 이것은 당시로서는 매우 드문 일이었다. 이 어머니가 있었기 때문에, 형 김시명의 교토 제국대학 유학은 물론 여동생 오덕(五德)의 경성의 전문학교 유학이 허락되었다고 할 수 있다. 김사량이 북경 유학을 마치고 미국으로 가려는 희망을 가슴속에서 키울 수 있었던 것도, 필경 이 어머니의 덕이 매우 컸던 탓이라고 할 수 있을 것이다. 야스타카 미사코의 말에 의하면, 일·미 양국이 전쟁에 돌입하기 직전까지도 미국에 대한 김사량의 예찬과 동경은 그친 적이 없었다고 한다. 무엇보다도 앞서 제시한 김사량의 「어머님께 드리는 편지」는 그에 대한 어머니의 애정을 반증하는 것이라고 할 수 있을 것이다.
　어머니에 대한 애정과 더불어 김사량의 누나의 영향도 또한 매우 농도가 짙었다. 이에 대해서는 김사량 자신의 다음과 같은 글을 인용하는 것만으로도 충분하다.

　특히 작년에는 코스모스가 피던 무렵 누니 특실(特實)이 세상을 떠났다. 삼십이라는 나이에 애를 셋이나 놓아두고서는 도저히 죽을 수 없다고 말하면서, 기독연합병원의 조용한 방에서 마지막 숨을 몰아쉬었다. 그 죽음이 지금 너무도 비통하게 느껴진다. 그 일에 대해 쓰고 있는 지금 내 마음속에 이는 고통을 도저히 참을 수가 없다. 그녀는 나의 혈육 중에서는 제일 예뻤으며 마음도 곱고 명랑하였다. [……] 그녀는 무지 속에 머물지 않고 7, 8세경부터 천자문으로 한자를 배웠으며 조선글은 이미 자유롭게 읽고 쓸 수 있었다. 소학교에 막 입학했던 나를 선생으로 해서 여러 방면의 과학 지식을 익히고 잡지를 구독하고 신문을 읽는 등등 노력을 해서, 내가 중학교에 있던 때에는 그녀의 식견이나 사고가 이미 존경할 만한 정도에 이르러 있었다.

이러한 사정도 있었고 해서, 나와 그녀 사이에는 매우 특별한 남매의 정이 있었다고 말할 수 있다. 내가 돌아온다는 소식을 듣고 맨 첫번째로 어머니의 허락을 얻고 와준 사람도 이 누나였다. 그리고 내가 사과를 좋아한다고 마음대로 정하고서는, 언제나 싱싱하고 빛깔 좋고 달디단 국광(國光)이나 홍옥(紅玉) 등을 한보따리씩 사다 주었다.

김사량에게는 이 누나 외에도 형 김시명이 있었다. 교토 제국대학을 졸업한 형은 "이곳(강원도 홍천군) 군수로 2, 3년 근무하고 있었다"[18]고 김사량은 스스로 쓴 바 있다. 군수를 지낸 김시명은 후일 함경북도에서 도청 산업부장이라는 요직을 거쳤으며, 고등 문관 시험에 합격한 뒤로는 조선 총독 사이토 마코토(齋藤實) 아래에서 조선인으로서는 최초로 전매국장(專賣局長) 자리에 오른 것으로 알려진 인물이다. 처세가 매우 뛰어난 인물이었다고 할 수 있을 것이다. 이 김시명에 대해 김사량은 도쿄 제국대학의 동창으로서 『마이니치 신문(每日新聞)』 편집위원이었던 사와카이 스스무(澤開進)에게 종종 자랑삼아 말하곤 했다고 한다. 사와카이 스스무는 김사량의 가족 중 김시명이 전매국장에 취임했으며, 사이토 마코토에 큰 은혜를 느끼고 있었다, 고 말한 바 있다. 그 사실은 히로쓰 가즈오의 글에서도 확인된다.

---

18) 김사량, 「촌구석의 작부들—화전 지대를 가다(村の酌婦たち-火田地帯を行く)」, 『문예수도』, 1941년 5월호.

이런 이야기를 하고 있는 중에도 김사량군은 냉정한 미소를 입가에 흘리고 있는 듯한 청년이었다.

"역대 총독 중에서 우리 조선인에게 인망이 있었던 사람은 사이토 마코토 정도였지요. 그 사람뿐이에요, 호위병도 없이 지팡이 하나만 짚고 경성 거리를 헐렁헐렁 산보한 사람은. 다른 총독들은 의장병들에 둘러싸인 채 으름장만 놓아댔지요."[19]

반복해서 말하지만, 그의 일족은 평양에서도 굴지의 유력자들이었으며 '부유한 자'들이기도 했다. 더욱이 형이 총독부의 고위 관리가 되었다는 것은, 설령 그들 일족이 피식민지 민족이었다고는 하나 일정한 세력을 배경으로 통치 권력과의 사이에서 어느 정도의 균형을 취할 수 있는 관계 속에 있었다는 것을 의미한다. 이것은 김사량의 일족이 지니고 있었던 민족주의의 한계이며, 더 나아가 그 세력을 유지하기 위해서는 어쩔 수 없이 감수할 수밖에 없었던 필연적인 시대적 제약이기도 했던 것이다. 그러나 김사량은 이러한 사실에는 그렇게 모순을 느끼지 않고 있었다. 그가 항일 지구 탈출을 형에게 은밀히 알렸던 것을 보아도 그렇다고 할 수 있다. 무엇보다도 그와 같은 모순은 김사량의 언동에서 종종 확인해볼 수 있다. 예를 들면 김사량에 대해 언급한 야스타카 미사코의 다음과 같은 회상에서도 그 점이 확인된다.

김사량은 한때 야스타카 댁 근처에서 살았던 적이 있는데 당시 매일같이 야스타카 댁을 방문하곤 했다. 당시 그는 자신이 양반 가문 출신이라는 것, 즉 이조(李朝) 이래로 유서 깊은 양반 출신이라는 것을 피력했다고 한다. 그리고 술이 들어가면 종종 자(尺)를 빌려서는,

---

19) 히로쓰 가즈오, 「평양——김사량의 추억들」.

동석했던 이들이 조마조마하게 지켜보는 가운데, 매우 정교한 솜씨로 조선의 전통적 검무(劍舞)를 보여주곤 했다는 것이다. 뿐만 아니라 그는, 이 검무는 명문가로 일컬어지는 양반 가계에서만 배울 수 있으며, 당시 조선 제일의 무희라 불리는 최승희에게 검무를 가르친 사람도 자기라 했다고 한다. 또한 최승희가 전수받은 대로 춤추지 않는다고 불만을 터뜨렸다고 한다. 야스타카는 그런 것을 들으면서 이 「빛 속으로」의 작가답지 않은 말에 적지 않은 모순을 느꼈다고 말한 바 있다.

김사량이 최승희에게 검무를 가르쳤다는 사실의 진위 규명을 별도의 문제로 친다면, 분명히 여기에는 김사량의 내면적 모순의 일면이 드러나 있다. 그 중에서도 가장 뚜렷한 모순의 예는 김사량이 히로쓰 가즈오 앞에서 조선 총독 사이토 마코토를 긍정적으로 평가하면서도 똑같이 조선 총독이 된 미나미 지로에 대해서는,

"……끔찍한 일이에요. 미나미가 온 뒤부터 상황이 심각해졌어요."
〔……〕
"지금 도쿄에서는 조선 학생들이 하숙을 얻지 못해 야단입니다. 총독부에서 도쿄에 조선 학생들의 하숙을 받지 말라고 시켰답니다. 또 사립 대학에서도 말이죠. 입학 시험은 치게 하되 합격은 시키지 말라고 했다는군요……"
"정말입니까? 그런 일이……"
"실제로 일어난 일입니다."[20]

라고 말하고 있는 점이다. 조선에 대한 일본의 통치 권력을 대표하는 총독에게 본질적인 차이점 따위가 있다고는 생각할 수 없다. 김사량

---

20) 같은 글.

이 그것을 몰랐을 리가 없다. 때문에 지금까지도 좋지는 않았지만, "미나미가 온 뒤부터 상황이 심각해졌다"고 하고 있다. 그럼에도 불구하고 앞에서 본 바와 같이 사이토 마코토에 대해서 긍정적으로 말하고 있다는 것은, 결국 자신이 갖고 있는 민족주의의 모순과 그것이 갖고 있는 성격의 복잡성을 드러내는 예라고 할 수 있다.

김사량은 이와 같은 모순을 모순으로 안은 채로, 나카조노 에이스케가 말하는바 "조선인 하층민의 처참한 생활에 붓을 들이댄 유일한 민족 작가로서," 즉 민족적 아이덴티티를 추구하는 작가로서의 자기 형성을 꾀했다. 따라서 그가 지니고 있었던 민족주의의 복잡한 면이 그의 작품 속에 여러 가지 형태로 그 그림자를 드리우고 있는 것은 당연한 일이었다. 하지만 이미 논한 바처럼 김사량이 그 민족주의적 운명관을 자기 사상의 기본 패턴으로 주체화하는 계기를, 지금까지 보아온 환경과 그 소년 시대의 체험을 통해 형성해왔다는 것은, 그의 작품을 검토해가는 과정에서 빼놓을 수 없는 점이다.

한편, 앞서 예를 든 「현해탄 밀항」에서는 김사량이 평양에서 부산을 향해 출발한 것이 18세 되던 해 12월이었다고 한 바 있다. 그러나 「어머님께 드리는 편지」에서는 17세 때의 추운 12월이라고 되어 있다. 도일 시의 연령에 1년 간의 차이가 나는데, 이것은 만 나이와 조선식 나이 계산법 때문에 생긴 차이로 보는 것이 좋을 것이다.

일본 밀항도 하지 못한 채로 있었던 김사량은 당시 교토 제국대학 법학부에 재학하고 있었던 김시명에게 전보로 도움을 청했다. 소식을 들은 김시명은 도시샤 대학(同志社大學)의 제복과 제모, 그리고 학생증까지 마련하여 달려와 김사량을 구출했다고 한다.[21]

이렇게 하여 김사량은 규슈로 건너가, 형의 모교였던 구제(舊制) 사가 고등학교(佐賀高等學校) 문과(文科) 을류(乙類)에 입학할 수 있

---

21) 야스타카 도쿠조, 「광주 학생 사건과 김사량」.

었다. 1933년의 일이었다. 사가 고등학교에서 그는 독일어가 매우 뛰어났던 듯하다. 명칭은 분명하지 않으나 속칭 '히틀러 상(賞)'이라는 것을 받았다고 한다. 김달수는 이렇게 쓰고 있다.

    그는 독일어 실력이 뛰어났다. 당시 독일 대사관은 독일어 실력이 뛰어난 일본 학생에게 그 뭐라 하는 메달을 주고 칭찬 따위도 하였는데, 김사량은 사가 고등학교 시절 이 메달을 받은 적이 있다.[22]

    파시즘 일본의 통치 권력에 맞대항했던 전력 때문에 청춘기의 꿈이 무산되고, 그 때문에 일본에 억지로 건너올 수밖에 없었던 그가, 그 동맹국이었던 나치 독일로부터, 그것도 소위 '히틀러 상'이라는 이름이 붙은 것을 받았다는 이 사실은 얼마나 아이러니컬한가. 김사량은 사가 고등학교 시절 "우메자키 하루오(梅崎春生) 등과 같은 반이 되었"[23]다고 야스타카 도쿠조는 쓰고 있다.
    1915년에 태어난 동년배의 우메자키와 김사량이 고등학교 시절을 같은 반에서 지냈다고 해도 그것은 이상한 일이 아니다. 그러나 야스타카의 이 기록은 정확성이 결여되어 있다. 연보에 의하면 우메자키는 1932년 구마모토(熊本)의 제5 고등학교 문과 갑류(甲類)에 입학했다고 하기 때문이다. 이 당시 동급생으로 사이고 노부쓰나(西鄕信綱), 기타모리 요시조(北森嘉藏), 시모타 마사쓰구(霜田正次) 등이 있었다. 그리고 당시 우메자키 하루오는 교우회지인 『용남(龍南)』에만 시를 발표하고 있었다. 우메자키는 1935년에 유급하여 기노시타 준지(木下順二)와 동급생이 되었다. 그리고 우메자키는 1936년 도쿄 제국대학 국문과에 입학하여 시모타 마사쓰구, 도이 히로유키(土居寬之), 오타 가쓰미(太田克己), 후일 화가가 된 나가이 기요시(永井潔)

---

22) 김달수. 「김사량, 그 인간과 작품」.
23) 야스타카 도쿠조. 「광주 학생 사건과 김사량」.

등과 함께 동인 잡지 『기항지(寄港地)』를 낸 바 있다.

그러면 진상은 어떻게 된 일일까. 소화 10년, 즉 1935년에 도쿄 제국대학 문학부에 입학한 김사량이, 당시 홍고(本鄕) 모리카와초(森川町)에 있었던 '쓰노다칸(角田館)'에서 하숙하고 있다가, 영문과의 시모다, 그리고 1년 후에 국문과에 입학한 우메자키 등과 동숙하게 되었던 것이 진상인 듯하다. 그것도 방까지 바로 옆에 붙어 있었다고 한다. 이즈음은 이미 우메자키 등의 동인 잡지 『기항지』가 시작되어 있었다. 이 상황을 지켜보고 있었으면서도 김사량은 참가하지 않았던 것이다. '쓰노다칸'의 바로 옆에 있는 하숙에는, 우메자키 등과 제5고등학교 시절의 동급생이었던 사이고 노부쓰나가 있었다. 이 사이고 노부쓰나의 말에 의하면, 자기 체험인지 혹은 들은 얘기인지는 잘 기억나지 않으나, 김사량이 토요일만 되면 자주 외출을 하곤 했는데, 돌아와서는 "울고 왔어" 하고 대답하곤 했다고 한다. 도대체 김사량은 어디서 무슨 이유 때문에 울고 왔던 것일까. 이와 관련된 사정은 김사량의 다음 글이 잘 설명하고 있다.

내지(內地)에 온 이래로 그럭저럭 10년이나 되었지만 해마다 거의 두세 번씩은 돌아온다. 고등학교와 대학 재학 시절에는 대개 휴가가 시작되는 첫날에 서둘러 돌아오곤 했다. 내가 생각하기에도 이상할 정도로 시험만 끝나면 날아갈 듯이 하숙으로 돌아와서는 서둘러 짐을 싸 갖고 허겁지겁 역으로 향했다. 그 시간에 맞는 제일 빠른 기차로 돌아가는 것이다.

고향이란 것이 그렇게도 좋은 것일까. 때때로 이상하게 생각되는 때가 있다 〔……〕 고향으로 돌아가고 싶은 생각은 어머니와 누나와 여동생, 그리고 친척들을 만나고 싶다는 기분 때문에 그런 것만은 아니다. 역시 나는 나를 길러준 조선이 가장 좋으며, 우울하면서도 유머러스하고 또한 마음이 느긋한 조선 사람들이 좋아서 견딜 수 없다. 도쿄에서 언제나 비좁고 옹색한 생각 속에서 살고 있는 나는 고향에만 돌아오면, 사람이 확 바뀌기라도 한 것처럼 심하게 농담을 한다. 친구들은 물론 선배들까지도 어디가 이상해진 게 아닌가 할 정도로 실없는 농담들을 퍼붓는다. 원래부터 남들보다 갑절은 그런 걸 좋아하는데다가, 심각하고 진지한 척하는 것이 질색인 성격이기도 하다. [……] 그러나 때로 견딜 수 없을 정도로 심한 향수에 사로잡히게 되는 때에는 대개 간다(神田)의 조선 식당에라도 찾아간다. 거기에서 원기 왕성한 학생들의 얼굴을 흐뭇하게 바라본다. 조선 가요의 밤이라든가 야담이나 무용제 등을 보러 간다. 지금은 보기 드물지만, 거기서 이주 동포들의 웃는 얼굴을 바라보거나 신나게 떠드는 소리를 듣거나 하게 되면, 때로 나도 모르게 웃고픈 마음이 생긴다. 눈물이 흐를 정도로 희열 속에 잠긴다. 저 장난 섞인 야유, 그 조선말을 듣는 기쁨을 가득 안고 돌아온다. 어느새 울음이 터져나온다. 이것은 일종의 감상(感傷)인지도 모른다. [「고향을 생각한다」─강조: 인용자]

이미 분명해진 바이나, 사이고 노부쓰나의 기억 속에 저장되어 있었던, 김사량의 그 울고 있었다는 모습은 참기 어려운 향수병을 앓고 있는, 조선 동포의 모습을 찾아서 그들과 함께 보낼 수 있는 유쾌한 시간을 찾아 헤매었다는 사실을 얘기하는 것이다. 이즈음 김사량에게 있어서, 도쿄라는 곳은 이 정도로 위화감으로 가득 찬, 심리적으로 '비좁고 옹색한 생각'만을 안겨주는 곳이었던 것이다.

이곳에서는 농담꾼이며 "심각하고 진지한 척하는 것이 질색"이라는 김사량의 모습이 보이지 않는다. 이로 미뤄볼 때, 스스로 그것을 부정하고 있긴 하지만 김사량의 성격에는 한편으로 매우 진지하면서 외로움을 많이 타는 감상주의적인 데가 많았다고 보아도 좋을 것이라 생각된다. 같은 하숙에서 지내던 우메자키 등의 동인 잡지 『기항지』에 그가 관심을 보이지 않았던 것도 이러한 심리 상태와 무관하지

않다. 김사량의 동창인 사와카이 스스무에 의하면, 김사량은 미타카(三鷹)의 포플러소(ポプラ莊)에서 하숙을 한 적이 있다고 하는데, 그것이 과연 어느 때의 일이었는지는 분명하지 않다.

그렇다면 바로 눈앞에서 만들어지고 있었던 『기항지』의 동인으로는 참여하지 않았던 김사량이, 어떤 사정으로 인해 동인 잡지에 참여하게 되었을까. 또 그의 동인 잡지 참여가 그 이후의 그의 작가 활동과 어떤 관련성이 있는가 등등의 문제를, 김사량의 일본 내 작가 활동의 전모와 더불어 다음 장에서 논의해보기로 한다.

제3장

민족주의 작가의 탄생

김사량이 도쿄 제국대학 문학부를 졸업한 것은 1939년(소화 14년) 봄이었다. 김사량의 동창생이었던 사와카이 스스무(澤開進)는 그의 졸업 논문 주제가 하이네였던 듯하다고 말한 바 있다. 사와카이의 이 기억이 맞다면, 대학을 졸업한 해에 김사량이 당시 조선에서 발행되고 있었던 조선어·일어 병용 잡지 『조광(朝光)』에 연이어 발표한 「독일과 애국 문학」(9월호), 「독일과 대전 문학」(10월호)이라는 평론의 내용도 대략 짐작해볼 수 있을 것이다.

어쨌든 김사량이 아직 대학에 재학하고 있을 즈음, 우메자키 하루오 등이 만들고 있었던 동인 잡지 『기항지』의 활동이 같은 하숙방에서 시작되었으며, 김사량도 이것을 바로 눈앞에서 보고 있었다는 사실, 그리고 그즈음은 김사량이 스스로 이 활동에 참가하고픈 의지가 없었다는 사실도 앞서 확인했다. 그러나 이것이, 우메자키를 비롯한 젊은 일본 문학 청년들의 그러한 동향에 김사량이 전혀 관심을 갖고 있지 않았음을 의미하지는 않는다. 사실은 그 반대였다. 오히려 그는 이러한 움직임을 지켜보면서 강력한 자극을 받았으며 또 상당한 관심까지 갖고 있었던 것으로 보인다. 그 역시도 나중에는 동인 잡지의 활동에 참가하였기 때문이다. 김사량은 1936년 늦가을, 동인 잡지 『제방(堤防)』 발간에 참가했다. 사와카이가 전하는 바에 의하면, 이 잡지의 발간과 관련하여 동인들은 몇 번이나 김사량의 하숙을 방문한 적이 있으며, 그때 김사량은 미타카의 포플러소에 살고 있었다고 한다. 이 무렵 김사량은 그 동안 살고 있던 혼고(本鄕) 모리카와초(森川町)의 '쓰노다칸'을 떠난 뒤였던 듯하다. 잡지『제방』의 동인은 김사량 외에, 그와 사가 고등학교 동창이었던 쓰루마루 다쓰오(鶴丸辰雄), 도야마(富山) 고등학교 출신으로 그와 함께 독일문학과로 진학한 사와카이 스스무, 신다니 도시오(新谷俊郎) 등이었다. 즉『제방』은 독일문학과 학생들의 모임이었던 것이다.

사와카이는, 이 동인 잡지『제방』의 발간을 생각해낸 동기를 밝히면서, 이것이 당시 유행하고 있었던 창백한 문학 청년들의 모임이 아니라 새로운 진보적 문학의 수립을 목표로 삼은 매우 정열적인 것이었다고 술회하고 있다. 김달수는 이에 대해 다음과 같이 쓰고 있다.

'제방'이라는 이름은 당시 밀어닥치고 있었던 파시즘의 파도를 저지하려는 의도에서 나왔던 것 같은데, 이 이름은 김사량의 마음에도 들었을 것임에 틀림없다.[1]

현재 시점에서 보자면, 약간의 과장기 섞인 기백 혹은 그 비슷한 것이 느껴지기도 한다. 그러나 동인들의 이러한 과장적인 기백과 포부가 바로 김사량으로 하여금 주저없이 동인에 참가하게 만들었다. 『제방』동인이 진보적인 사상을 소유할 수 있었던 것, 그리고 새로운 문학 건설을 목표로 삼게 되었던 것은, 동인 중의 하나였던 신다니 도시오의 영향에 힘입은 바가 컸다고 도야마 고등학교 때부터 친구였던 사와카이 스스무는 말하고 있다. 신다니는 그즈음 이미 마르크스주의 사상에 경도되었으며 이에 깊이 공감하고 있었다는 것이다.

---

1) 김달수,「김사량, 그 인간과 작품」.

이 신다니가 대학에 들어와 세틀먼트[2]에서 활동하고 있었다는 사실로 미뤄볼 때, 그것은 거의 틀림없는 일로 생각된다. 그리고 그러한 사실들이 민족주의자인 김사량으로 하여금 조금의 저항감도 없이 『제방』 동인에 이름을 올리게 만든 요인으로 보인다. 원래 아시아적 후진 사회에서는 민족주의적 욕구와 계급적 욕구가 용이하게 결합되게끔 되어 있다. 뿐만 아니라, 당시 상황으로 볼 때 일본의 제국주의적 권력에 대항해나가기 위해서도 그러한 조류와의 관계가 필수불가결한 조건으로 여겨졌을 것임에 틀림이 없다. 김달수가 말하는 바와 같이, 바로 『제방』이라는 "이 이름은 김사량의 마음에 들었을 것임에 틀림없"다. 김사량이 이 잡지에 "나의 가장 최초의 작품으로서 명실공히 처녀작이라고 할 수 있"[3]는 「토성랑」을 발표한 것은 바로 그 증거이다.

동인들의 이러한 포부와 의욕에도 불구하고, 잡지 『제방』은 오래 가지 못했다. 잡지가 길게 가지 못했던 이유에 대해 김달수는 이렇게 쓰고 있다.

동인 잡지 『제방』은 결국 3호로 무너지고 말았다. 그러나 이것은 세간에서 흔히 말하는 '3호 잡지식' 단명(短命)과는 전혀 다르다. 그 원인은 당시의 진보적인 학생들이 흔히 그러했던 것처럼, 동인 중 신다니 도시오와 김사량이 세틀먼트에서 활동하고 있었는데, 그들이 모토후지(本富士) 경찰서에 검거됨과 동시에 잡지가 탄압을 받으면서 무너지고 말았다. 높아져가는 파시즘의 거친 파도를 막아보려 했던 이 제방도 허망하게 무너지고 말았던 것이다.[4] [강조: 원문]

---

2) 세틀먼트(settlement): 빈민 지구에 정착하여 현지 주민과 직접 접촉하면서 생활 개선을 꾀하는 사회 운동 혹은 그 시설. (역주)
3) 김사량 소설집, 『빛 속으로』 후기, 소산서점(小山書店).
4) 김달수, 「김사량, 그 인간과 작품」.

잡지 『제방』이 막을 내린 때는 1937년이었다. 김달수의 이 설명에서 『제방』 동인의 의도가 혈기에 근거한 단순한 기백이 아니라, 상당히 진지했다는 것을 뚜렷하게 확인해볼 수 있다. 그리고 가뜩이나 수가 적은 동인들 중에서 검거자가 두 명이나 나왔다고 한다면, 잡지의 수명도 이미 정해졌다고 할 수밖에 없다. 더군다나 잡지까지 직접적인 탄압을 받았다고 한다면, '무너지고' 마는 것은 당연하다. 잡지가 오래 갈 수 없었던 이유는 김달수가 제시한 이 증언을 듣는 것만으로도 충분하다고 하겠다.

그러나 이 설명만으로는 어딘가 석연치 않은 데가 있어 보인다. 즉 김사량의 검거 원인과 관련하여 납득이 잘 가지 않는 데가 있다. 김달수는 "신다니 도시오와 김사량이 세틀먼트에서 활동하고 있었는데" 체포되었다고 하지만, 그 검거의 원인이 세틀먼트에서 활동하고 있었다는 데 있다, 라고는 쓰지 않았다. 분명히 이것은 김달수가, 김사량의 검거 원인을 확실하게 밝힐 수 있는 근거가 충분하지 않았기 때문이다. 말하자면 세틀먼트에서 활동하고 있었다는 점이 검거 원인이라는 관점에 대해 회의가 든다. 그도 그럴 만한 것이, 만약 그것이 원인이 될 수 있다고 한다면, 검거 원인이 되었던 세틀먼트 활동 체험에 기초한 소설 「빛 속으로」의 발표가 과연 허용될 수 있었겠는가 하는 의문이 새삼스럽게 들기 때문이다. 더구나 사와카이 스스무도, 신다니의 경우는 세틀먼트에서 활동하였다는 사실을 인정하고 있지만, 김사량은 그런 일이 없었다고 다소 부정적인 태도를 보이고 있다.

김달수는 야스타카 도쿠조의 말을 빌려 아래와 같이 덧붙인 바 있다. 이것은 김사량 등의 검거 원인이 세틀먼트 활동에 있다고 하는 것이 어쩐지 불안했기 때문이다. 즉 야스타카 도쿠조는, 김사량이 검거되어 3개월 이상 구류를 살고 있었던 이유는 "세틀먼트에서 활동하고 있었다는 사정도 있으나, 조선의 어느 극단에 독일극을 번역해준 것이 직접적 원인이었다고, 본인한테서 들었던 것 같다"[5]고 했다는 것이다.

그 조선 극단이 어떤 성격을 갖고 있었는가, 또 김사량이 어떤 희곡을 번역해주었는가 하는 것 등은 상세하게 제시되어 있지 않다. 그러나 이 첨언 내용이 있다 해도 김사량의 검거 원인이 충분한 설득력을 갖는 것은 아니다. 물론 브레히트 등 독일의 혁명적 극작가의 작품을 번역해주었다고 한다면 그것이 검거의 원인이 되었다고도 생각해볼 수 있다. 그렇다면, 김사량 문제는 일단 이렇다 치더라도 신다니의 검거는 어떻게 해석해야 하는가. 또 단순히 당시의 '독일극을 번역해'주었다고 한다면, 어째서 그것이 검거 원인이 될 수 있을까. 그 어느 쪽을 택한다 해도 검거 원인에 대한 충분한 설명이 되지 않는다. 이 요인들이 상호 복합되어 있다고 가정해보자. 그렇다 하더라도 문제는 또 생긴다. 김사량 자신이 쓴 다음과 같은 글은 어떻게 해석해야 하는가.

중학교 시절 친구가 찾아왔었는데, 그가 사상적 문제로 요시찰 대상이 되어 있다는 사실을 모르고 재워준 적이 있었다. 이 때문에 혐의를 받았다. (「도둑놈〔泥棒〕」)

검거 당사자인 김사량은 그의 소설 「도둑놈」에서 구류를 살게 된 이유를 이렇게 설명하고 있다. 원래 「도둑놈」은 픽션이기 때문에 사실에 관한 기록이라고는 할 수 없다. 따라서 주인공이 구류 이유에 대해 이렇게 말했다고 해서, 김사량의 경우도 바로 그랬다, 이렇게 즉각적으로 단정하는 것은 문제가 될 수 있다. 그러나 나중에도 확인

---

5) 같은 글.

하게 되겠지만, 김사량의 소설들은 체험이나 견문을 토대로 쓴 것들이 많다. 이것은 틀림없는 사실이다. 말하자면, 김사량의 출세작이 된 「빛 속으로」에 제시되어 있는 세틀먼트 및 구류 체험이, 「도둑놈」에도 똑같이 그 그림자를 드리우고 있다는 점은 의심할 수 없다.

그러나 김사량이 검거된 직접적 원인은 지금까지 보아온 그 어느 것과도 달랐다. 그가 조선예술좌(朝鮮藝術座)와 관계를 맺고 있었기 때문이었다. 이에 관련하여 쓰보에 센지(坪江仙二) 저, 『조선민족 독립운동 비사(朝鮮民族獨立運動秘史)』에 기록되어 있는 다음 내용을 보기로 한다.

소화 9년(1934년) 이래 공산주의 운동의 일반적 퇴조에 따라 프롤레타리아 문화 운동 역시도 점차 위축·부진의 상황에 접어들게 되었다. 전기(前記)한 바 세 극단(학생예술좌, 도쿄 신연극연구회, 조선예술좌 등의 조선인 극단)도 무거운 객관적 정세 아래에서 악전 고투하며 활동을 계속해왔으나, 몇 번에 걸친 공연 활동도 연기 미숙으로 인해 대중에게 호응을 받지 못하였을 뿐만 아니라 재정상의 궁핍까지 겹쳐 있었기 때문에 그 타개책에 부심하지 않을 수 없었다. 이즈음에 이르러 도쿄 신연극연구회는 조선예술좌와의 합동을 통한 강화책을 도모하기에 이르렀다. 〔……〕 1935년 7월 하순 연극 잡지사인 테아트르사(社)의 무라야마 도모요시(村山知義)의 주선에 의해 합동의 기운이 점차 무르익어가던 중 양파의 대표에 의한 합동 회의가 개최되어, 1936년 1월 5일 우시고메(牛込) 구락부에서 합동을 선언하였다. 그 목적은 "재일 조선 민족의 연극 운동을 수행하고 일본에 있는 조선인의 문화석(연극) 요구를 충족시킴과 동시에 조선의 신보적 연극의 수립을 기하"자는 것이었으며, 기관으로는 총회 및 위원회를 두었고 〔……〕 조선예술좌 규약을 제정하였다. 〔……〕
공연 활동으로서는 1월 29일 가마다(蒲田)의 하나야극장(糀屋劇

場), 같은 달 30일 쓰루미(鶴見)의 이와토칸(岩戶館), 31일 가나가와 (神奈川)의 다마카와 다카쓰칸(玉川高津館), 2월 4일 시바우라 청년 회관(芝浦靑年會館) 등 4개소에서 「토성랑」과 「엽화(獵火)」「소(牛)」 를 상연하였다.

그러나 8월 중순 이후 김두용(金斗鎔)·김삼규(金三奎)·김봉원 (金鳳元) 등 극단 간부가 검거되고, 10월 28일 일제 검거에 의해 극단 관계자들이 모조리 검거되자, 조선예술좌는 궤멸 상태에 이르렀다. 이 검거자들 속에 김사량이 포함되어 있었다. 즉 한원래(韓遠來)·안 정호(安禎浩: 安英一)·박찬봉(朴贊鳳)·이홍종(李洪鐘)·김상복(金 相福)·허창환(許昌煥)·황명순(黃明淳)·박원환(朴遠煥)·안기석 (安基錫)·김시창(金時昌) 등. 이 기록이 조선총독부 경부(警部) 겸 외무성 경부로 있었던 쓰보에의 관계 자료에 기초한 것임을 고려해 볼 때 의심의 여지는 없다. 극단 조선예술좌의 상연 레퍼토리 속에 들어 있는 「토성랑」이라는 작품은 고등학교 시절에 씌어진 김사량의 동명 소설이 각색된 것임에 틀림없다. 그렇다면 검거된 극단 관계자 들 속에 들어 있는 김시창이라는 이름이 김사량이라는 것은 의심할 여지가 없다. 앞장에서 밝힌 바처럼, 김시창은 김사량의 본명이기 때 문이다. 또한 앞의 레퍼토리 속에 들어 있는 「엽화」라는 작품은, 이 기영의 소설 「서화(鼠火)」의 오기로서, 이기영의 소설을 각색한 것이 다. 「소」는 유치진의 희곡 작품이다.

이 지점에서 조선예술좌에 대해서 언급하지 않을 수 없다. 김사량 의 검거 원인이 이 극단에 대한 일제 검거와 깊은 관계가 있기 때문 이다.

이 극단은 1931년 6월 창설된 '도쿄 프롤레타리아 예술 연구회'가 같은 해 10월 와세다(早稻田) 쇼후칸(松風館)에서 제1회 시연(試演) 을 가진 것을 계기로 하여 '조선어극단'으로 발전하였다. 다음해 2월

102

에는 '일본 프롤레타리아 연극 동맹'(プロット) 가맹과 동시에 '3·1 극장'이라 개명하였으며, 1935년 3월 3~4일 시바우라 회관에서 가진 공연을 계기로 하여 조선예술좌라 개칭한 바 있다. 조선어극단·조선예술좌의 결성 취지는 다음과 같은 것이었다.

우리 조선예술좌는 우리 민족의 고전적 예술(연극)을 올바로 계승하고 이를 일본의 조야 인사에 널리 소개하며, 더 나아가 조선 민족 연극 예술의 향상 발전을 위해 매진하며, 그럼으로써 독자성 있는 새로운 스타일을 목표로 하여 나아가려고 생각하고 있다. 〔……〕 우리 극단은 시대의 추이와 함께 전진하는 진보적 방향을 확보하고 민족의 장구한 연극적 전통을 계승하여 새로운 연극 창조에 매진할 포부를 갖고 있다.

이렇게 발족한 조선예술좌는 그해 5월 4일, 나카노(中野) 조선인 친목회의 후원 아래, 대만 진재(震災) 구제(救濟)의 밤에 출연하여 「빈민가(貧民街)」 외 2막을 상연하였다. 이어 6월 10일 기관지 『우리 무대(ウリ舞臺)』를 창간하였으며, 11월 25~26일 양일간에 걸쳐서는 쓰키지(築地) 소극장에서 추계 공연을 가졌다. 이때의 공연 레퍼토리 속에 이기영 작 「서화」 외에 김사량 작 「토성랑」이라는 작품명이 들어 있는 것은 주목할 만하다. 이 사이에 조선예술좌가 무라야마 도모요시의 주선으로 도쿄 신연극연구회와 합동한 것에 대해서는 이미 앞에서 거론한 바 있다. 친구인 사와카이 스스무는, 김사량이 쓰키지 소극장에서 우노 주키치(宇野重吉) 등이 출연하는 무대에 단역을 맡아 출연했던 것으로 기억된다고 한 적이 있는데, 이것은 아마도 이 조선예술좌 추계 공연의 오류일 것이다. 그건 그렇다 치고, 조선예술좌에 대한 일제 검거의 원인은 과연 무엇이었을까. 결론부터 말한다면, 보통 인민전선(人民戰線) 사건이라 불리는 야마카와 히토시(山川

均) 등 노농파(勞農派) 탄압의 전주곡이 그것이었다. 그것은 이에 앞선 강좌파(講座派) 학자, 좌익 문화 단체 관계자에 대한 검거의 뒤를 잇는 것이었으며, 니무라 다케시(新村猛) 등『세계 문화』그룹 탄압의 전주곡이 되었다. 그리고 조선예술좌는 앞서 소개한 결성 취지──표면적 명분에 해당하는──와는 달리 실은 다음과 같은 실질적 목표 아래 결성되었다. 즉 '3·1 극장'의 혁명적 전통을 계승하고 일본공산당의 대중화를 위해,

1) 연극 활동을 통하여 조선의 미조직(未組織) 대중의 계몽과 전선 통일의 역할을 담당한다.

2) 현재 여러 방면에 걸친 객관적 정세로 보아 비합법 활동을 통한 피압박 계급의 해방은 불가능하므로, 합법적 범위 내에서 민족 연극을 통하여 민족적 · 계급적 의식의 앙양에 힘씀과 동시에 전선 통일을 기하여 조선인 해방운동의 목적을 달성하는 역할을 맡는다.

3) 공산주의 사상을 기조로 하는 진보적 민족 연극을 통하여 재일본 조선 민중으로 하여금 비판적 정신을 갖게끔 지도 · 앙양하며 자본주의의 착취와 억압을 여실히 이해시켜 그들을 해방 전선으로 유도한다.

등을 본래의 목적으로 삼고 있었던 것이다. 이러한 목적이 코민테른 제7차 대회에서 채택된 이른바 인민 전선에 관한 새 방침, 즉 "인민 전선은 일반적으로 정치적 억압과 자본의 전제에 대항하기 위한 노동자농민 · 중소상공업자 · 소시민 등의 광범위한 반파쇼적 민주 세력을 결집하여 조직해야 한다"고 하는 것에 의거하고 있었음은 반복할 필요도 없다.

조선예술좌에 대한 일제 검거의 원인은 여기에 있었다. 권력은 그후에『세계 문화』그룹, 더 나아가 이른바 인민 전선에 대한 탄압의 전주곡으로서, 민족 운동에 대한 공격부터 시작했다. 김사량은 도쿄

제국대학에 입학한 해에 일찌감치 지금까지 보아온 바와 같은 성격을 지닌 극단과 관계를 맺었으며, 이 극단을 통해 재일 동포의 정치적 통일을 꾀하는 민족 운동에 관여하였다. 따라서 그가 이주 동포와 접할 수 있는 기회를 자주 얻을 수 있었다는 것은 두말할 필요가 없다. 이 당시 그가 조선예술좌의 정규 구성원이었는가 아니었는가는 분명하지 않다. 그러나 그가 관계를 맺고 있었기 때문에 그 구성원으로 인정받고 있었으며, 그래서 극단 탄압에 휘말려들게 되었다 해도 전혀 이상할 것은 없다. 다시 말하면, 김달수가 야스타카 도쿠조로부터 전해 들었다고 하는 '조선의 어느 극단'은 일본에 있었던 조선인 극단, 즉 조선예술좌를 가리키는 것이었다. 또한 '독일극을 번역해' 준 것이 아니라, 자기 소설 「토성랑」을 각색해주었던 것이다. 이 때문에 조선예술좌와 관련을 갖게 되었는데, 바로 이것이 김사량 검거의 '직접적 원인'이 되었던 것이다. 나아가 이 극단과의 문제와 관련하여 생각할 수 있는 것은, 그의 검거의 '직접적 원인'과 소설 「도둑놈」에 나오는 내용이 전혀 모순되지 않는다는 점이다. 즉 조선예술좌원이었던 '옛 중학 시절의 친구'──그것은 그 후에도 조선에서 연출가로 활약한 안정호(安禎浩: 安英一)이지 않았을까──가 '사상 수배자'라는 것을 알면서도 재워준 일이 '의혹'을 사는 원인이 되었다고 해석한다면, 그 경과가 확실해진다. 당시는 '사상 수배자'와 관련이 있다는 사실 하나만으로도 '혐의'를 뒤집어쓰는 시대였다. 요시모토 다카아키(吉本隆明)의 말을 빌리면, 추세는 바로 모든 방면에서 "일본적인 파시즘 운동이 모든 '정치 신(新)체제'를 결성하여 군부, 천황제 관료, 금융, 산업 자본의 지배하에"서 "익찬(翼贊)정치, 문화 운동을 진개하고, 소위 '초(超)' 절대주의로 이행하는" 딘계에 있었다. 이리했던 때에 일본의 대학에서 공부하는 조선인 유학생·지식인에 대한 사상적 감시와 통제에는 특히 가혹한 데가 있었다. 그들 유학생·지식인들은 정해놓고 일주일에 한 번, 때로는 여러 번에 걸쳐 불시 수

색을 받았으며, 특고 형사로부터 소지품은 물론, 우편물에 이르기까지 일일이 조사를 받아야 했던 것이다. 뿐만 아니라 이유도 없이 구류형을 받는 일도 자주 있었다. 그 중에서도 특히 좌익 출판물과 조선 서적에 대한 감시는 혹독하기 그지없었다. 조선어로 씌어진 서적을 소지하고 있다는 이유만으로, 그 내용이야 어떻든간에 무조건 구류 대상이 되었던 것이다. 현재 일본의 대학도서관 등에서 산견되는, '조선인 유학생 동창회 기증' 인이 찍혀 있는 조선 서적은 경찰 권력의 그러한 조사를 피하기 위한, 유학생들의 궁여지책이었다고 할 수 있다. 이즈음의 조선인 유학생이나 지식인이 처해 있었던 상황에 대해서는 아베 도모지(阿部知二)의 「겨울의 숙(冬の宿)」, 다미야 도라히코(田宮虎彦)의 「조선 달리아(朝鮮ダリア)」 등에서도 단편적으로 확인해볼 수 있다. 따라서 이와 같은 조선인 유학생의 상황을 더불어 생각해볼 때, 김사량의 검거 원인이 꼭 조선예술좌 탄압과 관련이 없으며, 소설 「도둑놈」에 씌어진 내용과 같다고 하더라도 이상할 것은 조금도 없다. 또 소설 「도둑놈」 속 인물들의 대화나 주인공의 복장 묘사에 드러나 있는 계절감 모두가 그가 10월 28일에 검거되었다는 것을 입증하고 있기도 하다. 이 때문에 김달수의 말과 같이, 신다니 도시오가 세틀먼트에서 활동하면서 거기에서 검거되었다 치더라도 그에게는 그 나름의 원인이 있었기 때문이었을 텐데, 이것을 김사량의 검거 원인과 동일시하는 것은 이치에 맞지 않는다. 그러나 소설 「빛 속으로」를 쓰던 즈음에는 김사량도 신다니의 협력에 힘입은 바가 적지 않을 것이다. '고향'을 그리는 김사량이 "이주 동포들의 웃는 얼굴을 바라보거나 신나게 떠드는 소리를 듣"기 위해, 동포들이 모여사는 부락을 찾아 걸었던 것은 앞장에서 본 대로다. 그러한 그가 이주 조선인이 밀집해 있는 지역의 세틀먼트에서 활동하는 신다니로부터 그 모양을 상세하게 들었다고 한다면, 김사량이 그곳에서 활동한 체험이 없었다고 하더라도 그 때문에 「빛 속으로」의 창작에 지장이 초

래되는 일은 없었을 것이기 때문이다. 반대로, 그에게, 예를 들어 한 때라도 세틀먼트에서 일했던 체험이 있었다고 한다면, 그것은 그것 대로 한층 더 플러스적 요소로 작용했을 것이다. 더욱이 그는 자기 동포를 찾는 일 말고도, 조선예술좌의 공연 활동을 통하여 하나야(糀屋)·쓰루미(鶴見)·다마카와(玉川)·시바우라(芝浦) 등지에 몰려 사는 이주 동포들과 접할 기회를 많이 가질 수 있었다. 걸핏하면 "때로 견딜 수 없을 정도로 심한 향수에 사로잡히게 되는 때에는 〔……〕 조선 가요의 밤이라든가 야담이나 무용제 등을 보러 간다"(「고향을 생각한다」)는 김사량의 말은, 조선예술좌의 공연을 통해 알게 된 동포들의 따뜻함이 의식 속에 들어 있었기 때문이었는지도 모른다.

어쨌든간에 김사량이 검거되었다는 사실과 그 원인이 그의 작품 활동에 여러 가지 형태로 투영되어 있다는 사실은 매우 중요한 의미를 갖는다. 김사량은 이때, 미결수로서 100일 남짓 구류소 생활을 강요당한다. 그는 이렇게 하여 일본 땅에서 최초의 구류 체험을 맛보게 된다.

검거를 전후한 이 시기의 김사량이 처해 있던 상황과 행동 등을, 당시 『신조(新潮)』지의 편집자였던 나라사키 쓰토무가 적확하게 포착한 글이 있어 매우 흥미롭다.

김사량군은 무라야마 도모요시가 소개를 해주었다. 프롤레타리아 문학 운동과 조선 독립을 위한 민족 운동을 잠행적으로 계속해온 김사량은, 2백 매 가까운 중편 소설을 보자기에서 꺼내 읽어봐주셨으면 한다고 하였다. 당시 도쿄 대학에 다니고 있었는데, 요시찰 인물이기 때문에 어벙어벙한 곳에 거주하고 있나고 하고 있으나, 실은 선선하고 있다, 이따금 전화를 올릴 것이다, 잘 부탁드린다, 고 했다. 또 불쑥 찾아와서는, 유치장에 들어갔다가 2~3일 전에 나왔다고 한 적도 있었다. 그 잠시 뒤에는 조선 현실에 관한 내용이 화제의 중심이 되어 있었

다.[6)

나라사키의 이 글은, 김사량이 나라사키를 방문했던 때가 검거를 전후한 시기였다는 것을 전하고 있다. 또 이 짧은 글 속에서 당시 김사량이 직면하고 있었던 상황을 포착해낼 수도 있다. 예를 들어 김사량이 나라사키에게 "어떠어떠한 곳에 거주하고 있다고 하고 있으나, 실은 전전하고 있다"고 술회하고 있는 점이 그것이다. 이미 보아왔듯이, 김사량이 관계하고 있었던 조선예술좌의 간부들은 8월 하순에 이미 검거되어 있었다. 이 소식은 김사량의 귀에도 들려왔을 터이다. 이보다 1개월 반 전에는 예의, 콤 아카데미 사건이라 불리는 강좌파 학자와 좌익 문화 단체 관계자들에 대한 일제 검거가 있었다. 그리고 이해 2월에는 황도파 청년 장교들에 의한 이른바 2·26사건이 일어났던 것이었다. 이렇게 계속해서 일어나는 이상 사태와 더불어, 김사량도 다가오는 위험을 심각하게 받아들이고 있었을 것임에 틀림없다. 그런 상황 속에서 침착할 수는 없었을 것이다. 앞서 김사량이 나라사키에게 한 말은, 다름 아니라 위기감에 둘러싸인 그의 신변의 어수선함과 그 심리 상태를 반영한 것이었다. 뿐만이 아니다. 나라사키에게 "요시찰 인물이기 때문에"라고 말한 것은, 그도 역시 경찰 권력의 추적을 받고 있을지도 모르는 몸임을 알고 있었기 때문인지도 모른다. 혹은 이미 추적을 받고 있는 몸이었기 때문이라고도 생각된다. 김사량이 혼고 모리카와초의 하숙 '쓰노다칸'으로부터 미타카의 포플러 소로 이사했던 것——그 반대였는지도 모른다——과 나라사키의 눈에 김사량이 '잠행적'으로 문학 운동과 민족 독립 운동을 하고 있었던 것으로 비쳤던 것은, 모두 그것을 입증하는 듯하다. 그 중에서도 특히 김사량이 "프롤레타리아 문학 운동과 조선 민족의 독립 운동"을

---

6) 나라사키 쓰토무, 「작가의 무대 뒤」.

108

하고 있었다는 나라사키의 말은, 김사량이 관계하고 있었던 조선예술좌의 성격을 가리키는 것이었다. 또 그것은 김사량의 문학이 갖고 있는 기본적 성격도 정확하게 찌른 것이라고 할 수 있다. 이것은 그러나, 나라사키를 비롯한 일반 일본인들이 조선인의 문화 운동 내지 문학에 대해 갖고 있는 일반적인 이해 수준에 머물고 있는 견해이다. 사실은 그러한 특징이 조선예술좌나 김사량에게만 국한되어 있었던 것은 아니었다. 조선인에게는 그와 같은 성격을 가질 수밖에 없는 필연적인 이유가 있었다. 이에 대해서는 일찍이 1931년 6월 이광수도 다음과 같이 쓴 바 있다.

조선 민족은 적어도 현재의 상태에서는 문학에 커다란 관심을 갖고 있는 것 같지 않다. 그들에게는, 문학이나 예술 등은 있어도 좋고 없어도 좋은 정도의 것이다. 그것이 생활의 필수 조건은 아니다. 〔……〕

첫째, 조선인은 근래 30년 이래로 문학과 예술을 느긋하게 맛볼 수 있는 마음의 여유를 가질 수 없었다. 그들은 민족적 운명의 격심한 변화에 대한 관심, 너무나도 정치적인 관심에 몰두하지 않을 수 없었던 것이다. 〔……〕

세번째로 〔……〕 금일의 조선인의 사상을 크게 나눠본다면, 민족주의자와 ××〔공산: 인용자〕주의자로 이분(二分)하는 것이 가능할 것이다. 〔……〕

그렇다면 조선 문학의 장래는 어떤 것일까. 아마도 민족주의적인 것이 될 것이다. 혹 더욱더 적절히 말한다면 민족사회주의적인 것이 될 것이다. 그리고 조선인 고유의 인도주의사상이 가미되고, 그 위에 조선의 민족성인 도피적 낙천주의와 절망적 애조 속에 불교적 달관의 미소를 혼합한 것이 될 것이다. 다가오는 날의 힘이나 영광에 대한 동경과 도피적 · 절망적 · 달관적 애조와 미소, 이것은 어찌 보면 조화될 수 없는 모습일지도 모르나, 그것들을 합쳐놓은 것이 바로 고금을 통

해 내려오는 조선 문학의 특징이다. 그것은 긴 역사——민족적 생활 과정의 영향 때문일지도 모른다.[7]

조선 문학의 특징에 관한 이광수의 이 의견에는 물론 재론의 여지가 있다. 이것은 오히려 이광수 문학의 특징이라고 하는 것이 옳다. 특히 조선인의 민족성에 관한 그의 의견에는 불만이 많다. 그러나 이 인용문 속에는 적어도 조선인들이 민족주의와 공산주의의 길로 내달려갈 수밖에 없었던 그 개연성이 잘 드러나 있다. 즉, "민족적 운명과 그 격심한 변화에 대해" 정치적 관심을 가진 결과라는 것이다. 이 방면에 대한 관심에 몰두하는 것이 불가능했던 이광수는 그 민족성을 "도피적 낙천주의나 절망적 애조 속에 불교적 달관의 미소를 혼합한 것"이라 보았던 것이다. 이 대신에 김사량은, 조선예술좌와 관련되어 있었던 사실에서도 알 수 있듯이, "민족적 운명과 격심한 변화에 대" 한 정치적 관심에 사로잡히지 않을 수 없었다. 그것도 매우 적극적인 형태로서였다. 그에게 있어 민족적 운명이란 것은 바로 자신의 문제와 직결되어 있다. 말하자면 그것에 대한 정치적 관심에 몰두하는 그 지점에, 그의 인식상의 진취적 특성과 그의 주체적 위상이 서 있었던 것이다. 말하자면 이 "민족적 운명의 격심한 변화"에 대한 상승적 인식과 하강적 인식의 접점이 이광수와 김사량, 혹은 장혁주와 김사량의 문학적 인생이 갈려나가는 분기점이었다. 김사량이 그 문학적 인생을 민족주의작가로서 걷게 되는 계기 역시도 이곳에 있었다.

앞에서 본 이광수의 글을 통해서, 일본에서 전개되고 있었던 조선인의 문화 운동이 단순한 계몽적 범주에 그치는 것이 아니라, 민족주의 혹은 공산주의 운동의 일단과 이어지고 있었다는 것도 충분히 이해할 수 있다. 김사량이 그 연극 운동에 접근했던 이유도 거기에 있

---

7) 이광수, 「조선의 문학(朝鮮の文學)」, 『개조(改造)』, 1932년 6월호.

었다.

그런데 나라사키는, 앞에서도 본 바처럼 김사량을 소개한 사람은 무라야마 도모요시였다고 술한 바 있다. 그렇다면 무라야마는 언제, 어떤 방식으로 김사량을 알게 되었을까. 무라야마에 의하면 그 사정은 다음과 같다.

> 큰 키에 마른 체구의 그는 그즈음 도쿄대(東大)의 금단추가 달린 제복을 입고 있었다. 희곡을 쓰고 싶다고 하였다. 구 신협극단(舊新協劇團)이 한참 활약하고 있었던 1938년경의 일이었다. 당시 신협(新協)에는 조선인이 몇 명 있었다. 연출에 안영일(安英一: 安禎浩), 효과에 구보타 쇼이치로(久保田正二郎), 기획에 허달(許達: 趙又磧) 등이었다.
> 일본의 대륙 침략이 본격화됨과 더불어 조선인에 대한 우리의 관심은 높아졌다. 이러한 사정이 겹쳐지면서 신협과 조선 사람들 사이에, 여러 가지 방식으로 친분 관계가 생겨났다. 김군과 가까워진 것도 이러한 이유에서였다.[8] 〔강조: 인용자〕

위 글에서 무라야마는 김사량을 알게 된 것이 1938년경이었다고 쓰고 있다. 그러나 이것은 이상하다. 나라사키의 증언을 고려해본다면, 무라야마가 김사량을 알게 된 것은 그가 조선예술좌에 관련되었기 때문에 검거되었던, 1936년 10월 28일보다 더 이른 시기여야 한다. 그 외에 무라야마는 앞에서도 본 것처럼 그 전 해, 조선예술좌와 도쿄 신연극연구회와의 합동에도 관여하고 있는 것이다. 그렇다면 김사량을 안 기회는 많았을 터이다. 이것은 명백하다. 무라야마의 기억상의 오류일 것이다.

---

8) 무라야마 도모요시, 「김사량을 생각한다」.

그래도 김사량이 무라야마를 방문한 동기가 희곡을 쓰고 싶기 때문이었다고 한 것은 연극에 대한 그의 관심의 정도가 어떠했는가를 보여준다는 점에서 흥미롭다. 실제로 연극에 대한 그의 관심은 단순히 정치적인 의미에만 국한되어 있지 않았다. 예를 들면 그의 소설 「뱀[蛇]」은, 의심할 바 없이 연극을 사랑하는 그의 마음이 그 주된 동기로 작용하여 창작되었다.

어쨌든 이즈음의 김사량은 아직 대학에서 공부하는 학생 신분으로서, 그것도 겨우 1, 2학년 재학중이던 때였다. 그럼에도 불구하고 그는 한편으로는 희곡을 쓰고 싶어서 극단과 관련을 맺고 있었으며, 또 한편으로는 나라사키 쓰토무도 회상하고 있는 것처럼, "2백 매 가까운 중편 소설을 보자기에서 꺼내 읽어봐주셨으면 한다"고 말했다. 이것은 매우 주목할 만한 사실이다. 김사량이 나라사키를 처음 방문했던 때, 이미 그의 신변에는 검거의 위기가 그림자를 드리우고 있었던 터였다. 그 위기 속에서도 그가 나라사키를 찾았다는 점에서 창작에 대한 김사량의 열정이 매우 의욕적이었다는 점을 확인할 수 있다. 이 의욕적인 창작의 세계에, 김사량은 도대체 언제부터 또한 어떠한 동기로 손을 대기 시작했을까.

김사량 자신이 쓴 바에 의하면, 그가 창작을 시작한 시기는 '고등학교 2학년 때'[9]였다. 즉 사가 고등학교 재학 시절, 그에게는 습작이라고 할 수 있는 계기가 있었던 것이다. 그리고 이때 씌어진 것이, 후에 각색되어 조선예술좌 무대에서 상연된 그의 "가장 최초의 작품으로서 명실공히 처녀작"이었던, 소설 「토성랑」이었다. 그리고 그것이 조선인인 김사량이 처음으로 일본어로 쓴 것이었다고 본다면, "언어에 자신이 없어서 책상 속에 처박아두었다"고[10] 그가 말한 것도 무리는 아니었을 것이다. 그러나 이때 이미 그가 소설 수업을 시작한 상

---

9) 김사량 소설집 『빛 속으로』 후기.
10) 같은 글.

태였다면, 김사량이 히로쓰 가즈오에게 "일본에 실망한 탓도 있고 해서 가능하다면 미국에 건너가 영어로 소설을 써보자는 것이 이들의 희망입니다"[강조: 인용자]라고 했던 말의 내용이 다시 한번 음미되어야 할 필요성이 생긴다.

있는 그대로 본다면, 히로쓰에게 말한 그것은 단순히 '이들의 희망'에 그치는 것이 아니라, 바로 그 자신의 희망이었다는 것을 드러내고 있다. 이에 관한 내용은 앞장에서도 이미 언급한 바 있지만, 그가 '고등학교 2학년 때'부터 소설을 쓰기 시작했다는 사실은 그것을 더욱더 강하게 입증하고 있다. 즉 그는 '미국에 건너가 영어로 소설을' 쓰는 대신에 일본에 건너와서 일본어로 소설을 써냈던 것이다. 김사량이 북경 유학과 도미(渡美)라는 코스를 밟아 작가의 길을 걸으려는 꿈을 안고 있다가, 우여곡절을 겪고 본의 아니게 일본으로 건너온 것은 이미 보아온 바대로다. 그러한 그가 '고등학교 2학년 때'부터 소설을 쓰기 시작했다는 사실을 통해서, 미국에서 밟으려 했던 그 길을 그가 일본에서 걷기 시작하였다는 것을 알 수 있다.

김사량은 어떤 이유에서 문학, 특히 창작 활동에 이렇게도 왕성한 의욕을 갖고 있었을까. 이 문제를 검토해가는 과정에서 먼저 상기해야 할 점은, 김사량의 미국행의 전제가 "일본에 실망한 탓"이라는 점이다. 그가 히로쓰에게 이렇게 말한 바 있으며 그 목적이 "영어로 소설을" 쓰는 데 있었다는 점은 앞에서도 논의한 바대로다. 이 말은, 바꿔 말한다면, 만약 일본이 실망을 주지 않았다면 일본에 가서 소설을 쓸 수도 있다는 말이 된다. 그러나 실제로는 식민지 지배를 받는 조선 민족의 경우 일본은 실망을 주는 이외의 그 어떤 존재도 아니었다. 이 지점에서 그는 미국행을 희망했던 것이다. 이렇게 미국에 가서 영어로 소설을 쓰고 싶다던 김사량이 일본에 건너와 일본어로 소설을 쓰고 있는 것을 보면, 그는 표기의 수단으로 선택한 언어 그 자체에는 그렇게 큰 의미를 부여하고 있지 않다는 것을 알 수 있다. 다소 억지를 부려본다면, 이 말은, 미국은 자유롭게 쓸 수 있다는 사실, 그것의 동의어였다. 따라서 그는 표기 수단으로 삼은 그 언어를 갖고 소설을 쓰고, 그것을 통하여 「조선 문화 통신」에서 술하고 있는바 "조선인의 문화나 생활이나 감정을 더욱 넓은, 〔……〕 내지(內地)나 동양이나 세계로 넓혀"갈 수만 있다면, 그것으로서 일차적인 목적은 달성하는 셈이다. 오히려 여기에서는 선택한 언어를 갖고 소설을 잘 쓸 수 있다고 하는, 그 싱싱한 자신감을 엿볼 수 있는 것이다. 그러나 여기에서 한층 더 주목해야 할 것은 그가 어떻게 해서든지간에 소설을 쓰려고 했다는, 그 의지적인 자세 자체이다. 김사량을 소설 창작으로 달려가게 한 그것이란 도대체 무엇이었을까.

이 의문에 답하는 것은 그렇게 곤란한 일은 아니다. 그는 이광수가 말하는바 '민족적 운명의 격심한 변화'를 바로 자신의 것으로 받아들이고 있었기 때문이다. 그 상황을 진취적인 방향으로 인식하고 있었던 그의 자세 속에 이미 그 대답은 준비되어 있었다. 그는 소설을 써 나가는 과정에서 자신과도 밀접하게 연결되어 있는 "민족적 운명과 격심한 변천"에 대처하려고 했다. 전체적으로 볼 때 이즈음의 조선 지식인들이 사회 진출과 관련하여 희망하고 있었던 길은 세 가지가 있었다. 하나는 관직으로 나아가는 길이며, 그것이 가능하지 않을 때에는 관련 공공 단체 혹은 기업체에 몸을 담는 것이었다. 그 다음이 의사가 되는 것이었으며 그 다음이 문학 예술 방면으로 나아가는 것이었다. 관직을 희망하는 자는 입신 출세와 경제 생활의 안정을 기본적 조건으로 삼았다. 이 방향은 두말할 필요도 없이 식민지 지배 권력을 소유한 일본의 통치 체제 속에 말려들어가는 것을 의미한다. 또 그 앞잡이로 굴종하면서 조선 민족에게는 등을 돌리는 것이었다. 의사가 되는 것은 빈곤으로 허덕이는 조선인 사회에 있어서는 그 나름으로 의미가 있었지만, 그 주된 목적이 경제 생활의 안정에 있다는 점에서는 첫번째와 큰 차이가 없었다. 넓은 의미에서 말한다면, 이

길에는 생계 걱정이 없는 것이다. 이에 반해 문학 예술의 길을 걷는 다는 말은, 기본적으로는 식민지 통치 권력의 강대한 틀 속에서, 그것에 본질적으로 굴종하거나, 굴복하거나, 소극적으로 저항을 하거나 혹은 적극적으로 저항을 하는 등등의 정치적 의미를 강하게 지니는 것이었다. 그 중에서도 특히 문학은, 식민지 피억압 민족의 경우에는, 그 민족의 해방과 민중의 생활 해방이라는 기반 위에서 행해지는 것이 보통이었다. 이 영역에서 작가는 문자와 언어의 담당자라는 형태로 민족 해방 투쟁을 행했다. 이러한 투쟁과 괴리된 지점에는 그 '문학의 세계' 따위란 존재할 수도 없었다. 김사량의 경우에도 그렇다고 할 수 있다. 작가로서 소설을 쓰면서 살아가는 길을 보여준 김사량의 경우에도 결국은 조선 민족의 것, 조선 민족의 현실에 존재하는 것들과 밀착하지 않고서는 바라는 길을 갈 수 없었다. 김사량이 힘들게 조선예술좌의 활동에 관여했던 이유도 여기에서 찾아볼 수 있다. 김사량이 '아쿠타가와 상 수상식에 참여하기까지'라는 부제를 달아 발표한 「어머님께 드리는 편지」에서, "이제부터는 진짜 작품을 쓰지 않으면 안 된다고 제 자신을 향하여 몇 번이나 다짐했습니다"라고 쓴 그것은, 다름 아니라 위에 기술한 내용에 대한 자신의 자각이 드러난 예라고 볼 수 있다. 말하자면, 젊은 날의 김사량이 미국행을 희망했던 것도 그 투쟁의 자유를 향한 비상의 계기를 그곳에서 구하려 했기 때문이었다. 그리고 그 꿈이 산산조각나자, 그는 그 계기를 다시 한번 일본에서 구하려 했던 것이다. 그가 창작에 집착하게 된 이유 중의 하나가, 작품 행위라는, 작가 개인의 삶이 보편적으로 추구하는 그 자유의 획득에 있었다는 사실을 이제 더 강조해야 할 필요는 없다. 김사량이 여기에 마음이 이끌리고 있었다는 점도 사실인 것이다.

김사량이 가고 싶어하는 그 길을 가로막는 존재가 거의 없었다는 것은 이미 본 바 대로이다. 우선 생활 보장면, 즉 경제적 조건면에서 그에게는 문제가 없었다. 그에게는 소설을 쓸 수 있는 재능 혹은 능력이 있는가 없는가 하는 것만이 문제였다. 따라서 이 사실을 시험해 보는 일, 그리고 그 능력을 연마하기 위한 노력이 필요하였다. 김사량은 그것을 '고등학교 2학년 때'부터 시작했다고 밝혔다. 아니 이 작업은, 정확히 말하자면, 그 이전부터 이미 진행하고 있었다고 보는 것이 옳다. '고등학교 2학년 때'부터 시작했다는 그것은 이미 분명하게 밝혀진 바대로, 일본어로 쓴 작품이기 때문이다. 작품「토성랑」은 김사량이 일본어로 쓴 최초의 소설이라는 의미에서 처녀작이었다. 그러나 조선에서 태어나 민족주의적 색채가 강한 가정에서 자라났으며, 평양의 중학교 과정을 거의 다 마쳤던 김사량이 조선어로 자신을 표현하는 능력이 결여되어 있었다는 것은 거의 생각할 수 없는 일이다. 그가 제2소설집『고향(故郷)』의 발문에서 "이 소설집 중「Q 백작(伯爵)」은 경성의 문예지『문장』에 조선 문자로 발표한 작품을 번역한 것이다"라고 쓴 것만 보아도 그 사실은 명백하다. 특히 그가 "언어에 자신이 없어서 책상 속에 처박아두었"다고 한 그「토성랑」을 각색—혹은 이것은 원래 희곡으로 씌어진 것일지도 모른다—하여 그것을 조선어 극단, 조선예술좌의 공연 레퍼토리로 제공한 사실은 이것을 잘 입증하고 있다.

이 김사량이 도쿄 제국대학 문학부에 입학한 후에 작가 수업을 게을리했을 리가 없다. 사실도 그러했다. 대학 재학중 그는 서서히 일본어 창작에 힘을 기울여갔던 것이다. 따라서 김사량이 동인 잡지『제방』의 발간에 참가한 일은 그의 내적 욕구의 발현이었으며, 또 그것은 그에게는 필연적인 일이기도 했다. 즉 그가『제방』에 발표한「토성랑」은 개정—"후일『문예수도』에 재수록할 때 대폭 수정되었다"[11]—되기 전의 처녀작이었다. 김사량 스스로가 많은 애착을 갖고

---

11) 같은 글.

있었던 「기자림」 역시도 이미 『제방』에 발표한 작품이었다. 결국 김사
량은 「빛 속으로」 이전에 이 두 편의 소설을 이미 발표했던 것이다.

무라야마 도모요시를 방문하여 희곡을 쓰고 싶다고 말한 바 있는
김사량이, 바로 그 최초의 희곡을 쓴 것도 이즈음의 일이었다. 무라
야마는 이에 대해 아래와 같이 회상하고 있다.

김군은, 시바우라의 매립지에 지은 움막집에 살고 있는, 도쿄 시에
서 혹독한 대우를 받고 있으면서도 열심히 살아가고 있는 조선인들에
대해 쓴다고 했다. 그러나 최초의 희곡 집필이라 매우 힘이 드는 것 같
았다. 이윽고 「불가사리」(불가사의한 벌레)라는 2백 매 가까운 희곡이
완성되었다. 학대받고 있는 조선의 군중들이 흥미롭게 묘사되어 있었
는데, 미친 바이올린 연주자와 식당 여주인의 연애가 그 골조를 이루
고 있었다. 이것만으로도 대충 상상이 가능하겠지만 감상적 요소가 다
분한 작품이었으며, 아직 유치한 수준이긴 했으나 후일의 장성을 예견
케 하는 섬광이 들어 있었다. 극단의 문예부와 연출부에서 돌려읽고
의견을 교환한 결과, 작가로 하여금 작품을 고치게 한 뒤 극단의 정식
레퍼토리 속에 첨가하였다. [……] 이윽고 그도 도쿄에 돌아와 「불가
사리」 상연 준비가 시작되었다. 그러나 우리 연극에 대한 탄압은 더
강해져서, 그즈음 재경 조선인들로 조직되어 있던 극단은 상연할 희곡
의 내용 여하에 상관없이, 조선옷을 입고 무대에 오르는 것은 재미없
다는 이유로 공연 금지 처분을 받았다. 조그마한 움직임이라도 우리
극단에 해산을 명하는 구실이 될 수 있는 상태였다. 그러나 우리들은
무슨 일이 있건간에 꼭 「불가사리」를 상연하자, 고 결정하였으며, 연
출·장치를 맡은 나는 안영일 군과 차차 준비를 해나갔다. [……]
1940년 8월을 맞자, 신협(新協)은 해산되고 우리는 체포되었다.[12]

___
12) 무라야마 도모요시, 「김사량을 생각한다」.

무라야마의 이 글에서도 볼 수 있는 바와 같이 김사량이 일본어로 쓴 최초의 희곡 「불가사리」는 결국 상연되지 못했다. 극단이 해산되고 단원들이 검거되어버렸기 때문이다. 그러나 그는 이 '불가사리'라는 제목이 마음에 쏙 들었던 것 같다. 혹 그는 그 속에서 자기 생애의 한 상징을 본 것이 아니었을까. 김사량은 희곡뿐만 아니라, 같은 제목을 붙인 장편 소설도 구상하고 있었다. 그러나 구상은 했지만, 무라야마가 쓴 희곡과는 내용이 달랐던 듯하다. 김달수의 설명에 의하면 그 내용은 이러하다.

그는 「불가사리(不可殺伊)」라는, 쇠를 먹고 사는 조선 전설 속의 상상적 동물을 불가사의한 벌레로 번역하여, 이를 제목으로 한 장편 소설을 하나 쓴다고 했다. 그는 이미 「불가사의한 벌레」라는 미발표 희곡을 쓴 바 있는데, 결국 '불가사의한 벌레'라는 것은 아무리 발로 채이고 짓밟혀도 결코 죽지 않는 '벌레'라는 것이다. 당시 바로 '멸망해 가는' 것처럼 보였던 조선 민족을 그가 이 '벌레'에 비유했다는 것은 두말할 필요도 없다.[13]

대학 재학중의 김사량에게는 이외에도 『신조』편집자였던 나라사키 쓰토무에게 갖고 간 "2백 매 가까운 중편 소설"이 있었다. 이 소설은 그러나 『신조』지에는 수록되지 못했다. 완전한 신인인데다가 2백 매라는 양이 당시 『신조』수록을 불가능하게 했기 때문이다. 따라서 그 내용은 물론 제목도 전혀 기억에 남아 있지 않다고 나라사키 쓰토무는 말하고 있다. 이 중편 소설이, 『낙조(落照)』——후일 김사량의 최초의 장편 소설이 된——가 아니었을까. 『낙조』는 「빛 속으로」가

---

13) 김달수, 「김사량, 그 인간과 작품」.

일본에서 발표되었던 시기에, 조선의 잡지 『조광(朝光)』에 연재되었다. 남한의 평론가 백철은 이와 관련된 사실을 아래와 같이 밝히고 있다.

아쿠타가와 상 후보작 「빛 속으로」로 일본 문단에 등장한 김사량의 『낙조』(1939년 『조광』 연재) 역시도 견실한 사실 묘사를 통해 한 시기를 구획지은 작품이다. (『조선 신문학 사조사』, 현대편)

이러한 언급에서도 알 수 있듯이 김사량은 『문예수도』에 발표한 「빛 속으로」를 통해 일본에서의 작가 활동의 제1보를 내딛음과 동시에, 『낙조』를 통하여 조선에서도 제1보를 내딛었던 것이다. 『낙조』가 일본어로 씌어졌는지의 여부는 현재 분명하지 않다. 만약 이 『낙조』가, 나라사키가 읽어주기를 바라는 의도에서 씌어졌다면, 그것이 일본어로 씌어졌을 것임은 두말할 필요도 없겠다.

김사량의 『낙조』에 관해서는 김달수도 이렇게 쓰고 있다.

김사량은 하숙이 있었던 가마쿠라(鎌倉) 오오가야쓰의 거리——그 양쪽에는 당시 고바야시 히데오와 시마키 겐사쿠(島木健作)가 살고 있었다——등지를 거닐면서, 작품 구상 내용을 열정적으로 들려주었다. 때로는 평양성의 함락으로부터 시작되는 『낙조』라는 역사 소설의 서두를 그 하숙의 한 방(낙엽이 쌓여 있던 정원의 앞쪽으로는 산 쪽을 향해 파들어간 방공호 입구가 입을 벌리고 있었다)에서 들려주었던 것이다.[14]

김달수의 이 글 속에서 역사 소설 『낙조』의 윤곽을 어느 정도 상상

---

14) 같은 글.

해볼 수 있다. 김달수가 김사량을 알게 된 것은 1941년 가을이었다. 이에 관한 내용은 김달수의 글을 보도록 하자.

　내가 「빛 속으로」의 작가로 알려지기 시작한 김사량과 처음 만난 것은 1941년 가을로 생각된다. 히비야(日比谷) 교차로 가까운 모리나가(森永) 그릴에서 열렸던, 야스타카 도쿠조가 주재하는 『문예수도』의 동인 대회 자리에서였다.
　김사량은 이미 그 전부터 『문예수도』 동인이었으나 나는 그때까지 오고에 렌이치(大越錬一), 후타베 아이조(二瓶愛藏) 등이 하고 있었던 『창원(蒼猿)』이라는 동인 잡지에 참가하고 있었다. 태평양전쟁을 앞두고 용지 수급 문제 등으로 동인 잡지들이 정리·통합되고 있던 때였다. 우리 『창원』도 이노가와 기요시(井野川潔), 시마 아키오(島秋夫) 등이 하고 있었던 『산맥(山脈)』과 함께 『문예수도』에 통합되게 되었는데, 이런 일로 하여 전(全) 동인들이 모이는 대회였다.[15)]

1940년 11월의 '용지 규격 통제령' 공포에 이어, 동인 잡지의 통합이 다음해 11월에 완료된 사실은 다카미 준(高見順)의 『소화문학 성쇠사(昭和文學盛衰史)』 등에서도 확인된다. 그리고 이 동인 잡지의 통합이 계기가 되어 김달수와 김사량은 서로 알게 되었다. 그 이래 다음해 1월까지, 김사량이 두 번의 구류 처분을 받은 50일 남짓을 포함해 수개월 동안 김달수는 김사량과 교제를 계속하였다. 젊은 날의 그들의 교제가 얼마나 친근했는가를 김달수는 이렇게 증거하고 있다.

　『문예수도』의 동인 모임을 비롯한 다른 모임들에서 우리는 면식을 나눴다. 김사량은 가마쿠라, 나는 요코스가(橫須賀)에 살고 있었기 때

---

15) 김달수, 「전사한 김사량(戰死した金史良」, 『신일본문학(新日本文學)』, 1952. 12.

문에 자연스럽게 두 사람은 동행을 하게 되었다. 늦어지게 되면 나는 그의 하숙인 요네신테이(米新亭)에서 자곤 했다. 자주 만나 서로 자고 가곤 했다고 생각되는데, 그러나 지금 생각해보면 그와 나의 교제 기간은 겨우 2개월 정도에 불과했다. 그렇게 짧은 시간이긴 했지만, 나는 그와 매우 친숙한 만남을 가졌다고 느끼고 있다.[16]

김사량과 김달수의 교제는 동인 잡지 『문예수도』를 매개로 하여 짧은 시간에 매우 급속하게 진전되었다. 그렇다면 김사량이 『문예수도』에 참가한 경위를 이곳에서 확인해야 할 필요성이 있다. 의심할 여지 없이 이것은 장혁주의 종용에 의해서였다. 그의 친구인 사와카이 스스무도 대학에 있을 때 김사량이 수차례에 걸쳐 장혁주를 찾아간 적이 있었다는 것을 인정하고 있다. 그것은 있을 수 없는 일은 아니었다. 동포로서뿐만 아니라 이역에 살면서 일찌감치 작가로서의 지위를 확보한 문학 선배 장혁주에게, 같은 문학의 길을 걷고 있는 김사량이 경의를 표하고 방문하는 것은 충분히 있을 수 있는 일이기 때문이다. 실제로 김사량은 장혁주를 방문했을 뿐만 아니라 장혁주의 일에도 협력을 아끼지 않았다. 예를 들면 장혁주의 희곡 「춘향전」의 상연을 도와준 일도 그것이다. 이즈음 장혁주는 이미 "일본의 현대 문학을 알게 된 다음부터는 일본어는 나에게 없어서는 안 될 것이 되어버리고 말았"는데, 그래도 사상적 회심을 보여주는 정도까지는 가지 않았던 상태였다. 따라서 김사량도 망설임 없이 장혁주를 찾을 수 있었을 것이다. 이즈음의 김사량과 장혁주의 관계는 무라야마 도모요시의 다음과 같은 글에서도 확인할 수 있다.

그해〔1938년: 인용자〕극단은, 당시까지는 진보적 작가였던 장혁주

16) 같은 글.

에게 의뢰하여 「춘향전」을 희곡화해주기를 부탁하였다. 그리고 내지 (內地) 상연 뒤 그것을 조선에 갖고 갔다. 신극단(新劇團)이 대규모로 조선 순회 공연을 한 것은 이것이 최초였다. 김군은 이 계획을 매우 기뻐하였으며 분주하게 뛰어주었다. 이 여행 준비 때문에 내가 조선에 갔을 때 김군은 그의 고향인 평양에서 나를 환영해주었다. 학생복을 멋지게 다려입은 스마트한 양복 차림새로 그는 평양을 안내해주었으며, 크리스찬인 그의 부친의 집에 초대해주었다. 고도(古都) 평양에 어울리는 조용하고 지적인 일가(一家)였다. 모두의 협력으로 「춘향전」의 조선 순회 공연은 성공했다.[17]

무라야마 도모요시의 이 진술은 김사량과 장혁주의 관계를 잘 보여줄 뿐만 아니라, 그와 신협극단과의 관계가 매우 긴밀했다는 사실도 잘 암시해주고 있다. 이런 사실이 없었다 하더라도, 『문예수도』 『문장』 혹은 『문학평론』 『문학안내』 등에 활발하게 기고를 하고 있었던 장혁주가 문학 후배인 김사량을 『문예수도』를 주재하는 야스타카 도쿠조에게 소개했다는 점은 전혀 이상할 것이 없었다. 그 사실은 야스타카 도쿠조의 다음과 같은 글 속에도 잘 드러나 있다.

그 3·1 사건이 계기가 되어 체포 위기에 몰려 있었던 그는 거꾸로 그가 적대하고 있었던 일본에 와서 사가(佐賀)의 고교를 거쳐 도쿄대(東大) 독문과에 진학하였으며, 졸업한 해 봄 장혁주군의 소개장을 갖고 나를 찾아왔다.[18] 〔강조: 인용자〕

김사량이 장혁주의 소개장을 갖고 야스타카 도쿠조를 방문한 것은

---

17) 무라야마 도모요시, 「김사량을 생각한다」.
18) 야스타카 도쿠조, 「순수한 김군(純粋な金君)」, 『신일본문학』, 1952. 12. 야스타카 는 이 글에서 '3·1 사건을 계기'로 김사량이 도일했다고 하는데, 이것은 오류다.

대학을 졸업한 해 봄, 즉 1939년(소화 14년) 봄의 일이었다. 대학을 졸업한 뒤의 김사량의 소식은 그즈음 문예평론가로서 같이 일본에서 활약하고 있었던 한식(韓植)이 이렇게 전하고 있다.

제대(帝大) 독문과를 나와 조선의 신문사에서 잠시 근무하고 있었으나 바로 그만두고 다시 대학원에서 공부하고 있다.[19]

이 신문사가 조선의 어느 신문사를 가리키는가는 분명하지 않다. 그러나 대학원 공부와 관련된 사항은, 1939년 4월 27일부터 1941년 4월 26일까지 도쿄 제국대학 대학원에 적을 두고 있었다는 사실이 확인된다. 이 기록은 그가 4월 26일부로 제적 처분을 받았다는 것을 의미하고 있다. 아마도 김사량은 당시 창작 활동에 전념하고 있었던 것으로 보이며, '대학원에서 공부'했다는 위 내용은 단순히 적을 두고 있었음을 의미하는 정도에 지나지 않았던 것이 아닌가 생각된다. 그것은 김사량이 대학원에 적을 두고 있었던 시기와, 그가 일본에서 가장 눈부신 작가 활동을 보여준 시기가 서로 일치하기 때문이다.

대학을 졸업한 해 봄, 처음으로 방문한 김사량의 인상을 야스타카 도쿠조는 이렇게 쓰고 있다.

김사량군이 나의 처소를 방문한 것은 소화 14년 봄이었다. 아직 도쿄대 독문과 학생이었는데, 섬세하고 예민한, 「빛 속으로」의 주인공 미나미 선생과 같은 청년이었다.[20]

---

19)『조선문학선집』제3권 후기, 적총서방(赤塚書房).
20) 야스타카 도쿠조, 『김사량 작품집』서, 이론사. 야스타카는 「광주 학생 사건과 김사량」에서 "소화 11~12년경에 처음으로 내 집을 방문했다"고 썼는데, 이것은 그의 기억상의 오류임에 틀림없다.

이때까지는 김사량이 작품을 들고 야스타카를 방문한 적이 없었다. 야스타카가 주재하는 『문예수도』에 그가 최초로 들고 간 것은, 이 잡지의 9월호에 발표된, 앞장에서 가끔씩 예를 든 바 있는 수필 「에나멜 구두의 포로」였다. 이 사이 그는 대학을 졸업하고 대학원에 입학하였으며, 한편으로는 조선의 경성에서 소설 「빛 속으로」를 완성한 뒤, 「에나멜 구두의 포로」에서 보았던 바와 같이 북경으로 갔던 것이다. 이해 여름의 일이었다. 그의 대학 재학중에 씌어진 것으로 생각되는 역사 소설 『낙조』의 『조광』 연재는 이때 준비되었던 것이 아닐까. 경성에서 창작된 「빛 속으로」와 관련된 사항은 김사량의 글 속에 다음과 같이 나와 있다.

나는 「빛 속으로」를 써서 세상에 알려지게 되었다. 대학을 졸업한 그해 봄, 경성에서 지내던 중 하숙의 작은 온돌방에서 묘하게 긴장된 흥분 속에서 단숨에 완성시켰다. 멈출래야 멈출 수 없는 기분으로, 쫓기듯 쓴 것 중의 하나다.[21]

김사량은 "묘하게 긴장된 흥분 속"에서 "멈출래야 멈출 수 없는 기분으로, 쫓기듯" 「빛 속으로」를 완성하여, 그해 10월 『문예수도』에 발표한 것이었다. 그 무엇이 김사량으로 하여금 "멈출래야 멈출 수 없는 기분"을 갖게 했는가, 이 문제는 다시 거론해야 할 필요가 있다. 어쨌든 이렇게 해서 김사량은 그의 작가 활동의 제1보를 내딛었다. 바로 이 지점에서 한 사람의 민족주의 작가가 탄생한 것이다.

다음 장에서는 일본에서 민족주의 작가로서 작품 활동을 시작했을 때의 전후 상황과 귀국 경위 등을 검토해보기로 한다.

---

21) 김사량 소설집 『빛 속으로』 후기.

제4장
「빛 속으로」에서 「곱사왕초」까지

  앞장에서 살핀 바와 같이 작가로서의 김사량의 활동은 1939년부터 시작된다. 그 활동상은 첫걸음부터 세인들의 주목을 모으기에 충분했다.

  이미 거론해온 바 있으나, 김사량은 이해 봄, 대학 생활을 마치자마자 야스타카를 방문하여 그가 주간으로 있는 동인 잡지『문예수도』에 동인으로 참가하였다. 일본에서의 작품 활동의 발판을 이렇게 마련한 뒤에 그는 북경 여행길에 나선 것이다. 그 사이 경성에 머물던 기간에는 장편 역사 소설『낙조』를『조광』지에 발표하려고 준비하는 한편, 작은 온돌방 하숙을 빌려 소설「빛 속으로」를 단숨에 완성한다. 이렇게 하여, 그간 뿌렸던 씨를 한꺼번에 꽃피우면서 풍부한 결실을 맺게 된 것이 이해 가을이었다. 이때, 김사량은 조선에서는 장편『낙조』를 연재하는 한편 앞장에서 처음으로 거론한 바 있는 평론「독일과 애국 문학」「독일과 대전 문학」등을 연이어『조광』지에 발표한다. 일본에서는 또한 수필「에나멜 구두의 포로」에 뒤이어「빛 속으로」를『문예수도』에 발표했다. 뿐만이 아니었다.『모던 일본』(후에『신태양(新太陽)』으로 개제)지가 기획한 조선판에, 평론「조선의 작가를 말한다」를 쓴 것도 이해 11월의 일이었다. 이 지면에 그는 이광수의 소설「무명」도 번역하여 실었다. 이『모던 일본』조선판에는 이효석이 자작「메밀꽃 필 무렵」을 번역하여 실었으며 김사량의 중학교 시대 후배이며 평양고등보통학교 출신인 박원준(朴元俊)이 이태준의 소설「까마귀」를 번역·게재하였다. 박원준에 의하면, 이 당시 『모던 일본』 조선판에 게재할 번역 원고 문제로 몇 번인가 요요기하치만(代代木八幡)에 있는 아파트로 김사량을 방문했다고 한다. 아마도 김사량은 미타카의 포플러소에서 이 요요기하치만 아파트로 이사했던 것이 아닐까 생각된다. 그리고 후에, 『문예수도』를 주재한, 시나가와쿠(品川區) 니시오오사키(西大崎) 4의 801번지 야스타카 도쿠조의 집 가까이로 옮겼다가, 다시 가마쿠라시 오오가야쓰 407번지 요네신테이로 이사하였음에 틀림이 없다. 김사량의 주소는 시나가와쿠 니시오오사키 4의 800번지, 후도오소(不動莊) 내[1]였다.

1939년 가을부터 시작된 김사량의 작품 활동은 마치 그때까지 진동하고 있던 화산이 때를 맞아 불을 뿜는 것처럼 보였다. 그리고 그 분출하는 분화구로부터 제방을 무너뜨리듯이 맹렬한 기세로 이 세상에 분출해나온 것이 다름 아닌 소설「빛 속으로」였다. 게다가 이것이 1940년도 상반기 아쿠타가와 상 후보작으로 결정되자, 김사량이라는 존재가 갑자기 문단의 각광을 받기 시작하면서 그는 일본 문단에 등장하는 행운의 계기를 잡게 되었다. 김사량이 이것을 전혀 예기치 못하고 있었다는 것은, 그즈음「빛 속으로」가 아쿠타가와 상 후보작으로 뽑혔다는 사실을 전혀 모른 채 고향 평양에 돌아가 있었던 사실로부터도 알 수 있다. 자작품이 아쿠타가와 상 후보작이 되었다는 것을 안 것은 야스타카 도쿠조의 전보 덕분이었다.

김사량의 다음 글은 찾아온 행운을 앞에 놓고 흥분하고 있었던 당시 그의 모습을 잘 보여주고 있어서 흐뭇하다.

---

1) 일본 문예가협회 편, 『문예연감』, 1940, 제일서방(第一書房).

역시 저의 소설 「빛 속으로」는 아쿠타가와 상 후보로서 『문예춘추』에 실려 있었습니다. 저 살을 에이는 듯한 2월의 찬 바람이 부는 평양의 역두에서, 감기 기운으로 여행이 가능할까 하고 걱정을 하면서도, "속히 승차하십시오, 속히 승차하십시오" 소리에 쫓기듯 올라탄 오전의 특급 '희망'이 12시경 신막(新幕)에서 잠깐 정차했을 때, 제가 산 오사카 아사히(大阪朝日) 신문에 그 잡지의 광고가 실려 있었습니다. 흥분과 긴장 속에서 그 광고문을 펼쳤습니다. 저는, 드디어 내 소설이 실렸구나, 이렇게 마음속으로 외쳤습니다. 〔……〕

아마 그때도 열이 상당했었던 듯합니다. 제 소설이 『문예춘추』에 실렸다는 것 때문에 마음이 흔들린다든가 하는 일은 없었습니다. 왜냐하면 거기 실린다는 이야기는 야스타카 도쿠조 씨의 전보로 벌써부터 알고 있었기 때문입니다. (「어머님께 드리는 편지」)

아쿠타가와 상은 이미 사무카와 고타로(寒川光太郞)의 「밀렵자(密獵者)」로 결정되어 있었다. 그러나 김사량도 3월 6일 밤, 레인보 그릴에서 열리게 되어 있는 문예춘추사 주최 아쿠타가와 상 수상식에 초대되어, "살을 에이는 듯한 2월의 찬 바람이 부는 평양의 역두에서" 어머니의 전송을 받으며 급거 도쿄를 향해 출발했다. 이때 차 안에서 느낀 심정을 어머님께 드리는 편지 속에서 그는 위와 같이 썼다.

평양을 떠날 때 그는 감기 기운이 있었다. "현해탄을 건너는 3등선 속에서 점점 더 열이 올라 시모노세키부터는 기차 안에서 거의 혼절 상태"(「어머님께 드리는 편지」)에 빠져 있었다. 그런 상태였음에도 불구하고 초대받은 수상식에 참석하려고 도쿄로 향했다는 사실은, 「빛 속으로」가 아쿠타가와 상 후보작이 되었다는 것에 대한 그의 감격과 흥분을 여지없이 드러내고 있다고 할 수 있다. 이때 김사량은 26세, 약관의 나이였다. 그 만족감이야 당연하다. 그 기쁨과 흥분이 어떤 식으로 드러난다고 해도 부자연스러운 일은 아닐 것이다. 그러나 여기에서 마음에 걸리는 것은, 앞의 김사량의 글에서 젊은이가 보통 갖고 있음직한 패기나 자만심이 별로 보이지 않는 것은 그럴 수 있다 치더라도, 그 기쁨조차도 자연스러운 것으로 느껴지지 않는다는 점이다. 말할 필요도 없지만 여기에서는, 흥분한 나머지 평정을 잃은 모습과 극히 조심스럽고 수줍은 태도가 동시에 느껴진다.

도대체 도쿄로 달려가고 있던 차 안에서 고열에 시달리고 있던 그 순간, 김사량의 마음속에는 어떤 감정이 소용돌이치고 있었을까. 이것을 알아보기 위해서는 김사량 자신이 쓴 글을 읽어볼 필요가 있다.

저의 소설 광고 밑에는 사토 하루오(佐藤春夫)라는 작가의 비평문인 "사소설(私小說) 속에 민족의 비통한 운명을 풍부하게 짜넣은 작품" 운운하는 글이 박스에 들어 있었습니다.

"이래도 되는 것일까. 이래도 되는 것일까." 이렇게 저는 제 자신을 향해 물었습니다. 〔……〕

저는 생각했습니다. 정말 나는 사토 하루오 씨가 말한 바와 같은 것을 썼을까 하고. 어딘가 나 자신이 일개 소설가가 아니라, 뭔가 커다랗고 거대한 것이 북적거리는 속에서 스프링처럼 튀어나와버린 듯한 고통을 느꼈습니다. 적어도 그 순간은 그러한 생각에 빠져 있었습니다. 물론 제 작품이긴 하지만 「빛 속으로」에는 아무래도 개운하지 않은 데가 있었습니다. 거짓말이다, 아직도 나는 거짓말을 하고 있는 것이다, 작품을 쓰고 있는 순간에도 저는 제 자신에게 이렇게 말했습니다. 〔……〕

저는 기차의 격렬한 요동에 몸을 맡긴 채, 여러 가지 상념에 잠겼습니다. 이제부터 도쿄에서 뭔가 써낼 수 있을까 하고 생각하니, 두려운 마음이 들었기 때문입니다. (「어머님께 드리는 편지」)

김사량은 "민족의 비통한 운명을 풍부하게 짜넣은 작품"이라는 사토 하루오의 평을 접하자, 오히려 조선의 작가로서 민족의 비통한 운명을 과연 충분히 짜넣을 수 있었는가 하는 생각에 사로잡혔던 것이다. 때문에 찾아온 행운을 눈앞에 두고 있으면서도, 순진한 기쁨에 잠겨 있을 수는 없었다. 그것은 그의 민족적 양심을 다시금 채찍질해 대는 생각 때문이었다. "저는 생각했습니다. 정말 나는 사토 하루오 씨가 말한 바와 같은 것을 썼을까 하고"라는 것은 그 생각을 단적으로 드러내는 말이었다. 이때 차 안에서 김사량은 조선의 작가로서 민족에 대한 책임의 무거움을 통감하였음에 틀림이 없다. 그가 "어딘가 나 자신이 일개 소설가가 아니라, 뭔가 커다랗고 거대한 것이 북적거리는 속에서 스프링처럼 튀어나와버린 듯한 고통을" 느꼈다고 하는 것이야말로, 본격적인 작가 활동을 위한 비상의 시기를 앞두고, 민족적 책임에 대한 긴장감 때문에 쩔쩔매지 않을 수 없는 심리가 투영되어 있는 것을 볼 수 있다. 그 책임의 무거움을 통감하고 있었기 때문에 그가 더욱더 작품의 완성도에 불만을 가졌던 것은 무리가 아니었다. "물론 제 작품이긴 하지만 「빛 속으로」에는 아무래도 개운하지 않은 데가 있었습니다. 거짓말이다, 아직도 나는 거짓말을 하고 있는 것이다, 작품을 쓰고 있는 순간에도 저는 제 자신에게 이렇게 말했습니다"라는 말은, 피억압 민족 작가로서의 그 민족에 대한 양심, 그리고 민족주의자로서의 자신의 책임의 무거움에 대한 자각과 별도로 분리해서는 그 의미를 생각할 수 없다. 그의 이 말을 단순한 민족적 책임의 무게에 대한 자각이라고만 이해하는 것은 피상적인 관찰일 것이다. 즉 그에게 있어서는 이 문제가 「빛 속으로」의 창작 동기가 된, 그를 "더 이상 어쩔 수 없는 기분에 쫓기는 듯" 하게 만든 그것과 깊이 관련되어 있다는 것은 더 말할 필요도 없다. 그러면서도, 「빛 속으로」의 창작 동기가 된, 그 "더 이상 어쩔 수 없는 기분" 자체와 조선인 작가로서의 그의 민족적 양심, 혹은 그를 누르고 있는 민족적 책임과 무관할 수는 없었을 터였다. 이렇게 본다면 강도가 높아진,

그의 민족적 책임에 대한 자각이, 자신의 작품에 불만을 강하게 품게 만든 것이었다고 해도 무리는 아닐 것이다. 실제로 김사량은 "더 이상 어쩔 수 없는 기분에 쫓기는 듯"이 썼음에도 불구하고, 의도한 것들이 충분히 형상화되지 못한 「빛 속으로」가 내심 불만이었던 것이다. 그런데, 그것이 바로 아쿠타가와 상 후보작으로 결정되어 "민족의 비통한 운명을 풍부하게 짜넣은 작품"이라는 평가를 받게 되자, 그 불만을 더욱더 강하게 느낀 것도 당연한 일이었을 것이다. 바로 이 때문에 그는 조선인 작가로서 이후에도 그 무거운 책임을 제대로 수행해나갈 수 있을까 하는 염려와 더불어 "도쿄에서 뭔가 써낼 수 있을까" 하는 두려움 역시도 품지 않을 수 없었다.

이렇다고는 하나, 당시의 김사량은 이제부터 무엇을 어떻게 써나가야 할 것인가 하는 문제와 관련된 그 나름의 교훈과 확신을 갖고 있었다고 보아도 무방할 듯하다. 그의 "이제부터는 진짜를 써내지 않으면 안 된다고 자신에게 몇 번이고 말했습니다"라는 어구 속에서 그 자신감의 정도를 확인해볼 수 있기 때문이다. 무엇보다도 수상식에 참가했을 때 보여준, 그의 행복감에 넘치는 심경이야말로 그의 자신감을 입증하는 증거였다고 할 수 있다. 이 당시의 심경을 그는 이렇게 쓰고 있다.

하여튼 저는 그날 매우 행복하였습니다. 아쿠타가와 상을 받게 된다면, 그 누구라도 놀라서 어떻게 해야 할지 모르겠다고 할 것입니다만, 저는 의외로 그 상을 받는다 해도 당황하지 않을 거라는 느낌도 갖고 있었습니다. 그 때문에, 약간의 실망감은 있었습니다만, 여러분들께서 말씀하신 바와 같이, 역시 일종의 행운일지도 모른다는 기분이 들었습니다. 뒤에서 일어난 이시카와 다쓰조라는 젊은 작가도 그러한 의미의 말을 하면서 매우 감격하고 있었습니다. 그래서 조선을 떠날 때 가졌던 흥분이 싹 가신 맑은 기분으로 이제부터 멋지게 써나가자고 제 가슴속으로 다짐하였습니다. (「어머님께 드리는 편지」)

아쿠타가와 상 심사 경과에 대한 상세한 조사 따위는 큰 의미가 있다고 생각되지 않는다. 그럼에도 불구하고 만약 언급이 필요하다면, 수상 기회를 놓친 경위에 대해 당시 김사량이 썼던 내용을 살피는 것이 더 흥미롭지 않을까 생각된다.

아무래도 저는 뭔가 공식석상에서 상을 받는 일과는 인연이 없는 것 같습니다. 소학교 졸업 때의 일이 생각납니다. 졸업식 예행 연습 때에는 우등상을 받는 연습을 했습니다만, 당일날에는 결국 받지 못했습니다. 그것을 생각하니 이 자리[아쿠타가와 상 수상식 : 인용자]가 이상하지는 않았습니다. [……]
그런데 어느새 기쿠치 히로시 씨의 이야기가 시작되었는데, 씨는 꽤 유머러스한 말투로 저에게 상을 주자는 의견을 자기가 강력하게 반대했기 때문에 일이 이렇게 되었다. 그런데 여기 두 사람[수상자인 사무카와 고타로와 김사량 : 인용자]이 나란히 앉아 있는 것을 보니 역시 뭔가 드리고 싶은 기분도 든다고 저를 격려하면서 이야기를 마쳤습니다. 그때 저는 결코 싫은 기분은 들지 않았습니다. 문득 소학교 졸업식 때의 일이 생각났기 때문입니다. (「어머님께 드리는 편지」)

김사량의 이 말과 달리, 기쿠치 히로시가 쓴 다음의 내용은 얼마나 간단명쾌한 것이었던가. 상을 주는 자와 받는 자의 입장의 차이를 분명하게 드러내고 있다. 즉

아쿠타가와 상은, 이미 결정된 바와 같이 거의 모든 위원이 일치한 바였다. 나도 처음에는 김사량의 작품을 읽고 감동했으나, 그 바로 뒤에 「밀렵자」를 읽고 나서는 곧장 그것으로 결정해버리고 말았다.[2]

그런데 김사량의 「빛 속으로」에 대한 아쿠타가와 상 심사위원들의 평가는 어떠했을까. 이 심사위원들의 평가는 김사량의 작품이 일본의 작가들, 특히 문단에서 어떻게 받아들여졌는가 하는 것을 파악하는 데 필요한 단서로서 지나칠 수 없는 것이기 때문이다. 또 이것은 "이제부터는 진짜를 쓰지 않으면 안 돼" 하고 다짐한 김사량의 '진짜'의 실체에 접근하기 위해서도 매우 중요한 단서가 된다. 실제로 김사량의 '진짜를' 써야겠다는 자신 혹은 결의는 심사위원들의 평가와의 관계 속에서 태어난 것이다. 『문예춘추』지 1940년 3월호에 실린, 「빛 속으로」에 대한 아쿠타가와 상 심사위원들의 평의 주요 부분은 대략 다음과 같았다.

다키이 고사쿠(龍井孝作)

김사량의 「빛 속으로」에는 조선인의 민족 신경이라 할 만한 것이 주제가 되어 있었다. 이 주제는 지금까지 누구도 이렇게 뚜렷하게 형상화한 적이 없는 듯한데, 오늘의 시세와 관련해볼 때 커다란 주제라고 생각했다. 조선에서 이렇게 역량 있는 작가가 나온 것이 기뻤다.

구메 마사오(久米正雄)

후보작 제2등 작품 「빛 속으로」는, 실은 내 취향에 매우 가까울 뿐만 아니라 친숙한 느낌까지 드는 작품이었다. 그리고 내선인(內鮮人) 문제를 다룬 것으로서 그 시사하는 바는 오히려 국가적 중대성을 갖고 있다는 점에서, 수상 대상이 될 만한 가치가 있다고 생각되었다. 그래서 나는 이 두 작품을 각각 다른 의미에서 추천해 마땅하다고 생각했는데, 불행하게도 해당 작품은 「밀렵자」의 웅혼함에 압도되어, 또 가

---

2) 기쿠치 히로시, 「이야기 휴지통(話の屑籠)」, 『문예춘추』, 1940년 3월호.

능한 한 우수 작가를 한 사람만 뽑는다는 명분도 있고 해서, 수상작에서 제외하고 말았다. 운이 나쁘다면 나쁘다고 할 수도 있겠지만, 오히려 이것이 잘된 일인지도 모른다.

가와바타 야스나리(川端康成)

「밀렵자」와 「유형수의 아내」의 사무카와 고타로냐, 「빛 속으로」의 김사량이냐, 이 두 사람을 선택 대상으로 택하고 싶었던 것은, 다른 위원 제씨는 물론 나 역시도 같은 입장이었다. [……] 단지 「빛 속으로」를 같이 뽑을 것인가, 후보작으로 별도의 대우를 해줄 것인가가 문제였다. 「빛 속으로」를 선외(選外)로 한다는 것은 뭔지 모르게 아쉬웠다. 그러나 작가가 조선인이기 때문에 추천하고 싶다는 인정이 매우 강하게 느껴진 바도 있고 해서, [……] 힘과 재미가 부족하다는 점 때문에 결국 사무카와 한 사람에게 찬성했다. 그렇기는 했지만, 김사량을 선외로 하는 것과 관련된 아쉬움은 내내 남았다. 김사량은 좋은 것을 써주었다. 민족 감정이라는 커다란 문제 의식을 갖고 있는 이 작가의 성장이 매우 기대된다. 문장도 좋다. 그러나 주제가 앞서가고 인물들이 설명적으로 움직이는 점이 다소 불만이었다.

사토 하루오(佐藤春夫)

김사량군의 「빛 속으로」를 대하기까지는 통독(通讀)이 가능한 작품은 하나도 없었다. [……] 그런데 김사량군의, 사소설 속에 민족의 비통한 운명을 풍부하게 짜넣은 작품, 그리고 사소설을 일종의 사회소설 차원으로까지 발전시킨 그 솜씨와 좀 치졸하긴 하지만 맛이 좋은 그 필치(筆致)를 버리기가 어려운 느낌이 있었다.

심사위원으로서 「빛 속으로」에 평을 해준 이는 이상의 작가들 외에 우노 고지(宇野浩二), 사사키 모사쿠(佐佐木茂索), 고지마 마사지로

(小島政二郎) 등이 있었다. 이외에, 기쿠치 히로시는 말할 필요도 없고 요코미쓰 리이치(橫光利一)와 무로오 사이세이(室生犀星) 등도 심사위원으로서 이름을 올려놓고 있었다. 그리고 이 당시의 아쿠타가와 상 후보 작품 속에 오다 사쿠노스케(織田作之助)의 「속취(俗臭)」가 보이는 것도 오늘의 입장에서 보면 흥미를 끈다. 「빛 속으로」에 대해서는 아쿠타가와 상 심사위원 외에도 상당한 작가, 비평가들로부터 호의적인 비평과 찬사가 보내졌다. 이 작품이 『문예수도』에 게재되었을 때, 일찌감치 독후평을 쓴 사람이 나카노 시게하루(中野重治)였다. 그 후 이 작품이 아쿠타가와 상 후보작이 되자, 『신조』 5월호가 기획한 "「역사(歷史)」(新潮賞), 「밀렵자」(芥川賞), 「빛 속으로」(芥川賞 후보작)에 대하여"라는 앙케트에는 후지모리 세이키치(藤森成吉), 가미쓰카사 쇼켄(上司小劍), 우에바야시 교(上林曉), 이토 세이(伊藤整), 이토 에이노스케(伊藤永之介), 다바타 슈이치로(田畑修一郎) 제씨가 호의 넘치는 독후감을 보내주었다. 이 중에서는 이타가키 나오코(板垣直子)의 다음 평이 대표적인 것이라 할 수 있다.

「밀렵자」와 「빛 속으로」는 둘 다 신인으로서 가작(佳作). 그러나 문학 수업 과정과 관련된 고초의 흔적은 오히려 「빛 속으로」 쪽에 더 많다고 생각한다. 내가 기쿠치라면 양쪽 다 상을 주겠다.

이타가키를 비롯한 많은 작가들의 평 속에 제시된 호의 넘치는 평가를 기반으로 하여, 김사량은 조선인이면서도 가슴을 펴고 신진 작가로서 일본 문단에 확고한 제일보를 새겨넣게 되었다. 이를 통하여 김사량은, 실제로는 아쿠타가와 상에 필적하는, 혹은 그 이상의 문학적 성가를 얻게 된 것이 아닐까. 「빛 속으로」 이후 전개된 그의 작품 활동은 이렇게 단정해도 조금도 부자연스럽지 않고, 매우 활기찼다. 그것은 「빛 속으로」가 아쿠타가와 상 후보작이 된 1940년만을 보더라도 충분히 그렇다고 말할 수 있다. 이 일년 사이에 발표된 김사량의 작품 중 중요한 것들을 들면 대략 다음과 같다.

「토성랑」(『문예수도』, 2월호)
「천마」(『문예춘추』, 6월호)
「기자림」(『문예수도』, 6월호)
「무성한 풀섶」(『문예』, 7월호)
「무궁일가」(『개조』, 9월호)

모던 일본사가 간행한 이광수 작 『가실(嘉實)』을, 김일선(金逸善)·김산천(金山泉) 등과 공역한 것도 이해 4월이었다. 이것들 외에도 그가 평론 「조선 문화 통신」을 필두로 하여 「고향을 생각한다」 「현해탄 밀항」 「어머님께 드리는 편지」 등 수필을 일본에서 발표한 것은 간간이 살펴온 바대로다. 이외에 그는, 조선에서 발행되던 잡지 『삼천리(三千里)』에도 기행문 「산가(山家) 세 시간」을 집필하였다. 그가 조선영화(朝鮮映畵)에 촉탁으로 입사한 것도 이해 4월이었다. 조선영화와 도호(東寶)의 제휴로 계획된 「빛 속으로」의 영화화에 따른 것이었다. 그러나 이것은 계획으로 그치게 되었다. 김사량의 촉탁 입사가 그야말로 잠깐 동안의 일이었다는 것은 말할 필요도 없다. 그러나 이해 12월 「무성한 풀섶」을 제외한 앞 작품들에 「뱀」「곱단네」 등을 보태, 김사량은 그의 최초의 소설집인 『빛 속으로』를 소산서점 (小山書店)에서 출판했다. 1939년 가을부터 격정적으로 분화되기 시작한 화산의 운동은 조금도 둔화될 기미가 없었다.

이해에 발표된 김사량의 작품에 관하여 이타가키 나오코는 다음과 같이 술한 바 있다.

씨는 이해에 수많은 작품을 일본에서 발표했다. 후보 작품인 「빛 속으로」외에 「천마」(『문예춘추』, 6월호), 「무성한 풀섶」(『문예』, 7월호)도 썼다.

『문예』의 조선 문학 특집호(7월호)에는 씨 외에 장혁주가 「욕심의심(慾心疑心)」, 유진오가 「여름[夏]」, 이효석이 「아련한 빛(ほのかな光)」을 발표하였다. 〔……〕「욕심의심」은 〔……〕 박력이나 특수한 문학 감각 등이 보이지 않는 이 작가의 능란하면서도 둔한, 평상시 작품의 하나이다. 〔……〕「여름」은 초가 마을에 사는 조선인 일용 노동자 사이의 참극을 제재로 하고 있다. 〔……〕「아련한 빛」은 조선인의 피속에 남아 있는 이 민족의 고물(古物) 및 골동품에 대한 깊은 애착을 표현한 작품이다.

대단한 작품도 아닌 것들을 여기에서 특히 언급한 것은 현재의 조선 문학이 어떠한가를 암시하고 싶기 때문이다. 즉 이상의 3인도 문학의 관점이나 형식, 태도가 대체로 장혁주와 비슷하다는 것을 알 수 있다. 삽화 등을 써서 사생적(寫生的)으로 조선인의 일단을 보여주는 종류의 작품이다. 어떤 깊은, 혹은 새로운 관점, 극히 개성적인 것은 보이지 않는다. 〔……〕

이러한 면에서 김사량만 혼자 특별하다. 그에게는 단순한 사생 이상의 것이 속에 있다. 다른 사람들 속에 없는 열렬한 내면성, 근대적인 안목이 있는 것이다. 〔……〕

씨에게는 조선 민족이 갖고 있는 여러 특성과 그 숙명에 대한 강렬한 응시가 있다. 따라서 씨가 선택하는 제재 역시도 그에 따라 어두운 것 일색이다. 작품 역시도 말하기 어려운 일종의 음울한 효과를 담고 있다.[3]

장혁주·유진오·이효석의 작품 세 편을 갖고 "현재의 조선 문학

---

3) 이타가키 나오코, 『사변하의 문학(事變下の文學)』, 1941, 제일서방(第一書房).

이 어떠한가를 암시하고" 싶다고 한 이타가키의 태도에는 승복할 수 없다. 억측일 것이다. 그러나 「욕심의심」「여름」「아련한 빛」이 "삽화 등을 써서 사생적으로 조선인의 일단을 보여주는 종류"의 것이었다는 점은 유감스럽게도 인정하지 않을 수 없다. 이타가키의 이 글에서 주목할 만한 점도 여기에 있다. 즉 그것은 「조선 문화 통신」에서 제시된 김사량의 "원래 자기의 것임에도 불구하고 그 이그조틱한 쪽에 현혹되기 쉬운" 위구심, 조선인 작가가 일본어로 작품을 쓸 때에 빠지기 쉬운 위험성, 그것이 결코 기우가 아니라는 것을 훌륭하게 뒷받침하고 있다. 바꿔 말한다면 "어떤 깊은, 혹은 새로운 관점, 극히 개성적인 것"을 상실한 "문학의 관점이나 형식, 태도"는 "자기의 것임에도 불구하고 그 이조틱한 쪽에" 현혹되어버린 결과인 것이다. 이 세 명의 조선인 작가들의, 민족에 대한 태도 속에 그 원인이 있다고 생각된다. 말하자면 그들은 자신을 포함한 조선 민족 전체가 놓여 있는 현실의 외부 지점에 자신을 놓아두고, 방관자의 눈으로 민족의 현실을 '사생'한 데에 지나지 않았다. 3인 중에서도 특히 장혁주의 경우는, "조선 작가가 회귀했던 시기에 조선을 그렸으며, 일본에다 조선에 대한 문학적 소개를 했다는 점에 그 문학적 위치와 사명이 있다"는 이타가키의 지적을 기다릴 필요도 없이, 그 역할이 이미 끝난 상태였다.

그러면 김사량의 경우는 그것이 어떠했는가. 강렬한 민족 의식이 밑받침된 그의 상황 인식은 평론 「조선 문화 통신」에서도 이미 상세하게 고찰한 바 있다. 그 평론에 제시되어 있는 상황 인식과 태도가 작품과 깊이 관련되어 있는 것은 당연하다. 실제로 그의 작품 속에는 이타가키 나오코가 이미 지적한 바대로 "조선 민족이 갖고 있는 여러 특성과 숙명에 대한 강렬한 응시"가 있다. 그리고 이것은 조선 민족의 생활 실태와, 그곳에 내재되어 있는 의식을 그가 올바르게 묘사함으로써 얻어낸 것이었다. 즉, 김사량의 생활 묘사의 실체는 어디까지나 조선의 하층 사회 생활의 실태와, 하층 서민과 반항자, 더 나아가서는 식민지 통치하에 있는 현실 사회로부터 소외되어 있는 하층 대중의 의식 구조를 적확하게 포착하여, 이것을 반영해낸 점에 있었다. 이것이 바로 김사량이 '진짜를 쓰겠'다고 했을 때의 그 '진짜'에 해당하는 것이다. 따라서 '진짜'를 올바르게 반영한 결과, '그 선택하는 제재'에도 어두운 것이 많아지게 되었으며, 더 나아가서는 "말하기 어려운 일종의 음울한 효과" 역시도 빚어진 것이기 때문에, 그의 이러한 작품 경향은 어쩔 수 없는 필연적인 것이기도 했다. 바로 여기에 민족주의자 김사량이 일본의 통치 권력에 대하여 행한 예술적 저항의 모체가 있다. 또 그 모체는 이와 같은 생활 의식의 실체를 집적하고 그것을 직접 체험하지 않고서는 만들어낼 수 없었던 것이기도 하다. 김사량이 소설집 『빛 속으로』의 후기에서 쓴 다음 내용은, 이 사실을 여실하게 입증하고 있다.

「토성랑」은 나의 최초의 작품이며 명실공히 처녀작이라고 해도 좋다. 고등학교 2학년 때 쓰고 있었는데, [……] 도쿄의 대학에 가서 동인지 『제방』에 실어 호평을 받았다. [……] 거기에는 사회에 대한 나의 격렬한 의욕과 정열이 상당 정도로 표현되어 있는 듯하다. 후에 『문예수도』에 재수록할 때 대수정 작업에 들어갔다. 「기자림」도 같은 계열에 속하는 것으로서 멸망해가는 것에 대한 애수이기는 하나, 나는 지금까지도 이 두 졸작에 어쩔 수 없는 애착을 갖고 있다. [강조: 인용자]

김사량은 여기에서 "멸망해가는 것에 대한 애수"라 쓰고 있다. 바로 그대로였음에 틀림없다. 식민지 통치하의 조선 민족, 그것도 현실 사회로부터 소외된 하층 대중의 생활 실태를 접했을 때, 그는 그곳에 마음을 쏟아붓지 않을 수 없었다. 관심을 쏟으면서 낭만주의자 김사량의 미의식은 이것을 "멸망해가는 것에 대한 애수"로 포착한 것이

138

다. "멸망해가는 것에 대한 애수," 이 말은 그의 미의식을 드러낸 것이었다. 그러나 김사량에게 있어서, 소외된 하층 대중의 생활 실태를 단순히 "멸망해가는 것에 대한 애수"라는 미의식 하나로만 포착한다는 것은 민족적 양심이 허락하지 않았다. 그의 낭만주의적 미의식과 아울러, 여기에는 강한 민족 의식이 작용하고 있다. 그가 "멸망해가는 것에 대한 애수"를 묘사하면서도 그곳에서 "사회에 대한 격렬한 의욕과 정열"을 활사(活瀉)해낸 것은 이 때문이었다. "'멸망하는 것,' 그 '멸망하는 것' 속에서 그는 오히려 활력소를 찾아내고 있었다"고 하는 김달수의 지적[4]은 그런 의미에서 정곡을 찌르는 데가 있었다. 그리고 이렇게 "미묘한 방식으로 저항성을 도출해내는 것이 그의 작품의 기조였던 것이다."[5] 김사량의 작품을, 동포인 어느 조선인 독자가 읽고서 "조선 문단에서도 잡지에 장편[『낙조』: 인용자]이 계속 발표되고 있는데, 그 어느 것이나 집요한 리얼리즘적 방법이 관철되고 있으면서도 작자의 따뜻한 눈길이 구석구석까지 미치고 있는 듯한 작품뿐이다"[6]라 하며 환영한 것도 그 이유가 여기에 있었다고 할 수 있을 것이다.

한편, 「빛 속으로」가 아쿠타가와 상 후보작으로 뽑혔던 이해 김사량이 전개한 작품 활동은 신진 작가로서의 진면목을 유감없이 발휘한 매우 견실한 것이었다. 그러나 반면에 이해 후반부터 일찌감치 그의 활동에 암운이 드리우기 시작하였다는 것 역시도 부정할 수 없다. 예를 들면 문예 총후 운동(文藝銃後運動)이라는 형태로, 일본 문단이 조선에 대한 일본 권력의 식민지 정책의 강화에 직접 관여하게 된 것도 이즈음부터의 일이었다. 이것은 동시에, 다음해부터 실시된 문인

---

4) 김달수, 「김사량, 그 인간과 작품」.
5) 같은 글.
6) 『조선문학선집』 제3권, 후기, 적총서방(赤塚書房).

들의 강제 종군, 즉 징용의 전주곡이기도 했다. 『문예연감』[7]의 휘보(彙報)에 충실하게 기록되어 있듯이, 문예 총후 운동 강연회에 이름을 빌려주고 식민지 정책에 관계하고 있었던 일본 작가들의 동향은 기억에 길이 남을 만하다.

소화 15년 8월

문예가협회 주최 문예 총후 운동 조선·만주반 일행은 7월 31일, 도쿄 역을 떠나 8월 1일, 후쿠오카 시 기념회당에서 제1회를 행하고, 다음날 즉시 조선으로 향했다. 강사는 기쿠치 히로시, 고바야시 히데오, 나카노 미노루(中野實), 구메 마사오, 오사라기 지로(大佛次郎). 8월 3일 부산, 공회당. 4일 대구, 낮 육군 병원 위문, 밤 공회당. 5일 경성, 낮 육군 병원 위문, 밤 공회당. 6일은 예정에 없었으나 전날 밤 수용하지 못했던 청중을 위해 경성에서 제2회 강연회를 특별히 개최했다. 7일 평양, 낮 육군 병원 위문, 밤 공회당. 비상한 성공을 거둔 조선은 평양에서 끝내고 기쿠치 히로시, 고바야시 히데오, 나카노 미노루로 만주반을 구성.

조선 당국의 초빙에 의해 동지(同地)를 시찰한 문단인들이 조선 문화의 회(會)를 결성하였다.

회장 기쿠치 히로시

위원 이하라 우사부로(伊原宇三郎), 하마모토 히로시(浜本浩), 가토 다케오(加藤武雄), 나카노 미노루, 무라야마 도모요시, 마해송(馬海松)

"내각정보국(內閣情報局)이 생긴 것은 1940년(소화 15년)이다"(『소화시대』)라고 나카지마 겐조(中島健藏)는 쓴 바 있는데, 그 조직은 이

---

7) 일본문학보국회(日本文學報國會) 편, 『문예연감』, 1943, 도혜서방(桃蹊書房).

해 10월에 만들어졌다. 문화 통제는 더욱더 강화되어가고 있었다. 비난의 화살이 김사량을 향하게 된 것도 이와 같은 동향 속에서였다.

그것을, 야자키 단(矢崎彈)의 글 속에서 「빛 속으로」와 「천마」를 비교·논의한 부분을 구체적으로 확인해볼 수가 있다. 야자키 단은 이렇게 썼다.

이미 문단에서 문제가 부상(浮上)하고 있다. 민족성 문제라든가 인간성 문제라든가 하는 이 문제를 둘러싸고 작품에 대한 주의가 환기되고 있으며, 이 문제를 만족시키는 작품이 깊은 관심을 모으고 있다.

이 문제에 매혹되면 문학의 예술성 전체를 감상할 여유를 잃게 된다. 인간성이 운운될 때는 그것과는 반대로 보이는 작품, 즉 작품의 전체적 가치가 까마득히 뒤떨어지는 작품에도 유행적 가치를 부여하지 않을 수 없게 된다. 〔……〕

아쿠타가와 상 후보작으로 뽑힌 김사량의 「빛 속으로」 등은 명백히 문제 설정면에서 착오가 포함되어 있는 시각에 의해 비평된 일례일 것이다.

김사량의 「빛 속으로」는 아쿠타가와 상 전형에서 불행히도 제2등으로 결정되어 사무카와 고타로의 「밀렵자」에 수상이 돌아갔다.

그리고 당선작으로 뽑히지 못했다는 점에서 제가(諸家)의 커다란 동정을 불러일으킨 것은 의심할 바 없으나, 그 이상으로 「빛 속으로」에서의 민족 문제가 휴머니스틱하게 취급되고 있다고 하는 그 점에, 문단의 시각이 현혹되어버린 것도 명백하다.[8]

야자키는 「빛 속으로」를 예로 들면서 문단을 향해 문제를 던졌다. 즉 "민족성 문제라든가 인간성 문제라든가 하는" 그것에 홀려버린 문

8) 야자키 단, 『전형기 문예의 날갯짓(轉形期文藝の羽搏き)』, 1941, 대택축지서점(大澤築地書店).

단의 시각이 문학의 예술성 전체를 감상할 여유를 잃고 있다는 것이다. 이 견해의 타당성 여부를 별도의 문제로 친다고 한다면, 야자키 단의 진짜 목표는 어디 있었을까. 「빛 속으로」를 아쿠타가와 상 후보작으로 정한 문단도 그 속에 포함되어 있긴 하나, 실은 김사량과 그의 민족주의 자체를 비난하는 데에 가장 큰 목표가 있었다. 앞 내용에 이어지는 야자키 단의 다음 글은 그 의도를 분명하게 드러내고 있다.

「빛 속으로」에서 민족 문제는 어떻게 다뤄지고 있으며, 또 어떠한 형식 속에서 작자의 휴머니즘이 절실한 생명감으로 맥박치고 있는가. 여기 취급된 민족 문제는 작자의 현실 인식의 필연적 결과였으나, 문학적 고찰 과정을 거치지 않고 직접적으로 문제의 소재를 구한 것은 문학이 예술로서 성립할 수 있는 가능성을 소멸할 뿐이었다. 김사량의 「빛 속으로」는 과연 주제적 측면에서는 민족 문제를 포착했음에 틀림없으나, 그 표현 형식면에서 일본적 결함에 무의식적으로 영합한 것을 다수 볼 수 있다. 결국 『문예춘추』 6월호에 실린 「천마」는 작자의 희작자(戱作者)적 성격이 성장하여 열매를 맺게 된 작품으로서, 「빛 속으로」에서 그 편린을 드러냈던 인간주의적 시각이 얼마나 우연적인 장난에 불과했는가를 잘 폭로하고 있다.

야자키의 이 글은 논란의 대상이 될 점이 많으나, 지금은 그럴 여유가 없다. 김사량의 작품을 다룰 때 다시 거론하기로 한다.
어쨌든 김사량의 정력적인 작품 활동은 다음해, 즉 1941년에 들어가서도 조금도 쇠퇴하는 기미가 없었다. 그는 이해에 들어가서도 다음과 같은 작품을 연속적으로 발표했다.

「광명(光冥)」(『문학계』, 2월호)
「도둑놈[泥棒]」(『문예』, 5월호)

「벌레〔虫〕」(『신조』, 7월호)
「향수(鄉愁)」(『문예춘추』, 7월호)
「코〔鼻〕」(『지성』, 10월호)
「며느리〔嫁〕」(『신조』, 10월호)

　　김사량이 「코」와 「며느리」를 제외한 앞의 4편에 「윤주사(尹主事)」
「Q 백작」「천사(天使)」「월녀(月女)」「산의 신들(山の神神)」 등을 새
로 첨가하여 제2소설집 『고향』을 갑조서림(甲鳥書林)에서 출판할 준
비에 들어갔던 것도 이해의 일이었다. 다음해 1942년 1월 『신조』에
발표된 「곱사왕초(親方コブセ)」, 역시 1월의 『국민문학』에 발표된
「물오리섬」 등이 씌어진 것도 그 전 해, 즉 1941년이라 보아 틀림이
없을 것이다. 그리고 그는 3월부터 5월에 걸쳐, ‘화전 지대를 가다(火
田地帶を行く)’라는 부제를 붙인 연작 기행문 「맨드라미꽃(メンドレ
ミの花)」「부락민과 장작과 성(部落民と薪と城)」「촌구석의 작부들
(村の酌婦たち)」을 『문예수도』에 연재했다. 조금도 쇠퇴하는 기미가
없는 왕성한 작품 활동이었다. 그러나 그의 활동은 과연 쇠퇴의 기미
가 전혀 없었는가. 표면적으로는 밝은 빛을 받고 있던 것처럼 보였던
그의 작품 활동도, 무서운 속도로 몰려오고 있는 먹구름 앞에서 도망
갈 수는 없었다. 그 먹구름에서 벗어나기 위한 노력에 비해볼 때, 그
배후에 숨어 있는 세력의 힘은 너무도 강대했다. 당시의 추세는 김사
량이라는 존재 전체를 꿀꺽 삼켜버리고, 태평양전쟁을 목표로 함몰
되어가기 일보 직전이었다. 이렇게 날로 혹독해지는 상황에 직면하
면서 고뇌에 빠져 있던 김사량의 모습을 마미야 모스케는 이렇게 전
하고 있다.

　　그즈음 가마쿠라에 살고 있던 김사량은 내 집에 가끔씩 나타나곤
했다. 〔……〕 김사량은 내 집에 오면, 현관 옆에 있는 작업실 벽에 등

을 기대고 편하게 앉아, 오랫동안 이야기를 하고 돌아갔다. 김달수만큼 크지는 않은, 그렇다고 오륭(吳隆)만큼 작지도 않은 어중간한 키에, 거무스름하고 조금은 신경질적인 얼굴로, 문학과 민족과 혁명에 관한 이야기들을 나눴다. 내 기억상으로는 당시의 김사량은 다소 기분이 불안정한 데가 있지 않았나 싶다. 방황하고 있었던 것이 아닌가 생각된다. 이야기를 나누고 또 나누어도 뭔가 산뜻하게 마무리지어지지 않는 꺼림칙함, 그런 것이 김사량에게서 느껴졌다. 그리고 김사량은 일본에서 공부하던 당시의 조선인으로서의 그 꺼림칙함에 대해 정직하게 말했다. 그리고 그것과 소설과의 관계 때문에 발버둥치고 있는 자신의 속마음을 감추지 않았다.[9]

김사량이 마미야 모스케를 방문했던 것은 이해 봄, 5월 이전의 시기였다. 이해 5월, 고향의 어머니와 누이가 생각지 못했던 사건으로 경찰에 체포된 일 때문에 김사량도 평양에 돌아가 있었다. 마미야와 함께 평양을 방문했던 히로쓰 가즈오가 김사량의 환대를 받은 것도 이즈음이었다. 이에 관한 히로쓰의 회상은 이미 본 바대로이나, 마미야의 그것도 또한 극명하여 흥미를 끈다. 꽤 긴 내용이나 히로쓰의 글과의 중복을 피하면서 읽어보도록 하자.

관부연락선으로 조선에 건너가 경성을 거쳐 평양에 도착했다. 히로쓰도 나도 경성에서 지독한 감기에 걸려, 목의 열이 38~39도나 오른 상태였으나, 이틀을 묵기로 하였다. 〔……〕 경성에 도착한 다음날 아침, 히로쓰와 나는 '신사' 두 분의 방문을 받았다. 무례방자한 어투의 그들로부터 여행 목적과 행선지에 관한 질문을 받았다. 평양 정거장 홈에는 작가 김사량이 마중 나와 있었다. 나는 얼굴이 하얀 김사량의

<hr>

9) 마미야 모스케, 「평양에서의 이별(平壤での分れ)」, 『신일본문학』, 1952년 12월호.

모습을 발견하자, 내심으로 안도감과 기쁨이 올라오는 것을 금할 수 없었다. 김사량에게 전보를 쳐두긴 했지만, 얼굴을 보기까지는 김이 '무사'한지 어떤지 알 수 없었기 때문이다. 히로쓰에게는 말하지 않았지만, 조선에서는 평양을 중심으로 커다란 탄압이 있었던 직후였다. 그래서 내게는 김사량의 신변이 위험해 보였다.

"이번 탄압은 기독교 신자를 목표로 한 것이었기 때문에 저의 어머니와 누이도 당했습니다" 하고 김은 내게 설명해주었다.

"그래서 저의 집에서 머무르시기 어렵게 되었습니다. 죄송합니다만, 호텔 방을 잡아두었습니다."

이 말을 듣자 또 히로쓰의 신경이 곤두섰다. "귀축미영(鬼畜米英)의 종교라는 말이지."

"에에, 일본의 신도(神道)에 반대하면서 적성(適性) 국가의 이익을 수호하는 것은 괘씸한 일이죠……"

김사량은 희미하게 웃으며 대답했다.

평양 호텔이라는 이름의, 언덕 위에 서 있는 자그마한 호텔에 도착하자, 김이 사라졌다가 잠시 후 돌아왔다. 친구인 의사를 데리고서였다. 그 의사도 조선인이었는데 의학은 독일에서 배웠다고 했다. 40대 언저리로 보이는 장신(長身)으로, 아무래도 인텔리다운 풍모를 하고 있었다.

"멋진 분들인 것 같네. 조선인한테 이러쿵저러쿵 말할 자격이 일본 군인과 관료들한테 있을까."

융숭한 간호라는 말을 써야 합당할 진료를 하고 나서, 박영세(朴英世)라는 이름의 그 의사는,

"열은 곧 내려가겠지만, 완쾌까지는 시간이 걸릴 것입니다. 그러니 외출은 삼가시도록" 하고 주의를 주고, 갑자기 어조를 바꾸어 말했다.

"김사량의 설명은 필요없습니다. 선생님들의 일은 저희가 잘 알고 있습니다. 저희 조선인에게도 소중한 분들이시니, 부디 자중하시면서,

조선과 만주의 실태를 시찰해주십시오."

다음날 아침 다시 오겠다는 뜻을 남기고 의사는 돌아갔다. 김사량
도 이어 돌아가고 나자, 히로쓰와 나는 침대 위에서 베개를 나란히 하
고 뭔가 피가 뜨거워지는 듯한 감동을 느끼면서, 조선과 조선인에 대
해 이야기를 나눴다. 〔……〕

히로쓰와 나는 건강이 회복되자, 김사량의 안내로 주로 조선인이
밀집해 사는 지역을 걸었다. 만나서 이야기를 나누는 상대가 온통 조
선인뿐인 3일 간을 보냈다. 〔……〕 4일째 아침 우리는 처음으로 일본
인의 방문을 받았다. '만주'로 간다면 이제 슬슬 출발하시는 게 어떤
가 하는 간절한 인사였다. 그날 밤, 히로쓰와 나는 김사량의 전송을 받
으며 평양을 뒤로하였다. 먼지투성이의 을씨년스러운 홈에 서서 우리
를 전송하는 젊은 작가의 모습은 지금도 마음속에 남아 있다. 이것이
우리가 본 김사량의 마지막 모습이었다.[10]

지금까지 보아온 몇 가지의 사실을 보아도 알 수 있듯이, 이해에
들어선 뒤부터 김사량은 점점 더 혹독한 상황에 처했다. 작품 활동은
물론, 그의 전존재를 위협하며 조여오는 위기를 시시각각 피부로 느
끼면서 작품을 쓰지 않을 수 없었다. 더구나 가족에게까지도 그 손길
을 뻗고 있는 통치 권력의 탄압은 그의 마음을 무겁게 덮쳐누르고 있
었다. 그러한 상황 속에 있었던 김사량의, 김사량뿐만 아니라 조선인
이라면 누구나 다 그랬을, 그 어딘가에라도 매달리지 않고서는 견딜
수 없는 심정을, 마미야의 위 회상문에서 읽어내는 것은 어렵지 않
다. 즉 "선생님들의 일은 저희가 잘 알고 있습니다. 저희 조선인에게
도 소중한 분들이시니, 부디 자중하시면서, 조선과 만주의 실태를 시
찰해주십시오"라는 말 속에서도 그것을 느낄 수 있다. 무엇보다도 김

---

10) 마미야 모스케, 『히로쓰 가즈오—그와의 50년』, 이론사.

사량이 주로 조선인 밀집 지역을 안내하면서 "이야기를 나누는 상대가 온통 조선인뿐인 3일 간"을 보내고 있었다는 것이야말로, 그 심정이 어땠는가를 생생하게 전하는 것이라 하겠다.

그러나 김사량을 둘러싼 상황도 김사량의 작품 활동을 둔화시킬수는 없었다. 27세라는 김사량의 젊음은 그 혹독함을 견뎌낼 수 있는 힘의 원천이었다. 그 젊음은 또한 상황이 혹독하면 혹독할수록 그의 정열을 더욱더 작품 활동 속에 쏟아붓게끔 만들었다. 그 작품 활동이 이해 후반에 현저하게 활발해진 것을 보아도 알 수 있으나, 이 무렵 김사량은 작품을 계속 쓰기 위하여, 그에게 있어서는 "혼 속에 가라앉아 있는 친구들의 소리이며 동우자(同憂者)들의 모습이라고 할 수 있는"[11] 동포를 찾아 헤맸다. 당시의 그에게 작품을 계속 쓴다는 것은 하나의 투쟁이었으며, 조여오는 위기를 쳐부술 수 있는 유일한 길이었다.

그즈음, 맹렬하게 작품 활동에 몰두하고 있었던 김사량의 모습은 야스타카 도쿠조의 글에서도 아래와 같이 확인해볼 수 있다.

그는 연달아 작품을 써냈다. 소녀처럼 가련한 느낌이 드는 젊은 부인과 집 가까운 아파트로 이사온 뒤에도, 출산 때문에 부인을 평양으로 보낸 뒤에도 창작 삼매에 푸욱 빠져 있었다. [⋯⋯] 당시 그는 식사를 우리 집에서 하고 있었는데, 작품의 테마에 대해 말하곤 했으며, 작품이 완성되면 내게 비판을 구하곤 했다.[12]

김사량이 소설 「벌레」에서 지기미 노인과 고물상의 화가 등, 말하자면 그의 '동우자'들과 조우한 것은 이즈음이었다. 시나가와쿠 니시오오사키의 아파트에 살고 있던 김사량이 시바우라 부두에서 일하는

---

11) 김사량 소설집 『고향』 후기, 갑조서림.
12) 야스타카 토쿠조, 『김사량 작품집』 서.

조선인 노동자들과 교제를 나누는 데에는 전혀 곤란이 없었다. 그는 이곳에서 "혼 속에 가라앉아 있는 친구들의 목소리"에 귀를 기울이고, "더 나아가 동우자들의 모습"을 보아낸 것이다. 이윽고 그가, 가마쿠라시 오오가야쓰 407번지의 요네신테이에서 좀 떨어진 곳으로 하숙을 옮겨, 일본에서 발표한 최후의 소설인 「곱사왕초」의 주인공이 사는 요코스가 가까운 곳에 가있었던 것도, 시바우라 부두의 그것과 똑같은 이유에서였다. 그러나 가장 직접적인 계기가 되었던 것은, 당시 그곳에 살고 있었던, 김사량과 같이 『문예수도』의 동인이 된 김달수를 알고 나서부터였다. 그는 김달수의 편지 유혹을 받았던 것이다. 김달수의 1941년 11월 15일자 엽서에 대한 그의 답장은 이런 내용으로 되어 있다.

편지 감사하게 받아보았습니다. 어머님 고향도 같고, 같은 문학의 길을 가는 인연을 함께 기뻐하고 싶습니다. 언젠가 한가할 때 요코스가의 '기괴'한 모습을 보러 가고 싶습니다. 고향 사람들과 만날 수 있을까요. 또 군항(軍港)이라고 하는데, 한번 떠들썩하게 가보아도 좋겠습니다만.[13]

이 답장 속에서 김사량이 쓰고 있는 '고향 사람들'이란 꼭 동향인을 의미하는 것만은 아니다. 확대된 의미의 동포를 가리키는 말이라는 것은 두말할 나위도 없다. 그리고 그것이 일찍이 그를 시바우라 부두로 접근하게 만든 동기였던 것처럼, 김사량이 요코스가에 가보려 했던 동기 역시도 '고향 사람들'을 만나기 위해서였다는 것은, 이를 통해서도 명백히 알 수 있다. 그래도 "군항이라고 하는데, 한번 떠들썩하게 가보아도 좋겠습니다만"이라는 말 속에서 당시의 정치적

---

13) 김달수, 「전사한 김사량」.

동정에 예민해진 신경과 진중함이 엿보이는 데에는 놀랄 수밖에 없다. 어쨌든 답장을 받은 김달수는 재차 김사량에게 편지를 썼다. 김달수에게 보낸 11월 19일자의 답장은 이렇다.

　　방금 편지를 받았습니다. '이슬람교도와 벌레'들의 운동회에는 필히 참석하겠습니다. 오늘 밤 다른 곳으로 기차 여행을 갑니다만, 예정을 당겨서 토요일 아니면 일요일까지는 돌아올 생각입니다. 그래서 1시경에 요코스가에 도착할 수 있도록 일정을 준비하고 있습니다. '일요일 1시' 꼭 역에 마중 나와서 이 벌레를 안내해주십시오. 같이 달려 보시지 않겠습니까. 김상 정도의 몸이라면 5천 미터 정도는 너끈하겠지요.[14]

이렇게 하여 김사량은 요코스가를 방문했던 것이다. 그때의 모습을 김달수는 이렇게 전하고 있다.

　　이날 '1시'에 요코스가 역에 마중 나간 사람은 분명히 김진용(金鎭勇)과 나의 형과 나, 세 사람이었다고 생각한다. 사람들이 거의 다 홈을 빠져나간 뒤 맨 뒤쪽에서 낡은 중절모를 쓴, 키가 큰 그가 외투 속에 양손을 찔러넣고 훌훌 나타나던 모습이 지금도 나의 눈앞에 생생하게 남아 있다.[15]

이때 김사량을 마중 나간 사람은 김달수의 말처럼 세 사람만은 아니었다. 요코스가에 살고 있던 재일 조선인 작가 중의 한 사람이었던 장두식(張斗植)도 역에 나와 있었다. 장두식은 이때의 모습을 다음과 같이 쓰고 있다.

---

14) 같은 글.
15) 같은 글.

기다릴 틈도 없이, 김달수는 역두에서 빠져나오는 인파 속에서 오버 코트를 걸쳐입은 키가 큰 인텔리풍의 사람을 찾아냈다. 성큼성큼 그를 향해 다가갔다. 〔……〕 그러나 이때 나의 실감으로는, 그즈음 존경하고 있었던 '작가 김사량'의 이미지와는 그 인상이 어긋나는 데가 있었음을 인정하지 않을 수 없었다. 작은 얼굴은 재기가 있어 보이지도 않았으며, 낡은 스카치 오버코트로 몸을 감싼 모습은 아무리 봐도 빈상(貧相)이었다. 아무리 봐도, 명성을 날리는 신진 작가로는 생각되지 않았다.[16]

장두식의 이미지와 실물이 달랐던 것은 어찌 됐건간에, 이 글에서도 차림새에 무신경한 채 작품 활동에 대한 정열만을 가슴속에 비장하고 있었던 젊은 날의 김사량의 풍모가 그대로 느껴지는 듯하다. 그도 그럴 것이, 이 당시의 김사량은 매일 평균 8시간은 꼭 책상 앞에 앉는 생활을 하고 있었던 것이다. 김사량이 요코스가를 방문한 것은, 편지에도 나와 있듯이 운동회 구경을 하기 위해서였지만, 그 외의 목적 하나는「곱사왕초」의 모델이 된 인물을 만나기 위한 데 있었다. 장두식에 의하면 그때는 1941년 12월 7일이었다고 한다. 그러나「곱사왕초」는 다음해『신조』1월호에 게재되었다. 그리고 김사량은 9일 새벽, 태평양전쟁 개시 후 잠시 가마쿠라 경찰서에 예방구금수(豫防拘禁囚)로 구류되어 있었다. 그러므로 장두식의 기억에 오류가 없다면, 소설「곱사왕초」는 12월 8일부터 9일 새벽에 걸쳐 집필되어야 했을 것이다. 그러나 이것은 거의 불가능하다. 그렇다면 김사량의 요코스가 방문은 12월 7일 이전의 일이 된다. 사실 그대로였다. 김사량은 김달수에게 요코스가를 방문했을 때의 감상 등을 담은 11월 28일 자

---

16) 장두식,『일본 속의 조선인(日本のなかの朝鮮人)』, 동성사(同成社).

의 제3신(信)을 썼다.

그런데, 김달수에게 보낸 앞의 김사량의 답장의 속에는 '기괴' 혹은 '이슬람 교도와 벌레' 등등의 어구가 보인다. 이 문제의 해명은 김달수의 다음과 같은 설명을 기다려야 할 것이다. 즉

이것은 내 쪽에서 먼저 사용한 단어로서, 그때 김사량은 「벌레」라는 작품을 『신조』에 쓴 바 있었다.

이것은 시바우라에서 부두 노동자로 일하고 있는 조선인 노동자를 묘사한 작품으로서 거기에 지기미(이 지기미란 조선어로서 "빌어먹을, 분하다"라고 할 때의 '빌어먹을'에 해당한다)라는 노인이 나온다. 그는 "어디 가든 사람들이 발길로 차고 침을 뱉는" 벌레 취급을 받는다. 그러나 그는 자기의 존재를 초월하여 동포, 즉 민족을 사랑해 마지 않는다. 조선인들이 바다에서 돌아오면 "그들을 맞이하면서 기뻐 날뛰는 지기미의 모습은 석양을 업고 하늘을 향해 기도를 올리는 이슬람 교도처럼 아름다웠다"라고 하면서 이 작품은 끝을 맺는다. 당시 일본에 거주하던 우리 조선인의 민족적인 행동과 사랑은 외양상으로는 이와 같이 '기괴'한 방식을 빌리지 않고서는 밖으로 표출될 수 없었다. 아니 이렇게 쓸 수밖에 없었다.[17]

김사량이 요코스가 등지에 가서, 분초를 아껴 소설 창작에 혼을 불태웠던 때는 이미 앞에서 보아온 바대로 태평양전쟁에 돌입하기 직전이었다. 그 전쟁 정책에 발맞추어 조선에 대한 일본 작가들의 간섭이 한층 더 적극화되고 있었던 것은 당연했다. 일본문예가협회 주최로 조선에서 개최된 문예 총후 운동 강연회는 이해에도 실시되었다. 10월 23일부터 11월 1일에 걸쳐, 대전을 비롯하여 경성·평양·함

---

17) 김달수, 「전사한 김사량」.

흥·청진 각지에서 행해졌다. 이 외에도 철도국, 세이센전기(西鮮電氣), 겸이포 닛테쓰공장(兼二浦日鐵工場), 조선질소 등, 소위 당시 일본의 기간 산업이라 할 만한 각 기업체에서도 그것이 행해졌다. 『문예연감』[18]에 의하면 이때의 강연 및 연제는 다음과 같았다.

니이 이타루(新居格): 사치(奢侈)에 대한 분석
고바야시 히데오(小林秀雄): 문화에 대하여
가와카미 데쓰타로(河上徹太郎): 개인과 전체
하야시 후미코(林芙美子): 총후(銃後) 여성의 문제
마쓰이 고쿠에이(松井翠聲): 지구를 움직이는 힘

이와 같은 움직임이 있었음에도 불구하고 김사량이 제2소설집 『고향』의 출판 준비를 추진한 것은 거의 비슷한 시기였다. 그것이 출판된 것은 다음해 4월이었으나, 후기에는 이해 10월로 되어 있다. 이 소설집 『고향』을 통해 김사량이 묘사하려 했던 것은 무엇이었을까. 그것의 기조를 이루고 있는 것은 제1소설집 『빛 속으로』와 같이 "멸망해가는 것에 대한 애수"였다. 이에 대해 김사량은 후기에서 이렇게 말하고 있다.

제2소설집을 내면서 제목을 '고향'으로 하기로 했다. 고향은 누구에게나 그리운 곳이며 또한 동경으로 넘치는 곳일 게다. 나도 내 고향을 소중한 것으로 생각하며 또 사랑한다. 어떤 의미에서는 고향을 사랑하지 않고서는 살 수 없는 숙명을 타고 난 것 같은 기분마저 든다. 그렇기는 하나, 고향 반도(半島)는 나에게 아름답고 유쾌한 곳만은 아니다. 그러나 그렇기 때문에 더욱더 고향은 가련하면서도 또한 둘도 없

18) 일본문학보국회 편, 『문예연감』, 1943.

이 소중하게 생각되는 것이다.

　여기에 수록한 소설 속의 인물들도, 한두 명의 예외를 제외한다면 거의가 나처럼 고향을 그리며 그 따스한 추억 속에서 휴식할 수 있는 시간을 간절히 바라고 있다. 그들의 시의심(猜疑心) 가득한 눈과 의기 소침한 마음을 지닌, 그러면서도 끊임없이 희망에 매달리려 하는 애처 러운 모습들을 나는 지그시 지켜보고 있다.

　일본 식민지 통치하에 있는 고향이, 김사량에게 꼭 "아름답고 유쾌 한 곳만"이 아니라는 것은 당연하다. "그렇기 때문에 더욱더 고향은 가련하면서도 또한 둘도 없이 소중하게 생각"된다는 것은, 고향을 쫓 겨나 낯선 타국을 떠돌아야 하는 이들만이 느낄 수 있는 심정일 것이 다. 그 심정을 김사량은 "고향을 그리며 그 따스한 추억 속에서 휴식 할 수 있는 시간을 간절히 바라고" 있는 이들에 비유해서 묘사했다. 따라서 그의 등장 인물들은 모두 고향을 쫓겨나 방황하는, "시의심 가득한 눈"을 갖고 있으며, "의기소침한 마음을 지닌, 그러면서도 끊 임없이 희망에 매달리려 하는 애처러운 모습"의 이들이었다. 「벌레」 의 주인공인 지기미 노인과 고물상의 화가, 「향수」의 가야(伽倻)와 이현(李絃), 「광명」의 고학생과 소녀, 「Q 백작」의 미치광이 주인공 등이 그들이었다. 이렇게 볼 때 『고향』이 거의 "멸망해가는 것에 대 한 애수"를 기조로 한 소설집인 『빛 속으로』의 연장선상에 있었다는 것은 명백하다.

　그렇다면 그 "멸망해가는 것에 대한 애수"를 묘사함으로써 반영해 낸 "사회에 대한 격렬한 의욕과 정열" 역시도 여기에서 발견할 수가 있을까. 유감스럽게도 그것은 기대할 수가 없었다. 이미 태평양전쟁 직전의 일이었다. 따라서 상황은 김달수가 쓴 바와 같이 이미 "김사 량의 활동도 시기적으로는 그 앞길이 훤히 내다보이고 있었다. 그의 작품을 꼼꼼히 살펴보면, 뭔가 이대로 버텨나가려고 애쓰는 모습이 보인다. 그것은 부질없는 노력이었다. 그리고 이러한 모습을 드러냈다는 의미에서 그의 작품 속에서도 나약한 것이 드러나"[19][강조: 원문]고 있었다.

김사량이 "뭔가 이대로 버텨나가려고" 했던 것은 사실이었다. 결과적으로는 김달수도 지적한 바처럼, 그것은 '부질없는 노력'이었는지도 모른다. 그러나 그 부질없는 노력이 어떻게 행해졌는가를 모르고서는, 김달수가 말하는바 그 '나약한 것'의 실체를 파악하는 것은 불가능하지 않을까. 김사량의 작품 속에 드러난 '나약한 것' 속에는, '나약한' 척하면서, 오히려 저항적 자세를 관철하려고 노력하는, 그런 종류의 것도 있었다. 예를 들면, 『신조』의 소설 월평[20]은 김사량의 「향수」에 대해 논하면서 다음과 같이 지적하고 있다.

상당한 역작이다. 흥미를 끈다. 그러나 깊이 음미해보면 어딘가 석연치 않은 데가 남아 있음 역시도 부정할 수 없다. 작자의 애매한 태도가 작품의 이면에 숨어 있기 때문이라 해도 좋을 것이다. 금일의 시대는 이러한 작자의 애매함이 용납될 수 없는 시대라는 것도 분명하다.

당시, 소위 시국이라는 것을 의식하고 있는 입장에서 본다면 이 작품에 '석연치 않은' 데가 있으며 그것이 작자의 태도의 '애매함'에 기인하는 것으로 보였다는 것은 무리가 아니다. 따라서 이러한 작자의 태도는 당연히 용납될 수 없는 일일 것이다. 그러나 김사량에게 있어서 그 태도의 애매함이라 불리는 것은 '금일의 시대'를, 나아가 그 시대를 사는 일의 지난함을 충분히 인식한 그 위에서 나온 결과였다. 즉 그는 애매함이라는 형태를 통하여 당시로서 가능한 최대한의 저항을 행했던 것이다. 김사량이 현재 상태를 지속해나가기 위한 노력

---

19) 김달수, 「김사량, 그 인간과 작품」.
20) 이시다 에이지로(石田英次郎), 「7월의 소설」, 『신조』, 1941년 8월호.

은 이렇게 행해졌다. 그러나 그 '애매함'이 '나약한 것'과 표리 관계를 이루고 있었던 것도 분명하여, 자칫하면 그것이 '나약한 것' 쪽으로 전락할 수도 있다는 것은 부정할 수 없다. 「향수」와 「광명」의 비교를 통해 그 예를 볼 수 있다. 거의 비슷한 시기에 씌어졌으면서도 「향수」와 달리 「광명」에는 현저하게 '나약한 것'만이 느껴질 뿐이다. 말하자면 이것은 김사량이 태도의 애매함이라는 형태를 통해 드러낸 저항적 자세로부터 일보 후퇴하여, 결과적으로는 '나약한 것'을 용인할 수밖에 없는 지점에까지 내몰리고 있었다는 것을 의미한다. 동시에 이곳에서, 마미야 모스케 댁을 방문했을 때에 김사량이 보여준, "이야기를 나누고 또 나누어도 뭔가 산뜻하게 마무리지어지지 않는 꺼림칙함,"[21] 즉 그 흔들리는 심리의 투영, 그 격렬한 진폭의 정도를 느낄 수 있다. 그리고 어떻게 해서든 버티면서 저항의 자세를 관철해내고, 사상의 지속을 꾀하려 한 김사량의 순교자와도 흡사한 고통스러운 노력의 궤적을 이곳에서 볼 수 있다. 그것은 김달수가 말하는바 '부질없는 노력'이라고 보아버리기에는 너무나도 절박한 발버둥질이었다는 것을 놓쳐서는 안 된다. 전체적으로 볼 때, 김사량의 제2소설집 『고향』에서 볼 수 있는 '나약한 것'은 이와 같은 각도에서 검토되어야 한다고 생각한다. 그러나 이에 관해 더 거론하기 위해서는 작품에 대한 깊은 분석이 필요하기 때문에 구체적인 언급을 피하기로 한다. 하나만 덧붙인다면, 김사량이 현재 상태를 지속해나가려 애썼던 것은 그른 일은 아니었다. 그러나 이 때문에 그가 빠져 있었던 자가당착, 즉 문학적으로는 그가 '진짜'로부터 '애매함,' 그리고 '나약한 것' 쪽으로 후퇴를 하게 되었다는 사실만은 부정할 수가 없다.

  그래도 '애매함'과 '나약한 것'이 뒤섞여 있던 이즈음의 김사량의 작품에 대하여, 『신조』의 편집자였던 나라사키 쓰토무가 다음과 같이

---

21) 마미야 모스케, 「평양에서의 이별」.

회상하는 것은 그야말로 아이러니컬한 일이라고 할 수밖에 없다.

나는 「벌레」 「고물상」 「곱사왕초」 등의 소설을 검토해보았다. 그 작품의 주인공들은 하나같이 조선인이었지만, 김사량의 분신으로 생각되는 모습은 조금도 없었다. 권력에 대한 저항이나, 하층 생활에 대한 저주 같은 것이 노골적으로는 묘사되어 있지 않았기 때문에 당국의 주목을 받는 일도 없었다.[22] 〔강조: 인용자〕

그런데, 김사량의 '나약한 것'은 작품 속에만 나타났을까. 문학 작품과 그곳에 나타나 있는 작가의 사상을 분리해서 생각하는 것은 불가능한 일일 것이다. 그렇다면 그의 사상 속에도 작품에 나타나 있는 바 그 '나약한 것'이 그림자를 드리우고 있었다고 보면 될 것이다. 이 문제를 규명하기 위해서는, 태평양전쟁 발발과 동시에 검거된 김사량의 구류 경위부터 검토해보지 않으면 안 된다.

그날 밤이었다고 생각되는데, 김사량은 꽤 많이 취해 있었다. 나도 그의 하숙에서 자게 되어 가마쿠라 역에서 오오가야쓰의 요네신테이까지 캄캄한 길을 걸어서 왔는데, 그는 도중에 도랑물에 한쪽 발이 빠지곤 했다. 그러한 연유로 해서 나는 한층 더 친숙한 감정을 느꼈던 것으로 기억하고 있다. 요네신테이의 고우에몬(五右衛門) 목욕탕에서 둘이 목욕을 할 때에도 그는 쉴새없이 떠들어댔다. 〔……〕 이날 밤 그는 옆방에서 일을 했다(목욕탕에서 떠들어댔던 것은 술에서 깨기 위해서였다), 나는 펜이 사각거리며 미끄러지는 소리를 들으며 잠들었는데, 그 다음날이 바로 1941년 12월 8일이었다. 태평양전쟁이 발발한

---

22) 나라사키 쓰토무, 「작가의 무대 뒤」, 그리고 나라사키가 그 글에서 예로 들고 있는 김사량의 「고물상」이라는 작품은 「며느리」의 오류이다.

것이다. 그는 9일 아침 가마쿠라 경찰서에 검거되었다. 나는 당시 오오사키(大崎)에서 살고 있었던 야스타카 도쿠조 씨 댁을 처음으로 방문하여 이 사실을 알렸다.[23]

김사량이 가마쿠라 경찰서에 검거된 전후의 사정을, 김달수는 이렇게 전하고 있다. 김사량이 이곳에 갇혀 있던 중 "남방군(南方軍)을 돌면서 '황군(皇軍)'을 찬양하고, 전첩(戰捷)을 보도하는" 종군 작가가 되라는 강요를 받고 있었다는 것에 대해서는 이미 언급한 바대로이다. 어쨌든간에, 김사량이 체포된 직후 그를 면회했던 그의 친구 조규석(趙奎錫)의 다음과 같은 회상은 김사량에 대한 당시 권력 탄압의 모습을 상세하고도 생생하게 전하고 있다.

1941년 12월 중엽 —일본이 진주만을 기습 공격하여 처참한 태평양 전쟁의 막을 열고 나서 1주일 정도 지났을 즈음, 어느 날 오후였다. 나는 가마쿠라 오오가야쓰의 요네신테이 현관 앞에 서 있었다. 요시하라 스미에(吉原壽美枝) 상이 나와서 내 얼굴을 보더니 "어머, 아무 일 없었어요?" 한다. 나는 멍하니 상대방의 표정을 바라보고 있었다.
"김상이 체포됐어요." 속삭이는 듯한 낮은 목소리로 말하는 것이었다. 주변을 조심하는 눈치였다. "어서 들어오세요."
요시하라 상의 이야기를 듣고 있던 중, 무지한 나도 사태가 심상치 않다는 것을 느낄 수 있었다.
불안보다도, 기댈 곳을 잃어버린 커다란 슬픔 때문에 나는 소리도 낼 수 없었다. 깨끗하게 치운 뒤이긴 했지만, 특고(特高) 패거리가 휩쓸고 간 흔적이 한눈에 들어왔다. 그리고 아직도 생생한 느낌이 돌고 있는 김상의 방에서, 요시하라 상의 권유를 받은 그대로, 김상의 체취

---

23) 김달수, 「전사한 김사량」.

가 스며 있는 이불을 뒤집어쓰고 나는 그날 밤을 꼬박 새웠다.[24]

김달수에 의하면 김사량이 체포된 이유는 다음과 같다.

　　태평양전쟁 발발과 동시에 많은 이들이 그랬던 것처럼 그 역시도 예방검거되었다. 이후 일본에서의 활동을 금지당하게 되었던 것도, 이 때의 검거가 그 직접적 원인이 되었다.[25]

'이때'란, 즉 대학 시절 3개월 여 구류 생활을 했던, 그것이 원인이 었다는 것이다. 김사량이 조선예술좌와 관련하여 미결 구류 처분을 받았다는 사실은 앞장에서 상세하게 살핀 대로이다. 그런데 그의 두 번째 검거에 대하여 야스타카 도쿠조는 다음과 같은 설명을 덧붙이고 있다.

　　그[김사량: 인용자]는 단순한 예술지상주의자가 아니었다. 그의 심 중에서 조선 민족 독립이라는 불길이 언제나 힘차게 타오르고 있었다 는 사실을, 나는 분명히 안다. 사변이 심혹한 양상을 드러내던 시대에, 총독부의 관헌들에게 아첨하는 작가들을 야유한 「천마」나 '색의(色衣) 정책'을 풍자한 「무성한 풀섶」 등의 통렬한 작품을 발표하여, 조선총독 부 출장소의 블랙 리스트에 올려졌으며, 태평양전쟁이 발발한 그 다음날 아침 [……] 가마쿠라 서에서 약 3개월을 지냈다.[26] [강조: 인용자]

---

24) 조규석, 「김사량 등장 전후(金史良登場前後)」, 『계림(鷄林)』 1호, 1958년 11월.

25) 김달수, 「김사량, 그 인간과 작품」.

26) 야스타카 도쿠조, 「일본에서 활약한 2인의 작가(日本で活躍した2人の作家)」, 『민 주조선 (民主朝鮮)』, 1946년 6월호. 김사량이 가마쿠라 서(署)에서 약 3개월을 지 냈다고 하는 것은, 첫번째 구류 생활 기간과 혼동한 결과이다.

야스타카의 이 설명을 보면서 떠오르는 것은, 나카지마 겐조가 『소화시대(昭和時代)』에 "1941년 봄의 일인데, 어느 날 한 잡지 편집자가 심상치 않은 얼굴로 찾아왔다. 어떤 문인이 문사들의 블랙 리스트를 정보국에 제출했다고 한다"는 내용이었다. 있는 그대로 말하자면, 김사량이 처한 상황 역시도, 정보국에 제출된 블랙 리스트에, 나카지마 겐조가 말하는 바의, 검은 동그라미와 반쪽짜리 검은 동그라미 표시가 붙은 '문사(文士)'들과 조금도 다를 바가 없었던 것이다. 그 때문에 그는, 치안유지법에 의거한 사상범 예방구금제도(豫防拘禁制度)에 의해, 예방구금 대상이 되어 검거되었던 것이다. 그의 석방과 관련된 사항은 김달수가 이렇게 쓰고 있다.

그 석방에는 야스타카 도쿠조의 힘이 커다랗게 작용하였다. 야스타카는 그가 검거되었다는 사실을 나에게서 듣자마자, 즉시 가마쿠라로 가서 구메 마사오와 시마키 겐사쿠를 움직이는 등, 마지막까지 노력을 계속하였다.[27]

야스타카의 다음 글은 김달수의 설명을 보강하고 있다.

나는 가마쿠라에 가서, 마침 그때 가마쿠라의 경제위원을 하고 있어서 경찰과 잘 통하고 있었던 시마키 겐사쿠 군에게 부탁하여 그를 면회하고 석방 운동을 벌였다. 마지막에 어떤 분의 손을 통해 군부(軍部)에 줄이 닿은 뒤 얼마 지나지 않아 석방되었는데, 그는 곧 고향인 평양으로 돌아가버렸다.[28] [강조: 인용자]

---

27) 김달수, 「김사량, 그 인간과 작품」.
28) 야스타카 도쿠조, 「민족적 고뇌의 문학(民族的苦惱の文學)」, 『작가와 문단(作家と文壇)』, 강담사(講談社).

이때의 검거가 김사량의 사상에 미친 영향은 무엇이었을까. 이 문제를 보기 위해서는 우선 석방된 직후 김달수 앞으로 그가 보낸 편지를 보아야 할 필요가 있다. 1942년 1월 30일자의 그 편지—엽서의 내용은 다음과 같았다.

어제 무사히 귀가했습니다. 저녁 내내 따뜻한 방에서 푸욱 쉬었습니다. 오늘 도쿄로 갈 예정입니다. 언제 한번 전화라도 주십시오. 그 안으로 전해주신 여러분의 온정에 감사의 마음 참을 길 없습니다. 서두름 용서하시길.[29]

이 엽서를 받고, 석방 소식을 알자마자 곧바로 달려온 김달수에게 김사량은 "같이 수감되어 있었던 어떤 경제학자의 분석이라 하면서, 서전(緒戰)은 혹 어떨지 모르겠지만, 생산력면에서 볼 때 마지막에는 일본이 필히 전쟁에 패하고 만다"[30]라는 말을 당당하게 들려주었다고 한다. 즉 그는 일찌감치, 당시 일본의 패배를 예측하고 있었던 것이다. 패전을 이렇게 확고하게 꿰뚫어보고 있었다고 한다면, 이 사건이 김사량에게 사상적인 동요나 변화를 주었다고 하기가 어렵다. 가마쿠라 서에서 구류중이었던 김사량을 면회했던 야스타카 도쿠조의 회상도 이것을 입증하고 있다. 즉

이때에도 나는 평양에 있었던 김군 부인의 부탁을 받고, 가마쿠라로 가서, 시마키 겐사쿠 군과 더불어 〔……〕 약 세 시간 동안, 세 사람이 인생과 예술에 대해 유쾌한 대화를 나누었다. 곧 정월이 다가오는 추운 계절이었는데도 불구하고, 김사량군의 풍모에는 조금도 짓눌린

29) 김달수, 「김사량의 편지」, 『학지광(學之光)』 8호. 1963년 호세이(法政) 대학 조선문화연구회지(朝鮮文化研究會誌).
30) 같은 글.

기색이 보이지 않았다. 걱정하고 있었던 나를 오히려 안심시킬 정도였다. 불굴의 신념이 그의 속에 끊임없이 불타고 있기 때문이라는 것을, 항상 온화한 미소를 떠올리고 있는 그의 입가에서 엿볼 수 있었다.[31]

이상에서 보는 한에서는, 사상범에 대한 예방구금제도에 의해 행해졌던 검거가, 김사량의 사상에까지 영향을 미치지는 않았다는 것이 분명하다. 그러나 김사량의 사상적 견고성이 어떠했건간에, 태평양전쟁을 전후한 암흑 시대에, 그가 시시각각으로 숨통을 조여오는 막다른 골목길로 내몰리고 있었다는 것은 의심할 여지도 없다. 그 결과가 우선 '나약한 것'으로서 작품 속에 나타났다는 것은 이미 지적한 바대로이다. 그럼에도 불구하고 사상면에 어둠이 드리우지 않았다고 생각할 수 있을까. 아니 어둠이 드리웠다고 보는 것은 지나친 생각일까. 이 지점에서 지금 한번 더 생각해보고 싶은 것이 김사량의 석방과 관련된 사실이다. 그가 구류 생활을 하고 있던 중, 석방 조건으로서 종군 작가가 될 것을 강요받았으며, 그가 이것을 거부했다는 것은 앞에서 본 바 있다. 이것을 거부했기 때문에, 권력 당국은 김사량의 불령(不逞) 사상을 입증할 수 있었을 것이며, 따라서 그의 입장역시도 매우 심각한 상황이 되었으리라는 것은 상상할 필요조차 없다. 더구나 그는 식민지 조선의 작가였다. 이것이 그의 입장을 불리하게 만들었을 것은 틀림없다. 그렇게 불리한 입장에 서 있었던 김사량이, 대학 시절 맛본 미결 구류 기간에 비해 너무나도 짧은 기간인 50일 정도로 석방된 것이다. 이 사실을 어떻게 해석해야 할까. 원래 그의 석방에는 야스타카 도쿠조의 석방 운동과 시마키 겐사쿠의 노력이 적지 않았다. 그런데 시마키 겐사쿠는 잘 알려진 바대로 진향 작가였다. 그리고 연보에 의하면, 그는 오랜 지병 때문에 병상에 누

---

31) 야스타카 도쿠조,「일본에서 활약한 2인의 작가」.

제4장 「빛 속으로」에서 「곱사왕초」까지 161

워 있었다. 좌익 문헌 모두를 당국에 압수당하는 탄압을 받은 후 얼마 지나지 않아서였다. 따라서 그의 힘에는 원래부터 한계가 있었을 것이며, 김사량의 석방을 실현시킬 수 있는 정도는 아니었다. 그 지점에서 "마지막에 어떤 분의 손을 통해 군부에 줄이 닿"게 되었던 것이다. 문제는 여기에 있다. '어떤 분'——김달수의 글에 나오는 구메 마사오가 아니었을까——이 누구건간에, 군부의 손을 빌렸다는 사실을 간과할 수 없다. 결론부터 말하자면 여기서 '군부의 손'이 움직였기 때문에, 적어도 종군 작가가 되는 것은 피할 수 있었다고 하더라도, 그것에 의해 특별한 것이 석방 조건으로 제시되었다고도 볼 수 있다. 그렇다면 그 조건은 무엇이었을까.

여기에서 새삼스럽게 떠오르는 것이, 김사량이 "한때 집필 금지 처분을 받았다고도 한다"[32]고 한 나카조노 에이스케의 글 내용이다. 오해를 무릅쓰고 말한다면, 이때 김사량의 석방 조건이 되었던 것은 석방 후 나카조노가 말하는바 집필 금지와, 그 후의 적극적인 시국 협력, 즉 '문장보국(文章報國)'이 아니었을까. 혹은 그것이 단순한 '문장보국'에 머무는 수준이었는지도 알 수 없다. 그러나 동시에 실질적으로는 집필 금지와 동등한 조치도, 한편으로는 취해지고 있었던 것이다. 이에 대한 사항은 나라사키 쓰토무의 회상문 내용 속에서 확인해볼 수 있다.

어느 날 김이 달랑 30매짜리 단편을 갖고 와, 생활에 쪼달리고 있으니 꼭 사달라고 했다. 지금까지 그가 이런 적은 한 번도 없었다. 전표를 끊어 얼마간의 원고료를 건네주었는데, 그 직후 김사량의 소설과 평론·감상문 등을 받지 말라는 당국으로부터의 내시(內示)를 받았기 때문에, 그 소설은 햇빛을 볼 수가 없었다. 어떤 제목이었는지, 어떤

---

32) 나카조노 에이스케, 「흑의 자유(黑の自由)」, 『방황의 시절(彷徨のとき)』, 삼협지 문고(森脇之文庫).

줄거리의 작품이었는지도 잊고 말았다.[33]

　어쨌든간에, 김사량은 석방 조건을 받아들였다. 그 조건은 적어도 그의 사상에까지 영향을 미치지는 않았다. 그렇기 때문에 그 조건에 응했을 터였다. 이때 김사량이 응한 것은 어디까지나 그 임시 도피책으로서의 타협, 즉 위장 협력의 의미밖에 없다는 것을 전제로 한 것이었음에 틀림없다. 그러나 아무리 위장 협력이라 하더라도, 그 조건을 받아들임으로써 통치 권력에 대한 그의 사상적 · 정치적 저항의 자세가 일보 후퇴한 것은 부정할 수 없다. 즉 김사량의 작품상의 후퇴는 결과적으로는 사상적 · 정치적 후퇴를 촉진한 것이다. 뿐만 아니라 이것은 그 후에 있어서의 그의 작품 활동을 2보, 3보 후퇴시키는 요인으로 작용하였다.

　김사량은 이렇게 석방되었다. 그리고 "석방되자마자, 그 길로 도망치듯 조선으로 돌아가버렸다."[34] 김사량이 나라사키 쓰토무를 방문하여, 원고를 '사달라고' 한 것은 이즈음의 일이었다. 이때 그는 '생활에 쪼달리고' 있었다기보다는, 조선에 돌아갈 여비가 필요했던 것이다. 여비가 손에 들어오자, 그는 창황히 귀국해버렸다. 1942년 2월의 일이었다. 김사량이 일본의 패배를 일찌감치 통찰하고 있었다는 것은 이미 본 바대로다. 그러나 비록 위장적인 타협이었다고는 하더라도 자신의 타협을 용서할 수는 없었다. 민족적 양심의 격렬한 가책을 받았던 것이다. 때문에, 결국 일본이라는 공간이 견딜 수 없을 정도로 혐오스러웠다. 김달수의 눈에 '도망치듯'이 비친, 그렇게 귀국하는 김사량의 모습은 그 사실을 남김없이 전하고 있다. 김사량이 희구한 바인 그 '빛 속으로' 나아가기 위해서는 "아직도 어둠 속에 웅크리고 앉아 눈동자만 빛내고 있을 수밖에 없"었던 것이다. 그렇다 해도,

---

33) 나라사키 쓰토무, 「작가의 무대 뒤」.
34) 김달수, 「김사량, 그 인간과 작품」.

일찍이 도망가듯이 고향에 이별을 고하고 밀항까지 기도하면서 건너 온 일본에서, 작품 활동은 물론 그 삶의 존재까지 위기에 몰려, 다시 금 모래를 씹는 듯한 실의에 빠져 현해탄을 건너지 않을 수 없었던 김사량의 흉중을 채우고 있었던 것은 무엇이었을까.

이상의 내용을 통해 충분히 확인한 바 있지만, 김사량의 일본 내 작품 활동은 1939년 가을부터 1941년 가을에 걸친 겨우 2년 간의 일 에 지나지 않았다. 그는 일본에서의 작가 생활 2년 간을, 귀국이라는 결말을 향하여 시간의 흐름과 경쟁이라도 하듯이 작품 활동에 몰두 했다. 그리고 이, 겨우 2년 사이에 그가 목숨을 걸고 쓴 작품의 반수 이상을 완성해냈다. 그 중에서도 특히 일본에서 그가 행한 작품 활동 의 전반을 살펴본다면, 「빛 속으로」가 아쿠타가와 상 후보작이 되었 다는 그 사실이 김사량의 그 후의 활동에 뚜렷한 영향을 미쳤다는 사 실을 이 시점에서 다시금 인정하지 않을 수 없다.

다음 장에서는 김사량의 귀국 후의 작품 활동과 좌절에 이르는 과 정에 대해 살펴보기로 한다.

제5장
『태백산맥』에서 좌절의 세계로

　김사량이 일본에서 귀국한 것은 1942년(소화 17년) 이른봄이었다. 귀국길에 오른 그의 모습이 김달수의 눈에 '도망치듯'이 비쳤다는 것은 앞장에서 기술하였다. 그의 귀국은 '도망치듯'이 보였다고 해도 어쩔 수 없는 일이었다. 이때의 김사량의 귀국은 그를 아는 이에게 '송환(送還) 같은 느낌'까지 들게 했을 정도였기 때문이다. 그렇게 느낀 사람은 다테노 노부유키(立野信之)였다. 이에 대해 다테노는 오다기리 히데오(小田切秀雄)와 나눈 대담 「반전(反戰) 문학의 굴절」[1] 속에서 이렇게 말하고 있다.

　　오다기리　소화 18년 이전이었다고 생각되십니까.
　　다테노　그렇습니다. 김사량군이 동경에서 지냈던 적이 있으니까요.
　　오다기리　원래 그는 『문예수도』로 나온 사람이었어요.
　　다테노　그래서 야스타카 상의 소개가 있지 않았습니까. 〔……〕 김사량군이 언제 조선에 돌아갔는지 잘 모르겠습니다만.
　　오다기리　그 사람 체포되었었죠.
　　다테노　송환되었다죠.

---

1) 『일본의 문학』 명작집(2) 제79권 부록, 중앙공론사.

오다기리 꽤 오래 들어가 있었지요. 가마쿠라 경찰서입니다. 야스타카 상이 석방 운동을 위해 열심히 뛰었지요. 구메 마사오한테도 석방 운동을 부탁했었습니다. [……] 석방되자마자 조선으로 돌아갔으니까, 송환된 것이었는지도 모르겠군요.

다테노 송환 같은 느낌이었습니다. 분명히.

오다기리 일본에 남아 있는다 해도, 군국주의화된 당시의 저널리즘 속에서는 도저히 작품을 발표할 수 없었지요. 각 잡지의 편집부는 위험을 느끼면서도 그의 작품을 실어오긴 했지만 그것도 어렵게 되었고. 그는 군국주의에 박자를 맞춰대는 일 같은 건 아무래도 할 수 없는 인간이지요.

다테노 불가능합니다, 그 사람에게는. [강조: 인용자]

가마쿠라 서에서 석방된 김사량이 그를 찾아온 김달수와 만난 뒤, 나라사키 쓰토무가 말한 대로 『신조』 편집부에 원고를 들고 가 그것을 원고료로 바꿨다는 것은 앞장에서 이미 확인하였다. 그 원고료를 여비로 해서 김사량은 귀국했던 것이다. 그럼에도 불구하고 다테노는 '송환'이라는 인상을 받았다. '송환 같은 느낌'이라고 했지만, 실제 송환이었건 어쨌건간에, 오다기리의 말에 대하여 '송환'이라는 답변이 입에 술술 붙어나올 정도로, 김사량의 '송환'이 당연히 있을 수 있는 일로 이해되고 있었다는 점에는 틀림이 없다. 아마도 이것은 꼭 다테노에게만 국한된 일이 아니었을 것으로 생각된다. 어쨌든 이를 통해서도 김사량을 둘러싼 상황의 혹독함이 자타가 공인할 수 있는 정도였다는 것을 다시금 확인할 수 있다. 따라서 석방 후에도, 여전히 신변에 험악한 공기가 돌고 있었을 것은 상상할 필요도 없다. 혹 김사량의 석방에 시한부 귀국이라는 조건이라도 포함되어 있지 않았을까. 하여간 그의 귀국이 김달수의 눈에 '도망가듯이' 비쳤으며, 다테노 노부유키에게는 '송환 같은 느낌'을 주었을 정도로 당황스럽고

부자연스러웠다는 것은 의심할 필요가 없다. 그러나 생각해보면 그
것도 김사량에게는 당연한 귀결이었다. 김사량은, 오다기리 히데오
의 지적처럼, 이미 "일본에 남아 있는다 해도, 군국주의화된 당시의
저널리즘 속에서는 도저히 작품을 발표할 수 없"는 지점에까지 몰려
있었기 때문이다. 이에 더하여 "각 잡지의 편집부는 위험을 느끼면서
도 그의 작품을 실어오긴 했지만 그것도 어렵게" 되어 있었다. 앞장
의 나라사키의 회상문에도 나와 있었던 것처럼, 통치 권력은 강권을
갖고 김사량의, 작가로서의 호흡의 밑뿌리까지 끊어버리려 하고 있
었다. 따라서 그의 귀국은, "군국주의에 박자를 맞춰대는" 것이 도저
히 불가능한 뿌리깊은 민족주의의 소유자 김사량이 조만간 방황을
계속할 수밖에 없게끔 예정되어 있는 그의 운명이었다.

2년 간에 걸친 김사량의 일본 내 작품 활동을 제1기라고 한다면,
귀국 후의 그것은 제2기라고 할 수 있다. 그러나 제2기의 작품 활동
은 실제로는 1년 간으로 국한되었다. 즉 1943년(소화 18년)의 활동뿐
인 것이다. 그렇게 짧은 기간이었다. 귀국한 그해에 그는 작품 활동
을 완전히 중단했고 이 침묵은 1944년 이후 그가 중국 항일 지구로
탈출을 감행하여 유격지 근거지에 도착하는 1945년 7월까지 다시 계
속되기 때문이다. 이처럼 일본 식민지 통치하에서 김사량이 작품 활
동을 펼쳤던 기간은 3년이 채 안 되는 매우 짧은 것이었다.

귀국한 김사량이 도착한 곳은 고향 평양부 인흥정 458의 84번지[2]
였다. 그는 이렇게 함으로써 정치 · 문화는 물론 문학적으로도 중심
을 이루고 있었던 경성과 일정한 거리를 두게 되었다. 불과 2년 전,
같은 경성에서 장편 『낙조』와 평론 등을 『조광』지에 연속적으로 쓰고
있었으며, 그가 평생 잊을 수 없는 「빛 속으로」를 "경성에 있는 하숙
의 조그만 온돌방에서 미묘하게 긴장된 흥분 속에서 단숨에 완성시"[3]

2) 일본문학보국회 편, 『문예연감』.
3) 김사량 소설집 『빛 속으로』 후기.

켰던 그 상황, 일본에서의 작가 활동의 출발점이 되었던 그 상황에 비해본다면, 2년 후의 이것은 또 얼마나 극심한 인생 유전이었던가. 「빛 속으로」를 "도저히 어쩔 수 없는 기분에 쫓기듯" 써서 완성시켰 다면, '도망치듯' 귀국한 김사량은 이제야말로 다시금, "도저히 어쩔 수 없는 기분"에 채찍질을 당하면서, 작품 활동에 임해야 했던 것이 아닐까. 그러나 그의 '어머니 고향'[4]에서 눈과 귀에 들어오는 모든 것 은 혐오스러운 것뿐이었다. 그렇다고 해서 이것을 작품화하는 것도 불가능했다. 귀국 후 그를 둘러싼 상황의 혹독함이 은밀한 형태로 그 그림자를 드리우고 있었다는 것을 확인해볼 수 있다. 작품 활동뿐만 이 아니라, 귀국한 이해에 김사량에게서 눈에 띄는 행동이라고는 전 혀 찾아볼 수 없는 현상은 바로 이와 같은 사실을 시사하고 있다. 그 도 그럴 것이, 그는 일본에서 문명을 떨친 작가였다. 그런데 일본에 서 예방구금수로 체포되었다가, '군부'의 손을 빌려 석방되었던 것이 다. 더군다나, 야스타카 도쿠조는 그의 이름이 총독부 도쿄 출장소의 블랙 리스트에 올라 있을지도 모른다고 했었다. 그렇다면, 그의 이름 이 총독부의 리스트에 올라 있을 것은 당연한 일이었다. 즉 '어머니 고향'에 돌아와 안착했다고는 하나, 그가 통치 권력의 '요시찰' 인물 이라는 점에는 변함이 없었던 것이다.

한편으로 태평양전쟁은 격화 일로를 걷고 있었다. 그에 따라 조선 문단의 움직임 역시도 복잡성을 더해가고 있었다. 이러한 상황은 그 에게 더욱더 무거운 침묵을 계속하지 않을 수 없게 만들었다. 실제로 당시 조선의 정치 상황 속에는, 상상을 초월할 정도의 심각성이 있었 다. 그 혹독함에 항거라도 하듯이, 침묵 속에서 김사량은 장편 『태백 산맥』의 구상에 들어가 최후의 예술적 · 민족적 저항을 시도할 준비 를 하고 있었다. 그리고 그 혹독함에 항거할 수 없게 되었을 때 그는

---

4) 김달수, 「김사량의 편지」.

심각한 정치적 좌절을 안고 방황하였다. 따라서 김사량의 귀국을 전후한 시기 조선의 정치 상황, 특히 조선 문학계의 움직임에 초점을 맞춰보는 것은 그의 저항의 실체와 좌절의 경과를 정확하게 포착하는 면에서 매우 중요한 의미를 갖고 있는 것으로 생각된다.

김사량이 귀국하기 전 시기에 조선 문학계를 휩쓸고 있었던 뚜렷한 현상 중의 하나는, 조선인 작가들의 종군(從軍) 운동이었다. 잡지 『세르팡(セルパン)』에 게재된 「조선 작가의 메시지」[5]는 이에 관한 주목할 만한 사실을 제공하고 있다. 이 '메시지'는 일찍이 프롤레타리아 시인으로서 일본에서도 「현해탄」 등 혁명적인 시를 발표한 김용제(金龍濟)의 이름으로, 도쿄에서 만들어진 '대륙개척문학간담회'에 보내졌다. 김용제가 말하는 간담회, 정확히는 '대륙개척문예간담회'에 대해서는 히라노 켄(平野謙)이 『소화문학사(昭和文學史)』(筑摩叢書 16)에서 이렇게 설명하고 있다.

농민문학간화회(懇話會)의 결성〔소화 13년 10월: 인용자〕으로 말미암아, 반군반민적(半軍半民的)인 제 단체들이 우후죽순격으로 결성되는 계기가 만들어졌다. 즉 대륙개척문예간화회, 해양문학협회, 경국(經國)문예회, 국방문예연맹, 빛나는 부대, 일본문학자회 등등의 여러 단체가 소화 15년경까지 속속 창립되었던 것이다. 항간에 "버스 시간에 늦지 말라"라든가 '시국 편승' 등의 언어가 범람하기 시작하던 때의 일이다.

'시국 편승'의 의도 아래 급조되었던 간담회에 '메시지'가 보내졌다고 한다면, 그것이 의미하는 바는 분명하다. 말하자면 조선 작가도 버스에 태워달라는 것이었다. 그것을 김용제는 다음과 같은 표현으

---

5) 김용제, 「조선 작가의 메시지(朝鮮作家のメッセジ)」, 『세르팡(セルパン)』, 1939년 5월호.

로 대신했다.

　금일 선명한 과제인 대륙 국책(國策)이 거론되고 있는 중앙 논단과 문단이, 이렇게 왕성한 '내선 일체' 문화 운동의 현실적 중요성이 대륙 국책에 대한 핵심적인 새 과제 중의 하나라는 그 사실을 혹시라도 망각하고 있는 게 아닌가 하는 감을 느낍니다. 저희로서는 일종의 의외(意外)적인 유감까지 실감하고 있습니다. 〔……〕 우리 반도는 만주사변·지나사변 등을 겪고 있는 이즈음, 군사적으로도 정치적으로도 자원적으로도 대륙 기지로서의 중대한 사명을, 현실적으로 계속 담당하고 있습니다만, (우리 반도는: 역자) 실로 사상적으로도, 문화적으로도 대륙 진출 기지인 것입니다. 그것은 무엇보다도 이곳이야말로 동양 신질서 건설을 위한, 세계적으로 살아 있는 교훈을 얻을 수 있는 곳이라고 믿기 때문입니다. 〔……〕 이러한 시기를 맞이하여, 중앙의 귀회(貴會)의 웅웅(雄雄)한 출발을 보며 우리는 내심 선망의 염을 감출 수 없으며 그것은 또한 우리에게 커다란 용기와 정열을 불러일으키는 감격이 되는 것입니다. 〔강조: 인용자〕

　구구하게 이어지고는 있으나, 위에 인용한 글은 말하자면, 대륙 침략에 필수적인 중요 병참 기지인 조선을 뒤켠에 밀어놓지 말아달라는 것이다. 동시에 이곳에서 행해지는 조선 작가의 사상적·문화적 역할도 인식해달라는 것이다. 이것은 바로 대륙 침략이라는 '시국'에 편승시켜 달라는 것이었다. 김용제는 그것을 "이렇게도 왕성한 '내선 일체' 문화 운동의 현실적 중요성이" "대륙 국책에 대한 핵심적인 새 과제 중의 하나라는 그 사실을 혹시라도 망각하고 있는 게 아닌가 하는 유감" 등등의 우회적인 표현으로 강변한 것이었다. 그가 이렇게 강변하는 근거는 어디에 있었던가. 속사정을 밝히면 다음과 같다.

현재 우리 제국의 충량한 일부로서의 조선과 대륙 국책에 관한 새로운 문화 문제에 적극적인 실천 운동을 일으키고 있는 조선 인텔리겐차의 사명은 막중합니다. 과거의 민족주의나 공산주의 등의 미몽에서 획기적으로 깨어난 우리들은 전반도의 곳곳에 팽배한 '내선일체' 애국 운동의 선두에 서서 그 역사적인 위업을 향한 문화적 계몽 운동을 계속하고 있는 중입니다.

김용제가 말하려고 하는 바는 분명하다. "과거의 민족주의나 공산주의 등의 미몽에서 획기적으로 깨어난" 조선 인텔리겐차가 '내선 일체' 애국 운동의 선두에 서 있다는 것이 그 근거이다. 김용제의 이것을, 그 다음해에 씌어진 김사량의 「조선 문화 통신」에 비교해볼 때, 그 상황 인식과 이에 대한 자세가 보여주는 현저한 차이 때문에 놀랄 수밖에 없다. 그 김용제가 말하는바, 애국 운동의 선두에 선 조선 인텔리겐차가 일으키고 있는 문화 계몽 운동이란 무엇이었는가. 그것은 말하자면 '황군 위문 조선 문단 파견대'였다. 그는 이것을 뚜렷한 예로 제시하고 있는 것이다.

조선 문단의 소위 '황군' 위문 파견 작업과 관련하여 주동적인 역할을 한 사람은 인문사의 최재서, 문장사의 이태준, 학예사의 임화였다. 이들 3인의 적극적인 움직임을 계기로 하여, 1939년 3월 14일, 이에 대한 최초의 논의가 조선 문학계에서 시작되었던 것이다. 이날 경성부민관(京城府民館) 회의실에서 박문서관 · 한성도서 · 삼문사(三文社) 등 경성의 주요 출판사 대표 14명, 문인 50명을 합쳐 60여 명이 모여, 이광수의 사회 아래 박영희를 의장으로 뽑고, 논의를 진행했던 것이 그것이다. 회의 결과 아래 9명이 실행 위원으로 임명되었다

이광수 · 김동환 · 박영희 · 이태준 · 임화 · 최재서 · 이관구 · 노성석 (신시대사) · 한규상(한성도서)

이날 조선 문학계가 파견하기로 한 소위 '황군' 위문단원 후보는 다음의 8명이었다.

박영희 · 백철 · 김동인 · 주요한 · 정지용 · 임학수 · 김용제 · 김동환

그리고 후일 정식 위문단원으로 결정된 사람이 박영희 · 김동인 · 임학수 3명이었다. 말하자면 펜 부대의 조선판이었던 것이다.

4월 7일 조선총독부 및 조선군 당국으로부터 정식으로 종군을 허가받은 이 3명은 「이야기적인 보고소설」(김동인), 「성전(聖戰)의 문학적 파악」(박영희), 「성지의 낭만주의」(임학수) 등을 4월 16일자 『국민신보(國民新報)』에 발표하였다. 그리고 4월 12일부터 5월 13일까지 약 1개월간에 걸쳐 북경을 떠나 석가장(石家莊) · 태원(太原) · 임분(臨粉) · 운성(運城) · 안읍(安邑) 등, 소위 북지(北支) 전선 각처를 위문하고 돌아왔다. 귀국 후 그들은 박영희가 「북지(北支) 여행기」(『국민신보』, 6. 4), 「전선 기행」(『동양지광(東洋之光)』, 9~), 임학수가 「펜부대 보고(報告)」(『국민신보』, 5. 21), 『전선시집(戰線詩集)』(박문서관, 7), 「북지 전선을 돌고 나서」(『모던 일본』 조선판, 11) 등을 발표하면서 소위 문화적 계몽 운동에 참가하였다.

김용제의 '메시지'에서 다시 주목해보아야 할 것이 있다. 그는 「최근 조선의 새로운 문학 · 문화 운동의 개략」이라는 글에서 다음과 같은 자료적 보고를 하고 있다. 즉

내선 일체 문화 운동에 적극적인 참가자와 관심 있는 자(중견 이상에 한함)

평론가—김한경(金漢卿: 동양지광사), 인정식(印貞植: 농촌경제연구가), 현영섭(玄永燮: 녹기일본문화연구소원), 김두정(金斗禎: 전선

사상 보국연맹 간사), 백철, 장덕수(張德秀: 경성척식경제전문학교 교수), 유억겸(兪億兼), 김용제(金龍濟)

문학·예술가 — 이광수·박영희·김동환·김기진·백철·김문집·김소운·김용제(이상은 문인. 현재 국어와 조선어 양쪽 방면에서 활동하고 있다), 계정식(桂貞植)·현제명(玄濟明)(이상 음악), 나웅(羅雄: 영화), 안기석(安基錫: 연극), 구본웅(具本雄)·한상건(韓相健)(이상 미술).

중요한 민간 월간지(경성에 본사가 있는 것)

일본어판 — 사상보국(思想報國)·동양지광(東洋之光)·조선공론(朝鮮公論)·녹기(綠旗)·경성대문학(京城大文學)·조선단가(朝鮮短歌)·여류문인(女流文人)·국민신보(國民新報: 주간 대형지)

조선어판 — 문장·조선문학·삼천리문학·청색지·시림·웅계(雄鷄)(이상 문예지)·조광·삼천리·비판·대륙공론·여성·소년·신세기·실화·월간야담·야담·과학조선, 그 외 실업잡지 수종.

위에서 사상보국·동양지광·녹기는 일본 정신과 내선 일체를 표방하는 것이며 그 외에 필자 등에 의해 국어판 문화·문학 잡지『반도평론(半島評論)』의 발간 계획이 진행중. 그리고 현재 국어로 쓴 내선 일체 및 시국 관련 단행본으로서는 현영섭 저,『조선인이 가야 할 길(朝鮮人の進むべき道)』과『신생 조선의 출발(新生朝鮮の出發)』이 있으며 김용제 저,『아세아 시집』이 출판 계획중.『보리와 병대(麥と兵隊)』(히노 아시헤이〔火野葦平〕)가 내지인 번역관(니시무라 신타로〔西村眞太郎〕)의 손으로 번역됨.

김용제가 쓴 이상의 내용은, 의심할 여지도 없이 저널리즘을 포함한 조선 문학계의, 일본 문학계에 대한 예속 상황 보고와 같은 것이었다. 이 위에 그가 소위 '조선 작가의 메시지'를 작성하면서, 대륙개척문예간화회(大陸開拓文藝懇話會)의 조선 지부인 "일종의 항구적이며 밀접한 협력 연락 기관"의 설치를 제안하고, 그에 따라 "대륙 개척의 문학적 임무에 커다란 의의와 역할이 상상 이상으로 부여된다"는 확신을 표현하는 데까지 이른 것을 보면 더 덧붙일 수 있는 말이 없음을 느끼게 된다. 그러나 김용제의 이와 같은 '제안'이 통치 권력의 하수인 역으로 만들어진 '조선문인협회'로 실현되었다가, '일본문예중앙회'의 하청 기관과 비슷한 역할을 맡게 되면서, 태평양전쟁의 격화에 따라 '조선문인보국회'로 개편되면서, 통치 권력에 대한 예속을 심화시켜간 것을 생각한다면, 이것은 결코 간과할 수 없는 일이었음을 알 수 있다.

그런데 김용제의 '메시지'와 더불어 이 지점에서 알아두고 싶은 것은, 이보다 1개월 정도 앞서 장혁주의 수필 「나의 경우──나의 문학수업」[6]이 발표되었다는 점이다. 장혁주가 이 수필에서 "나는 최근 「조선의 지식인에게 호소함」이라는 글을 발표하였는데, 이것의 제1의는 물론 조선 민족 개조에 있다"라고 하면서, 이광수의 '민족 개조론'에 이어지는 발언을 행한 것은 앞에서도 보아온 바와 같다. 그리고 그것이 「조선 작가의 메시지」에 나타난 김용제의 그것과 동일 위상에 있었다는 것도 말할 필요가 없다. 따라서 장혁주가 그 수필 속에서 자신의 작품에 관해 다음과 같이 쓴 것도 그로서는 매우 당연한 귀결이었다.

종래 나의 작품들은 두 개의 방향을 지향하고 있었다. 하나는 민족적 기호에 적합한 것이었으며, 다른 하나는 일반적 기호에 맞는 것이었다. 예를 들면, 「아귀도」나 「쫓기는 사람들(追はれる人人)」「분기자(奮起者)」등은 반도 사람들이나 이를 동정하는 사람들 사이에서 환영

---

6) 장혁주, 「나의 경우──나의 문학수업」.

을 받았다. 그런데 「권이라는 사내(權といふ男)」나 「갈보(ガルボウ)」 등은 내지의 독자나 문학적 교양이 높은 이들은 반대하였으며, 이그조 티즘에 영합하였다고 매도하였다. 이 후자는 나의 기호에 꼭 들어맞는 것인데, 반대자들의 목소리는 나의 심저에 감춰져 있는, 그것에 대한 공명심리가 움직여 나오게 된 것이다. 그러한 경향의 작품 중에서 비교적 나은 것이 「우수 인생(憂愁人生)」과 「쫓기는 사람들」이 아닐까 생각하고 있다.

그러나 나의 문학은 이 일을 통하여 급속하게 진보하였다. 내 마음속에서는 여기서 그만 벗어나고 싶어, 하고 외치는 소리가 들려온다.

그리고 또한 정치적으로도, 아무 이의 없이 통일되어가는 것이 현재의 정세이다. 나는 그것을 인정한다. 〔강조: 인용자〕

장혁주의 변절은 이 지점에서 최정점에 올라 있었던 것이다. 그러나 이 자리에서 거론하고자 하는 것은 이런 것이 아니다. 민족적 입장에서 출발하여 작가 활동에 돌입했을 터인 장혁주, 그리고 프롤레타리아 시인으로 출발한 김용제가 사상적으로 문학적으로 이렇게 훌륭하게 변절을 완성한 것과 거의 같은 시기에 김사량의 「빛 속으로」가 씌어졌다는 점을 이야기하고 싶은 것이다. 이 작품이 그가 대학을 졸업한 해 봄, 경성에서 씌어졌다는 것은 김사량 스스로도 밝힌 바 있다. 경성의 하숙 온돌방에서 그는 이 작품을 "묘하게 긴장된 흥분 속에서 단숨에 완성해냈"던 것이다. 「빛 속으로」가 이즈음 씌어진 것을 과연 우연이라고 할 수 있을까. 우연이라고 하기에는 너무나도 일치하는 점이 많은 것이다. 설령 이것을 우연이라고 한다면, 이때 김사량을 "묘하게 긴장된 흥분" 상태로 이끌어간 것은 무엇이었을까.

김용제는 빼놓고 장혁주만 우선 살펴보기로 하자. 그가 장혁주를 일본의 문학 선배로서 존경하고 있었으며 협력을 아끼지 않았다는 사실은 이미 기술한 바대로이다. 그 장혁주가 변절한 것이다. 김사량의 "묘하게 긴장된 흥분"의 원인을 이 지점에서 찾아본다면 견강부회가 되는 것일까. 소설집 『빛 속으로』의 후기에서 그는 「빛 속으로」와 「천마」에 대해 이렇게 쓰고 있다. 즉 「빛 속으로」는

　　더 어찌할 수 없는 기분에 쫓기듯 쓴 것 중의 하나이나, 「천마」 역시도 내가 썼다기보다는, 오히려 씌어졌다고 하는 편이 낫겠다는 기분이 든다. 이 작품 속에서 나는 주인공과 그것을 뒤쫓는 또 한 사람의 나, 이 삼파전 속에서 피투성이로 격투를 벌인 듯한 느낌이 들었다.

　　소설 「천마」가 실제 인물을 기초로 하여 씌어졌다는 사실은 「조선문화 통신」을 논하는 자리에서 이미 밝힌 바 있다. 김사량은 그 인물을 모델로 하여, "더 어찌할 수 없는 기분으로, 이렇게 가증스러운 주인공을 설치고 다니게 만드는 그 사회를 저주하고, 또 그러한 인물 때문에 조선인 전반을 그렇다고 몰아붙여서는 아니 된다는 것도 암시"하기 위해, 이 작품을 썼던 것이다. 이를 통해서 분명해지는 것은 「빛 속으로」든 「천마」든간에, 그 어느 것이나 작가의 "더 어찌할 수 없는 기분"이 동기가 되어 있다는 점이다. 「천마」가 실제 인물인 "이렇게 가증스러운 주인공"과, 그를 "설치고 다니게 만드는 사회"에 대한 민족적 울분을 동기로 하고 있는 것이라면, 그로 하여금 「빛 속으로」를 쓰게 한 그 "어찌할 수 없는 기분"의 원인 역시도, 당연히 그곳에서 찾아야 마땅할 것이다. 말하자면 김사량은 장혁주의 변절 사실을 눈앞에서 목도하고 충격을 받았으며 격렬한 울분에 휩싸였던 때에 이러한 심리 상태에 내몰렸던 것이다. 왜냐하면 식민지 통치하에 있었던 조선인의 경우 사상적 변절, 즉 전향이 의미하는 바는 다름 아니라 민족에 대한 반역을 의미하는 것이었기 때문이다. 즉 하야시 후사오가 조선의 전향 작가에 대해 논하는 자리에서 "조선의 작가는

176

전향을 해도 돌아갈 조국이 없다"[7]고 한 것은, 이런 의미에서 정곡을 찌른 말이었다. 따라서 조선의 사상 전향과 일본의 사상 전향은 우선 이 점에서 구분되지 않으면 안 된다. 그런데 민족 반역자로 전락한 장혁주에 대하여 민족주의자 김사량이 분노를 느끼지 않았을 리가 없다. 그렇다면, 그 분노가 그로 하여금 즉각적으로 「빛 속으로」를 쓰게 만든 동기가 되었을 것이라는 것도 충분히 상상할 수 있다. 그러나 이 작품은 내용면에서는 장혁주의 전향과 아무 관련이 없다. 이것은 세틀먼트에서 일하는 조선인 대학생 미나미 선생(南先生)과, 조선인 어머니와 일본인(이라 자칭하는 남자) 아버지를 둔 야마다 하루오(山田春雄)라는 비틀린 성격을 지닌 소년과의 우연한 만남을 주축으로 해서, 가난한 이주 동포들의 생활과 감정 세계를 묘사한 것이었다. 사토 하루오가 평한 바와 같이 "민족의 비통한 운명을 풍부하게 짜넣은" 사소설인 것이다. 그러므로 아무리 그 창작 동기에 공통성이 있다고는 하나, 이 점에서는 「천마」와도 다른 것이다. 그러나 사소설 작가의 경우 이런 것이 이상하다고 할 것까지는 없다. 그 현저한 예로서, 시가 나오야(志賀直哉)의 「세이베이와 호리병(淸兵衛と瓢簞)」에서도 유사한 것을 찾아볼 수가 있다. 이 작품을 '쓴 동기'는 시가 나오야의 "소설을 쓰는 일에 심한 불만을 갖고 있었던 아버지에 대한 불복종"(「창작 여담」)에 있었다. 그리고 이 작품의 가치는, 나카무라 미쓰오(中村光夫)의 말과 같이, "세이베이라는, 아마도 짓밟혀버렸음에 틀림없는 천재의 싹이 젊음 그대로 연출해내는 그 순결한 골계(滑稽)를, 고바야시 히데오가 말하는바 '미적인 웃음'으로 고양시킨 작자의 '청정(淸淨)한 동정(同情)'"(「시가 나오야론(志賀直哉論)」)에 있다. 그러나 작품을 '미적인 웃음'으로까지 고양시키기 위한 '청정한 동정'은 작자의 감정 이입 없이는 기대할 수 없다. 즉, "소설을 쓰는

---

7) 최재서, 「조선 문학의 현단계」, 『국민문학』, 1942년 8월호 및 최재서, 『전형기의 조선 문학』, 1943, 인문사.

일에 심한 불만을 품고 있었던 아버지에 대한" 어두운 분노가 타오르고 있지 않으면 안 되는 것이다. 이것은 김사량의 경우에도 잘 들어 맞는 얘기다. 즉 「빛 속으로」에, 사토 하루오가 말한 바 '민족의 비통한 운명'을 짜넣기 위해서는, 바로 지금까지 논해온 바와 같은 동기가 없어서는 안 되었던 것이다. 바꿔 말한다면, 장혁주에 대한 민족 작가적 기대가 배반당한 뒤 분노에 휩싸여 있었을 때, 김사량은 "더 어찌할 수 없는 기분"에 의해 채찍질을 당했던 것이었으며, 때문에 민족 작가로서의 길을 걷겠다는 결심을 한 그것이 그를 "묘하게 긴장된 흥분" 상태로 몰아넣었던 것이다. 장혁주의 전향과 「빛 속으로」의 창작이 우연히도 시기를 같이하고 있는 현상은, 이상과 같은 이유에서 볼 때 결코 우연이 아니었던 것이다. 원래 김사량에게는 「빛 속으로」보다 일찍 나온 「토성랑」이 있었으며 그밖에도 그가 '애착을 갖고 있는' 「기자림」 등, "멸망해가는 것에 대한 애수"를 주제로 한 작품들이 이미 있었다. 그리고 당시 써놓았던 미발표작도 있었을 것이다. 그럼에도 불구하고 그것들을 피하고, 민족 문제를 주제로 삼은 「빛 속으로」를 일부러 최초의 작품으로 발표한 그 지점에서, 그것을 쓴 동기가 강력하게 작용하고 있다는 사실을 확인해볼 수 있는 것이다. 그러나 조선 민족에 대한 장혁주의 변절이 「빛 속으로」의 창작 동기를 제공함과 동시에 민족주의 작가 김사량의 탄생을 재촉하는 결과가 되었다는 것은, 장혁주에게 이 이상의 아이러니는 더 있을 수 없을 것이다.

김사량이 태평양전쟁 직전의 숨막히는 시대를, 「빛 속으로」를 출발점으로 하는 민족적·예술적 저항으로 보내고 있었다는 사실은 앞 내용들을 살펴볼 때 분명하다고 하겠다. 한편, 조선에 있었던 이광수는 무엇을 생각하고 어떻게 행동하고 있었을까. 이광수가 고바야시 히데오에게 쓴 편지는 이 질문에 충분한 해답을 주고 있다. 즉 고바야시로부터 자서전을 쓰라는 권유를 받고 있었던 그는, 거듭되는 독촉에 응하면서 「행자(行者)」⁸⁾라는 글을 『문학계』 편집자인 고바야시에게 보냈다. 이 글에는 이광수의 근황이 아래와 같이 그려져 있다.

조선인이 일본인이 되기 위해서는, 진짜 일본인이 되기 위해서는 우선 종래의 조선적인 마음을 뿌리째 뽑아버려야 하겠지요.

우리는 요즈음 목욕재계 의식을 배웠습니다. "가도(科戶)의 바람이 하늘의 구름들을 흩날려버리듯, 아침 안개 저녁 안개 아침 바람 저녁 바람이 불듯이" 종래의 조선적인 기분을 모두 뿌리뽑아버려야 하겠습니다. 그리고 최후에 남은 민족 의식의 잔재를 "오오쓰(大津)에 있는 대선(大船)의 고물과 이물을 풀어 대해원(大海原)으로 밀어내듯이" 밀어내야 하겠습니다. [……] 그 대해원으로 흘러들어간 조선적 잔재와 습관을 "아라시오(荒鹽)의 시오(鹽)의 야호지(八百道)의 야시오지(八鹽道)의 시오(鹽)의 야호아이(八百會)에 계시는 하야아키쓰히메(速開都比呼)"께서 '꿀꺽꿀꺽 드시게' 해야 하겠습니다. 그렇게 하여 조선의 "사방에 오늘부터 모든 죄가 완전히 소멸되는 순간이 최초로 올 때"까지 씻어버려야 하겠습니다.

그리고 동심(童心)과 같이, 본마음같이 되어, 몸과 마음 모두를 천황께 올려야 하겠습니다. 2천 3백만 그 자손들이 이렇게 완전히 일본인이 되어야 하겠습니다. 그렇게 하여 대동아 공영권과 팔굉일우(八紘一宇) 대(大) 이상의 실현에 익찬(翼贊)하게 된다면, 이보다 더 좋은 일이 어디에 있을 수 있겠습니까.

그러므로 조선인이 일본인이 된다고 해서 비탄할 것은 아무것도 없겠습니다. 조선인의 입장에서 볼 때 극히 경사스러운 일입니다. 진짜 일본인이 되었으면 하고 모두들 생각하고 있습니다.

---

8) 가야마 미쓰로(이광수), 「행자」, 『문학계(文學界)』, 1941년 3월호.

이곳에는 이미 작가 정신을 완벽하게 상실해버린, 광신적인 지경에 이를 정도로 '일본 정신'에 망집해버린 이광수의, 늙고 추악한 모습밖에는 아무것도 없다. 여기에 덧붙일 말이 필요할까. 이광수의 예에서도 볼 수 있는 것처럼, 이 시기에 이르러, '시국 편승' 행세를 노골적으로 보여주는 작가들의 실태에는 눈을 의심케 하는 데가 있었다. 그들은 다른 이를 밀어젖히기까지 하면서, "버스 시간에 늦지 않겠다"고 아우성치는 것이다. 김사량의 귀국 즈음에 '조선 문학의 장래'[9]라는 제목으로 행해졌던 유진오와 장혁주의 발언은 그 방면에서 가장 대표적인 것이라 하겠다.

장(張) 우리는 저곳[일본: 인용자]에서 국어로 작품을 쓰고 있지만, 금후 조선에서 『국민문학』이라는 잡지가 나오면, 조선인 작가도 국어로 쓰게 되겠지. 그렇게 된다면, 그 작가들이 쓰는 것과 우리가 쓰는 것이 다소 구별되어야 할 필요가 있지 않겠는가 하는 생각이 들어. 물론 본질적인 면은 동일하지만. 저쪽에서 쓰고 있는 이들이 여기에서 쓰고 있는 이들과 같은 목표를 갖고 쓴다면 동일해지겠지만, 저쪽 문단에 발표하려는 그러한 목표를 갖고 쓴다면, 역시 조선의 전통이라는 것의 강한 영향을 의식적으로든 무의식적으로든 받게 되는 게 아닐까. 그렇다면 직접 내지 문학 위에 서려고 하는 우리들의 작품과는 다소 차이가 있게 되는 게 아닐까. 나는 그런 기분이 드네.

말하자면 이 발언은 김사량의 귀국에 맞춰 공격을 가하는 것과 비슷했다. 이 발언 속에 제시되어 있는, 식민지 작가 장혁주의 철저한 타락에 대해 이러쿵저러쿵 거론하는 것은 더 이상 의미가 없다. 그 이상으로 중요한 것은 장혁주이건, 이광수이건간에, 이들의 행동이

---

9) 유진오 · 장혁주 대담, 「조선 문학의 장래」, 『문예』, 1942년 2월호.

조선 문학뿐만 아니라 조선 민족 자체의 장래와 관련된 것으로서 공
공연하게 통용되기에 이르렀다는 그 사실이다. 태평양전쟁은 조선의
상황을 이렇게 거대한 규모로 전환시키고 있었던 것이다. 임화는 다
음과 같이 말한다.

　　태평양전쟁은 모든 영역에서 조선 민족의 생활을 그 뿌리부터 뒤집
어놓고 말았다. 봉건적 지주층과 대부분의 자본가들은 앞을 다투어 일
본 제국주의의 주구가 되고 민중은 죽음과 기아의 나락으로 빠져들어
갔다.
　　조선 민족의 생사(生死)의 시기는 이미 도래했다. 그리고 문학 방면
에도 철퇴가 내려지면서 조선어 사용의 금지와 그 내용의 일본화를 통
해서만, 조선의 문학 생활은 존재가 가능하게 되었다. 잘 알려져 있는
바와 같이 일부 문인들은 이 길을 선택하였으며, 이 길만이 조선 문학
을 살릴 수 있는 길이라고 단정해버렸다.
　　조선인을 일본 제국주의의 노예로 만들려는 운동의 일환으로 창간
된 『국민문학』, 이것이 태평양전쟁 개시기로부터 1945년 8월 15일에
이르는 기간 동안 조선을 지배한 유일한 문학이었다. 그리하여 종래는
민족적인가 계급적인가, 혹은 진보적인가 반동적인가 하는 식으로 생
각되었던 문제들이, 이 시기에 이르러서는 민족적인가 비민족적인가,
혹은 친일적인가 반일적인가 하는 형식으로 제기되기에 이른 것이다.
따라서 친일 문학은 존재할 수 있었으며 반일 문학은 존재하는 것이
불가능하였다.[10]

임화가 말한 상황의 전환이 문학계에 몰고온 것은 잡지　신문 등

---

10) 임화, 「조선 민족 문학 건설의 기본 과제」, 『민주조선』, 1947년 12월호, 조선문화
　　사. 원래 이 평론은 1946년 2월 8일~9일에 걸쳐, 경성에서 개최되었던 제1회 조
　　선문학자 대회에서 임화가 발표한 일반 보고 내용이다.

의 통폐합과 뒤를 이은 어용 기관지들의 발간이었다. 이렇게 하여 어용 문예지 『국민문학』이 발간되었다. 이 조선 문단 혁신이라는 명분 아래 『국민문학』이 나오게 된 경위는 다나카 히데미쓰의 『취한 배』를 참조할 필요가 있다. 이 소설 속에 최건영(崔健榮)이라는 이름으로 등장하는 평론가 최재서의 설명은 매우 상세한 데가 있다. 즉

만주사변 발발이나 지나사변 발발에도 그렇게 충격을 받지 않았던 조선 문단이 소화 15년 6월 15일, 파리 함락 소식을 접하고 나서 처음으로 경악하고 반성의 기색을 보여주었다는 것은 한편 부끄러운 일이긴 하나, 또 한편으로 조선 문학의 특수성을 입증하는 뚜렷한 증거가 아닐까. 파리 함락은 소위 근대의 종언을 의미하는 것으로서, 최근 구라파 문학의 유행을 추종해온 조선 문학은 처음으로 새로운 사태에 눈을 뜨게 되었다고 해야겠다. 특히 모더니즘 경향을 추종해온 시인들은 심각한 반성의 기회를 제공받았으며,(1) 비평가들 역시도 새로운 모색에 나서기 시작했던 것이다.

이 시기에는 이미 문단 혁신 운동이 일부에서 제기되고 있었으나 당국의 편달과 문인협회의 궐기에 의해 문단 내부가 점차 시끄러워지고 있었다.(2) 이렇게 하여 이해가 저물 무렵에는 문단의 신체제 운동과 상응하여 조선 문학 전환론이 신문 잡지를 뒤흔들어놓게 되었다. 문화주의의 청산과 국가주의로의 전환이 그 양대 목표였다.(3) 이런 상태가 다음해 3월경까지도 계속되었던 게 아닌가 싶다. 〔……〕

4월에 들어서자 조선 문단은 새로운 문제에 직면하지 않을 수 없었다. 그것은 언문(諺文) 문예 잡지 통합의 문제이다. 동아·조선 양 일간지가 없어진 후, 조선 문학은 유력한 지지자를 잃고, 겨우 수종 남은 언문 문예지, 그 중에서도 이태준이 하고 있었던 『문장』과 필자가 편집하고 있었던 『인문평론』에 의지하지 않으면 안 되었다. 이 두 문예 잡지가 여지없이 통합되고 말았던 것이다. 주동은 경무(警務) 당국으

로서 당면의 이유는 말할 필요도 없이 용지 절약이었는데, 당국으로서 는 이때 잡지 통제를 통해 한꺼번에 조선 문단의 혁신 문제를 해결하고 싶다 는 의도를 갖고 있었을 것이라는 점을 쉽게 추측할 수 있다. 그 결과 탄생한 것이 금일의『국민문학』이다.〔강조: 인용자〕

    (1) 김기림,「조선 문학에 대한 반성」,『인문평론』, 소화 15년 10월호.
    (2) 이 시대의 문단 분위기는 마키 히로시의 작품「고요한 폭풍(靜かな嵐」 (『국민문학』, 창간호) 중의 일단에서 볼 수 있다.
    (3) 최재서,「전환기의 문화 이론」,『인문평론』, 소화 16년 2월호 및「문학 정신의 전환」, 같은 책, 4월호.[11]

위에 인용한 내용 속에서 최재서는, 어디까지나『문장』및『인문평 론』양지가 통합되었기 때문에『국민문학』이 발간되었다는 식으로 쓰고 있다. 그러나 이것은 표면상의 이유에 불과했다. 실제로는『문 장』지가 폐간되고『인문평론』지가『국민문학』으로 옷을 갈아입은 데 불과했다. 잡지『국민문학』이 최재서를 편집 발행인으로 하여 1941년 10월부터 1945년 3월까지 통권 40권을,『인문평론』발행처였던 인문 사에서 발간하고 있었던 사실은 그것을 정확하게 입증하고 있다. 이 렇게 하여 새로 등장한『국민문학』은 이미 밝혀진 바와 같이 총독부 의 의향을 강하게 반영하게 되었다.

이에 관한 사항은,『국민문학』의 성격에 대해 기술한 최재서의 다 음 글이 잘 보여주고 있다.

    그런데 수차례에 걸친 절충의 결과, 당국과 협의된『국민문학』의 편 집 요강은 다음과 같았다.

    1) 국체 관념의 명징(明徵): 국체에 위배되는 민족주의적 · 사회주

---

11) 최재서,「조선 문학의 현단계」.

의적 경향을 배격함은 물론, 국체 관념을 불명징하게 하는 개인주의적·자유주의적 경향을 절대 배제한다.

2) 국민 의식의 앙양: 조선 문화인 전체가 항상 국민 의식을 갖고 사물을 생각하며 또 글을 쓰도록 유도한다. 특히 고양된 국민적 열정을 글의 주제로 삼도록 유의한다.

3) 국민 사기의 진흥: 신체제하의 국민 생활에 상응하지 않는 비애·우울·회의·반항·음탕 등 퇴폐적 기분을 일소할 것.

4) 국책에 대한 협력: 종래의 불철저한 태도를 버리고 적극적으로 시간(時艱) 극복에 헌신한다. 특히 당국이 수립하는 문화 정책을 전면적으로 지지·협력하며, 그것이 개개의 작품을 통하여 구체화되도록 힘쓴다.

5) 지도적 문화 이론의 수립: 변혁기를 맞이하게 되는 문화계에 지도적 원리가 될 만한 문화 이론을 하루 속히 수립할 것.

6) 내선(內鮮) 문화의 종합: 내선 일체의 실질적 내용이 될 내선 문화의 종합과 신문화의 창조를 향하여 모든 지능을 동원한다.

7) 국민 문화의 건설: 총괄적으로 웅혼(雄渾)·명랑·활달한 국민 문화의 건설을 최후의 목표로 삼는다.[12]

최재서가 말하는 '조선 문단의 혁신'이란, 이러한 실체를 지니고 있었다. 이 '혁신'에 의해, 조선에서 가장 유력한 조선어 문예지였던 『문장』이 1941년 4월을 끝으로 그 막을 내리고, 기타 조선어 문예지들도 모조리 모습을 감추게 되었다. 즉 이와 같은 문예지들을 내리눌러 폐간으로 내몰고, 이를 통해 조선어로 작품을 쓰고 있었던 작가들의 발표 지면을 박탈해버리는 작업으로부터 소위 조선 문학계에 대한 '혁신'이 시작되었던 것이다. 『국민문학』 역시도 처음에는 수회에

---

12) 최재서, 같은 글.

걸쳐 조선어판과 일본어판을 내는 월간지가 될 예정이었다. 그러나 조선어판은 겨우 2회를 내는 데 그쳤다. 창간 다음해 5·6월 합병호부터는 다음과 같은 이유 아래 어이없을 정도로 간단하게 조선어판이 그 모습을 감춰버리고 말았다.

주지하는 바와 같이, 『국민문학』은 연 4회 국어판, 8회 언문판이라는 새로운 방식으로 당시의 정세에 대처해온 것인데, 그러나 그것은 과도기적 체제에 불과하며, 모든 면(面)을 국어로 편집한다는 것은 당초부터 예상되어온 바였다. 그 시기를 결정한 것은 징병제 실시 준비에 수반된 당국 및 총력연맹(總力聯盟)의 국어 보급 운동이다. 지식 계급을 상대로 하는 잡지이며, 나아가 지식 계급은 국어를 이해한다고 하는 점과 관련하여 이 잡지는 타(他)에 우선하여 용어 문제를 해결해야 할 사명을 띠고 있었던 것이다. 이렇게 하여 『국민문학』은 5·6월 합병호부터 전면 국어 잡지로 재출발하게 되었다.[13]

이 글이 보여주고 있는 바와 같이, 『국민문학』의 조선어판은 처음부터 장식용이었다. 곧바로 자취를 감추게 될 운명이었다. 뿐만이 아니었다. 조선어 자체가, 『국민문학』 5·6월 합병호의 편집 후기에서 최재서가 말한 바와 같이, 최근의 조선문화인에게 있어서는 문화 유산이라기보다 오히려 고통의 씨앗이 되었다, 고 규탄받는 대상이 되었던 것이다. 더욱이 최재서는 이 고통의 외피(外皮)를 찢어내지 않는 한 문화적 창조력은 정신의 수인(囚人)이 되는 수밖에 없다고 계속하였다. 그리고 이러한 발언이, 실제로 1942년에 공포된 조선인 청장년에 대한 징병제의 실시, 그리고 이것과 표리의 관계에 있었딘 총독부의 일본어 보급 운동, 즉 '반도황국신민화'에 최후의 박차를 가

---

13) 최재서, 「국어 잡지로의 전환」, 『국민문학』, 1942년 5·6월 합병호.

하기 위한, 시류에 동조하기 위한 것이었다는 점은 더 말할 필요도 없다. 그 중에서도 특히 "『국민문학』 국어지로서 재출발"이라는 제목을 내건 경성일보(1942년 5월 26일)의 다음과 같은 기사는 위에 밝힌 사실들을 간결하게 입증하고 있다.

　작년 가을 언문 문예지를 통합한 이후, 조선 문단의 혁신을 목표로 탄생한 『국민문학』은 〔……〕 이미 징병제 실시가 약조된 금일 〔……〕 오는 5·6월 합병호부터 순수한 국어 잡지로 재출발하게 되었다.

　김사량은 이렇게 소란한 상황 속으로 귀국했던 것이다. 귀국 후에도 이 상황이 오직 긴장만을 더해가고 있을 뿐이었다는 사실은 말할 필요도 없다. 이해 10월 1일에는 조선어 사용 금지와 맞물려 조선어학회에 대한 대대적인 탄압이 있었다. 이윤재, 이극로, 최현배, 김윤경, 이병기, 정열모 등 수십 명에 달하는 조선어학자가 치안유지법 위반이라는 명목으로 검거되었다. 후에 '조선어학회 사건'이라 불리게 된 그것이었다. 원래 조선어학회는 정치 단체도 혁명 조직도 아니었다. 그러나 통치 권력에게 있어서는, 거의 대부분이 민족주의자였던 이 회의 구성원들이 '황민화 정책'의 중요한 일환인 일본어 보급 운동에 비협조적일 뿐만 아니라, 조선어 대사전의 편찬에 몰두하여 곧 완성 단계에 들어선 것이 참을 수 없었던 것이다.
　이 밖에도 11월에는 '대동아 문학자 대회'가 도쿄에서 개최되었다. 조선으로부터 가야마 미쓰로(이광수), 유진오, 요시무라 고오도(芳村香道: 박영희), 가라시마 교, 쓰다 다카시(津田剛) 등 5명이 소위 문단 대표로 참가하였는데, 이에 관한 사항들은 오자키 호쓰키(尾崎秀樹)의 「대동아 문학자 대회에 대하여」[14]에 자세하게 나와 있다.

---

14) 『문학』, 1961년 5월호 및 『근대 문학의 상흔(近代文學の傷痕)』, 경초서방(勁草書房).

186

지금까지, 김사량의 귀국을 전후한 조선의 정치 상황을 문학과 관련하여 상세하게 고찰해보았다. 그 이유는 우선, 귀국한 김사량이 1년 가깝게 작품 활동을 하지 않았던 그 사정을 이러한 상황으로부터 도출해내고 싶었기 때문이다. 동시에 그 제2기의 작품 활동이 얼마나 곤란한 조건 아래에서 행해졌는가를 이 지점에서 다시 한번 확인해두기 위해서였다. 지금까지 보아온 정치적 상황은 민족주의자인 김사량에게 있어서는 그 이전보다도 더 혹독했다. 집필 금지 처분[15]이라는 사정이 있었던 것과 관련하여, 그는 일본에서 돌아온 이후 침묵을 고수하고 있었다. 그러나 이것은 고향에 도착한 김사량이 느긋하게 시국의 추이를 지켜보고 있었다는 사실을 의미하는 것은 아니다. 사실은 전혀 그 반대였다. 표면적인 침묵과는 달리 나름대로 가능한 활동은 계속하고 있었다. 그것이 장편 소설 『태백산맥』의 집필이었다는 것은 이미 거론한 바대로다. 그러나 그는 이 작품을 쓰는 도중 가끔씩 경성에 나들이를 한 적이 있었다. 그 사실은, 예를 들면, 노리다케 미쓰오(則武三雄)의 다음과 같은 글을 통해서도 알 수가 있다. 이 노리다케는 『취한 배』에 "총독부 경무국 보안과, 방공연맹(防共聯盟)이라는 기묘한 단체의 촉탁"으로 기술되어 있다. 다나카 히데미쓰와는 친한 친구 중의 하나였다. 그 노리다케는 이렇게 쓰고 있다.

　　도쿄에서 대동아문학자 회의가 있었는데 귀로중에 중국 대표가 구사노 신페이(草野心平)와 함께 경성에 들렀다. 〔……〕

---

15) 나카조노 에이스케는 그의 장편 『밤이여, 심벌즈를 울려라(夜よ、シンバルをうち鳴らせ)』 속에서 등장 인물들로 하여금 이렇게 말하게 하고 있다.
　　"수필? 지금 아무것도 쓰고 있지 않아요." 〔　　〕
　　"나는 김(사량)상이 집필 금지 처분을 받았다는 소문을 들은 적이 있어. 그래서 안 쓰는 게 아니겠어요?"
　　"이젠 그렇지 않아요. 우리 신문에 소설도 쓰고 있지. 또 이번엔 보도반원으로 목숨 거는 일까지 한다죠."

그즈음 다나카의 산서전선(山西戰線) 전우였던 가지니시 사다오(梶西貞雄)가 귀환했다. 중위 복장이었는데, 야나기 무네요시(柳宗悅)가 찬탄한 바 있는 동대문으로 안내했다. 가지니시 외에도 창작 활동을 하고 있는 또 한 친구가 들렀는데, 「빛 속으로」를 써서 도쿄에서 인정받았다는, 늑대 같은 인상의 김사량도 돌아와 셋이서 종로를 걸었다.[16]

노리다케의 말에 의하면, 김사량은 다나카 히데미쓰와 상당히 친한 사이로 경성에서 가끔씩 만났으며 밤을 새워 술을 마시곤 했다고 한다. 다나카가 이에 관해 쓴 기록이 전혀 보이지 않는 점이 안타깝기만 할 뿐이다.

그런데 이미 말한 바와 같이, 귀국 후 김사량이 작품 활동을 시작한 것은 1943년에 들어선 뒤부터의 일이었다. 이해에 발표된 것이 그간 조금씩 언급한 바 있는 『태백산맥』 외에 르포 「해군행(海軍行)」, 수필 「날파람」, 그리고 장편 소설 『바다에의 노래』였다. 말하자면 다나카 히데미쓰가 "김사량도 조선의 저널리즘계에서 활약하고 있다"[17]라 말한 바 있는, 그 '활약'을 시작한 것이다.

이 중 『태백산맥』은 이해 2월부터 10월에 걸쳐 『국민문학』에 연재된 역사 소설이었다. 김사량은 이 작품 이전에도 「물오리섬」이라는 단편을 『국민문학』에 발표한 적이 있었다. 김사량이 귀국하기 직전, 즉 1941년 1월호에 발표한 이 작품은 그가 일본에 있을 무렵에 쓴 것이다. 그리고 『태백산맥』과 「물오리섬」은 둘 다 통치 권력의 어용 문예지 『국민문학』에 게재되었다는 사실을 빼고 본다면, 내용면에서는

---

16) 노리다케 미쓰오, 「조선 시절의 히데미쓰(朝鮮時代の英光)」, 『다나카 히데미쓰 전집』 제2권, 월보(月報) 4, 『지하실 이후(地下室以後)』, 방하서점(芳賀書店).

17) 다나카 히데미쓰, 「조선의 작가(朝鮮の作家)」, 「대동아공영권 문학통신(大東亞共榮圈文學通信)」, 『신조(新潮)』, 1943년 2월호.

결코 김달수가 생각한 바와 같이 더러움에 물든 작품이 아니었다. 바꿔 말한다면, 이 작품들은 반대로 그 위장 협력이라는 사실을 겉으로 공공연하게 드러냈다는 그 점 때문에, 통치 권력에 대한 김사량의 굴종을 확인해볼 수 있는 자료로서의 가치가 적은 것이다. 그 중에서도 특히 『태백산맥』은, 김사량이 「조선 문화 통신」에서 말한 바와 같이, 조선 민족의 미래에 대한 그의 「전망」, 즉 조선의 실상을 역사적 사실에 가탁하여 작품화하였다는 점에서 오히려 의미 깊은 데가 있다.

잡지 『국민문학』에 1943년(소화 18년) 2월부터 10월에 걸쳐서 연재된 김사량의 소설 『태백산맥』은, 입수할 수 있었던 일부 내용으로 미뤄볼 때, 약 600매가 넘었을 것으로 추정되는 장편이다. 한국 평론가 임종국의 「김사량론」[18]에 나와 있는 『태백산맥』 내용 요약에 의하면, 그것은 대략 다음과 같다.

『태백산맥』에서 다뤄지고 있는 시대는 구한말 격동기. 동란으로 얼룩진 이 현실을 피해 화전민화(化)한 일군의 무리가 험준한 태백산맥의 봉우리들을 배경으로 펼치는 대 로망이 이 소설의 기본축이 되어 있다. 여기서는 생의 권태를 일체 모르는 의지와, 젊은이들의 정의감, 격동의 시대적 분위기에 어울리는 화적떼들의 난무와 더불어 사교도(邪敎徒)들의 음모, 대자연의 위세 등등의 것이 젊은이들의 청신한 사랑과 뒤섞이면서 힘차게 묘사되고 있다. 더욱이 그 근저에 맥박쳐 흐르는 김사량의 민족 의식, 향토에 대한 끝없는 애정 등을 느끼지 않을 수 없는 것이, 이 장편의 특질이다.

---

18) 임종국, 「김사량론」, 『친일문학론』, 서울: 평화출판사, 1966. 여기서 말하는 '친일'이란 일본의 식민지 통치하에 있었던 조선 문인들의 친일을 뜻하는 것인데, 이 책은 그것에 대한 본격적 논의보다는 자료적 정리에 주력하고 있다.

김사량은 이 작품의 서두에서 작품에 묘사되어 있는 시대적 배경, 즉 임종국이 말한 바 '조선조 말엽의 격동기'를, 아래와 같이 극히 상징적인 방식으로 서술하고 있다.

장백산맥을 넘어 개마고원을 질주해온 시베리아 바람은 어느덧 황해의 파도에 휩쓸려 침몰해갔다. 새로 일본해(日本海)로부터 불어오는 후텁지근한 바람이 금강산 1만 2천 봉을 배회하다가 그 여파가 태백산맥에 쌓여 있던 작년의 눈을 녹이면서 찾아온 춘삼월, 당시는 지금으로부터 약 60년 전, 이 땅에 아직 여명(黎明)이 찾아오지 않았던 비풍애우(悲風哀雨)의 시대였다.

이 소설이 발표된 1943년으로부터 거슬러올라가 '지금으로부터 약 60년 전'이 되는, 즉 1884년을 전후한 시기, 이것이 『태백산맥』의 배경이 되는 시대이다. 역사서를 펼쳐볼 필요도 없이, 이즈음의 조선은 '격동기'라는 이름이 어울리는 시대였다. 19세기 후반 활발하게 아시아 진출을 시도했던 미국 · 이탈리아 · 영국 · 프랑스 · 독일 · 러시아 등의 구미 열강은 조선에 대해서도 개국을 강요하였다. 이와 더불어 청국 · 일본 등에 의한 내정 간섭 역시도 한층 더 강화되었다. 이러한 외세 간섭에 대응하여, 국내에서 양이론(攘夷論)의 목소리가 높아졌던 것은 두말할 나위도 없다. 게다가 수백 년 동안 쇄국 정책을 고집해온 봉건 조선 왕조의 지배 계급은 내정 개혁에도 매우 태만했다. 그 결과 임오군란(1881) · 갑신정변(1884) · 갑오농민전쟁(1894) 등이 연속적으로 일어나면서 국정이 매우 소란해졌던 것이다. 청일전쟁 발발 역시도 '동학난'이라 불리는 갑오농민전쟁과 같은 해에 일어났던 일이다.

이렇게 격동하는 시대에, 특히 '갑신정변'이라 불리는 정치 개혁 운동——쿠데타가 직접적 배경으로 제시되면서, 무대는 이 정변이 끝

190

난 뒤 두 해째가 되는 봄, 태백산맥 속에 위치한 어느 마을, 배나무골
(梨木洞).

　이것이 이 소설에 설정된 주요 무대였다. 이 배나무골은 다음과 같
이 묘사되어 있다.

　　그러나 위협하듯 서로 맞닿아 있는 계곡 속의 어두운 그림자. 새집
　처럼 자그맣고 황폐한 초가집들, 자갈투성이의 검은 밭뙈기들, 그것들
　은 이 각박한 토지의 삶이 얼마나 비참한가를 말해주고 있다. 부락들
　이 용케 이곳저곳을 찾아 생겨난 것일 게다. 이 산맥 속에 있는 부락이
　모두 그렇듯 이 부락 역시도 옛날과 다름없이 이름이 없었다. 아니 이
　름을 소유할 정도에도 이르지 못했다. 이야기 진행의 필요상, 작자는
　이 부락의 이름을 배나무골이라 부르기로 한다. 부락 입구에 커다란
　야생 배나무가 한 그루 가지를 뻗고 있는 것을 빌려……

언제인지는 모르나 태백산맥의 이름도 없는 골짜기에 생겨난 부
락. 김사량에 의해 배나무골이라 명명된 그곳이 이야기의 발단지였
다. 이곳에 이주해 살게 된 '총 16호, 73명.' 그들은 언제부터 이곳에
집단을 이루고 살게 되었을까.

　　산과 강과 숲은 태곳적부터 이곳을 골라 생명을 뻗으며 살져왔으
　나, 이 부락은 언제나 커질 줄을 모른다. 가렴주구와 천재지변에 쫓겨
　온 빈민들인 이 부락 사람들이 정착을 포기하고 깊디깊은 곳으로 옮겨
　들 다니기 때문이다.

　배나무골에 몰려사는 이들은 누구나 봉건 조선 왕조의 압정에서
소외된 이들이며 천재지변을 입은 난민들이었다. 이들이 태백산맥에
깊이 숨어들어 "정착을 포기하고 깊디깊은 곳으로 옮겨들 다니"지 않

을 수 없는 사정에 대해 작가는 이렇게 쓰고 있다.

이 태백산맥 속에 숨어사는 이의 부락은 그 수가 어느 정도나 될까. 이들의 초막들도 주인이 수시로 바뀐다. 그들 방랑하는 민(民)들의 임시 거처에 불과했다. 산간에 숨어들면 화전민이 되기 때문에, 유랑과 화전 경작 이것은 이제 도저히 더 어찌해볼 도리가 없는, 이미 굳어져버린 그들의 숙명이었다. 산속에 들어가, 베어낸 나뭇가지와 잎이 마르기를 기다려 불을 놓는다. 숲은 바람을 타고 불을 토해내며, 거목은 절규하듯 불기 둥이 되어 쓰러진다. 이렇게 잔해들이 대지를 어지럽히다가, 결국 천 고(千古)에 쇳조각 하나 허용하지 않았던 밀림도 하루아침에 재(灰) 바다가 되어버린다. 거기에 밭을 일구고 나무를 태워서 경작하는 원시 적인 약탈 농법. 그러나 남은 재나 나무 뿌리들도 4, 5년이면 모두 남김 없이 태워 없어진다. 보통 3년이면 재 비료의 효능이 다하기 때문에, 그들은 다시 새 경지를 얻기 위해 여행길에 나서지 않으면 안 된다. 〔강조: 인용자〕

화전민, 이것이 배나무골에 사는 난민들의 모습이었다.

앞의 인용 속에서 김사량은 우선, '유랑과 화전 경작' 그것이 봉건 조선 왕조의 "가렴주구와 천재지변에 쫓겨온 빈민들," 즉 화전민들에 게는 더 어찌해볼 도리가 없는 숙명이라는 점을 분명히 하고 있다. 어쩔 수 없는 일이라고는 하나, 화전민의 '원시적인 약탈 농법'이 결 코 그들의 삶을 안정시키는 것이 아니라, 결과적으로는 그들을 '유 랑'으로 다시 내모는 악순환의 근원이 된다는 것을 위의 설명이 알게 해준다. 이러한 화전민을 가리켜 김사량은 "백성이 경작을 하여 자연 의 혜택 아래 생계를 이어가는 자라고 한다면, 그들은 백성이 아니 라, 하늘에 활을 당기고, 땅에 칼날을 박는 반역의 무리에 다름없었다"〔강조: 인용자〕라고 규정하는 것이다. 그럼에도 불구하고 김사량이 이들, 소위 "하늘에 활을 당기고, 땅에 칼날을 박는 반역의 무리"들을 『태백산맥』의 중요 인물들로 등장시키고 있는 것은 주목할 만하다. 즉 이들 '반역의 무리'들이야말로 봉건 조선 왕조의 최하층 서민이면서 현실 사회로부터 수용을 거부당한 반역자들에 다름아니기 때문이다. 그러나 이에 관한 내용은 기회를 다시 잡아 언급하기로 하고 길을 서두르기로 하자. 이와 같은 화전민 가운데에서 그 "과거를 알 수 있는 자는 배나무골에는 단 한 명도 없다. 윤선생, 이 부락민들이 존대하는 유일한 명칭"인 윤천일(尹天一). 그가 소설 『태백산맥』의 중심 인물 중의 하나였다. 김사량은 화전민 통솔자라는 자격에 어울리는 분위기를 연출하면서 이 인물을 등장시킨다.

오늘도 어깨에 화살통을 메고 손에 활을 든 사내가 불타버린 검은 고목이 즐비한 계곡의 능선을 혼자서 조용히 건너가고 있다. 보기에도 강건해 보이는 오십 줄의 사내, 거무튀튀한 얼굴에 크고 흰 눈이 깊은 안구 속에서 빛을 발하고 있었으며, 꽉 다문 입가에 굳은 의지가 넘쳐 흐르고 있었다. 허리춤에는 사냥한 산비둘기와 꿩 두세 마리, 그리고 토끼 한 마리가 매달려 있었다. 나아가는 발 밑에서 눈밭이 사각사각 소리를 냈다. 부딪히는 잔가지들이 부시럭거리며 꺾여나갔다. 반쯤 탄 소나무 밑둥과 화전밭 가장자리를 지나 절벽 위에 모습을 드러낸 그는 무심히 서서 뻣뻣해진 수염을 쓰다듬으며 깔보듯 거만한 자세로 사방을 둘러보았다. 오후에 접어들긴 했지만 아직 해는 높이 떠 있었다. 반설(半雪)을 안은 무리진 태백산맥의 봉우리들이 밭을 둘러싸고 전후좌우로부터 파도처럼 밀려오는 것 같았다. 검은 숲은 산기슭을 메운 채 천길 깊이 속에서 아우성치고 있었으며, 발 아래로 몰아치는 계곡물은 튕겨올라 하얀 포말을 뿌리고 있었다. 안개 위로 몰아쳐오는 바람은 칼로 에이듯 살을 파고들어온다. 계곡물과 숲을 건너 동쪽을 향하던 그의 눈은 갑자기 조각처럼 얼어붙었다. 눈이 휘날리는 산들 위로 한 줄기 흰 연기가 춤추듯 피어오르고 있다. 이것을 확인한 그의 눈은 형언키 어려운 분노와 슬픔으로 경련하였다. 사자와 같은 그의 커다란 코밑으로 격심한 고통에 싸인 거친 숨이 뿜어져나왔다.

이 묘사 속에서 윤천일이라는 인물의 과거가 뚜렷하게 드러나고 있다는 점을 쉽게 느낄 수 있을 것이다. "그 모습이야말로 일찍이 군(軍)에서 용맹과 무술로 이름을 널리 떨쳤던 전 육군 중교(中敎) 윤천일의 변모된 모습"이었다. 작품은 이렇게 첫머리에서 그 시대적 배경과 이야기의 무대를 제시한 뒤, 중요한 역할을 맡은 등장 인물의 묘사에 들어간다. 김사량이 주요 인물 중의 한 사람으로 묘출해낸 전 육군 중교 윤천일이란 어떤 인물일까. 김사량의 서술을 조금 더 뒤쫓아가보기로 한다.

소위 우정국(郵政局) 낙성연 습격 사건을 계기로 하여 혁신 정치를 기도한 급진당에 가입하였으며, 그 당시 청나라의 꼭두각시로서 암흑 정치를 펴고 있었던 사대당 일파 제거 작업에 동참하면서 광분한 사자와 같이 용맹을 떨쳤던 사내다. 그러나 그것이 겨우 3일 만에 붕괴되고 쫓기는 몸이 되자, 사선을 넘어 이 준령 지대로 피신한 이래 두번째 맞이한 봄이었다.

즉 화전민을 "하늘에 활을 당기고, 땅에 칼날을 박는 반역의 무리"라 한다면, 윤천일이야말로 당시의 정권을 향해 활을 쏘고 쫓기는 몸이 된, 문자 그대로 '반역도'에 다름 아니었다. 김사량은 이 윤천일에 대해 언급하면서 "소위 우정국 낙성연 습격"이라 쓰고 있다. '갑신정변'의 발단이 된 사건이다. 잘 알려져 있는 바와 같이, 갑신정변은 일본의 자본주의 문명의 발달 성과와 명치유신 후 국력의 급격한 발전에 강한 자극을 받은 김옥균, 박영효, 홍영식 등 세간에서 개화파 ·

독립당 혹은 급진당이라 불리는 이들에 의해 일어난 일종의 쿠데타였다. 봉건 양반 계급 출신의 일부 청년 관료들과 급진적 인텔리들로 구성된 이들 개화파는 1880년대에 이르러 내우외환의 위기에 휘말린 조선의 장래를 걱정하면서 일본에서 배우자, 국가의 부강과 문명 개화를 꾀하자는 목적 아래, 안으로는 국왕을 중심으로 하는 정부의 개조와, 무능하고 부패타락한 민 정권의 타도, 밖으로는 청국의 내정 간섭을 물리치고 자주 독립 국가의 지위를 확립할 것을 염원하게 되었다. 그러나 이 때문에 청국과 결탁한 수구파, 즉 민비 일족을 하나하나 권좌에서 몰아내는 일이 필요했다. 거기서 그들 개화파는 일찍부터 이노우에 가쿠고로(井上角五郎), 후쿠자와 유키치(福澤諭吉) 등을 통해 일본 정부에 대한 접근을 꾀하고 있었다. 일본 정부의 힘을 이용하여 그 목적을 달성하려 했던 것이다. 그때 조선에 대한 청나라의 종주국으로서의 권위가 흔들리는 사태가 발생한다. 베트남 문제를 둘러싸고 발생한 청불전쟁(1884)에서 청국군이 패한 것이다. 이 기회에 편승하여 그들 개화파가 일으킨 쿠데타가 이른바 '갑신정변'이라 불리는 것이었다. 그리고 이 정변을 계기로 발생한 일본과 청국 간의 대립이 결국 청일전쟁 발생의 원인으로 간주되고 있다는 것은 두말할 필요도 없다. 『태백산맥』의 주요 인물인 윤천일은 이미 본 바대로 이 쿠데타에 가담했던 이들 중의 한 사람이었다. 이것이, 이 작품이 구체적으로 갑신정변을 역사적 배경으로 하고 있다고 할 수 있는 근거이다.

야마베 겐타로(山邊健太郎)의 『일한 합병 소사(日韓合倂小史)』(岩波新書)에서 이 정변의 경과를 더듬어 기록해보기로 한다.

쿠데타 날짜로 정해진 것은 1884년(명치 17) 12월 4일. 서울 우정국(우편국) 낙성일이었다. 이것은 조선이 만국우편연합에 가입하면서 새로 설립한 국(局)의 낙성을 기념하는 행사였다. 이를 위해 서울

주재 외국 공사와 영사 등의 출석이 예정되어 있었다. 따라서 정부 요인인 민씨 일족도 당연히 출석하게 되어 있었다. 이 낙성식 축하연이 한창 절정에 도달했을 때를 기다려 왕궁에 불을 지르고, 불을 끄기 위해 우정국을 나와 현장으로 달려가는 자들을 노상에서 암살한다는 것이 개화파가 세운 구체적인 계획이었다. 그런데 왕궁 방화에 실패했기 때문에, 김옥균의 지시로 급히 우정국 부근의 민가에 불을 질렀던 것이다.

축하연 참석자들은 이에 놀라 당황해서 우정국 밖으로 나가려 했다. 맨 앞으로 튀어나갔던 민영익은 노상에 잠복하고 있었던 일인 소시마 와사쿠(宗島和作)에 의해 자상을 입고 피투성이가 되어 우정국 안으로 피신했다. 때문에 축하연에 참석했던 민씨 일파 요인들이 모두 우정국 안에 틀어박혔기 때문에 밖에서 잠복하였다가 암살한다는 당초의 계획은 실패로 끝나고 말았다.

여기서 김옥균 등은 청국군이 왕궁으로 공격해온다고 국왕을 속이고, 그를 왕궁에서 경우궁(景祐宮)으로 옮겼다. 김옥균 등은 국왕에게 강요하여 다케소에(竹添) 일본 공사 앞으로 '일사래위(日使來衛)'라는 형식적인 출병 의뢰서를 보냈으며, 출동 준비를 갖추고 있었던 일본 공사관 호위 부대는 예정대로 궁성으로 향했다. 그리고는 도착 즉시 경우궁의 사방 출입문을 경비하기 시작했다.

이 변보를 접한 고관들은 속속 경우궁으로 향했으나 일본군 경비 병력은 아무도 출입을 허가하지 않았다. 단, 명함을 제시한 이에 한해서만, 김옥균이 출입 여부를 판단한 후 출입을 허가했던 것이다. 이렇게 입문을 허락받아 들어온 후 문 안에서 참살된 중신은 윤태준(尹泰駿)·한규직(韓圭稷)·이조연(李組淵)·민영목(閔泳穆)·민태호(閔台鎬)·조영하(趙寧夏) 등이었다. 친청(親淸)파 고관을 살해한 후 김옥균은 왕족인 대원군 일파를 포함하여 박영효(朴泳孝)·홍영식(洪英植)·서광범(徐光範) 등으로 친일파 정부를 구성했다. 이렇게 하여 성립된 신정권은 6일 새벽, 아래와 같이 13개조에 달하는 새 정강을 발표했다. 이것은 일반에 널리 발표된 것은 아니었고, 이른바 김옥균의 정치 개혁 사상을 제시한 것이었다.

1) 문벌 폐지, 인재 등용
2) 조세법 개정
3) 내시부(內侍府) 폐지
4) 탐관오리 처벌
5) 사환미(社還米) 폐지
6) 규장각 폐지
7) 경찰 제도 확립
8) 전매공국(專賣公局) 폐지
9) 무고한 자에 대한 재심과 석방
10) 4위(衛)를 1위(衛)로 통합할 것과 근위병을 설치할 것
11) 국가 재정 전반을 호조(戶曹)가 담당할 것
12) 대신회의(大臣會議)가 정치를 운영할 것
13) 정부 육조(六曹) 이외 쓸데없는 관직의 폐지

이 갑신정변의 경과는 소설 『태백산맥』에 매우 극적인 필치로 묘사되어 있다.

그 피투성이 역사의 날은 갑신년 12월 4일. 마침 그날 밤의 일기는 청명하였다. 돈화문 위의 만월은 얼어붙어 있었다. 길가에는 개 한 마리도 보이지 않았다. 서울의 밤은 불길하고 침침하게 깊어간다. 이미 우정국에는 외국 사신과 고관 귀족이 모여들어, 성대한 축하연이 무르익어갈 무렵이었다. 돌연 부근의 초가 지붕에서 불길이 솟아올랐다. 불길이 축하연석의 유리창문에 비치면서 처절한 기운이 감돈다. 그 직

후, 천지를 진동하는 폭발음이 들렸다. 축하연에 참석했던 일동은 대혼란에 빠졌다. 그때 출구 쪽 도랑 속에 엎드린 채 "야아! 나와라. 야아!" 하고 외치며 황황히 출구를 지켜보고 있었던 자가 윤천일이었다. 우정국 안에서 누군가가 혼자 튀어나왔다. "나왔다!" 그는 군도를 등에 받고 뛰어올랐다. 그러나 또 한 명의 동지가 그의 앞을 베었다. 흰 칼날이 달빛 아래에서 사선을 그었다.

"민영익, 각오하라!"

"으악!"

그러나 칼날은 급소를 피해간다. 피투성이가 된 민은 비명을 지르며 다시 우정국 안으로 도망쳐 들어간다.

"놓쳤다. 쳐라!"

이렇게 외치며 윤천일은 그 뒤를 쫓아 국 안으로 뛰쳐들어갔다. 황황히 밖으로 나온 김옥균이 그를 향해 외쳤다.

"바보 같은 놈."

박영효가 뒤를 이어 속삭였다.

"경우궁으로 가라!"

그리고 이 혼란중에 김옥균은 박영효와 함께 급히 왕궁을 참내하여 사건의 경과를 아뢴다. 동시에 국왕은 후문을 통해 경우궁으로 모시고 일본 공사관에 사자를 보내, 왕의 친서를 보여주고 보호를 요청했다. [……] 금호문(金虎門) 안팎은 청국병의 공격에 대비하여 응원군 일본 군대가 경비를 서고, 급진당 휘하의 정예군 약 50명은 경우궁 경호부서로 배치되었다. 우정국에서 달려온 윤천일 역시도 이 속에 끼어 있었다.

이 혼란에 놀란 보국(輔國) 민태호, 후궁사(後宮使) 윤태준, 좌영사(左營使) 이조연, 해방총감(海防總監) 민영목, 판서(判書) 조영하 등 사대당 소속의 대관들이 무리지어 참내해왔다. 이를 기다려 윤천일은 동지들과 함께 중소문(中小門) 밖과 후문 밖 혹은 정전(正殿) 앞에서 사자후를 토하며 일거에 사대당을 처단했다. 12월 5일, 새날이 밝자, 혁신의 제1보를 딛은 급진당은 새 내각을 조직하고 정강을 발표하게 되었다. 우선 중국과의 종주(宗主) 관계를 끊을 것, 문벌을 폐지하고 인민 평등의 권리를 제정할 것, 재능있는 관리를 등용할 것, 조세법을 고치고 관리들의 농간을 막을 것, 민곤(民困)을 타파할 것, 환관의 권리를 박탈할 것. 마치 개벽의 사업이 하루아침에 성공한 듯, 이렇게 하여 새로운 세계가 열리고 있었다고들 생각했다.

"그러나 겨우 3일 천하로 무너지고" 말자, 김사량이 쓴 바와 같이, 김옥균 등의 신정권이 3일 천하로 명맥이 다하고 말았다는 것은 역사가 알고 있는 바이다. 3일 후에는 청국의 무력 간섭에 의해 어이없이 패퇴하고 마는 것이다.

김옥균의 쿠데타와 일본군의 출동이 청국측에 전해진 것은 5일 아침, 중신 남정철(南廷哲)이 청국군에게 일본군으로부터 국왕을 구출해달라고 간청했기 때문이었다. 당시 서울의 일본군은 겨우 일개 중대. 청국군은 3영(營), 1천 5백 명의 병력이었다. 열세의 일본군에 의지한 김옥균의 계획은 그야말로 무모한 것이었다. 그것은 청국군 따위는 일본군 정예부대의 상대가 되지 않는다고 한 다케소에 공사와 시마무라 서기관 등의 호언장담에 넘어간 결과였다.

청일 양군의 충돌은 6일 오후 3시에 시작되어 세 시간 후에는 승패가 결정되었다. 공사와 일본군은 공사관으로 퇴각했다. 일찌감치 청국군의 우세가 판명되면서 가장 심하게 동요한 사람은 국왕 자신이었다. 조선병도 동요 끝에 퇴각했으며 개중에는 일본병을 향해 사격을 가하는 자까지 있었다. 양군의 혼란 와중에 국왕은 김옥균 일파를 떠났다. 그들이 국왕을 발견했을 때에는 다케소에 공사가 퇴각 명령을 내리는 등, 정세는 그야말로 혼란 천지에 들어간 상태였다. 김옥균·박영효·서광범·서재필 등은 공사를 따라 일단 공사관으로 후

퇴하였다가 결국 일본인 거류민들과 함께 일본으로 망명했다. 국왕
을 따라간 홍영식·박영교 등은 청국군에 의해 살해당했다. 이즈음
에서 쿠데타는 완벽한 실패로 끝났다.

　역사적 사실로서의 '갑신정변'은 이렇게 막을 내린다. 그러나 소설
『태백산맥』은 이 지점에서부터 이야기가 전개되는 것이다. 즉 집요하
게 뒤를 쫓아오는 토벌군을 물리친 윤천일이 "나란히 날개를 펴고 공
중을 나는 새들처럼 여행을 계속할 수는 없었지만, 11일째 되는 날에
는 이 계곡 속에서 작은 부락을 발견하고, 간신히 안도의 숨을 내쉴
수가 있었다. 다행히도 부락 안에 빈 초막집이 있었기 때문에, 소라
게처럼 숨어들" 수가 있었다. 이곳에 숨을 수가 있었던 사람은 윤천
일 외에 "청년 한 사람은 이십 칠팔 세, 또 한 사람은 이십을 한두 살
넘어 보이는, 모두 혈기 방장한" 자식들인 일동(日童)·월동(月童)
형제였다.

　청일 양군의 혼전중 북묘(北廟)로 향하는 국왕. "그 공봉(供奉)으
로 뒤따르는 사람은 박영교와 홍영식. 윤천일을 위시한 약간명의 소
장 군관 학생 약간은 결사의 각오로 호위에 임했다. 이미 모색 창연
한 패망의 귀기(鬼氣)는 다가와 있었다. 아니나다를까, 북행 도중 청
병과 사대당파 소속의 조선병들의 추격 와중에서 왕을 빼앗기고, 결
국 거의가 무참히 학살당했던 것이다. 간신히 포위망을 뚫은 홍영식
과 윤천일 두 명은 북악산으로 탈출하기 위하여 산속에 들어가 계곡
을 건너려 했다. 그 도중 다시 청병을 만나 홍영식은 사살당하고, 윤
천일은 단신으로 교전 끝에 세 명을 죽인 후, 어둠 속으로 사라져" 결
국 아내와 두 자식을 데리고 한강 상류의 "길 없는 길을 헤매다 산간
지대로 들어간"다. 그런데 그는 "강변의 얼음 위로 한낮의 태양이 번
지듯 쏟아지는 양수강(兩水江)의 급류 속에서 30년을 동고동락한 아
내를 잃고 말았다." 그들이 배에 오르자, 이 가족을 포위하듯 추격해
온 '추악한 무리'들 역시도 배에 올라탔다. 이들과 격투를 벌이던 순

간 "아차하는 사이에 그녀가 소용돌이 속으로 내동댕이쳐진 것이다. 그녀를 구하기 위해 월동은 옷을 입은 채 그대로 물 속으로 뛰어들었다. 천일과 일동은 둘이서 모두 여덟 명을 해치운 후, 급류 속을 필사적으로 찾아 헤맸다. 그러나 그녀의 자취는 아무 데에도 남아 있지 않았다. 고통으로 얼굴이 일그러진 월동만이 내민 노를 붙잡았을 뿐"이었다. 김사량이 "그들은 나란히 날개를 펴고 공중을 나는 새들처럼 여행을 계속할 수는 없었"다고 한, 또 하나의 이유가 여기 있는 것이다. 이렇게 하여 그들 3인은 화전민 무리 속에 몸을 감추게 된다. 그것은 다음과 같은 이유에서였다.

날로 기울어가는 사직의 운명은 이미 그들 비분강개 지사 몇 명의 피로써는 더 어찌해볼 도리가 없는 지점에까지 이르러 있었다. 조정을 꽉 채운 사대당의 권신 무리들은 다시금 전횡을 일삼고 있을 것이다. 또다시 뇌물로 백관의 출척(黜陟)을 행하고 있을 것이며, 가렴주구로 지방 관가를 채우고 있을 것이다. 궁궐은 다시 잔치와 기도와 굿으로 날이 지새고 있을 것이다. 그리고 보복 정치를 결의한 민비 일족 사대당은 급진당 잔당과 그 처자권속의 사냥에 혈안이 되어 있을 것이다. 이제 이 나라는 끝났다. 절망과 반역과 자폭의 염, 이것들이 그의 가슴을 점거하고 말았다. 이렇게 하여 그는 오늘의 운명을 등지고 산과 숲에 불을 지르며 하늘을 태우는 불길 속에 저주의 폭풍과 분노를 팔매질하는 화전민 무리 속에 몸을 던지게 되었던 것이다.

『태백산맥』은 이렇게 시작되는데, 이곳에서 하나 간과해서는 안 되는 것이 '화전민의 무리' 속에 몸을 던지게 된 윤천일과 그 아들 월동과의 갈등이다. 그리고 이것은 소설 『태백산맥』을 일관하는 기본적인 축의 하나이다. 그것은 재기를 꾀하면서 사대당과 재투쟁을 하는 것을 완전히 포기한 윤천일과 이것을 용납치 않는 월동 사이의 첨예한 대립으로 표현된다. 그 대립을 보여주는 다음의 묘사는 긴장과 격정감으로 넘친다.

　윤천일은 절벽 위에서 뒤를 따라오는 두 사랑하는 아들을 돌아보았다. 그리고 손을 들어, 고산 연봉 꼭대기에서 타오르는 거대한 불과도 같은 저녁 놀을 가리켰다. 하늘도 구름도 산도 강도 피처럼 물들어 지상의 최후를 고하고 있는 듯 비창하지 않은가. 자연은 그의 가슴속에 타오르는 듯한 반역의 무지개를 새기는 것이다.
　"이 아비가 저 산 넘어 먼 곳에 있는 한양을 그리며 눈물을 흘리고 있는 것은 아니다. 아비는 저 한양을 저주한다. 아들들아, 그 옛날 백마를 탄 청년들이 은박차를 빛내며 말을 달리고 집집마다 황금 기와를 연이어 드리웠던 그곳, 꿈처럼 아름다웠던 그곳에 지금은 악마들이 떠돌고 있다. 더러운 벌레 무리들이 들끓고 있다. 보아라. 이 산하는 지금 하늘의 봉홧불로 타오르고, 하늘은 분노의 모습을 드러내고 있다. 바람은 저주의 만가(輓歌)를 켜고 있다. 몸부림치는 강과 침묵 속에 탄식하는 산들, 사라져가는 광명, 이것들이 우리에게 뭔가 이야기를 하고 있지 않느냐. 모든 것은 하느님의 뜻이다. 아니 그것은 명령이다. 가거라. 그리고 몸을 불태워라. 원주(圓柱)도 수호(守護) 당사자(唐獅子)도 황금 기와도 남김 없이 원래의 혼돈으로 돌아가는 것이다. 그렇다. 하느님은 우리에게 지금부터 새로운 임무를 내려주신 거다. 너희도 이젠 동요하지 말아라!"
　하느님과 말씀을 나누는 듯 확신에 넘치는 그 말에 장남 일동(日童)은 몸을 떨면서 눈물을 흘렸다. 참고(慘苦)로 여윈 아버지의 볼은 반역과 승리의 흥분에 물들고 눈은 불꽃을 발하듯 했다. 〔……〕
　"아, 아버님."
　월동은 목소리를 높였다.
　"임오·계미·갑신 3년 간 몰아닥쳤던 재난 때문에 아버님은 쇠약해

지셨습니다. 내일의 동터오는 새벽과 산을 넘고 구름을 뚫고 나오는 해야말로 이 나라의 생명, 우리들의 마음이 되어야 하지 않겠습니까. 저 도시, 이 산하를 다시금 황금빛과 향기로 채워야 하지 않겠습니까. 만약 아버님께서 다시 한양으로 잠입하셔서 나라를 위해 목숨을 걸고 투쟁하실 마음을 갖고 계시다면 좋겠습니다만. 저도 이 가는 생명을, 찾아와야 할 빛 속에 녹여버릴 텐데."〔……〕

"월동아, 너는 아직 젊다. 꿈을 보고 있는 거다. 폐허에서 꽃을 보고 전원에서 노래를 듣는 날은 저주받은 이 강산에 영원히 찾아오지 않을 거다."

훈계하듯 압도하는 윤천일의 목소리는 슬픔으로 떨리고 있었다. 그러나 월동의 말 역시도 하나의 진리였다. 윤천일도 될 수만 있다면 그 생각을 떨쳐버리고 싶었다. 그러나 동시에 그의 가슴을 엄습한 것은 두 번에 걸쳐 겪은 좌절의 고통스러운 상념이었다. 그 생각이 오히려 월동의 의견을 내리눌렀던 것이다. 윤천일의 좌절의 역사에 대해 김사량은 이렇게 쓰고 있다.

월동이 말했듯 임오년 이래 분연히 일어섰던 자신들이 필사의 위험 속을 얼마나 악전고투하며 살아왔던가. 그러나 기울어가는 나라를 위해 기여한 것이 없었던 것은 아닐까. 해마다 도를 더해가는 폭정에 공미창고(貢米倉庫)를 위시하여 국고는 완전히 바닥이 나고, 궁성의 경호와 서울의 치안을 맡고 있는 군졸의 월급까지 지급할 수 없는 상태가 13개월이나 지속되었던 그것이 임오년이었다. 그러나 그해 6월 9일, 한 달치 월급이 지급된다는 소식을 듣고 군졸들은 굶주린 호랑이처럼 떼를 지어 모여들었다. 그러나 그들 앞에 놓여 있었던 것은 썩은 곡식, 그것도 모래가 섞인 것이었다. 군졸들은 격노했다. 이 사태는 즉각 폭동으로 번졌다. 기회가 왔던 것이다. 이 기회를 통해 간신 권문을 척벌하고 국정을 개혁해야 한다고, 무리의 선두에 뛰쳐나가 칼을 높이 들었던 것이 그가 행동에 직접 뛰어든 계기였다.

대오를 정비하고 파도처럼 운현궁으로 향한 그들은 환호를 올리며 대원군의 출정을 재촉하였다. 일대(一隊)는 정부 대관들의 저택으로! 저택으로! 또 일대는 수렴 정치의 근원인 민비와 현관들이 있는 궁궐로! 궁궐로! 당시 그는 이렇게 해서 새로운 시대가 시작되었다고 생각했다. 과연 대원군이 출정하자 성내의 인심은 가라앉았다. 민비는 왕궁에서 쫓겨났으며 권신 무리는 자취를 감추었다. 그러나 이 임오군란은 의외로 청군 3천 명의 출동을 야기했던 것이다. 더구나 그들은 이 사태의 배후로 대원군을 지목하고 그를 군영으로 납치하였다가 결국은 천진으로 호송하는 폭거를 드러냈다. 그리고 반도 진압이라는 이름을 빌려 점포에 난입하여 약탈을 자행하였으며 부호의 저택에 침입해서는 술과 밥을 강요했다. 민가에 들어가서는 부녀자를 능욕하였다. 윤천일은 하늘을 바라보며 눈을 감았다. 어찌 된 일이란 말인가. 그로서는 우국의 격정에서 출발한 이 군란이 외국병의 침략을 초래하고 국가의 안위마저 땅에 떨어뜨리게 될 줄은 상상도 하지 못했다. 더욱이 군졸들은 아무 고매한 이상도 없었으며, 단순 폭도로 변하여 백주 대낮에 부호나 권문 저택을 휩쓸고 다니는 실정이다. 그래도 외적과는 맞서 싸워야 한다고 그는 굳건히 믿었다. 그리고 다시금 폭도 가운데로 들어가 청병에의 저항을 시도하여 결국 백병전에까지 돌입하였다. 그 과정에서 그의 집이 청병들의 습격을 받아 장남 일동의 처가는 폭행참살되었다. 그럼에도 불구하고 그는 총을 버렸다. 폭도와 운명을 함께할 것이 아니라 더 큰 국가의 이상을 위하여 자기라도 살아 있지 않으면 안 된다. 그리고 이것이야말로 진실로 강한 삶이라는 것을 홀연히 깨달았다. 목숨을 걸고 자신의 중대한 책임을 완수해야겠다고 생각했다. 그날부터 그의 지하 생활이 시작되었던 것이다. 이윽고 그도 역사의 운동과 세계의 운동에 각성함과 동시에, 시대와 국가를 걱정하는 소장파의 급진당에 투신하여, 이윽고 국가 개혁을 위해 신명을 던질 결심을 다졌다. 역시 청나라와의 전통적인 종주국 관계를 타도하고 신흥 일본과 함께 나아가야 비로소 이 나라에 희망이 있다고 깨달았기 때문이었다. 그것은 그가 다시 태어나는 순간이었다. 이 나라는 스스로 설 수 있는 힘이 없다. 그러나 이번 우정국 사변 과정에서 다케소에 공사의 행동을 보면서, 기대를 걸었던 일본에도 단호한 결의가 없다는 것을 깨닫자, 그는 눈앞이 캄캄해짐과 동시에 발 밑에서 땅이 무너져내리는 듯했다. 〔강조: 인용자〕

'칼을 높이 들고' 임오군란에 투신하여 "이렇게 해서 새로운 시대가 시작되었다고 생각한" 윤천일이 찾아든 곳은 '지하 생활'이었다. 이것이 최초의 좌절이었다. 그러나 그는 이윽고 그 '지하 생활'의 과정에서 "폭도와 운명을 함께할 것이 아니라 더 큰 국가의 이상을 위하여" 살아 있어야 한다는 사실을 깨닫고 "역사의 운동과 세계의 운동에 각성"하게 됨으로써 좌절을 극복하며 '다시 태어나'게 되었던 것이다. 그러나 갑신정변에서 패배하고 "기대를 걸었던 일본에도 단호한 결의가 없다"는 것을 깨닫자, 다시금 심각한 좌절감에 사로잡힌다. 봉건 조선 왕조의 정치 개혁 투쟁에 있어서 윤천일이 맛본 두 번에 걸친 좌절은 그것 자체로서는 김사량과 아무 관련이 없다. 그러나 이 허구의 인물을 통해 표현되는 두 번의 좌절이, 김사량 자신이 청춘 시대에 맛보았던 착종과 『태백산맥』 발표 과정에서 맛본 그 민족적·예술적 저항의 좌절과 미묘하게 관련되어 있는 점이 보인다고 한다면, 지나친 판단일까. 사실 그대로 말하자면 『태백산맥』에 등장하는 중심 인물 윤천일의 두 차례의 좌절, 그곳에는 틀림없이 김사량 자신이 맛보았던 좌절의 흔적이 스며 있는 것으로 생각된다. 이 문제에 대해서는 나중에 거론할 것이기 때문에 여기서는 문제의 요점만 지적하는 데 그치고, 이 소설의 앞부분을 계속 보아나가기로 한다.

앞에서 본 바대로 윤천일은 좌절감에 휘말려 있었다. 그리고 아내까지 잃은 상태였다. 그래도 그는 절규한다.

그렇다. 이 아비는 결코 지친 것이 아니다. 애들아, 잠자코 아비를 따라 오너라. 지금부터 우리 앞에는 복수의 삶이 시작될 게다. 하느님은 우리에게 복수의 삶밖에는 허락하시지 않은 거다. 자, 가자. 산과 숲과 이 모든 것을 불태워버리자. 대지에 시뻘건 불이 파도처럼 넘실대고 하늘에는 검은 구름이 탁류처럼 휘돌게 하자.

다만 묵묵히 따라가고 있는 일동과 월동. 이렇게 갈등을 안은 채로 이야기는 진행되어간다.

그들이 화전민 무리 속에 몸을 던진 후 두번째로 맞이하는 이른봄. 그 사이에 윤천일, 즉 "한번 결심한 것은 기어코 관철하고 마는 의지의 소유자인 그는 그 불굴의 풍모와 강건한 육체, 준열한 인격 때문에 언제부터인가 부락민들로부터 이곳의 추장과도 비슷한 대접을 받고 있었다. 그 자신 스스로가 앞장서서 가련한 그들을 이끌고 있었다." 그가 이끌고 있는 배나무골의 부락민은 "화전민이라는 처지에 비춰볼 때 이미 이곳을 떠야 할 수밖에 없"었다. 왜냐하면 "이 부락 안에서 아직 식량이 남아 있는 집은 한 곳밖에 없는 상황이어서 그들은 산속이나 절벽 밑으로 몰려가 식용풀을 캐서 목숨을 잇고" 있었기 때문이다. 때문에 "이제라도 어딘가 농사를 지을 수 있는 적당한 곳을 찾아 여행길에 나서야 할 때"였던 것이다. 그도 그럴 것이, 화전민의 삶이라는 것은 표동나타(漂動懶惰), 농사라고 하나 감자나 귀리 따위를 호미로 파종한 뒤에 캐서 먹는 정도이다. 그것도 가을이 다가오면 감자 뿌리는 덩굴 밑으로 말려들어가고 귀리 이삭은 하얗게 뭉크러진다. 이것만으로는 양이 모자라기 때문에 풀뿌리를 캐 모은다든가, 나무 껍질을 벗기고 가죽나무 열매까지 따 모아서 연명하는 것

206

이 그들의 일상이었다. 게다가 이와 같은 아귀도(餓鬼道) 속에서 자연의 무서운 분노와 투쟁을 벌이며, 맹수의 출현에 끊임없이 떨어야 했다. 특히 작년과 올해는 흉년이었기 때문에 인근의 산들까지 모두 붉은 모습을 드러냈다. 때문에 새로 불을 놓아야 할 때인 봄이 다가오자 이 배나무골 사람들은 금방이라도 어딘가로 뿔뿔이 흩어져나갈 마음의 준비들을 가슴속에 품고 있었다. 북쪽으로 가려고 짐을 꾸리고 있다든가, 누구 아비는 계곡을 건너서 바위산에 올라갔다든가 누군가는 2리 정도 앞에 있는 원시림 속에서 호랑이 울음 소리에 놀라 혼비백산 쫓겨내려왔다든가 매일같이 새로운 소문들이 들려왔다. 그러나 부락은 겉보기에는 죽은 듯이 가라앉아 있었"던 것이다. 이에 대하여 윤천일은 "깊이 생각해 둔 바가 있었기 때문에, 전 부락민을 이곳에서 이주시키는 구원의 손길을 뻗치려 하고 있었다." 그 기대란 무엇이었던가.

비록 시세를 저주하고 세상을 원망하며 한양에 한을 품고 결국 자폭과 반역의 무리, 화전민이 될 수밖에 없었던 그였기는 하나, 차마 눈 뜨고 볼 수 없는 참담한 그들 화전민의 생활을 목격하게 되자, 갑자기 그의 마음속에 하늘의 계시와 같이 새로운 각성과 투쟁의 의지가 불타올랐던 것이다. 산과 숲에 불을 놓아 강토를 황폐하게 만듦으로써 자신의 분노와 저주의 염을 해소할 수는 있었으나, 결코 그것은 자기들의 생활에 아무것도 더해주는 것이 없다는 것을 알게 된 것이었다. 뿐만 아니라 냄새나는 귀리와 썩은 감자조차도 떨어져서 도토리와 나무 껍질과 풀뿌리까지 캐야 하는 참상이 아닌가. 결국 건강을 해치고 중풍에 황달에 폐병에, 결국은 나무 껍질처럼 말라서 비틀어지고 마는 것이다. 연년세세(年年歲歲) 자연의 폭위에 밭과 집을 잃고 산짐승의 습격에 떠는 것이었다.

도대체 이것이 평지에서 쫓겨난 자들의 삶이어야 한단 말인가. 스스로 일어나 이 참상을 타개할 길은 없는 것일까. 이러한 깊은 회의와 절망의 밑바닥에 내려가서 겨울·봄·여름의 참담한 나날을 고민 속에서 보냈다.

물론 윤천일 자신도 처음에는 대삼림에 불을 지르고 천고(千古)의 밀림이 불타오르는 광경을 보면서 쌓인 분노가 단번에 해소되는 듯한 쾌감에 취했던 것도 사실이었다. 그들은 타오르는 불길 속에서 '원주(圓柱)'와 '수호 당사자' '황금 기와' 등등 '저주받은 한양'의 모든 것이 잿더미로 화하는 환상을 은밀히 즐기고 있었던 것이다. 그러나 불타버린 자취들은 또한 얼마나 비참한 것이었는가. "그곳은 바위 투성이의 자갈밭에, 만신창이, 골짜기로 갈라져서 경작지로서는 거의 쓸모가 없었다." 더 나아가 화전 경작의 대가란 얼마나 무서운 것인가.

언제였던가, 수상한 검은 구름들이 몰려든다 싶더니 갑자기 하늘이 캄캄해지면서 무서운 폭풍우가 들이닥쳤다. 벼락의 굉음이 하늘을 쪼개고 번개는 빛을 찢어삼킨다. 장대비가 밭을 뒤덮으며, 미친 듯한 바람은 고목을 뿌리째 쓰러뜨렸다. 배나무골 사람들은 오두막 안에서 가족끼리 서로 껴안고 부들부들 떨고 있었다. 지붕이 날아가고 폭포 같은 빗물이 벽을 허물어버릴 듯 두들겨댄다. [……] 무너진 오두막에서 뛰쳐나온 사내와 여자들이 애들을 부둥켜안고 쓰러질 듯 헤맨다. 번갯불 사이로 그들은 마치 유령처럼 보인다. 어디선가 빗속을 뚫고 도움을 청하는 소리도 들려온다. 겁에 질린 애들의 울음 소리도 가냘프게 들려온다.

찰나, 하늘이 굉음을 울리고 땅이 진동하자 산이 번갯불을 토해냈다. 천일은 번쩍이는 번갯불 속에서 하느님의 분노한 모습이 미친 듯 날뛰며, 한 찰나에 절벽을 타고 떨어져내리는 것을 보았다. 그 바로 밑에는 현(玄)초시의 오두막이 걸려 있다. 그는 으앗 하고 비명을 지름과 동시에 반사적으로 그쪽으로 내달렸으나, 이미 네 명 가족이 있는 오두막은 낙반(落磐)에 산산조각이 난 채 데굴데굴 굴러내려간다. ─ 그리고서야 비는 그쳤다.

산 위에 서서 내려다보니 계곡물은 노도처럼 굉음을 울리며 흐르면서, 전방을 향하여 바다 안개처럼 범람하고 있었다. 그것이 산기슭과 숲을 덮으며 퍼져나가고 있었다. 까마귀떼가 황금색 햇살을 뒤집어쓴 채 그 위를 선회하고 있었다.

이 모습을 지켜보면서 윤천일은 자기 자신을 잊고 미친 듯이 절규한다. 이때 그에게는 현초시 일가의 희생 따위는 안중에도 없었다.

봐라! 봐! 우리의 복수와 저주가 눈앞에 살아났다. 산에 불을 지르고 숲을 태우면서 우리는 물의 군세(軍勢)를 만들었다! 자 한양으로 진군하자. 진군. 진군이다! [……] 우리의 분노를 싣고 저주의 피리와 북소리에 실어서 몽땅 삼키면서 한양으로! 한양으로! 악과 죄로 물든 한양으로 최후의 심판으로 총진군이다! 그렇다. 악마의 사자 까마귀들아, 너희는 지금 장송곡을 부르고 있구나.

말하자면 윤천일의 이 절규 속에는 그들 산사람 모두의 저주와 분노가 들어 있었던 것이다. 이렇게 부르짖는 그들이 지금까지 맛보아 온 모든 절망과 비탄의 생활에 대한 보상을 받았다고 생각할 정도로 쾌감을 느꼈다고 해서 이것이 비난받아야 할 이유는 없다. 그러나 과연 이 산사람들이 마음속으로부터 그 쾌감 속에 잠기는 것이 가능했을까. 김사량은 산신령의 소리를 빌려 윤천일에게 이렇게 고한다.

가련한 백성들아, 너희야말로 너희의 편이어야 한다. 정치로부터 멀리 떨어져나왔다 해도, 시대를 잘못 만났다 해도 너희의 삶은 삶으로서 존재하고 있는 것이 아니냐.

화전민들에 의해 더럽혀진 산의 분노, "현초시 일가를 멸한" 그 분노가 이제는 또 미친 듯한 홍수가 되어 "마을 사람들의 생활을 밑뿌리까지 짓밟아버리려 하고 있다." 말하자면 산사람들도 산과 계곡을 매개로 하여 "고향과 연결되어 있었던 것이다." 그 강이 범람하고 홍수가 날 때 "매년처럼 물난리에 가재 권속을 잃은 각지의 이재민은, 남녀노소가 서로 손을 잡고 한양으로 흘러드니, 이윽고 왕도는 석막(蓆幕) 부락의 군중으로 가득 차는 것이다." 더구나 "홍수 뒤에는 항상 역병이 도처에서 맹위를 떨치며 병자의 시체가 들판과 길을 메운다." 이와 같은 이재민들의 모습이야말로 지난날 화전민들의 그것이 아니었던가. 그러나 산에 불을 놓지 않는다면 이들 산사람들은 도대체 어디로 가야 한단 말인가.

윤천일은 생각 끝에, "마땅히 가야 할 곳, 이 부락민 모두가 하느님의 뜻을 거스르지 않고 살 수 있는 땅을 찾아오너라, 하고 두 아들을 정처없는 여행길로 내보냈던 것이 작년 늦가을 무렵. 이 태백산맥 속 어딘가에 인적 없는 넓은 고원, 혹 그것이 아니면 산으로 둘러싸인 땅이 있을 것임에 틀림없다고 생각했기 때문이었다. 그러나 어찌 된 일인지, 이미 예정보다 달포나 지났는데도 불구하고 아직 두 사람은 돌아"오지 않았다.

여기서부터가 『태백산맥』의 본론이다. 지금까지 보아온 것은 발단을 제공하기 위한, 말하자면 서두 부분이라 해야 할 성질의 것이나, 이 속에 이 소설의 개략이 대부분 압축되어 있다고 해야 할 것이다.

그러나 배나무골 사람들이 신천지의 발견을 기원하며 윤천일의 아들들을 전송하는 광경은 산 사람들의 그것에 어울리게, 소박한 가운데 타오르는 꿈이 있어 감동적이다.

210

"산신령님들께서 계시를 내려주셨다! 별님의 인도가 내리셨다. 자아, 동남쪽이다. 오오, 보아라! 저 하늘을 덮은 상서로운 구름들, 석양 빛 속에서 아름답게 반짝이고 있지 않느냐. 내일 저 하늘에 새벽 구름을 뚫고 태양이 떠오를 때 너희 둘은 출발하는 거다. 저편에 우리의 천국이 있다! [……]"

그날 밤 부락민들은 남녀 노소를 막론하고 천일의 오두막에 모여 모닥불을 지펴가며 신령님을 찬양하였다. 다가올 안주의 땅을 그리며, 두 사람의 출발을 간절히 축원해주었다. 붉은 숯불 위에 올려진 곰고기 익는 냄새가 퍼지는 가운데 막걸리잔이 오가면서 취흥이 도도해진다. 어디선가 노래가 터지는가 하면 춤꾼이 등장한다. 여자들은 여자들끼리 수수떡을 부치고 국수 그릇을 나누었다. 이 기쁨의 잔치가 밤까지 계속되었던 것이다.

일동(日童)은 양볼을 불빛에 빛내면서, 끓는 흥분 속에서 모닥불을 둘러싼 사람들에게 기쁨과 이상을 털어놓는다. 그는 일찍부터 이 나라의 역사의 행보를 연구하면서 자기 나름의 이상을 키워온 청년 학도였다. 사화와 당쟁으로 날이 지새는 피투성이의 이 시대를 걱정하면서 새롭게 태어나야 할 조선의 모습을 갈망해마지 않았다. 그는 이렇게 생각했다.

"오랜 동안에 걸친 고구려와 신라, 백제의 3국 분립에서 유래하는 지방 할거적인 정신, 그것이 고려를 거쳐 이조로 들어와, 소위 남인·북인의 대립이 되었으며, 당쟁에 의해 순결한 민족성은 황폐해졌다. 고구려의 전투적인 성격, 신라의 진취적인 정신, 백제의 보수적인 특징, 이것들이 피를 통해 혼연일체가 되기 시작하였다. 조선인의 그 역사에도 빛나는 장래가 있다. 근대 민족으로서 새로 출발할 수 있는 자격도 부여받았다." 이렇게 그는 자신의 이상이 서서히 현실로 그 모습을 드러낼 시기가 멀지 않았다고 생각했다. 아무도 모르는 그런 희망에 불타는 나머지, 자신의 이야기에 스스로 흥분하여 손을 흔들며 외친다.

그런데 이곳에는 모든 나라 사람들이 모여 있습니다. 고구려 사람, 신라 사람, 백제 사람 모두가. 우리 나라 역사에서 이런 일이 언제 있었습니까. 이 나라들로부터 쫓겨나온 우리 모두의 운명, 이 우리의 공동 생활 속에서 그야말로 새로운 조선인이 태어나는 것입니다. 놀랄만한 일이 아니겠습니까. 우리 형제는 안주할 땅을 목숨을 걸고 찾아내고야 말겠습니다.

형제의 귀향이 예정보다 까마득히 늘어지고 있는 중에, 부락민은 굶주림을 견디지 못하다가 결국 뿔뿔이 흩어질 결심을 굳힌다. 이것을 바라보는 윤천일. 한편에서는 기괴한 주문을 외는 '마교(魔敎)'의 무리가 부락을 배회하기 시작한다. 가장 먼저 이에 빠져든 자가 성룡삼(成龍三)이었다. 성룡삼의 가족은 그들 부부와 백치 아들 봉수, 딸 봉이, 이렇게 넷이었다. "향리 황해도로부터 이 먼 산간에 흘러들어온 지 3년이나 되었다. 그 당시는 요서(妖書)『정감록』의 터무니없는 예언을 이용하여 창궐하고 있었던 사교(邪敎)가 가련우둔한 농촌으로 마수를 뻗으면서, 정부는 곧 붕괴되고 교주가 등극하여 정사를 잡게 된다, 그때는 교도들에게도 은혜가 내릴 것이다, 라고 우매한 민중을 현혹하였다. 그리고 교의 목적이 이뤄지는 날까지는 이 지상에 수난(水亂)과 화난(火亂)의 액이 필히 밀어닥치기 때문에, 빨리 교주의 지시를 따라, 강원도의 경우는 금강산 기슭에 모여야 생명과 재산을 보존할 수 있다, 고 무지한 교도들을 태백산맥으로 몰아댔던 것이다. 성룡삼 자신도 이에 현혹되어 얼마되지 않은 재산을 처분하여 이곳에 들어와 오두막을 짓고 살면서 도래할 새 세상에서 누릴 영화를 꿈꾸고 있는 사람 중의 하나"였다. 그러한 교도들이 배나무골에도 5, 6호 있었다. 그리고 이 부락에서 북쪽으로 7리, "계곡 너머 작은 부락에는 포교당이 있어서 그곳의 무리가 매년 가을마다 곳곳에 있는 교도들로부터 수확물을 치성미로 봉납받았다. 뿐만 아니라 교주의 시녀로 봉사하라 하면서 매년 용모가 고운 처녀들까지도 데리고 갔다." 그리고 "성룡삼은 괴로운 현실에 지친 나머지, 가련한 딸을 헌상해서라도 빨리 영달을 누려야겠다고 생각하고 있었"던 것이다.

이하부터는 임종국의 「김사량론」에 등장하는 작품의 개요를 기초로 하여 살펴보기로 한다. 성룡삼의 이와 같은 행동 외에도, 각설이 타령에 능한 백치 아들 봉수는 경성에 구걸하러 간다. 그때 범바위골에서 이 배나무골로 새로 두 가족 6명이 난을 피해 들어온다. 그 중에는 마을이 동학을 표방하는 자들의 습격을 받은 자, 뒤를 이어 출동한 관병들에 의해 집이 불타버려 젖먹이를 잃고 발광한 여자도 있었다. 이 사실을 안 윤천일은 돌아올 일동·월동 형제에게 마을 사람들을 맡기기로 하고, 이 동학도를 자칭하는 자들과 대결을 벌이기로 결심한다. 범바위골에서 도망해온 이들도 윤천일의 결심에 마음이 움직여, 행동을 같이하기로 맹세한다. 윤천일은 이튿날부터 뜻을 같이하는 젊은이들의 훈련에 신속하게 돌입한다. 양반 출신임을 언제나 들먹이던 득보 노인과 그의 처는 이런 모습을 보고 족보를 소중하게 꾸려안고 배나무골을 떠난다. 마을의 처녀들 중에서도 월동을 사모하는 봉이, 일동을 사랑하는 이쁜이는 누구보다도 가슴을 졸이며 남몰래 형제의 귀환을 기다린다.

한편, 일동과 월동은 신천지를 찾아 심산 유곡을 헤매던 중 황두건(黃頭巾) 의적 일파인 차랑생(車狼生)과 조우한다. 청주성 밖 전투에서 황두건 일파가 패하여, 산속으로 몸을 숨긴 차랑생은 일동을 만난 뒤 의기투합하여 그들 형제와 행동을 함께하게 된다. 그 후 설악산

깊은 곳에 들어간 일동들은 오대산 월정사의 노승을 만나, 갑신정변 이후의 국내 정세를 소상하게 듣는다. 그리고 새로운 시대를 향하는 조선의 청년으로서 어떻게 처신할 것인가를 배운다. 뿐만 아니라 노승의 안내로 첩첩산중에 바다처럼 펼쳐진 울창한 숲과 그곳에 안겨 있듯 숨어 있는 분지에 도착하는 것이다. 이 신천지로 가는 길에서 노승은 유불도의 3도 정신에 기초한 5계와 3덕을 신조로 하고 애국과 동포애 구현을 목적으로 한 신라의 무사도 정신, 즉 화랑도 정신을 오늘날에 되살릴 것을 구구히 깨닫게 하고, 난민들을 구하려 하는 그들의 장한 의지를 격려하면서, 동학도 세력과 힘을 합쳐 국난 타개에 임하도록 권하는 것이었다.

희망에 가득 차 배나무골로 귀향을 서두르던 도중, 그들은 늑대떼의 습격을 받아 차랑생을 잃는다. 간신히 범바위골에 이르렀을 때, 서울로 구걸하러 간 봉수와 만나 하룻밤을 지낸다. 그 사이에 이번에는 도적들의 습격을 받으나, 이들을 멋지게 물리친다. 형제는 범바위골 사람들에게도 새로운 낙토로 데려가줄 것을 약속한다. 습격해온 도적들의 시체를 조사하고 있던 마을 사람들 중 한 사람이, 이 도적단이 바로 동학도를 칭하는 사교도 무리라는 것을 알려준 것은 그 잠시 뒤의 일이었다.

이때 배나무골에서 사교의 포교당으로 도망한 성룡삼은 딸 봉이를 시녀로 내주지 않았다는 이유로 곤경에 처해 있었다. 이윽고 성룡삼의 입에서부터, 전 육군 중교(中敎) 윤천일이 세상을 속이기 위해 한 학자 윤선생으로 변장했다는 사실을 알아낸 포교당의 일미(一味)는 이 사실을 양구(楊口)의 관청에 밀고한다. 즉각 배나무골을 공격하는 포리들. 윤천일 등은 맹렬한 저항 끝에 포리들을 전멸시키나 윤천일도 심한 부상을 입고 절벽에서 추락한다. 윤천일의 안부를 걱정하면서 그를 구출하려 애쓰는 마을 사람들의 필사적인 모습을 보고 자기 죄를 깨달은 성룡삼은 목을 매어 자살한다.

다음날, 일동 등은, 정신을 잃고 통나무에 몸을 의지한 채 계곡을 떠내려오고 있던 아버지를 발견하고 구출한다. 이렇게 하여 배나무 골에는 때아닌 축하연이 벌어지게 된다. 월동이 일본에서 경성으로 압송되고 있다는 김옥균을 구출하겠다는 의지를 드러낸 것은 그 자리에서였다. 이것을 극력 만류하는 윤천일. 그로부터 2일 후 배나무 골 사람 72명과 범바위골 사람 128명은 합류하여 신천지로 향하게 되었다. 산중으로 들어가는 이주민들의 행렬은 계속된다. 도중 월동은 다시 김옥균을 구출해야 한다는 뜻을 내세우다가 결국 길만·봉이 등과 함께 윤천일에게 이별을 고한다. 격노한 윤천일은 월동을 배신자라 하며 등에다 화살을 쏘나, 순간 돌을 차고 넘어지면서 이것을 피한 월동은 마을 사람들의 행렬을 빠져나온다. 그 뒷모습을 보며 윤천일은 운명을 하늘에 맡기고 체념해버린다.

그리고 10일 후, 월동 등은 서울의 동대문 그늘에 몸을 숨기고 압송되어가는 김옥균의 도착을 기다린다. 한편 신천지에 도착한 2백 명 가까운 화전민들은 윤천일을 둘러싸고 떠오르는 태양을 맞이하고 있었다. 그 한편에는 일단 배나무골을 떠났으나 다시 돌아와 신천지에 간신히 도착한 득보 노인이 평생 몸에 지녀온 족보를 찢어버린다. 새로운 생명, 새로운 자손을 위해 스스로가 새롭게 태어나지 않으면 안 된다는 사실을 깨달았기 때문이다.

윤천일은 태백산의 신령을 향하여 "신령님, 당신은 설봉(雪峰)처럼 숭고하시며 대해처럼 자비가 깊으십니다. 계림국(조선의 고칭)의 초개(草芥)의 신(臣) 윤천일은 이곳 2백 명의 백성들과 함께 삼가 당신을 찬양합니다. 우리들 일동을 받아주시는 이름 높으신 태백의 산들이시여!" 하고 축문을 읊는다. 신천지 주변의 산과 봉우리에 어울리는 이름을 하나하나 다 짓고 나자, 그는 정좌한 그대로 숨을 거둔다.

이상에서 본 것은 현 시점에서 알 수 있는, 김사량의 장편 역사 소설 『태백산맥』의 개요 전부이다. 작품의 전모가 드러나 있지 않은 현재 시점에서 선부른 논평은 삼가하는 것이 옳을 것이다. 그러나 지금까지 보아온 바로 볼 때, 이 소설에 관해 몇 가지의 문제는 언급해두어도 상관이 없을 것으로 생각한다. 즉 하나는 이 소설이 청국·일본 등의 정치적 관여 아래에서 조선 왕조 내부에서 발생한 정권 투쟁과, 그것에 의해 발생한 국내의 역사적 격동기를 배경으로 화전민, 즉 현실 사회에서 소외된 최하층의 민중과 반항자들이, 자유의 신천지를 찾아 투쟁하는 모습을 묘사했다고 하는 그 점이다. 뿐만 아니라, 이를 통해서 김사량의 위상이 일관되게 민족적 주체성을 잃지 않았다는 것을 볼 수 있다는 점이다. 예를 들어 이 소설의 주축을 이루는 윤천일과 월동과의 갈등, 이것은 결국 김옥균 구출을 둘러싼 대립으로 표현된 바 있다. 물론 이것은 픽션에 지나지 않으나, 김사량의 주체적 위상은 이곳에도 분명하게 드러나고 있다. 윤천일을, 작품의 시간적 배경으로 설정한 임오군란·갑신정변 등의 역사적 사실에 가담한 인물로 설정하고 있는 것으로 미뤄본다면, 그 정치적 좌절은 당연한 것이라고 볼 수 있다. 그러면서도 윤천일이 김옥균의 구출에 극력 반대하는 그 점에, 정치적 좌절과는 별도의 차원에서, 이 정변에 대한 김사량 자신의 시각 역시 잠재되어 있다는 점을 놓칠 수 없다. 즉 일본 정부에 지원을 부탁한 김옥균 등의 쿠데타 계획이 얼마나 엉성했는가를 입증함과 동시에, 윤천일이 "기대를 걸었던 일본에도 단호한 결의가 없다는 것을 깨닫자, 그의 눈앞이 캄캄해짐과 동시에 발 밑에서 땅이 무너져내리는 듯"한 좌절감을 맛본다는 그것은 두말할 필요 없이 민족적 자각을 표징하는 김사량의 주체적 위상이 작용한 결과이다. 특히 김옥균 구출을 시도하는 월동, 즉 자기 아들을 배반자로 처단하려고 윤천일이 활을 쏘는 그것은 김사량의 주체적 위상이 뚜렷하게 나타난 것으로 보아도 무방하다. 그러나 이것을 보고, 김사량이 김옥균 등의 갑신정변을 전면적으로 부정했다고 보는 것은 역시

무리일 것이다. 김옥균 구출을 둘러싸고 윤천일과 대극적인 위치에 월동을 배치하여 그들 젊은이들을 구출 행동으로 달려가게 하는 구상은 다름 아니라 김사량이 갖고 있는 긍정적 의사의 표현이기 때문이다. 물론 여기에는 전제가 되는 것이 있다. 즉 김옥균을 구출한 후 월정사의 노승을 통해 얻게 된 깨달음, 즉 동학도-민중 세력과 손을 잡는 것을 전제로 하고 있다는 점을 간과해서는 안 된다. 민중과 괴리된 지점에서 진행된 갑신정변에 대한 김사량의 기본적인 태도는 이것이었다. 동시에 새롭게 역사의 무대에 등장하는 동학도에 대한 시각도 역시 이곳에서 제시된 것이다.

동학은 서학, 즉 천주교에 대한 동방의 학문이라는 의미에서 그런 이름을 갖게 된 것으로서 1860년대에 최제우에 의해 창시된 일종의 신흥 종교였다. 유 · 불 · 도(儒佛道)의 교리를 합친 교의(教義) 그 자체는 간단했다. 일정한 주문을 외고 부적을 받으면 만병이 즉각 치료된다고 하는, 매우 현세적인 측면을 갖고 있었다. 따라서 빈곤에 허덕이는 민중이 이에 매달렸을 사정은 쉽게 이해할 수 있다. 그러나 동학은 동시에 '지상 천국'의 건설을 표방하는, 정치적인 성격을 뚜렷하게 지닌 것이기도 했다. 때문에, 당시의 부패 타락한 봉건 제도를 공격하는 한편으로, 외국의 침략을 배격할 뿐만 아니라 사민(士民) 평등을 요구하는, 당시로서는 매우 진보적인 사상 역시도 이 속에 포함되어 있었다. 때문에 정치적인 면에서도 농민과 피압박 대중에 지대한 영향을 미쳤던 것이다. 그런데 소위 그 반유교 · 반국가적 경향이 다른 편에서는 봉건 조선 왕조의 탄압과 박해를 불러일으키는 원인이 되었던 것이다. 교주 최제우가 위정자들에 의해 처형당하고 동학이 비합법화되자, 20만에 달하는 농민 대중이 궐기하게 되었다. 1894년(갑오)의 일이다. 1860년대의 그것이 1894년의 궐기로 발전한 것이었으니, 이 동학이 의외로 깊고 광범위하게 그 영향을 미쳤다는 것을 알 수 있다. 궐기한 농민군은 부패 관리, 횡포한 지주, 악

질적인 양반 등의 처벌, 농노제 폐지, 토지의 평균 분작(分作), 악세
의 철폐, 사민 평등, 친일 매판 분자의 처벌 등을 요구하고 각지에서
정부군과 교전을 벌였으나, 이에 개입한 일본군에 의해 결국 공주에
서 궤멸되었다. 그러나 갑신정변이 지배 계급 내부의 모순과 상극상
이 현실화된 것이었음에 비해, 동학 농민들의 그것은 바로 민중에 의
한 혁명 투쟁이라 불러 마땅한 성질의 것이었다. 따라서『태백산맥』
은 한편으로는 신천지 건설에 대한 희망에 불타는 윤천일, 일동—화전
민(하층 민중)을 배치하고, 그 반대쪽에 월동—화전민(하층 민중)을 배
치하여 민중적 투쟁 참여의 과정을 암시한 것이었다. 바꿔 말하자면
이것은, 현실적으로는 일본의 식민지 통치에 허덕이는 조선 민중의
해방과 투쟁 지향성, 이후의 조선 민족의 진로 등등, 말하자면 김사
량이 이상으로 삼고 있었던 바를 다중적으로 오버랩시킨 것으로 볼
수가 있다. 또한 윤천일과 일동 · 월동 등은 모두 김사량 자신의 사상
을 실현하기 위한 분신이었음에 틀림이 없다. 그 어느 쪽이나 모두
자신의 내적 필연성에 의해 창조된 것들이었던 것이다. 동시에 김사
량이 다른 작품과 마찬가지로 이 소설에서도 현실 사회로부터 소외
된 하층 민중을 중심점에 배치하고 있는 것은, 그들의 의식 구조를
적확하게 포착하고, 그것에 입각하여 그 모습을 형상화하기 위해 노
력해온 김사량의, 민족주의 작가다운 위상을 다시 드러낸 것으로 보
아도 좋을 것이다. 총괄적으로 볼 때 김사량의『태백산맥』은, 일본의
식민지 통치하에서 그가 진행한 작품 활동의 집대성이라고 할 만한
것이었다. 바로 그렇게 부르기에 적합한 내용을 예측하게 할 만한 것
이었다.『국민문학』지의 편집자였던 김종한이 이 소설을 연재할 즈음
에 이르러 편집 후기에 쓴 다음의 글은 바로 그것을 입증하는 예라
해도 무방할 것이다.

  새로운 조선의 새벽을 어둠과 빛으로 직조해낸 호화로운 화폭들은

심사숙고의 극치를 이루고 있을 뿐만 아니라, 김사량 자신에게 있어서도 획기적인 발포(發砲)가 될 것이다.

김종한이 밝힌 바에 의하면 이 소설은 "6회로 나눠 연재하게" 되어 있었던 듯하다. 그러나 실제로 연재된 것은 1943년 2월부터 10월까지에 걸쳐서였다. 그러므로 이 사이에 작품이 게재되지 않은 적이 있었든가 아니면 6회라는 최초의 예정에 변화가 있었든가 하는 사정이 있었을 것임에 틀림없다.

『태백산맥』은 앞에서 보아온 바와 같이 역사 속에서 그 소재를 취한 것이었다. 이것은 명백히 김사량이 처해 있었던 주체적 상황의 심각함을 드러낸다. 그 상황의 심각성 때문에 대담하게도 그는 역사적 소재에 가탁하여 현실에 대한 접촉을 꾀한 것이었다. 이즈음의 김사량에 대해서 유아사 가쓰에는 다음과 같이 회상하고 있다.

> 조선 문제의 검열은 매우 엄격하여, 우익 논객이 조선 신궁(神宮)을 신사(神社)로 표기했다는 이유만으로도 호출을 감수해야 하는 등의 상태였다. 〔……〕 필자가 세심한 주의를 거쳐 묘사한 것도 반환되어오곤 했는데, 김사량은 담대하게 정면을 향해 우뚝 서서, 아슬아슬한 곡예로 길을 헤쳐나가고 있었다.[19] 〔강조: 인용자〕

유아사의 이 말은 당시 김사량이 처해 있었던 상황의 혹독함을 입증하고 있다. 김사량은 그야말로 『태백산맥』 속에서, 유아사 가쓰에가 말한바 '아슬아슬한 곡예'를 보여주었던 것이다. 출구가 없는, 더이상 어찌 해볼 도리가 없는 현실 상황을 이곳에서 철저하게 탐구해

---

19) 유아사 가쓰에, 「조선을 다룬 일본 소설과 일본에 소개된 조선 문학(朝鮮を取扱した 日本小說と日本に紹介された朝鮮文學)」, 『화랑(花郎)』, 1953년 추계호, 화랑구락부.

들어감으로써 오히려 이를 반대물로 전화시키는, 말하자면 상황을 해방시키는 수단과 자유를 확실하게 수중에 넣으려 하는, 김사량의 강력한 의지가 표면화되어 있음을 확인해볼 수 있는 것이다.

『태백산맥』을 거론할 때 잊어서는 안 되는 또 하나의 문제점이 김사량의 개인적 체험의 허구화 문제이다. 이것은 비단 『태백산맥』에만 국한된 이야기는 아니다. 그러나 그 집약적 내용을 이곳에서 확인해볼 수 있다는 것은 부정할 수 없다. 화전민 문제를 예로 들면 「기자림」「무성한 풀섶」등에 이미 그들의 생활이 반영되어 있음을 볼 수 있다. 그러나 조선의 최하층 민중을 그가 의식적이면서도 본격적으로 취급한 것은 이 『태백산맥』이었다. 그는 소설 「무성한 풀섶」을 쓴 1940년에는 이미, 강원도 홍천군 두림면(斗林面)에 있는 가마 연봉(連峰)을 중심으로, 이 일대에 산재해 있는 화전민 부락의 상태를 소상하게 살피고 온 바 있다. 「무성한 풀섶」에 이어 씌어진 르포 「산가(山家) 세 시간」[20](원문은 한글)에는 이곳을 방문한 목적이 아래와 같이 기록되어 있다.

　　우리는 원시적 범죄라는 측면을 벗어나 그들 화전민이 갖고 있는 개척자적 측면을 세밀하게 조사해보고 싶었다. 〔강조: 인용자〕

그러나 「무성한 풀섶」『태백산맥』등과 관련해서 본다면, 사실은 개척자적 측면보다는 이 화전민들이 현실 사회로부터 수용을 거부당한 최하층 민중이라는 점에 그가 더 깊은 관심을 갖고 있었던 것이라 보아 틀림이 없을 것이다. 왜냐하면, 일본 통치 말기에 이 외진 벽지의 화전민 부락에까지 시국의 파도가 미치면서, 이 화전민들 역시도 '증산전선(增産戰線)'의 일원으로서 강제 노동에 내몰렸음에도 불구

---

20) 『삼천리』, 1940년 11월호.

하고, 김사량의 글은 이 방면에 대한 관심은 조금도 보여주지 않기 때문이다. 더 나아가 말한다면, '원시적 범죄라는 측면'이라 쓴 데에서도 알 수 있는 것처럼, 화전민이 단순한 최하층 민중에 머무는 존재가 아니라, 그 관습과 더불어 조선에서 사회적 후진성을 내부에 가장 많이 안고 있는 계층이며, 때문에 비극의 흔적이 끊어지지 않고 있는 존재라는 점에 김사량이 집요한 관심을 갖고 있었기 때문임에 틀림이 없다. 그 예를 소설 「산의 신들」에서 볼 수가 있다. 이 작품은 분명히 '원시적 범죄라는 측면'을 김사량의 독특한 유머로 묘사해낸 것이다. 김사량은 1940년의 체험을 밑바탕으로 하여 한글 기행 「산가 세 시간」을 썼으며 또 연작 르포인 「화전 지대를 가다」를 3회에 걸쳐 『문예수도』에 게재했다. 그 중에서도 『태백산맥』이 이 당시의 체험에 기초한 것으로 판단되는 것은, 가마 연봉이 태백산계에 연속되어 있을 뿐만 아니라 작품이 이곳을 무대로 하고 있다는 점 때문이다. 뿐만 아니다. 그곳에 제시된 화전민의 생활·풍속은 물론, 『태백산맥』에 묘사된 사교(邪敎)의 경우도 사정은 거의 동일하다고 할 수 있다. 그즈음 조선에서는 화전민을 제물로 대량 살인을 한 '백백교(白白敎)' 범죄가 사회 문제화되어, 경성일보 등에서도 대서특필되고 있었다.

지금까지 보아온 바로 미뤄볼 때, 『태백산맥』은 김사량의 체험 하나하나를, 상상력의 최극한을 발휘하여 "심사숙고의 최극단 지점에" 올려놓은, 그에게 있어서는 그야말로 "획기적인 발포(發砲)가 되는" 것이었다. 말하자면 이것은 현실 상황을 반대물로 전화시키면서, 한계 상황에서 행한 그의 최후적 저항의 소산이었던 것이다. 따라서 이 작품이 오늘날 한국에서 다음과 같은 평가를 받고 있는 것은 당연하고도 또 당연한 일이라 하겠다.

그 밑바닥을 흐르는 향토에 대한 강렬한 애정, 그것뿐이다. 어설픈 시국 설명도 없으며, 도화(道化)풍의 일본 정신 선전도 없다. 그 때문에 그의 장편은 비록 일본어로 씌어 있긴 하지만, 그것을 곧바로 친일적 작품이라고 단정하기는 어렵다. 단지 주인공이 김옥균 일파라는 점 하나가 평자에 따라 다르게 해석될 소지가 있을지도 모른다. 그러나 오히려 일본 제국주의 말기에는 이와 같은 소재나 스타일을 갖춘 조선어 작품이 나올 수 있었다고 하는 그 사실을, 당시 시국적인 것에만 연연하면서 일본 정신 선전에만 매어달렸던 작가 일파에게 알려주는 실례로서 제시하는 것이 타당할지도 모른다.[21]

위에 인용한 내용 속에서 김옥균 일파 운운한 것은, 그들 개화파가 일본 정부의 지원 아래에서 쿠데타를 행했다고 해서 종래에 획일적으로 '친일파'로 간주되어, 가치폄하되어온 것을 뜻한다. 그러나 이와 같은 견해는 오류로 판명된 바 있으며 현재도 시정되고 있는 중으로 안다. 이에 관해서는 구구하게 설명할 필요가 없을 것이다.

잡지 『국민문학』에 발표된 또 한 편의 소설 「물오리섬」은, 매년 여름마다 정해놓고 범람하는 그의 향리 대동강과 이곳에 흩어져 있는 섬들 중 '물오리섬〔水鴨島〕'이라는 섬을 소재로 한 단편이다. 이 작품은 그 전문이 발굴되자마자 잡지 『문예』(1971년 5월호)에 '김사량 특집'의 일부로서 게재되었던 바 있다. 상술은 피하기로 하고, 소설이 발표되었던 당시의 반향을 몇 개 정도 모아보는 데 그치기로 한다. 「물오리섬」이 발표된 다음달 『조광』지에는 노리다케 미쓰오의 다음과 같은 작품 평이 실렸다.

몸(S. Maugham)의 단편 「비」를 연상케 한다. 스케일이 크고 상상력이 유감없이 발휘되고 있다. 아마도 금년 제일의 로망이 아닐까 싶

21) 임종국, 「김사량론」.

다.[22)]

유진오도 그의 평론에서 이 소설에 대해 상세하게 논한 바 있다.

　　호흡이 굵고 아름다운 로맨티시즘의 작품이며, 조선의 서부 지역
사람들 특유의 선이 굵고 격정적인 성격이 선명하게 살아 있어 좋았
다. 〔……〕 광폭한 대동강의 범람 광경 묘사도 훌륭했다. 섬 처녀들에
대한 추억도 애정으로 넘치고 있다. 〔……〕 이 소설이 소설이라기보다
오히려 전설에 가까운 느낌을 주는 것은 그 때문이라고 생각한다. 아
니 그것보다도 이 소설의 주인공이 미륵이라기보다는 오히려 대동강
그 자체이기 때문이라고 하는 것이 옳을지도 모른다. 실제로 미륵은
현실의 인간이라기보다 대동강의 위대함이 의인화된 모습이라 해도
좋겠다는 그런 느낌이었다.[23)]

　　이 작품평들 속에서 보다 강렬하게 느껴지는 것은 조선이, 예를 들
어 정치적으로는 일본의 식민지 통치 아래 있다손 치더라도 김사량
에게 있어서, 아니 그뿐만 아니라 조선인 모두에게 있어서 둘도 없이
소중한 존재이며, 다른 그 누구의 소유물도 될 수 없다는 확고한 의
지의 표명이었다는 점이다. 이 점은 「물오리섬」뿐만 아니라 『태백산
맥』의 경우에도 동일하다고 할 수 있다. 여기에는, 형식적으로 조선
민족의 손에서 그 국토를 빼앗는 것은 가능하다 하더라도, 조선 민족
의 마음속에 간직되어 있는 조선까지 탈취하는 것은 허락할 수 없다
는, 김사량의 일관된 늠름한 자세가 있으며, 또한 그것에 의해 그의
주체적 위상이 강력하게 지탱되고 있는 것을 볼 수 있다. 따라서 잡
지 『국민문학』에 발표되어 있기는 하지만, 그의 작품이 갖고 있는 민

22) 노리다케 미쓰오, 「측면적 문예시평」, 『조광』, 1942년 2월호.
23) 유진오, 「국민문학이라는 것(國民文學というもの)」, 『국민문학』, 1942년 11월호.

족적·예술적 저항의 자세는 의연히 유지되고 있는 정도를 넘어서서 조금의 흐트러짐조차도 없었다. 바꿔 말한다면, 서장에서 보아온바, 『국민문학』 따위의 어용 문예지에 작품을 썼다는 것 때문에 "그도 나와 같이 그 더러움에 물들어가"[24]는 것처럼 생각되어 "그다지 좋은 기분이 아니"[25]었으며 "어딘가 비참한 느낌이"[26] 들었기 때문에 『태백산맥』을 읽지 않았던 김달수의 우려는, 기우에 지나지 않았던 것이다. 그러나 김사량이 어용 문예지에 소설을 발표하였다는 그것이, 다시 2보·3보를 거듭해가면서 결국은 전면적 후퇴로 그를 몰고 갔다는 것, 그리고 전락(轉落)의 위험한 절벽으로 그를 몰아세우는 근거가 되었다는 것도 부정할 수는 없다. 즉 어용 문예지 『국민문학』에 소설을 게재하는 방법으로 행해온 그 위장 협력이 진실한 의미에서 시국 협력으로 변하는 시기, 즉 김달수가 말한바 "더러움에 물들어" 가야 할 때가 시시각각 다가오고 있었다. 그런 한에서는 김달수가 품었던 우려심 자체가 꼭 틀린 것만은 아니었다.

"더러움에 물"드는 것이 본격적이고도 급박한 문제로 현실의 김사량에게 들이닥친 것은, 해군 견학단(見學團)의 일원으로서 그의 파견이 결정된 그 순간부터였다. 1943년 7월 28일부 관보(官報)에 조선인 해군 특별 지원병령(志願兵令)이 공포되었으며, 8월 1일에는 일찌감치 진해에 해군병 지원자 훈련소가 개설되었다. 이 지원병 제도의 실시를 계기로 국민총력조선연맹은 강연, 문학 작품, 그림 등을 통한 해군 사상의 보급을 꾀할 것을 결정하고, 8월 28일 조선의 문화 관계자들을 진해(鎭海) 경비대, 사세이호(佐世保) 해병단, 해군병학교, 해군잠수학교, 해군성, 쓰지우라(土浦) 해군항공대 등 일련의 시설에 견학단으로 파견하게 되었던 것이다. 견학단은 김사량 외에 이무영

---

24) 김달수, 「김사량, 그 인간과 작품」.
25) 같은 글.
26) 같은 글.

224

(작가), 아오키 교(青木洪: 작가 홍종우), 윤희순(尹喜淳, 화가) 등 4명의 조선인과 고다마 긴코(兒玉金吾: 시인), 아베 이치로(安部一郎) 등 2명의 일본인들로 구성되었다.

김달수가 김사량과 조선에서 '우연히 맞닥뜨리'게 된 것도 이즈음의 일이 아니었을까. 만약 이즈음의 일이라고 한다면, 김사량의 좌절 심리를 탐사하는 의미에서 그 재회는 매우 중요한 의미를 지니게 된다. 그것을 확인하기 위해서 그들의 재회에 대해 살펴보기로 한다. 김달수는 그들의 우연한 만남에 대해 다음과 같이 쓰고 있다.

> 1943년 여름, 그때는 나도 조선에 돌아와 경성에서 지내고 있었다. 여기서 나는 다시 김사량과 우연히 맞닥뜨리게 되었는데, 이때는 두 사람 모두 뭔가 긴박한 분위기 속에 놓여 있었던 것 같았다. 이야기도 변변히 나눌 수가 없었다.[27] 〔강조: 인용자〕

'1943년 여름'이라면, 김사량의 해군 견학단 파견이 결정된 시기 혹은 그 직전이라고 보아도 좋을 것이다. 그것이 결정되기 직전이었다면 김사량은 『국민문학』에 『태백산맥』을 연재중이었기 때문에, 「빛 속으로」를 경성의 하숙 온돌방을 빌려 집필했거나, 혹은 『태백산맥』 역시도 경성에 체재하면서 집필한 것으로 생각되지 않는 것도 아니다. 만약 이것이 해군 견학단 일원으로서의 파견이 결정된 후의 일이었다면, 당연히 김사량은 호출을 받고 경성에 와 있었을 것이다. 그렇기 때문에 김달수가 그와 "우연히 맞닥뜨리게 되"었다고 해서 이상할 것은 없다. 그러나 앞에서 본 김달수의 글에는 어딘가 석연치 않은 데가 있다. 김달수는 그 글에서 "김사량과 맞닥뜨리게 되었다"고 썼다. 그러나 이 당시 어떠한 경위로 김사량과 '맞닥뜨리게 되'었는

---

27) 같은 글.

가는 전혀 설명을 하고 있지 않다. 바꿔 말한다면 김사량이 무엇 때문에 이때 경성에 와 있었는가 하는 것에 대해서는 전혀 언급하지 않고 있다. 김달수가 당시 경성에 있었던 것은『현해탄』등의 작품으로 미뤄보아도 알 수 있듯이, 경성일보지의 기자가 되기 위해서이거나 혹은 이미 되어 있었기 때문이었다. 아니 그는 이미 그 당시 경성일보 기자였을 터였다. 다음의 자작 연보[28]로 미뤄볼 때, 이즈음 그가 기자 생활을 하고 있었다는 것은 의심할 여지가 없다.

1943년 23세
5월 가나가와 신문사를 퇴사하고 단신으로 조선 서울에 부임, 경성일보사에 입사하다. 김사량을 만나다.

이에 비해 김사량이 무엇 때문에 경성에 올라와 있었는가에 대한 설명이 김달수의 글에는 완전히 빠져 있다. 과연 김달수는 김사량이 해군 견학단으로 파견된다는 것을 몰랐을까. 혹은 김사량이 경성에 온 데에는 다른 이유가 있었을까. 어쨌든간에 바로 이 점을 밝히고 있지 않은 점이 기이하다. 앞서 인용한 글 속에서 김달수가 갑자기 "이때는 두 사람 모두 뭔가 급박한 분위기 속에 놓여 있었던 것 같았다. 이야기도 변변히 나눌 수가 없었다"고 쓴 이것이 그야말로 기이하다. 김달수가 경성에서 김사량과 해후한 것은 실로 1년 8~9개월 만의 일이었다. 게다가 김달수의 눈에는 아직 "도망치듯 조선으로 귀국한" 김사량의 모습이 남아 있었다. 뿐만 아니라, 그 김사량의 건재한 모습을 김달수는 거의 2년 만인 이때 눈에 담고 싶었던 것이다. 그럼에도 불구하고 그들이 "긴박한 분위기 속에 놓여 있었던 것 같았다"고 느끼고 "이야기도 변변히 나눌 수가 없었다"고 한다면, 이것은

---

28) 신일본문학전집 13,『김달수 · 니시노 다쓰키치(西野辰吉)집』, 집영사(集英社).

이미 기이한 정도가 아니라 이상하다고 해야 마땅하다. 아니 더 나아가 이 이상함에는 수상한 데까지 있다. 원래 이때의 '긴박한 분위기'란, 주체적 상황이 혹독했기 때문이었다고 일단 설명은 될 수 있다. 그러나 그들은 오랜 친구가 아니었던가.

김사량부터 말하자면, 그의 가마쿠라 시대, 특히 「곱사왕초」의 창작과 가마쿠라 경찰서 구류로부터 석방에 이르는 과정은, 지금까지 보아온 바와 같이, 『문예수도』의 동인으로서 지기(知己)가 되었던 김달수라는 존재를 따로 떼어놓고서는 생각도 할 수 없는 일이다. 또한 김달수의 경우에도, 김사량이 한때 동생 노릇을 했다고 보아도 좋은 것이다. 그의 그 심정은 재회의 순간까지도 변할 리가 없었을 터였다. 상황이 아무리 혹독했다손 치더라도, 아니 그 재회가 혹독한 상황 속에서 행해진 것이었기 때문에 더더욱 감개무량한 것이 될 수 있으며, 이때만은 '긴박한 분위기'도 부드러워질 수 있었던 것이 아닐까. 이런 점들을 종합해볼 때 앞서 김달수의 그것은 너무나도 이상하다고 할 수밖에 없다. 그리고 이곳에서 김달수가 뭔가 감추고 있는 듯한 느낌을 받을 수 있다. 주도면밀하게도 김달수는 앞에서 인용한 글의 뒤에 이어 다음과 같은 내용을 첨가해두는 것을 잊지 않았다. 즉

> 나는 요즈음에 와서야, 조선 전체가 처해 있었던 현실이 어떤 것인가를 간신히 깨달을 수 있게 된 듯한 기분이 든다.[29] [강조: 인용자]

이 문장이 첨가됨으로 해서, 오히려 김달수가 숨기고 있었던 사실이 멋지게 드러났다고 보아도 좋다. "1943년 여름, 그즈음은 나도 조선에 돌아와 경성에 있었다"고 김달수는 쓴 바 있다. 당시 그는 경성

---

29) 김달수, 「김사량, 그 인간과 작품」.

일보 기자 신분이었다. 다름아닌 조선총독부 기관지 경성일보 기자인 김달수가 "조선 전체가 처해 있었던 현실"은 물론, 김사량이 직면하고 있던 '현실'을 이해할 수 없었으리라고는 도저히 생각할 수 없다. 오히려 그 '현실'이 소상하게 이해 가능했기 때문에, 김달수는 『태백산맥』이 『국민문학』지에 연재되고 있는 것을 보고, 김사량도 역시 똑같이 "그 더러움에 물들어가"고 있는 건가 하고 생각되자, 그것이 두려워 『태백산맥』을 읽으려 하지 않았을 것이다. 말하자면 김달수가 뭔가 숨기고 있었던 그것은 분명히 김사량이 처했던 '현실'을 충분히 파악하고 있기 때문이었다. 이것을 전제로 한다면, 앞서 김달수의 글에서 느껴진 이상함은 역시 그 이상한 상태 그대로 김사량과 김달수와의 사이에 실재한 것이었다. 적어도 심리적 거리로서 그곳에 실재하고 있었던 것이다. 그들 두 사람 사이의 심리적 거리는 '긴박한 분위기'를 연출해낼 정도로 이상한 것으로서 그곳에 존재하지 않을 수 없었던 것이다.

오해를 무릅쓰고 말한다면, 사실은 다음과 같은 것이 아니었을까.

김달수가 김사량과 '맞닥뜨린' 것은 해군 견학단 파견이 결정되어 호출을 받은 김사량이 경성을 향한 직후의 일이었다. 김달수는 김사량이 그 견학단의 일원으로 파견된다는 것을 미리 알고 있었든가 혹 그게 아니라면 김사량과 만난 뒤에 알게 되었을 것이다. 그렇다면 그들이 만났을 때의 '긴박한 분위기'란 것도 일단은 납득이 가능하다. 그렇다면 김달수가 앞의 글 속에서 뭔가를 숨기고 있었던 이유는 무엇일까. 그것은 아마도 이런 것이었음에 틀림이 없다.

우선 이 문제를 김사량의 경우에 비춰 말한다면, 그가 해군 견학단의 일원으로 선정되었다는 것은, 이미 말해온 바와 같이, 그의 귀국을 전후하여 붙어다니기 시작한 한 줄기 어두운 그림자가 드디어 그 모습을 드러내면서 흰 이빨을 내밀고 공격해 와서, 이제 그를 완전히 옭아매었다는 것을 의미한다. 그, 더 이상 꼼짝도 할 수 없는 지점에까지 내몰린, 이제는 더 싸울 수 없다는 것을 확인하는 데에서 오는 자기 혐오! 바로 이것이 즐거워야 할 김달수와의 재회를 재미없는 것으로 만들었을 것이다. 더 나아가 말한다면, 그는 일찍이 김달수에게 일본의 패전을 예언한 적까지 있었다. 그 패전을 통찰하고 있으면서도, 현실적으로는 통치 권력 앞에 여지없이 굴복해버리고 만 자기 자신에 대한 자책과 굴욕감, 그 참담함! 그리고 또 다가오고 있는 예측 불가능한 사태에 대한 불안 등등이, 흉중에 겹겹으로 쌓여 있었던 것임에 틀림이 없다.

김달수의 경우에도 거의 비슷한 사정이 있었다고 할 수 있다. 그는 김사량에게 있어서 단순한 『문예수도』 동인 이상의 존재였다. 문단 선배로서 또한 김사량의 형과도 같은 존재였다. 김달수가 "김사량의 『고향』이라는 이름의 제2창작집은 요네신테이의 여주인과 김진용(金鎭勇)과 나, 이 세 사람이 검인을 찍었다"[30]고 쓴 것을 보아도, 틀림없이 그는 심정적으로는 김사량의 형 노릇을 하고 있었던 것이다. 그뿐만이 아니다. 김달수는 그 김사량으로부터 일찍이 "요코스가는 저의 메디나입니다. 형님, 저 생활 감정, 더 나아가서는 우리의 생활 감정을 멋진 소설로 써주십시오. 형님은 그것을 하실 수 있습니다"[31][강조: 인용자]라는 편지를 받을 정도의 기대를 받고 있었던 것이다. 김사량이 말하는 '우리의 생활 감정'이란 분명히 '조선인의 생활 감정'을 가리키는 것이다. 즉 김사량은 김달수가 '민족 작가'가 되기를 기대했던 것이다. 그런데 스스로 인정하고 있듯이, 그런 그가 조선 총독부 기관지인 경성일보의 기자가 되어 '더러움에 물든' 몸으로 김사량을 만났던 것이다. 때문에 우선 김달수의 심리 속에 떳떳치 못한 데가 있었다는 것은 더 말할 필요도 없을 것이다. 이와 더불어, 김사량이 직면한 '현실'을 고통스럽게 생각하고, 그 장래를 우려하지 않을 수

---

30) 김달수, 「전사한 김사량」.
31) 김달수, 「김사량의 편지」.

없었다고 한다면, 재회한 두 사람 사이에 긴박한 분위기가 감돌고 있었을 것은 쉽게 상상이 가능하다. 재회 자리에서 서로의 마음과 건재의 기쁨을 나누기 이전에 쌍방의 가슴에 이러한 복잡한 감정이 교차되고 있었다고 한다면, "이야기도 변변히 나누지 못했다"는 것도 무리는 아니다. 그러나 또한 만족스럽게 만날 수 없을 정도로 '긴박한 분위기'에 휩싸여 있었다는 것은 동시에 그런 정도로까지 그들을 내몰아대고 있었던 그것, 즉 통치 권력에 대한 그들의 분노가 그 근저에 가로놓여 있었다고 보지 않을 수 없다. 그리고 그 분노가 격렬하면 격렬할수록 분위기 또한 긴박의 도를 더하지 않을 수 없었을 것이라고 할 수 있다. 김사량이 참을 수 없는 분노를 터뜨린 것은, 해군 견학단의 일원으로 도쿄를 방문하여 야스타카 도쿠조와 만났던 때였다. 이때의 모습을 야스타카는 다음과 같이 전하고 있다.

전쟁이 끝나기 전 해에 조선으로 돌아갔던 김군은 해군 시찰단의 일원이 되어 도쿄에 왔었는데, 그의 마음은 분노로 불타고 있었다. 긴자(銀座)의 다방에서 그는 격렬한 어조로 말했다.

"이런 식으로 한다고 해서 조선인이 진심으로 전쟁에 협력해주리라고 생각하는가. 쌀을 내라 해서 쌀을 주었지, 노동을 달라 해서 노동도 주었다. 나중에는 피를 내라(조선에 징병 제도가 시행된 것을 말함) 해서 피까지 내주었다. 그런데 일본은 조선인에게 무엇을 주었는가. 대학은 조선 청년을 쫓아내고, 회사원과 관리들은 아무리 유능하더라도 어느 선 이상으로는 조선인을 승진시키지 않는다. 'Give and take'라는 것을 모른다."

이렇게 말하며, 그는 힘이 가득 들어간 주먹으로 탁자를 내리쳤다. 시기가 시기였으니만큼, 주변에 헌병이나 특고(特高)들이라도 있었다면 체포되는 것은 시간 문제였다. 나는 조마조마하였다.[32]

야스타카가 "전쟁이 끝나기 전 해"라고 쓴 것은 "전쟁이 끝나기 전전 해"로 고쳐야 마땅하다. 그리고 탁자를 내리치는 일은 없었지만, 김사량은 평양을 방문한 히로쓰 가즈오에 대해서도, 야스타카에게 말한 것과 거의 같은 내용을 이미 하소연한 적이 있었다. 그러나 야스타카에 대한 그것을 볼 때, 일본의 통치 권력에 대한 그의 분노가 얼마나 지속적이며, 또한 뿌리깊은가를 알 수 있을 것이다. 상대가 흉금을 터놓을 수 있는 사이인 야스타카 도쿠조라는 사실도 있었겠지만, 그렇다 하더라도 탁자까지 내리치며 분노를 터뜨리는 것은, 김사량의 흉중에 심상치 않은 것이 들어 있었다는 것을 웅변하고 있다. 분명히 이것은, 그 깊은 분노도 문제는 문제이겠지만, 해군 견학단 파견 때문에 안게 된 그의 심각한 절망감에 기인한 것이었다. 그 절망감은 심리적인 측면에서 볼 때 좌절감과 차이가 없다. 김달수와의 재회로부터 야스타카와의 재회에 이르는 과정, 절망감과 좌절감이 소용돌이치는 그 속에서, 김사량은 끊임없이 동요하고 있었던 것이다. "주변에 헌병이나 특고들이라도 있었다면 체포되는 것은 시간 문제"일 수도 있는 위험을 무릅쓰고, 긴자의 다방이라는 장소에도 구애받지 않고 탁자를 내리치며 분노를 터뜨린 것은, 그야말로 그다운 삶의 징표를 그대로 보여주는 행위였다. 따라서, 해군 견학단 파견을 전후하여 김달수와 야스타카 도쿠조를 재회했던 자리에서 김사량이 보여준 언동은 그의 절망감, 더 나아가서 그의 좌절 의식의 깊이를 잴 수 있는 지표였다. 이것을 김달수의 경우에 비춰 말한다면, 그가 숨기고 있었던 내용의 진짜 의미는 그가 김사량의 좌절을 감지했기 때문이었다고 볼 수 있을 것이다.

어쨌든 김사량은 격심한 분노와 절망감에 빠져 있으면서도, 해군 견학단 체험을 기초로 우선 르포 「해군행」을 『매일신보(每日申

---

32) 야스타카 도쿠조, 「순수한 김군」.

報)』(조선총독부 기관지, 조선어판)에 10월 10일부터 23일에 걸쳐 연재했다. 이를 통하여 그는 장편 소설 『바다에의 노래』에 이르는, 이른바 통치 권력에 대한 협력 쪽으로, 그 까마득한 절벽 밑으로 굴러떨어지고 있었던 것이다. 그리고「해군행」과 『바다에의 노래』 사이에는「날파람」[33]이라는 수필이 있었다. 이 속에도 시국 협력의 자세가 분명히 드러나 있음을 확인해볼 수 있다.

날파람이라는 것은 조선, 그 중에서도 평양 특유의 패싸움을 가리키는 것이다. 준열한 결전(決戰)이 진행되는 중이므로, 전의(戰意)의 앙양(昻揚)을 위해, 특히 옛 조선의 무용담(武勇談)과 함께 전해내려오는 평양 사람의 싸움 이야기라도 한바탕 늘어놓고 싶다. 〔강조: 인용자〕

이 부기에서도 확인할 수 있듯이, 이 글은 가벼운 수필에 지나지 않는다. 그러나 이것은 '전의의 앙양'을 목적으로 씌어진 것이었다. 더욱이 "준열한 결전이 진행되는 중"이라고 기록되어 있는 바와 같이, 이것은 잡지 『신태양』의 '싸우는 조선 특집, 징병 제도 실시 기념'호에 게재하기 위한 것이었다.

1942년 5월 10일, 내각 정보국은 "8일 각의(閣議)에서 '조선 동포에 대하여 징병제를 시행하고 1944년부터는 징집을 할 수 있도록 준비 작업을 추진하기로' 결정했다"고 발표했다. 이 결정은 그 후 1943년 2월 20일에 병역법 개정 법안이 국회에서 가결됨에 따라 그 시행이 앞당겨지게 되어, 3월 1일 법령 제4호로 공포되고, 8월 1일에 실행으로 옮겨지게 되었다. 『신태양』의 '싸우는 조선 특집'은 이른바 조선인에 대한 징병제 실시에 발맞춰 나온 것이었다. 특집의 집필자들은 아래에 기록한 바대로다.

---

33) 김사량, 「날파람」, 『신태양(新太陽)』, 1943년 11월호.

병제 개정에 즈음하여	조선총독 고이소 구니아키(小磯國昭)
조선의 실상을 파악하자	조선군 사령관 이타가키 세이시로(板垣征四郎)
반도 문화계의 결전 태세	국민총력조선연맹 선전부장 쓰다 다카시(津田剛)

수필

다테노 노부유키, 야스타카 도쿠조, 유아사 가쓰에, 장혁주, 유진오, 이무영

시

조선 동포의 소집을 축하함	오자키 기하치(尾崎喜八)
번석(番石)	김용제(金〔村〕龍濟)
젊은 모습	마쓰무라 고이치(松村紘一: 朱耀翰)

소설

전선의 아리랑	하마모토 히로시(浜本浩)
부여	가토 다케오(加藤武雄)
창록(昌錄)의 소〔牛〕	다카미 준(高見順)
병사가 되어	가야마 미쓰로(香山光郎: 李光洙)
어머니의 기쁨	마키 히로시(牧羊: 李石薰)

위에 인용한 내용 중 「반도 문화계의 결전 태세」는 이미 그 일부가 다케우치 요시미에 의해 『문학』(1970년 1월호)에 소개된 바 있다. 따라서 여기에서는 주로 문인·예술가들이 어떠한 '결전 태세,' 즉 일본의 전쟁 수행 정책 속에 어떻게 조직되어 있었는가에 대해 살펴보기로 한다.

반도 문화계의 지도 방면은 조선총독부 정보과와 경무국·학무국이 담당하고 있으며, 수년 내에는 특히 지도 장려 방면에 힘을 쏟고 있다. 〔……〕

당국의 지도책에 호응하여 문화계의 각 분야는 자발적으로 조직을 결성하려 하고 있다. 이들의 민력(民力)을 결집시켜 반도의 문화계에 영향을 미치고, 새로운 반도 문화 건설에 임해 마땅한 임무를 갖는 것이 국민총력조선연맹이며, 이 선전부가 문화과(文化課)를 두어 이 조직의 중심으로 삼고 있다. 그 가맹 단체로 조선문인보국회·조선미술협회·조선음악가협회·조선연극문화협회 등이 있으며 조선영화제작회사·조선영화배급회사 등도 이것과 연결되어 반도 문화의 추진력을 형성하고 있다.

조선문인보국회는 〔……〕 천 명 가까운 내선 문화인이 가맹하고 있는 유력 단체다. 이 단체에 의해 조선 문단의 국어(일본어)화 운동이 일어났으며 반도 문단은 국어화되어 내지·반도 양쪽의 작가들이 사이좋게 정진하고 있다. 〔……〕

반도의 문화계는 징병제 실시에 대처하여 대동아전쟁의 결전적 단계에 즉응하여, 날로 일치 단결하여 전진해나가고 있다. 〔……〕 이런 의미에서 최근 가토 다케오, 다테노 노부유키, 후루야 쓰나다케(古谷綱武), 후쿠다 기요토(福田淸人), 마루오카 아키라(丸岡明) 제 일행의 반도 시찰, 또한 개조·중앙공론·문예춘추·일본평론·신태양, 그 외 내지(內地)의 저명 잡지사 편집장 일행 및 기타 문화 관계자들이 속속 내선(來鮮)하여, 반도 문화계의 실상을 접하고 이를 격려하는 일은 우리의 더할 나위 없는 기쁨이다. 〔……〕

반도 문화계도 이 국체의 본의의 투철이 급속하게 행해지고, 새로운 일본 문화의 일환으로서 거듭나고 있다.

모습도 바뀌었다. 언어도 바뀌었다. 그러나 가장 중요한 것은 마음이다. 그 마음까지, 일본인이 되어 일본을 조국으로 삼고 이 국난에 임하려 하는 청년들이 거리에 넘치고 있다. 하물며 그 마음의 양식인 문화가 근본부터 바뀌지 않을 수 있겠는가. 〔강조: 인용자〕

김사량이 해군 견학단원으로 파견된 것은 위 내용에서 알 수 있듯이 소위 조선 문화계가 통치 권력의 수중에 완벽하게 장악되어 있는 그 속에서, 모습도 말도 일본의 그것으로 바뀐 조선 청년을, "일본을 조국으로 삼고 이 국난에" 임하도록 내몰아대는 데에 일익을 담당하는 문학을 생산해내기 위한 것이었다. 그의 「날파람」도 비록 수필이라고는 하나, 이러한 목적과 결부되어 있는 것이었다.

조선인에 대한 징병은 이상의 것 이외에도 학도병 동원이 있었다. 1943년 10월 20일부 육군 특별 지원병 임시 채용 규칙(육군성령 제48호)에 의해, 법·문과계 대학 및 전문학교 재학생을 특별 지원병으로 채용하는 방침이 발표되었다. 그리고 총독부는 행정 최고책임자를 위시한 정무총감(政務總監)·학무국장 등이 솔선수범하여 이를 추진하는 가운데 11월 20일에는 일찌감치 그 작업이 끝나, 다음해 1월 20일에는 입영이 시작되기로 되어 있었다. 두말할 필요도 없지만, 이 조선인 학도병의 동원에 조선의 학자·작가들 역시도 한 역할을 맡고 있었다. 당시 모습의 일부를 전하는 김달수의 다음과 같은 묘사는 "치를 떨지 않고서는 바라볼 수 없는 회화(戲畵)"(『현해탄』), 바로 그것이었다.

3·1 독립 선언서의 서명자 혹은 동양사학자로 저명한 최남선(崔南善)과 〔……〕 작가 이광수(李光守) 등을 중심으로 한 설득 명사단이 결성되어 도쿄와 교토·오사카 등에 있는 학생들을 향하여 파견되곤 했다.

작가 이광수가 행한 도쿄 M대학의 설득 연설회 광경을 쓴 도쿄발 기사는, 그 게재가 금지되었다. 그래서 그것을 읽은 이들은(그들은 서로 빼앗듯이 해서 기사를 읽었다) 사내(社內)의 극소수에 지나지 않았다. 대강당을 가득 채운 조선인 학생들은 이광수를 향하여 일제히 "우리가 왜 목숨을 내놓아야 한단 말이냐!" "어째서 죽어야 한단 말이냐!" "우리가 목숨 걸고 지켜야 할 조국과 국가가 도대체 어디에 있단 말이냐!" 하고 대들자, 결국은 이광수를 비롯한 모두가 그 자리에서 통곡하는 등 아수라장이 되어버리고 말았다는 것이었다.

위 글 속의 최남선(崔南先)이 최남선(崔南善), 이광수(李光守)가 이광수(李光洙)라는 것은 쉽게 알 수 있다. 실제 사실 역시도 이대로였던 것이다.

김사량이 위험한 절벽에서 굴러떨어지면서 그 저항에 좌절이 더해지기 시작한 것은 이러한 때였다. 이전부터 그가 문학 운동의 조직, 정치와 문학과의 관련성, 문학과 민중과의 유대 등등의 보편적인 과제와 관련하여 자신의 민족적·예술적 저항의 길을 포착하였으며, 이것을 실현하려고 노력했던 것은 「조선 문화 통신」 및 『태백산맥』 등의 작품을 통하여 충분히 파악이 가능한 바다. 그래도 객관적 상황은 그것의 추진을 허용하지 않았다. 그 결과 저항 역시도 개인적 노력에 기대할 수밖에 없게 되었으며, 결과는 이미 분명해진 바와 같이 그 전면적 후퇴 현상으로 드러난 것이었다. 「해군행」으로부터 수필 「날파람」, 뒤를 이어 김사량이 장편 『바다에의 노래』를 쓴 것은 말하자면 그 전면적 후퇴의 징표였다. 장편 소설 『바다에의 노래』에 대해서는 한국 평론가 임종국도 그 「김사량론」에서 "해군 특별 지원병 제도의 실시와 더불어, 조선 민중에게 해군 사상을 보급한다고 하는, 단지 그 목적만을 위해 씌어진" 선전 소설에 지나지 않는다고 말하고 있다. 바로 이대로임에 틀림이 없다. 그러나 이것을 써서 『매일신보』에 연재했던 1943년 12월 중순부터 다음해에 걸친 김사량의 매일매일이 민족적 양심의 가책과 오욕, 그리고 고뇌에 몸을 파는 그것이었다는 것은 상상하기 어렵지 않다. 상황이 급속도로 비참을 더하고 있었기 때문이다. 조선어학회 사건으로 투옥되었던 이윤재·한징(韓澄) 등 언어학자들이 옥사한 것도 이즈음이었다. 이와는 대조적으로 적극적으로 친일에 나섰던 장혁주의 「이와모토(岩本) 지원병」이 인기를 모았던 것도 이즈음이었다. 이에 관한 사항은 상술할 필요도 없겠다. 임전혜의 「장혁주론」에 그 내용이 매우 소상하게 나와 있다.

일본의 작가·평론가들에 의한 종군 보고회, 문화 강연, 좌담회 등이 빈번하게 조선에서 개최되었던 것도 이즈음이었는데, 이에 관한 것은 앞의 「반도 문화계의 결전 태세」를 통해 그 대략을 짐작해볼 수 있다.

1942년 봄, 일본에서 돌아온 김사량이 다음해인 1943년 1년 간 「해군행」「날파람」을 사이에 두고 『태백산맥』『바다에의 노래』 등의 장편을 집필·발표한 것은, 이상과 같은 상황 아래에서였다. 그리고 이 상황에 대한 도전이 불가능해졌을 때, 민족적으로 예술적으로 그는 모두 좌절하고 말았다. 이후 그가 다시 펜을 들게 된 것은, 중국 항일 지구로의 탈출을 감행한 뒤부터였다.

1944년에 들어서자 그는 갑자기 작품 활동을 중지하고 만다. 뿐만 아니라 작품 활동에서 손을 뗀 그는 한때 이효석 등과 대동(大同)공업전문학교에서 근무하면서 독일어를 가르쳤다고 한다. 교단에 섰던 사실은 김사량 자신도 인정하고 있는 바다. 그러나 그것이 대동공업전문학교에서의 그것을 가리키는 것인지, 또 그 교편 생활이 언제까지 계속되었는지 등등은 전혀 자세하지 않다.

어쨌든 작품 활동으로부터 멀어진 김사량이 교직에 종사한다고 하는, 그 상상하기 어려운 길을 택한 것은 어째서였을까. 그 변모 문제라 한다면, 다테노 노부유키의 기억에 남아 있는 이즈음의 김사량의 변모된 모습은 매우 선명한 데가 있다. 오다기리 히데오와의 대담 속에서 다테노는 이렇게 말하고 있다.

다테노 소화 19년에 평양에서 김사량을 만났었지요.

오다기리 오호 그렇습니까. 무엇을 하고 있었습니까.

다테노 뭔가 하고 있었던 것 같지는 않습니다만, 이따금씩 외출해서는 보이지 않는 경우가 많았지요. 기억은 희미합니다만, 일본의 패전을 이미 그는 예상하고 있었던 듯한, 그런 인상을 저는 받고 돌아왔습니다.

오다기리 뭔가 분명하게 발언을 하는 것 자체가 매우 위험한 시대였다고 생각하기 때문에, 얼굴만 보고 추정한다든가, 직감력을 발휘하는 이외에는 별 방법이 없는 경우도 많았습니다. [……]

다테노 제 기억이 틀린 게 아니라면, 그 전해에도 만난 적이 있습니다. 소화 18년 즈음의 강연회에 갔었습니다. 그는 강연회장에 나타나서 반가운 듯이 다가와서 함께 식사를 한 듯한 생각이 듭니다. 두번째는 소화 19년에 가서 만났을 때였는데, 뭔가 안절부절못하다가 금방 없어져서 말이죠. 김사량 어디 갔어? 하니 벌써 갔어, 이런 이야기였지요. 그와 한잔하고 싶었는데 말이죠. (대담 「반전 문학의 굴절」)

위의 대담에서 다테노가 말한 바대로 "두번째는 소화 19년에 가서 만났을 때였는데, 뭔가 안절부절못하다가 금방 없어"진 김사량으로부터 "일본의 패전을 이미 그는 예상하고 있었던 듯한, 그런 인상을" 받고 돌아왔다고 생각하기는 어렵다. 아마도 소화 18년 조선에서 만났던 그것까지 포함하여, 총체적으로 김사량의 태도를 보고 '그런 인상'을 받았을 것이다. 또 그것은 오다기리가 말하는 바와 같이 "얼굴만 보고 추정한다든가, 직감력을 발휘하"든가 해서 '그런 인상'을 받았다는 것이기 때문에, 명백한 근거가 있었던 것은 아니었다. 따라서 식민지 통치자인 일본의 작가 다테노 노부유키의 의식의 근저에, 이즈음 이미 일본의 패전을 예기하게 하는 뭔가가 잠재해 있었으며, 가

238

끔 만났던 피식민지 민족 작가 김사량의 언동으로부터 그것을 느꼈다는 것도 있을 수 없는 일은 아니라고 한다면, "이따금씩 외출해서는 보이지 않"거나, "안절부절못하다가 금방 없어"지고 만 김사량의 행동은 다른 각도에서 새롭게 검토되어야 한다. 바꿔 말한다면, 소화 18년에는 "강연회장에 나타나서 반가운 듯이 다가와서 함께 식사를 한 듯한 생각이" 드는 김사량이 겨우 1년도 못 미치는 사이에 어떠한 이유로 그 태도에 급격한 변화를 보여주었느냐 하는, 그 점이 검토되어야 하는 것이다.

　김사량에게 일어난 이와 같은 변화의 이유는, 역시 해군 견학단원으로 파견되어, 후에 「해군행」「날파람」 등의 잡문에 이어 『바다에의 노래』 등 선전 소설이라 불리는 것을 썼던 사실, 그리고 이를 통해 일제 통치 권력에 손을 빌려주고, 나아가 전쟁 수행 정책에 협력하여 조선의 청년 학도들을 전장으로 내모는 역할의 일단을 맡았던 것에 대한, 그의 양심의 가책 속에서 찾아보는 것이 타당하지 않을까. 즉 그것들을 쓰게 되는 시점에 이르면서, 최고도에 달한 자신에 대한 혐오감, 더 나아가 그 심각한 좌절감의 표현이었다고 볼 수 있지 않을까. 분명히 이 당시 그는 패배감 혹은 무력감이라고 할 수 있을 커다란 충격 속에서 심신이 극도로 피곤해져 있었을 것임에 틀림이 없다. 김사량이 다테노 노부유키 앞에서 "안절부절못하다가 금방 없어"지곤 했던 것은, 한마디로 좌절로 인해 그의 마음속에 가득 자리잡고 있었던 수치심 탓이었던 것이다. 그러나 김사량은 그의 좌절감의 내역에 대해서는 한 마디도 남긴 적이 없다. 따라서 이를 파악하기 위해서는 우선 여러 가지 사실들을 축적하고 나서, 이를 통해 유추해가는 수밖에 없다. 그러나 축적된 사실들을 통해서 추정해낼 수 있는 결론들은, 그 어느 것이나 김사량에게 정치적 좌절이 있었다는 것을 입증하고 있는 것으로 생각된다. 무엇보다도 소화 19년의 다테노 노부유키와의 재회 자리에 나타난 김사량의 태도의 변화가 그것을 잘 보여주고 있는 것으로 생각된다.

비록 짧은 기간이었다고는 하나, 김사량은 일본 통치 권력의 조선 지배에 협력하였다. 이것은 민족 의식이 강할 뿐만 아니라 오랫동안 민족적·예술적 저항을 기도해온 그의 마음속에 치유될 수 없는 상처를 남겼던 것이다. 교직에 들어간 것을 계기로 작품 활동으로부터 완전히 손을 떼어버린 것도 이러한 이유가 있어서였다. 무엇보다도 작품을 쓰면 다시 더러움에 물들지 않을 수 없는 그 현실 속에서, 민족적 양심의 가책에 번민하는 그에게 남겨진 최선의 방도가 또한 이것이었다. 즉 그의 교직 생활은 일본의 조선 통치에 대한 협력을 거부하기 위한 방편에 지나지 않았던 것이다. 그뿐만이 아니었다. 그가 이것에 협력함으로써 결과적으로 여지없이 전락하지 않을 수 없는, 조선 민족에 대한 반역이라고 하는 그 나락으로부터 몸을 지키기 위한 궁여지책이 그것이기도 했다. 그러나 그가 작가라는 사실에는 변함이 없었다. 지우인 다테노 노부유키가 강연 여행차 평양에 왔다고 한다면, 적어도 반가운 정을 전했을 것임에는 틀림이 없다. 그러나 현실적으로는 정치적으로 좌절하였으며, 작품 활동으로부터 고의적으로 손을 뗀 상태였던 김사량이었다. 그 복잡한 심리적 갈등이 "안절부절못하다가는 금방 없어"지곤 했다는 식의 기괴한 행동으로 표현되었던 것이다. 이와 같은 행동에 나타난 모순은 당시의 그에게서 이따금씩 볼 수 있는 것이었다. 그리고 그것은 그 나름의 일리가 있었다. 교직에 종사하는 일을 통하여 그가 일체의 굴욕적 협력을 거부하고 일신을 편안하게 유지할 수 있었다고 한다면, 이 또한 바람직하지는 않은 일이기 때문이다. 투옥, 그리고 죽음의 위험에 몸을 내맡길 각오 없이는, 설령 한때라고는 하나 평온한 나날을 기대하기가 불가능했던 것이 당시의 상황이었다. 김사량 자신이 말했다는 다음의 에피소드는 당시 그의 행동에서 볼 수 있는 모순을 극단적으로 드러내고 있다.

그즈음 조선을 방문한 구축국 독일의 시찰단들이 평양을 중심으로 하여 서부 조선 일대의 제 시설들을 시찰하는 일들이 있었다. 그때 조선총독부에서 파견된 일본인 수행 관리들 속에는 언제나 김사량의 모습도 섞여 있었다. 그는 평안남도청으로부터 통역 위촉을 받았던 것이다. 수행길에서 그는 감독관청 안내자들 몰래, 독일어는 제쳐둔 채 "Can you speak English?" 하고 말을 꺼내고서는, 끝까지 영어 통역을 고집했다는 것이다. 김사량은 해방 후 중국 항일 지구에서 조선으로 귀국하여, 경성에 있었던 형 김시명의 집에서 친구들과 술자리를 벌이던 중 이러한 사실을 밝힌 것이다. 일찍이 사가 고등학교 시대에 독일어 성적이 우수하다는 이유로 독일 대사관으로부터 속칭 '히틀러 상'을 받은 바 있으며, 대학에서 독일 문학을 전공하였으며 당시 또한 대동공업전문학교에서 독일어 교편을 잡고 있었던 김사량이 독일어로 통역하는 데에 어려움을 느꼈을 리는 없다. 혹은 이것이 김사량의 타고난 블랙 유머라 해석할 수 없는 것도 아니다. 또한 거기에서, 희미한 저항적 자세의 일단을 엿볼 수도 있다. 그러면서도 동시에 여기에는 통역이라고는 하나 통치 권력에 협력하지 않을 수 없는 자신에 대한 쓰디쓴 생각이 숨어 있는 것으로 생각된다. 작품 활동에서 손을 떼고 교직에 몸을 담음으로써 통치 권력에 대한 협력을 피하려고 꾀했던 김사량의, 행동상의 모순은 이렇게 어쩔 수 없는 성질의 것이었다.

이즈음, 그의 정치적 좌절이 김사량의 의식에 정치적 '전향'이라는 형태로 그 그림자를 드리우고 있었다고 보는 것은 무리가 아니라고 생각된다. 그리고 그는 항일 지구로 탈출을 시도한 뒤에도 끊임없이 이 '전향' 의식에 사로잡혀서 심각한 자기 반성을 되풀이했다. 그 좌절의 충격이 얼마나 컸는가를 엿볼 수 있다. '전향' 의식이 투영되어 있는 예를 아래 글에서 확인해본다.

실제로 아버지는 심약한 분이셨습니다. 옥중 투쟁에서 견디지 못하시게 되자, 전향 성명을 해버리신 것 같습니다. 그러나 성명을 내셨다가 2~3일 후에는 다시 취소하셨답니다. 그래서 심한 고문을 받으시고는, 결국 시신으로 돌아오시고 말았습니다. (「초소의 피오닐」, 『노마만리』)

이것은 김사량이 일본 관동군의 엄중한 봉쇄선을 뚫고 간신히 도착했던 조선의용군 전초기지에서 한 소년병으로부터 들은 신상담이다. 소년병의 부친도 독립 운동 지사였다. 불행히도 적의 손에 체포·투옥되었다가 위에 본 바와 같이 사망했던 것이다. 김사량은 소년병의 이야기를 듣고 왠지 모를 고통을 느꼈다. 그리하여 그 후에도 끊임없이 이 이야기를 되씹으면서, 소년병의 안부와 신상을 걱정하곤 했다. 특히 이 소년병이 전투에서 부상을 당했다는 소식을 듣자, 김사량은 더 이상 견딜 수 없는 심정 속으로 내달려갔다. 단순히 소년병의 신상담에 감동받았다고 하는 것 이상의 이유, 즉 그의 '전향' 의식이 이곳에 투영되어 있다고 한다면 지나친 생각일까.

김사량의 '전향' 의식이 이외에도 여러 가지 형태로 그의 행동에 그림자를 던지고 있다는 것은 더 말할 필요가 없다. 그 현저한 예를, 그가 중국 항일 지구로 탈출하기 이전의 생활 속에서도 찾아볼 수 있다. 이에 관해 그는 이렇게 쓰고 있다.

그 동안 나는 무엇을 구하였는가. 내가 방황을 계속했던 것은 무엇 때문이었는가. 안일을 구하였기 때문이다. 하잘것없는 자기 변호의 나무 그늘을 원하였던 것이다. 자포자기의 독배를 들이켜면서, 날마다 야위어가는 수족을 쓰다듬는 일 따위는 전혀 자랑거리가 될 수 없다. 깊은 계곡에 들어가, 삼간 초옥을 짓고 산나물을 먹고 물마시며 팔을 베고 자는 도인처럼 주경야독의 삶을 계속한다 해서, 그것이 어찌 아름다울 리가 있겠는가. 아니 엄정하게 되돌아보면 오히려 놈들의 총검 앞에 무릎 꿇는 일이 허다했던, 치욕으로 넘치는 나의 반생! 뼈를 깎아내는 듯한 후회가 밀려왔다. 이를 갈지 않고는 견딜 수 없었다. (「일본병 포로 수용소」, 『노마만리』)

김사량은 조선의용군 본거지로 향하던 도중, 팔로군 소속의 '일본병 포로 수용소'에 들러 포로가 된 일본군 장교와 이야기를 나눌 수 있는 기회를 얻었다. 대화를 나누던 도중, 그는 앞에 인용한 바와 같은 회오감에 사로잡혔다. 이 문장으로부터 그의 '전향' 즉 자신의 현실 도피에 대한 회한의 감정을 읽어내는 것은 어려운 일이 아니다. 이렇게 그의 의식 속에 투영된 이 감정은 일단 인정해줄 수 있다고 하더라도, 실제로 그가 '전향'했다고 단정하는 것은 다소 무리가 있지 않을까. 예를 들어 일본적 전향 관념에 관한 혼다 슈고(本多秋五)의 의견은, 잘 알려져 있는 바와 같이 다음에 보는 바대로다.

첫째는 공산주의자가 공산주의를 버리는 것을 의미하는 전향으로서, 이것은 이른바 소괄호 속에 포함되는 전향이다.
둘째는 〔……〕 일반적으로 진보적 합리주의적 사상을 버리는 것을 의미하는 전향이다. 이것은 말하자면 중괄호 속에 포함될 수 있는 전향이다. 기독교의 감화를 받은 명치 작가들의 전향이라고 할 때, 초규(高山樗牛)와 소세키(夏目漱石)·백화파(白樺派)의 주류 작가들 또한 전향자였다는 식의 용법도 가능하다는 의미에서 본다면, 전향이라는 이 일본적 언어는 한편으로는 외래 신사상으로부터의 탈각이라는 의미와 연관되면서, 다른 한편으로는 천황제에 대한 귀순의 의미, 또 동양적 자연주의 속으로 용해된다는 의미와도 연결되고 있는 듯하다. (『전향문학론』)

김사량의 경우는, 혼다 슈고가 계속 주장하고 있는 "최후의 대괄호에 포함되는 전향"과 관계가 없다. 혼다의 주장에 비춰볼 때, 김사량은 우선 공산주의자가 아니었을 뿐만 아니라, 그 운동에 참가했던 적도 없었다. 원래 아시아적 후진 사회에서는 공산주의와 민족주의가 모순 없이 서로 연결되어 있다. 민족주의를 포기하는 것 역시도, 공산주의를 포기하는 경우와 똑같은 전향으로 간주될 수 있다는 것은 부정하기 어렵다. 특히 식민지 치하 조선에서는, 그것은 즉각적으로 민족에 대한 반역을 의미하게 되는 것이다. 그리고 한때 김사량이 했던 일들이 민족에 대한 반역과 관련되는 것이었다는 사실도 부정할 수 없다. 예를 들면 고자이 요시시게(古在由重)는 「사상의 윤리」(『사상이란 무엇인가』)에서 이렇게 말하고 있다.

예를 들어 도대체 어떤 하나의 사상이 뭔가 가혹한 조건(탄압, 전쟁 따위) 아래에서 꺾였는가 그렇지 않는가. 일그러지지 않고 자신을 관철했는가 그렇지 못했는가. 그러한 이상한 조건 아래에서 그것은 어떤 모습을 하고 있었는가, 어떤 식으로 행동하였는가? 이 시련들을 통하여 처음으로 그 사상의 성격과 본질이 선명하게 눈앞에 드러나는 경우가 있다. 기독교인, 자유주의자, 사회민주주의자 혹은 공산주의자의 사상의 실체도 과거 및 현재의 이 역사의 실천을 빼놓고서는 그 정체를 명료하게 확인할 수 없다.

따라서 사상을 대할 때에는 그 명확한 윤리성 외에도 그 성실성, 용기, 그 책임이 요구되며 그것이 추구되지 않으면 안 된다.

고자이의 이 주장에 의거해본다면, 김사량의 사상은 "가혹한 조건 아래에서 꺾"인 것이었다. 그의 경우 '전향'은 그의 의지로 표명된 적도 없거니와, 그 후의 행동을 통해 입증된 적도 없었다. 아니 그 후의 그의 행동은 오히려 이것을 부정하는 것이기까지 했다. 따라서 그가

244

의식적으로 생각한 내용이야 어찌 되었건간에, 김사량에게 사상적 전향이라는 사실은 전혀 존재하지 않았던 것이다. 그러나 그가 한때 '꺾였'던 것은 틀림이 없다. 바꿔 말한다면, 그는 그의 사상이 올바름을 확신하고 통치 권력에 대한 민족적·예술적 저항을 계속해왔으나, 투쟁에서 패배하여 정치적으로 한때 꺾였던 것이다. 그 '역사적 실천' 과정을 통하여 우리가 확인할 수 있는 것이 이것이다. 그러나 그의 좌절은 그 사상의 '성실성·용기·책임'을 의심하게 만드는 그런 것은 아니었다. 오히려 '그 성실성·용기·책임'의 강력함을 입증하는 것이었다. 그 이후 행해진 그의 중국 항일 지구로의 탈출은 여지없이 그것을 웅변하고 있다. 말하자면 그에게는 '전향'이 있었다기보다 좌절이 있었다고 보아야 하는 이유가 여기에 있다.

그러나 현상적으로 드러난 바의 김사량의 행동, 즉 교편 생활과 침묵, 항일 지구로의 탈출이 그 좌절을 '위장 전향'으로 비치게 만들었다는 사실은 부정하기 어렵다. 그러나 그것이 오인이었다는 사실 또한 위와 같이 분명하다. 김사량은 교편을 잡고 있던 중 가족과 함께 평양을 떠나 그리 멀지 않은, 대동강에 점재하는 섬 중의 하나인 두로도(豆老島)에 몸을 감추었다. 두로도에서 그는 "삼간 초옥을 짓고 산나물을 먹고 물마시며 팔을 베고 자는 도인처럼 주경야독의 삶을 계속"했던 것이다. 이것은 의심할 바 없이 그가 좌절에 빠져 있었다는 사실, 그리고 그가 갖고 있었던 좌절감의 깊이를 보여주고 있다. 그가 몸을 숨긴 두로도는 일찍이 김사량의 큰어머니, 즉 그의 백모(伯母) 내외와 그 가족이 살았던 곳이었다. 또 그에게 있어서는 유년의 감미로운 추억들이 서려 있는 곳이기도 했다. 소설 「물오리섬」은 그 추억에 기초하여 씌어진 것이다. 그러나 좌절감에 빠져 있었던 그에게 그 추억이 감미로우면 감미로울수록 그의 패배감 역시도 더욱 더 깊이를 더하고 있었을 것이라는 점은 상상하기 어렵지 않다. 동시에 두로도에 몸을 기탁한 뒤부터의 나날이 유년기의 그것과는 너무나 달랐기 때문에 그 삶이 괴롭기 짝이 없었을 것도 매우 당연하다. 그 회색의 나날을 돌아보며 쓴 것이 앞서 본 『노마만리』의 일절이었다. "안일을 구하여" "자기 변호의 나무 그늘을 구했"다고 하는 바로 그곳에, 회색의 나날에 대한 그의 자조가 담겨 있는 것을 확인해볼 수 있다. 더 나아가 삼간 초옥의 주경야독의 삶 속에서, 현실에서 도피한 뒤 저항의 자세를 상실해버린 김사량의 모습을 상상해내는 것은 그렇게 어려운 일이 아니다. 총괄적으로 볼 때 김사량의 이 글은 그 좌절의 고뇌를 생생하게 보여주고 있다.

그러면 그는 어떤 계기를 통하여 좌절로부터 헤어나오는 계기를 포착하게 되며 또 어떤 행동을 보여주게 되는가, 이 문제를 지금부터 살펴보기로 한다.

제6장
좌절과 모색의 나날들

통치 권력에 대한 김사량의 지속적인 저항이, 그의 해군 견학단 파견을 계기로 암초에 걸려 있었다는 사실은 앞장에서 밝힌 바대로다. 그때까지 지속되어왔던 그의 저항의 자세는 귀국 후 「해군행」 「날파람」 『바다에의 노래』 등의 집필 과정에서 맥없이 붕괴했다. 말하자면, 상승 지향과 하강 인식의 접점이었던 그의 민족적 위상은, 이 작품들을 쓰게 됨으로써 커다란 변모의 접점에 이르게 된다. 그가 정치적으로 좌절하였을 것은 이런 의미에서 의심할 나위도 없다. 그러나 김사량이 좌절의 고뇌 속에 잠겨 있었던 그 나날들을, 침묵 속에서 보내고 있었다는 사실은 어떻게 해석해야 할까. 1943년 11월 14일부터 다음해 초에 걸쳐 장편 소설 『바다에의 노래』를 『매일신보』에 연재한 다음부터 그는 완전한 침묵 상태에 빠져 있었다. 이 상태는 그가 중국 항일 지구로 탈출하는 1944년 6월까지 지속된다. 물론 여기에서 말하는바 침묵이란 집필 활동의 중단을 의미한다. 이즈음의 김사량의 위상은 침묵, 이것을 통해서 살펴볼 수밖에 없다. 더 나아가 그의 좌절이 의미하는 바를 깊이 파고들어가 그가 재기할 수 있는 계기를 찾아내기 위해서도, 당시 그의 침묵은 새롭게 고찰되어야 할 필요가 있다.

김사량이 자신의 정치적 좌절을 '전향'으로 간주하고 있었던 듯하다는 것은 앞장에서도 논한 바대로이다. 가령 그가 스스로 믿고 있었던 바와 같이 그의 좌절이 사실상 정치적 전향이었다고 치자. 그렇다고 해서 이것이 1년 반 여에 걸친 그의 침묵의 이유를 설명할 수 있는 충분한 근거가 될 수는 없다. 왜냐하면, 그의 좌절 내지 전향은 현상으로서 드러난 것이 아니라, 의식 속에 내재하는 형태로서 존재하고 있었기 때문이다. 더 나아가 말한다면, 그가 대항을 꾀했던 일본 통치 권력에 의해 직접 내지 물리적으로 강요된 결과와는 다소간 그 외양을 달리하기 때문이다. 원래 그의 좌절 내지 '전향'의 계기가 되었던 것으로 볼 수 있는 해군 견학단 파견은, 김사량을 그 일원으로 참가하게 한 국민총력조선연맹의 배후에 있었던 통치 권력의 조종에 의한 것이라는 사실은 두말할 필요도 없다. 그러한 의미에서는 강요된 결과라고도 할 수 있다. 그리고 이와 같은 형태로 강요된 결과, 김사량은 민족적 양심을 배반하고, 통치 권력에 추파를 던지는 잡문과 선전 소설 따위를 쓰고는 결국 좌절감 내지 전향 의식에 사로잡히게 되었던 것이다.

과거를 한번 돌이켜본다면, 김사량은 이 당시 해군 견학단 파견을 거부할 수도 있었지 않았을까. 이렇게 하기 위해서는 커다란 용기가 필요했을 것이라는 점은 말할 필요도 없다. 투옥이나 죽음까지도 불사할 각오가 되어 있지 않다면 쉽게 행할 수 없는 행위였다는 것은 두말할 필요도 없기 때문이다. 하지만 민족적 양심을 팔고 통치 권력에 추파를 던지는 것보다는 매우 떳떳한 일이라고 할 수 있다. 이 지점에서 김사량의 민족주의 사상의 한계를 잡아내는 것은 매우 쉬운 일이다. 그러나 그렇다고 하기에는, 「빛 속으로」로부터 『태백산맥』에 이르는, 굴절 과정들을 보여주면서도 어쨌든 지속되어온 그의 저항의 자세는, 그의 사상의 군건함을 너무도 강하게 입증하고 있다고 하지 않을 수 없다. 어쨌건간에 그는 투옥이나 죽음을 불사하는 각오로 해군 견학단 파견을 거부할 수는 있었을 것이다. 그러나 김사량은 파견을 거부하는 길은 선택하지 않았다. 그렇다고 해서 이 문제에 대해 왈가왈부할 사람이 있을까. 그 누구라도 투옥과 죽음의 공포 속으로 스스로 들어가는 것을 원할 이는 없겠기 때문이다. 그러나 김사량은 이 결과, 반복해서 말해온 바와 같이, 정치적 좌절 혹은 '전향' 의식에 몸을 내맡기게 되었다. 결과적으로 본다면 해군 견학단 파견에 그가 응하는가 응하지 않는가 하는 문제는, 민족적 저항이라는 입장에서 보자면 이율배반적인 문제에 다름 아니었다. 더 나아가 말하자면, 이 파견에 그가 응했다는 것은, 그 진행 결과로서 필연적으로 좌절 내지 '전향'이라고 하는 것을 스스로 준비하게 되는 과정이기도 했다. 만약 이 추정에 오류가 없다고 한다면, 해군 견학단 파견이 전해지고 그가 이에 응했던 시점에서, 이미 김사량은 그 후에 당연히 발생하게 될 사태에 대하여 어느 정도 예측은 하고 있었을 것으로 생각할 수 있다. 아니 김사량 정도의 인물이 그것을 예측하지 못했으리라고는 생각조차도 할 수 없다. 뿐만 아니라 그가 파견에 응한 것은 말하자면 그 뒤에 예측되는 사태에 대처하는 은밀한 결의를 감춘 행동이지 않았는가, 이렇게도 생각된다. 『바다에의 노래』 집필 후 그가 대동공업전문학교 독일어 교사로 변모한 것은, 이 추정의 예리함을 입증하는 증거가 아닐까. 이렇게 일단 각오가 뒷받침된 행동이었다고는 하나, 「해군행」 『바다에의 노래』 등 선전 소설류의 집필이 그의 마음에 현실적으로 초래한 것은, 예측을 까마득히 뛰어넘는 민족적 양심의 아픔 이외에 그 아무것도 아니었다. 김사량의 침묵의 원인은 말하자면 여기에서 찾을 수 있다.

그러나 그의 침묵의 진짜 원인이 위와 같은 추정만으로 완벽하게 규명되었다고 보기는 어렵다. 그의 좌절 혹은 전향 의식이라는 것은, 이미 논해온 바와 같이 그의 민족적 양심에 의해, 그의 의식의 내면에서 발생하고 있기 때문이다. 바꿔 말한다면, 그것은 그가 통치 권력의 강권에 의해 투옥되었다든가, 고문을 받았다든가 하는 물리적·직접적 강제에 의해 생긴 것이 아니었다. 이런 의미에서 이것은 김사량의 민족주의 사상에 있어서의 윤리관과 관련된 문제였다. 말할 필요도 없지만, 그것이 그의 사상이 갖고 있는 윤리관과 관련되어 있다는 점 때문에, 그의 내면에 생긴 좌절감 내지 '전향' 의식을 경시해야 할 이유는 아무 데도 없다. 예를 들면 고자이 요시시게는, 그의 '사상의 존재방식' '사상의 행위'라는 것에 관해 논하면서 「사상의 윤리」에서 이렇게 술하고 있다.

대저 사상이란 것은 맹목적인 신앙이나 습관과 달리 일정한 논리를 갖고 있다. 그것은 어떠한 경우에라도 논증의 힘이 빠져서는 안 된다. 이것이 빠져 있을 때에는, 그것은 이미 사상이라는 이름을 내걸 자격을 상실하게 된다.

그러면서도, 동시에 사상이 이와 같은 논리성에만 국한되지 않는다는 것도 분명하다. 그것은 단순히 각각의 학문적 관점 위에 서 있는 개별적 이론이나 학설·주장 등과는 달리, 한 인간의 전존재를 관통한다. 그것은 그것을 지닌 인간의 모든 태도·행동·인격의 형성과 필연적으로 관련되어 있다. 그것은 그저 책이나 논문 속에만 있는 것이 아니며, 또한 한 인간의 머리 속에만 존재하고 있는 것도 아니다. 그것은 살아 있는 것이며, 각각의 인간의 전생활·전실천·전인격을 형성해 내고 있다. 〔강조: 인용자──『사상이란 무엇인가』〕

김사량의 민족주의 사상이 그의 전존재를 관통하고 있다는 것은, 지금까지 보아온 바로 미뤄볼 때 움직이기 어려운 사실이다. 적어도 그의 작품 하나하나가 그 사상과 깊이 관련되어 있으며, 그것에 의해 관철되고 있다는 것은 부정하기 어렵다. 바꿔 말하자면, 김사량의 전존재는 그의 "모든 태도·행동·인격형성과 깊이 관련되어 있는" 민족주의 사상과 분리할 수가 없다. 그 사상은 그의 "모든 생활, 모든 실천, 모든 인격을 형성해내고 있기" 때문이다. 그러면서도 한편으로는 그의 "전인격을 형성해내는" 사상에 기초한 행위가 통치 권력에 대한 저항이 불가능하게 되면서 그에게 심리적 좌초(坐礁)를 초래한 것도 부정할 수 없다. 그러나 잊지 말아야 할 것은 그 좌초가 어디까지나 그의 의식 속에 내재하는 형태로 존재하고 있었다는 사실이다. 이것이 지금까지 조금씩 인용해온 이광수·장혁주 그리고 임화 등의 전향과 그의 '전향'의 위상을 달리 평가해야 할 이유이다. 예를 들어 이광수의 경우는 어떠했던가. 오무라 마스오(大村益夫)는 「제2차 세계대전하의 조선의 문화 상황」[1]이라는 제명의 논문 속에서 이광수의 생애를 간결하게 정리한 바 있다. 그 내용은 다음과 같다.

이광수는 일한(日韓) 의정서 조인이 이뤄진 해인 1905년, 13세 때 일본에 건너와 명치학원 중학부에 입학했다. 중도에 몇 번 귀국한 적이 있다. 졸업 시기까지 5년 간에 걸쳐 그는 일본 문학을 읽었으며 일본을 통해 세계 문학과 접촉하였다. 특히 톨스토이에 심취했었던 것으로 전한다. 귀국 직후 부산에서 기차에 탔을 때의 이야기인데, 그는 양복을 입고 있었기 때문에 일본인으로 오인을 받았다. 역원으로부터, 거기는 타지 마세요, 조선인이 타는 칸입니다, 하는 말을 듣고서 그는 분연히 "나는 조선인이다"라고 외쳤다. 차 안을 채운 더러운 옷과 자리 싸움, 마구 뱉어대는 가래침, 악취와 불결 때문에 토할 지경이었던 그는 그들을 (일본인처럼) 청결하고 품위있게 만들어주겠다고 결심한다. 이 에피소드[이광수, 「나의 고백」: 인용자]는 이후 전개될 그의 생애를 암시하고 있다.
귀국 후 고향 정주에 있는 오산학교(미션계)의 교원이 되었다가, 1915년 23세 때 다시 도일하여 와세다대학 문학부 철학과에 입학한다.

---

1) 와세다대학, 『사회과학 토구(社會科學討究)』 제43호, 1970년 3월.

1917년 도쿄에서 원고를 보내『매일신보』에 장편 소설『무정』을 126회에 걸쳐 연재한다. 이것은 조선 최초의 장편 소설로서 한국의 대다수 문학사가들은 이것을 조선 신문학의 출발점으로 보고 있다.

제1차 대전의 종말을 보면서, 이광수는 동지들을 모아 조선청년독립단을 조직하고 서울의 독립 선언[3·1 독립 선언: 인용자]보다 한걸음 더 빠른 2월 8일 유학생 중심의 독립선언서를 만든다. 이것을 해외 요로에 배포하는 책임을 맡고 상해로 가, 그곳에서 잠시 상해 임시정부 일을 본다. 1921년 4월, 두번째 아내인 허영숙의 뒤를 따라 조선으로 귀국하였다가, 일본 경찰에 체포되어 서울로 보내지나 불기소 석방된다. 그의 변절은 이 시기부터 표면화되었다 해도 좋을 것이다. 같은 해 11월,「상쟁(相爭)의 세계에서 상애(相愛)의 세계로」및「민족개조론」을 집필한다.「민족개조론」이 민중의 분노를 산 결과, 칼을 든 청년들이 이광수의 집에 쳐들어가는 일, 또 이 장편 논문을 게재한 개벽사가 습격당하는 일 등이 발생한다.

1923년『동아일보』편집국장으로 입사하여, 동 지상에 소설과 논문 몇 편을 발표했으나, 1924년에 사설「민족적 경륜」을 실어 세간의 반격을 받고 일시 퇴사했다. 1933년 다시『동아일보』를 퇴사한 뒤부터 불교에 귀의했으며 법화경의 조선어 번역에 착수했다. '만주 사변'이후 강화된 탄압과 사회의 퇴영적 분위기, 그리고 자식의 죽음도 그의 불교에 대한 경사에 압박을 가했다.

1937년, 조선총독부 미나미 지로의 '황국신민화 정책'에 따라 더 한층 광폭한 탄압 정세가 전개된다. 이광수도 수양동우회 사건(개인의 도덕적 수양을 축적함으로써 민족의 역량을 양성하려 한 극히 비정치적인 단체. 당시는 조선인이 단체·결사를 조직하는 것 자체가 단속 대상이었다: 원주)으로 검거되어 투옥·발병·보석·입원·기소를 거쳐 1심 징역 7년 구형(무죄가 되어 검사가 항소), 2심에서 5년 구형을 거쳐 1941년 이 사건은 3심에서 무죄가 확정되었다. 이 사이 이광수는 그가 숭배했던 안창호가 보석중 병사한 데에 큰 충격을 받았던 탓인지, 일제의 힘에 굴복하고 만다. 그리하여 1939년에는 김동인·박영희·임학수 등의 '북지(北支) 황군 위문'에 협력하여, 총독부의 어용단체인 조선문인협회의 회장에 취임한다. 1940년에는 '가야마 미쓰로(香山光郞)'라 개명하고, 1941년 태평양전쟁이 발발하자, 친일 연설을 하며 각지를 돈다. 1942년에는 조선인 학생들의 학도병 격려를 위해 도쿄에도 다녀온다. [강조: 인용자]

1921년, 상해에서 귀국한 이광수가 체포되었다가, 불기소 처분으로 석방되는 것과 거의 궤를 같이하여 그의 변절 역시도 표면화되었다. 이것은 그의 불기소 처분에 대한 석방의 대가로서 그가 전향했다는 추정을 가능케 한다. 이해 11월에 씌어진 「상쟁의 세계에서 상애의 세계로」 및 「민족개조론」 등은 바로, 조선 민족의 독립을 선언하였던 그의 사상적 전향을 입증하는 것이라고 할 수 있다. 그러나 그 전향이, 그 후의 것들은 일단 제껴놓는다면, 통치 권력의 강요에 의해 민족적 양심을 배반하게 된 것임을 부정할 수 없다. 그리고 수양동우회 사건에 기인한 이광수의 검거는 그의 전향에 박차를 가하였다. 검거 이후 공소심과 병행이라도 하듯이 그의 '친일' 행동이 본격화되었다는 사실은 바로 그 증거라 할 수 있다. 덧붙여 말한다면, 김사량이 『모던 일본』지 조선판에 번역한 이광수의 소설 「무명」은 그의 옥중에서의 발병과 생활을 묘사한 것이었다. 어쨌든간에 이 지점에서 간과할 수 없는 것은, 이광수가 개인의 도덕적 수양과 민족의 역량을 함양하기 위해 극히 비정치적 단체를 만들었다는 그 이유 때문에 검거되었다는 점이다. 그러나 원래 결사의 자유 따위가 전혀 허용되지 않는 사회 상황하에서 일어난 일이기 때문에, 통치 권력이 이것을 탄압했다고 해서 이상할 것은 없을 것이다.

그러나 그를 검거한 진짜 목적은 통치 권력의 충실한 주구를 만들기 위한 것이 아니었을까? 그렇기 때문에 이광수 역시도 당국의 집중 공격의 목표가 되었던 것이 아닐까? 물론 이광수 자신도 이 의도를 간파하고 이에 영합함으로써 보신을 꾀했을 가능성도 생각해볼 수 없는 것은 아니다. 그러나 이와 같은 관계 역시도 통치 권력측에서의 주동적인 책략이 있었기 때문에 비로소 성립할 수 있는 것이다. 그렇다면 역시 이광수는 통치 권력의 집중 공격의 대상이 되었으며, 그 때문에 '친일' 작가로 급속하게 변신했다고 보아도 무리가 없을 것이다. 이것을 김사량과 비교해서 본다면, 이광수의 전향은 바로 통치 권력의 강요 앞에 굴복한 결과였다고 할 수 있다. 임화의 경우도 조선 해방과 동시에 그가 '조선문화건설중앙협의회'를 조직한 일이라든가, 새로운 민족 문학의 건설에 나선 일 등을 종합해본다면, 그 전향이 통치 권력의 강요에 의해 이뤄진 것이라는 사실을 쉽게 확인할 수 있을 것이다.

그러면 장혁주는 어떠했던가. 아래 글은 도일 후 얼마 지나지 않았던 시기의 장혁주의 모습을 이렇게 전하고 있다.

1932년 6월경의 일이었다.

「아귀도」하나로 문명(文名)을 얻고 작가적 야심에 불타고 있었던 장혁주는, 어느 날 비평가 오야 소이치(大宅壯一)와 함께 도쿄 교외에 있는 기쓰조지(吉祥寺)의 에구치 기요시(江口渙)를 방문했다. 오야 소이치의 추천으로 일본 프롤레타리아 작가 동맹에 가입하려는 의도에서였다. 그래서 동맹의 중앙부에 있었던 에구치 기요시로부터 동맹의 계급적 사명과 일본 프롤레타리아 문학의 장래 등에 대해 듣게 된 것이었다.

두 사람의 간담은 4시간에 이를 정도였다. 그러나 장혁주는 일단은 작가 동맹에 가입한다고 했다가 어느 틈엔가 흐지부지 취소해버리고 말았다. 그 이후는 부르주아 문단 진출을 노리면서 저널리즘의 물결을

타는 데에만 전념했다.[2]

장혁주가 "일단은 작가 동맹에 가입한다고 했다가 어느 틈엔가 흐지부지 취소해버리고 말았"던 것은 어떤 이유에서였을까. 이에 관해 임전혜는 「장혁주론」에서 다음과 같이 술하고 있다.

　　일본에 와서 일본 문단의 추세를 몸으로 배운 장혁주가 '일본 프롤레타리아 작가 동맹'에 가입하지 않았던 것도 일본 문단에서 위치를 확보하고자 하는 장혁주 나름의 보신책이었음에 틀림이 없다. 1934년 장혁주는 「나의 포부」(『문예』, 4월호) 속에서 자신이 "소속되어 있는 민족의 여러 가지 상황들, 그 속에서 일어나는 여러 가지 현상"들을 묘사함으로써, "개인의 생존 욕구에 기초한 각종 본능"을 묘사하는 쪽이 '더 고도(高度)'한 예술 세계라고 하였다. 〔……〕 「아귀도」적 세계와의 결별을 완곡하게 선언한 이 일문은 프롤레타리아 문학의 퇴조를 눈앞에서 목격한 장혁주가 일본 문단에 영합을 시도한 최초의 예였다. 이것은 자신은 "마르크스주의자가 아니라 아나키스트"였는데 "프로 문학이라는 옷을 살짝 빌려 입"고 "「아귀도」를 썼"다고 한 그의 고백 속에 보다 분명하게 나타나고 있다.

즉 장혁주는 먼 곳에서 아물거리는 얼굴들에 지레 겁을 먹고는 수치심도 없이 스스로 민족적 절조를 굽히고 말았던 것이다. 이광수·임화, 그리고 장혁주 등의 경우가 김사량의 위상과 다른 것이었다는

---

2) 김두용(金斗鎔)·에구치 기요시, 「조선프롤레타리아 문학 운동의 사적 전망」, 『민주조선』, 1949년 9월호. 이 평론이 씌어진 것은 1931년이었다. 전후 가필·교정을 거쳐 『민주조선』지에 발표되었다. 모두 7장으로 구성된 이 글은 1장부터 5장까지가 조선 프롤레타리아 문학 운동, 6장과 7장에 일본의 그것이 서술되어 있다. 필자가 2인으로 되어 있는데, 이것은 주(註)에 의하면 김두용의 구술을 에구치 기요시가 정리했기 때문이다. 글의 책임은 에구치 기요시에게 있다.

사실은 이상에서 보아온 바와 같이 명백하다. 따라서 김사량에게는 그가 가야 할 다른 길이 남아 있었다. 즉 그의 내적인 '전향' 의식은 어쩔 수 없었다손 치더라도, 작가인 그가 작품을 쓰는 행위를 통하여 자신의 재기를 꾀하는 길은 남아 있었던 것으로 생각되는 것이다. 예를 들어 그가 쓴 글이 발표될 수 없었다 하더라도 그것은 문제가 되지 않았다. 아무튼 그는 침묵 속에서라도 자신의 부활을 위해 작품을 계속 써야 했던 것이 아닐까. 그런데도 그에게는 그와 같은 노력을 기울인 흔적이 어디에서도 보이지 않는다. 그는 오로지 침묵의 심연 속에 몸을 담그는 일만을 계속했던 데에 지나지 않는다. 그의 이 침묵은 과연 무엇을 의미할까. 그즈음 그를 번민 속에 빠뜨렸던 요인은 도대체 무엇이었을까. 좌절감 내지 자가진단의 결과인 '전향' 의식 속에 휘말려, 심신이 소진되어가고 있었던 것은 아닐까. 당시의 김사량의 침묵과 관련하여 생각해보고 싶은 것이 있다. 다음해인 1945년 중국 항일 지구로의 탈출을 며칠 후로 앞둔 상태에서, 그는 나카조노 에이스케를 북경에서 만난 적이 있었다. 그 자리에서 김사량은 이렇게 말했다.

나[나카조노: 인용자]는 현지 일본어 신문의 학예부에 적을 두고 있었기 때문에, "뭔가 써달라"고 했다. 김사량은 장발을 쓸어올리면서, 그 근육질의 큰 키를 흔들흔들하면서, "저는 인제 일본말로 쓰는 건 질색입니다" 하고 빈정거리듯 웃었다. 이젠 질렸어 하던 그 어린애 같은 표정. 그리고 잠시 생각에 잠기듯이 가늘어지다가 반짝 하고 빛나던 취안(醉眼). 그의 팽팽하던 광대뼈의 근육.[3] [강조: 인용자]

결국, 김사량의 침묵의 원인 중의 하나는 "인제 일본말로 쓰는 건

---

3) 나카조노 에이스케, 『김사량 작품집』 평, 『근대문학』, 1954년 10월호.

질색입니다"라는, 그 일본말에 대한 거부 반응 속에서 찾아낼 수 있을 듯하다. 분명히 일본말로 뭔가 쓰게 된다면, 다시 '더러움에 물들'지 않을 수 없는 상황에 빠질 것은 당연한 일, 따라서 침묵을 지키려 한 그의 태도는 현명했다고 할 수 있을 것이다. 그러나 김사량이 식민지 통치자의 언어인 일본어를 이용하여, 이를 통해 일본 통치하의 조선 현실에 능동적으로 대처하면서 창작을 지속하였으며 또한 이를 통해 민족적 주체를 지속시켜온 그 위상을 생각할 때, 이것은 또한 얼마나 아이러니컬한 결과였던가. 일본어 창작으로 손을 더럽히려 했던 그 순간부터 그는 양날의 칼날 위를 걸어가는 모험에 몸을 내맡기지 않으면 안 되었다. 또 그런 의미에서라면, 똑같이 일본말로 창작을 했던 장혁주의 변절이 필연적이었던 것과 같이, 김사량의 경우에도 그 좌절이 그런 식으로 전개될 개연성은 있었다고 할 수 있다. 그러나 "인제 일본말로 쓰는 건 질색"이라 해도, 그가 조선어로 창작을 하는 것은 가능하지 않았을까. 아니 조선어로 써야 마땅하지 않았을까. 김사량에게 조선어로 쓴 작품이 있었다는 것은 앞에서 술한 바대로다. 따라서 비록 "일본말로 쓰는 건 질색"이라고 하더라도 조선어 작품을 씀으로써 민족적 · 예술적 저항을 지속하고, 이와 더불어 좌절감으로부터 회복을 꾀하는 것도 가능했을 것이다. 그럼에도 불구하고 그는 이것을 시도하지 않았다. 이 사실은, 예를 들면 이태준의 소설 「해방 전후」에 묘사되어 있는 당시의 현실상과 관련하여 이해되어야 할 필요가 있다. 이태준은 조선이 해방된 8·15 그날까지, 조선어로만 작품 활동을 지속한 작가였다.[4] 그는 그가 주재하는 잡지 『문장』이 폐간을 눈앞에 둔 뒤부터 침묵을 지킴으로써 소극적인 저항

---

4) 이태준이 1944년 『국민총력(國民總力)』에 발표했던 일본어 소설 작품 1편이 최근 발굴 · 공개된 바 있다. 관련 사항은 호테이 도시히로(布袋敏博), 「일제 말기 조선어 소설의 서지학적 연구」(『문학사상』, 1996년 4월호) 및 동지에 번역 · 게재된 작품 「제1호 선박의 삽화」(호테이 도시히로 · 심원섭 공역) 참조. (역주)

의 자세를 지속해왔다. 그런 그가 해방 직후에 발표한 이 소설에는 해방 전의 상황이 아래와 같이 묘사되어 있다.

동대문서 고등계의 현(玄)을 담당한 쓰루타(鶴田) 형사는 과히 인상이 험한 사나이는 아니다. 저희 주임만 없으면 먼저 조선말로 "별일은 없습니다만 또 오시라 해서 미안합니다" 하는 정도의 인사도 건네곤 했는데 이날은 되빡 이마에 옴팍눈인 주임이 딱 뻗치고 앉아 있어 쓰루타까지도 현의 한참이나 수그리는 인사는 본 체 안하고 눈짓으로 옆에 놓인 의자만 가리켰다.

현은 모자가 아직 그들과 같은 국방모〔전투모: 인용자〕가 아님을 민망히 주무르면서 단정히 앉았다. 형사는 뭔가 쓰던 것을 한참만에야 끝내더니 요즘 무엇을 하느냐고 물었다. 별로 하는 일이 없노라고 하니 무엇을 할 작정이냐 따진다. 글쎄요, 하고 없는 정을 있는 듯이 웃어 보이니 그는 힐끗 저희 주임을 돌아보았다. 주임은 무엇인지 서류에 도장 찍기에 골몰해 있다. 형사는 그제야 무슨 뚜껑 있는 서류를 끄집어내어 뚜껑으로 가리고 저만 들여다보면서 이렇게 물었다.

"시국을 위해 왜 아무것도 안하십니까?"

"나 같은 사람이 무슨 힘이 있습니까?"

"그러지 말구 뭘 좀 허십시오. 사실인즉 도〔경기도: 인용자〕 경찰부에서 현선생 같으신 몇 분에게, 시국에 협력하는 무슨 일을 한 것이 있는가? 하면서 장차 어떤 방면으로 시국에 협력할 가능성이 있는가, 생활비가 어디서 나오는가, 이런 걸 조사해 올리라는 긴급 지시가 온 겁니다."

"글쎄올시다."

하고 현은 더욱 민망해 쓰루타의 얼굴만 쳐다보는 수밖에 없었다.

"그래두 뭘 허신다구 보고가 돼야 좋을걸요. 그 하기 쉬운 창씨개명은 왜 안하십니까?"

수속이 힘들어 못하는 줄로 딱해하는 쓰루타에게 현은 이것에 관해
서도 대답할 말이 없었다.

"우리 따위 말단 경관이야 뭘 알겠습니까마는 인젠 누구 한 사람 방
관자적 태도는 용서되지 않을 겁니다."

"잘 보신 말씀입니다."

　현은 우선 이번의 호출도 그 강박 관념에서 불안해하던 구금이 아
닌 것만 해도 다행스럽게 알면서 우물쭈물하던 끝에,

"그렇지 않아도 쉬 뭘 한 가지 해보려던 참입니다. 좋도록 보고해주
십시오."

하고 물러나왔고 나오는 길로 그는 어느 출판사로 갔다. 그 출판사의
주문이라기보다 그곳 주간을 통해 나온 경무국의 지시라는, 그뿐만 아
니라 문인 시국 강연회 때 혼자 조선말로 했고 그나마 마지못해 춘향
전 한 구절만 읽은 것이 군 당국에서 말썽이 되니 이것으로라도 얼른
한 가지 성의를 보여야 좋으리라는 생각에 『대동아전기(大東亞戰記)』
의 번역을 현은 더 망설이지 못하고 말았다.

　이태준이 여기에서 언급하고 있는 『대동아전기』란, 국민총력조선
연맹 사무국 총장 추천, 이태준·이무영 공역으로 『국민문학』, 1943
년 2월호──김사량의 『태백산맥』 연재가 시작된 그 잡지──에 다음
과 같이 소개되어 있다.

　12월 8일! 선전(宣戰)의 대조(大詔)를 받들고 일어선 황군은 육지
로 바다로 하늘로 웅혼장대한 작전을 전개하여 불과 6개월 만에 전세
계를 경악시키는 대전과를 올려 숙적 미영 격침과 아시아 해방의 기초
를 확립시켰다. 본서는 무적 황군의 분전 모습을 대본영 발표, 육해군
보도부장 방송, 작전 참가 장병 수기 및 군 보도반원 기사들을 자료로
하여, 특히 국어를 해독할 수 있는 반도 민중을 위해 반도 문단의 중견

작가 두 분에게 의뢰하여 언문으로 서술한 것이다. 전편이 지극한 애국 정신으로 일관되어 있으며, 행문(行文)은 사실에 기초한 것으로서 평이간결한 동시에 실전을 보는 듯하다. 읽을 거리로서 흉중에 깊이 감격과 필승의 신념을 불러일으킬 것이다.

위에 본 것은 이태준에 관한 것이다. 그러나 김사량의 상황이 이태준의 소설 속에 묘사되어 있는 그것과 대동소이하였을 것이라는 점은 쉽게 상상해볼 수 있다. 아니 바로 그대로였다. 좌절의 고통으로 날이 지새는 와중에도 갖가지의 압력이 김사량에게 더해지고 있었다. 이에 대해 김사량은 후일 다음과 같이 회상한 바 있다.

　　좁은 평양에서 지내는 동안, 문인으로서는 그저 미미한 존재에 지나지 않았던 나를 도저히 가만히 놔두려 하지 않았다. (「복마전의 북경반점」, 『노마만리』)

김사량의 이 말에서, 이른바 '주경야독'의 생활조차도 위협받을 정도로 김사량의 상황이 극도로 불안했다는 사실을 알 수 있다. 바꿔 말한다면 그는 이미 일본말로 쓰든 조선말로 쓰든간에 무언가 쓴다는 행위 자체가 스스로를 상해하지 않을 수 없는 지경에까지 몰려 있었던 것이다. 따라서 좌절감 혹은 '전향' 의식의 극복을, 작품을 쓰는 행위를 통해 꾀하기보다는 행동을 통해 꾀할 수밖에 없었던 것이다. 김사량이 침묵을 지킬 수밖에 없었던 참된 이유는 바로 여기에 있었다.

그러나, 상황이 이러했기 때문에 김사량이 행동으로 들어갈 수밖에 없었다. 이것이 그의 좌절감 및 '전향' 의식의 극복과 곧바로 연결된다. 이렇게 설명하는 것은 성급한 판단에 지나지 않을 것이다. 더나아가 이 과정을 거쳐 그가 즉시 중국 항일 지구로의 탈출을 결의했다고 한다면, 이것은 더욱더 경솔한 판단이라고 하지 않을 수 없다. 그가 좌절감 혹은 '전향' 의식을 극복하고 중국 항일 지구로의 탈출을 결의하기까지는, 이로부터 1년 여 남짓한 세월을 또 기다리지 않으면 안 되었기 때문이다. 그러나 한편으로는 그 좌절감을 극복하고 항일 지구로의 탈출을 결의하기에 이르는 계기를, 그가 이 극히 짧은 시간 동안에 마련했다는 것 역시도 확실하다. 그런 의미에서 이즈음의 그의 행동은 주목해보아야 할 필요가 있다.

그렇다면 이 시기에 그는 어떤 행동을 보여주고 있었을까. "사실을 말하자면, 작년 중국에 건너갔을 때, 7월 한 달을 상해에서 보냈"던 적이 있다고 김사량은 『노마만리』에 쓴 바 있다. '작년' 즉 그가 항일 지구로 탈출하기 전 해인 1944년, 그것도 6월부터 8월에 걸친 3개월 여에 걸쳐, 그는 중국 여행을 떠났다. 이것은 기록 속에서 확인되는 한에서는 1년 반 가까운 그의 침묵 기간 속에서 매우 주목되는, 그리고 행동으로서는 유일한 것이었다. 그가 특별히 이 시기를 택하여 중국 여행을 한 데에는 어떤 이유가 있었을까.

이쯤에서 국내 문단의 동향으로 시선을 돌려본다면, 일본문학보국회가 주최한 '일본문학자 총궐기대회'가 도쿄 시 군인회관에서 거행되었던 것이 같은 해인 1944년 6월 18일이었다. 이에 호응하여 이날 경성에서도 도쿄와 똑같은 행사가 개최되었다. 조선문인보국회 주최에 국민총력조선연맹·경성일보사·매일신보사 등이 후원하여 경성부민회관에서 개최되었던 '결전태세 즉응(卽應) 재선(在鮮) 문학자 총궐기대회'가 그것이었다. 김사량의 중국 여행 시기가 이 대회가 열렸던 시기와 일치한 것이 우연이라고만 할 수 있을까. 이 대회 참가는 피할 수 없었음에 틀림이 없다. 이것을 피하기 위해 그는 이 시기에 조선을 떠나 있을 수밖에 없었던 것이 아닐까. 조선땅을 그가 밟고 있는 한, 그의 대회 참석은 필연적일 수밖에 없었을 것이라는 점은 앞서 인용한 이태준의 『해방 전후』에 보이는, 다음의 서술 내용을 통해서도 충분히 확인할 수 있다.

　그날은 가네무라 순사가 찾아와서 이틀[전기한 문인궐기대회까지:
인용자]밖에 남지 않았는데, 언제 떠나느냐[경성으로: 인용자], 떠난
다면 여행증명서를 받아갖고 가야 하지 않느냐, 만약 출발하지 않는다
면 참석하지 않는 이유는 뭔가. [······] 현은 역시,
　"살고 싶다!"
　다시 한번 비명을 지르고, [······] 궂은 비 뿌리는 날, 경성의 문인
보국회에 올라온 것이다.
　현에게 전보를 세 번이나 친 것은 까닭이 있었다. 얼마 전에 시국
협력을 달갑게 여기지 않는 중견층 7, 8인을 문인보국회 간부급 몇 사
람이 정보과장과 하루 저녁의 합석을 알선한 일이 있었는데, 그날 저
녁에 현만은 참석하지 못하였으므로 이번 대회에 특히 순서 하나를 맡
기게 되면 현을 위해서도 생색이려니와 그 간부급 몇 사람의 성의도
드러나는 것이었다. 현더러 소설부를 대표해 무슨 진언(進言)을 하라
는 것이었다. 현은 얼마간 앙탈해보았으나 나타난 이상 끝까지 뻗대지
못하고 이튿날 대회가 열리는 회장까지 따라나왔다.

　이태준의 서술은 이때부터 대회 풍경의 묘사에 들어간다. 임종국
의 『친일문학론』에 의하면, 이날 이광수를 선두로 소설·시·평론·
단가·센류(川柳)·하이쿠(俳句) 등 각 분야에 걸친 3백 명 이상의
조선인 및 재일 조선인 문인들과 재조(在朝) 일본 문인들이 이 자리
에 참석하였다고 한다. 총독부 정무총감 대리 아베(阿部) 정보과장,
만주국 문예가협회의 고정(古丁), 이마무라 에이지(今村榮治), 일본
문인보국회의 유아사 가쓰에, 조선 문화 단체로부터는 하야시 시게
키(林茂樹) 등이 대표로 참석하였다. 제철 공장에 징용가 있었던 홍
종우(洪鐘羽, 靑木洪)가 소위 '강철의 전사(戰士)'로서 달려온 것도

262

이때였다. 이태준의 대회 풍경 묘사와 서술 내용은 현재에도 여러 가지 의미를 던지고 있는 것으로 생각된다. 조금 더 보아두기로 한다.

경성 부민관 회장의 광경은 어마어마하였다. 모두 국민복에 예장을 찼고 총독부 무슨 각하, 조선군 무슨 각하, 예복에, 군복에 서슬이 푸르렀고 일본 작가에 누구, 만주국 작가에 누구, 조선 문단이 생긴 후로 처음 보는 어마어마한 집회였다. 현은 시골서 낚시질 다니던 진흙 묻은 웃저고리에 바지만은 후란네루를 입었으나 국방색도 아니요, 각반도 차지 않아 자기의 복장은 시국색조에 너무나 무감각했음이 변명할 여지가 없게 되었다. 그러나 갑자기 변장할 도리도 없어 그대로 진행되는 절차를 바라보는 동안 현은 차차 이 대회에 일종 흥미도 없지 않았다. 현이 한동안 시골서 붕어나 보고 꾀꼬리나 듣던 단순해진 눈과 귀가 이 대회에서 다시 한번 선명하게 느낀 것은 파쇼 국가의 문화 행정의 야만성이었다. 어떤 각하 짜리는 심지어 히틀러의 말대로 문화란 일단 중지했다가도 필요한 때엔 일조일석에 부활시킬 수 있는 것이니 문학이건 예술이건, 전쟁 도구가 못 되는 것은 아낌없이 박멸하여도 좋다 하였고, 문화의 생산자인 시인이며 평론가며 소설가들도 이런 무장(武將) 각하들의 웅변에 박수갈채할 뿐 아니라 다투어 일어서서 쓰러져가는 문화의 옹호자이기보다는 관리와 군인의 저속한 비위를 핥기에만 혓바닥의 침을 말리었다. 그리고 현의 마음을 측은케 한 것은 그 핏기 없고 살 여윈 만주국 작가의 서투른 일본말 축사였다. 그 익지 않은 외국어에 부자연스럽게 움직이는 얼굴은 작고 슬프게만 보였다. 조선 문인들의 일본말은 대개 유창하였다. 서투른 것을 보다 유창한 것을 보니 유쾌해야 할 터인데 도리어 얄미운 것은 무슨 까닭인가. 차라리 제 소리 이외에는 옮길 줄 모르는 개나 도야지가 얼마나 명예스러우랴 싶었다. 약소 민족은 강대 민족의 말을 배우기 시작하는 것부터가 비극의 감수였던 것이다. 그렇다고 해서 그러면 일본 작가들의 축사나 주장은 자연스럽게 보이고 옳게 생각되었느냐 하면 그것도 아니었다. 현의 생각엔 일본인 작가들의 행동이야말로 이해하기 곤란하였다. 한때는 유종열 같은 사람은 "일본의 동포여, 칼로 일어난 자는 칼로 망한다고 예수는 말씀하셨다. 〔……〕 군국주의를 빨리 버려라. 약한 자를 학대하는 것은 일본의 명예가 아니다. 그들의 정신을 존중하고 육체를 보증(保証)하는 것이 우의(友誼)라는 것을 깊이 기억하라. 타인을 비하하는 데에 무슨 자랑이 있겠는가. 사랑하는 친구를 갖는 일은 우리의 명예다. 그러나 노예시하는 자를 갖는 것은 우리의 치욕이다. 〔……〕 스스로 자유를 존중함과 동시에 타인의 자유를 존중하자. 만약 이 인류를 유린한다면 세계가 일본의 적이 될 것이다. 그렇게 되면 망하는 것은 조선이 아니라 일본이 아니겠는가?"(『유종열 선집』 제4권, 서) 하고 외쳤지 않은가. 또 한때 히틀러가 조국이 없는 유태인들을 추방하고 진시황처럼 번문누례(繁文褥禮)를 빙자해 철학·문학서를 불지를 때 이것에 항의를 결의한 문화인들이 일본에도 있지 않았는가? 그들은 지금 무엇을 하고 찍소리도 없는가? 조선인이나 만주인의 경우보다는 그래도 조국이나 저희 동족에의 진정한 사랑과 의견을 외칠 만한 자유와 의무는 남아 있지 않은가? 진정한 문화인의 양심이 아직 일본에 있다면 조선인과 만주인의 불평을 해결은커녕 위로조차 해주지 못하며, 불평할 줄 아는 그 본능까지 마비시키려는 사이비 종교가 많이 쏟아져나오지 않았는가? 저희 민족 문화의 발원지라고도 할 수 있는 조선의 문화나 예술을 보호는 못할망정, 야만적 관료의 앞잡이 따위로나 나와 돌아다니는 꼴들을 보면 반세기의 일본 문화란 너무나 허무한 것이 아닌? 물론 그네들도 양심있는 문화인은 상당한 수난(受難)일 줄은 안다. 그러나 너무나 태평무사하지 않은가! 이런 생각에서 불현듯 박수 소리에 놀라는 현은, 차츰 자기도 등단해야 될, 그 만주국 작가보다 더 비극적으로 얼굴의 근육을 경련시키면서 내용이 더 구린 일본어를 배설해야 될 것을 깨달을 때, 또 여태껏

일본 문화인들을 비난하며 있던 제 속을 들여다볼 때

　—네 자신은 무어냐? 네 자신은 무엇하러 여기 와 앉아 있는 거냐?

　현은 어느 무서운 꿈속에 있었다. 뛰어도 뛰어도 그 자리에만 있는 꿈속에서처럼 현은 기를 쓰고 뛰듯 해서 겨우 자리에서 일어섰다. 일어서고 보니 걸음은 꿈과는 달리 옮겨졌다. 모자가 남아 있는 것도 알지 못하고 현은 모든 시선이 올가미를 던지는 것 같은 회장을 슬그머니 빠져나오고 말았다.

　—어째서 참을 수 있다는 거냐? 의장 가야마(香山) 선생은 곧 나더러 올라오라고 지적할 것이다. 문인보국회 간부들은 그 어마어마한 고급 관리와 고급 군인들 앞에서 창씨 안한 내 이름을 외치면서 찾을 것이다!

　소설 「해방 전후」에 의하면 이 주인공 현, 즉 이태준의 분신인 그는 일단 화장실로 도망갔다가 결국 소개지인 강원도 농촌으로 돌아가버린다.

　이 당시 김사량은 무엇을 하고 있었을까. 그가 이 대회에 참석한 흔적은 어디에도 없다. 그도 그럴 것이, 그가 7월 한 달을 상해에서 보내고 있었다는 사실로 미뤄본다면, 또 상해 어딘가에 들렀다고 한다면—사실, 그는 도중 하차했지만—6월 중순에는 당연히 조선을 떠나 있어야 한다. 김사량이 이 시기를 골라 중국 여행을 생각했던 내적 동기의 하나를, 문인 궐기 대회 참가를 피하기 위한 것으로 간주하는 이유가 이것이다. 이때 그가 중국에 건너간 것은, 표면적으로는 학도병으로서 관동군의 한 부대에 소속되어 있었던 조카사위를 위문하기 위해서였다. 이에 대해 김사량은 이렇게 쓰고 있다.

　작년 여름, 나는 상해로 가던 도중, 서주(徐州)에서 하차하여 그를 방문했던 적이 있었다. 기미년 만세 운동 때 남편을 잃은 누님의 외동딸 사위가 그였다. 서주에서 10리 떨어진 평야 근처에 있었던 조그만 촌성(村城)은 7월의 염천(炎天) 아래 바싹 달아오를 듯 뜨거웠다. 이 감옥처럼 높은 성벽을 둘러싼 성 속에서 A군은 나를 발견하자마자 기쁜 나머지 얼싸안으며 어쩔 줄을 몰라했다. (「봉쇄선 150리」, 『노마만리』)

그러나 이것은 어디까지나 표면적인 명분에 불과했다. 실제 어떤 목적으로 그가 여행을 했는지 그 이유는 정확하게 포착하기 어렵다. 그러나 그것도 당시의 김사량에게 있어서는 무리가 아닌 일이었다. 말하자면 그 동기를 포착하기 어려운 그 애매한 점 자체에 당시 중국 여행의 성격이 있었던 것으로 생각된다. 즉 당시 그는 조여오는 상황에 어떻게 대응해야 하겠는가 모색하고 있던 와중이었다. 더 나아가 말한다면, 숨막히는 식민지 통치의 현실을 타파하기 위해 그가 희구하는 바를 행동으로 옮길 계기를 찾아내는 것이, 당시 여행의 진짜 목적이었음에 틀림이 없다. 이 추정의 정확성을 뒷받침하기 위하여 우선 김사량이 당시 조선의 정치적 상황을 어떻게 인식하고 있었는가를 파악해두는 것이 필요하다. 그는 아래와 같이 생각하고 있었다.

물가는 살인적으로 폭등하고, 임금은 기아적이며 수탈은 점점 더 강화되어 전 인민의 반일 감정이 극도로 첨예화되고 있는 것은 사실이다. 나아가 징용이다 보국대(報國隊)다 하여 노무(勞務)를 강제로 공출당하고 있었으며 농민들은 노예와 같은 상황으로 내몰리고 있었다. 공장이나 광산 등지에서도 채찍질이 계속되는가 하면, 이에 더해 징병과 학도병 제도까지 들이대는 통에, 엄청난 인명이 전쟁터로 내몰리고 있었다. 이리하여 깊은 산중에서는 탈주병과 징병·징용 기피자들이 무리를 지어 숨어 있었다. 지금은 국내 게릴라전(戰) 전야와 같은 모습을 드러내고 있다. (「초소의 피오닐」, 『노마만리』.)

김사량은 상황을 '국내 게릴라전 전야'로 생각하고 있었다. 상황을 이렇게 인식하고 있었던 그가 그와 같은 상황 아래에서 일상을 보내던 중에, 좌절의 고통을 가다듬으면서 민족적 양심을 지키기 위하여 이 환경으로부터의 탈출을 진지하게 생각하게 되었던 것은 매우 당연한 일이었다. 그러나 행동으로 옮겨갈 수 있는 구체적인 단서가 그에게 있었을 리도 없다. 몰래 야반도주를 하여 숨어버릴 수 있는 일도 아니었다. 그 지점에서 내외의 정치적 동향을 구체적으로 살펴보고, 그 속에서 행동으로 나아가기 위한 계기를 붙잡으려고 중국 여행을 시도했다고 볼 수 있다. 당시 여행 과정에서 김사량이 중경(重慶) 측의 연락을 계기로 탈출 기회를 잡았었음에도 불구하고, 응하지 않았던 것은 그 때문이었다고 할 수 있다. 당시 중경에는 1943년 10월 김구 등에 의해 세워진 '대한민국 임시정부'라는 것이 존재하고 있었다. 그는 이 중경측의 연락에 대해서 이렇게 쓰고 있다.

7월 한 달을 상해에서 보내던 중, 중경측 공작원이라는 청년이 호텔로 찾아온 적이 있었다. 그러나 상해라는 도시 자체가 원래 그러했던 만큼, 온갖 귀신들이 백주대로에 출몰하는 시절이었기 때문에, 이 청년이 일본 경찰의 끄나풀이 아닐까 하는 의심을 지울 수가 없었다. 그러나 내게는 내 나름의 조그만 신념이 있었다. (「복마전의 북경반점」, 『노마만리』)

여기서 김사량이 말하는 '조그만 신념'이라는 것과 그 '대한민국 임시정부'라는 것에 대한 생각은 서로 연결되어 있다. 그렇다면 그는 중경에 있었던 그것에 대해서 어떻게 생각하고 있었을까. 그는 이렇게 말한다.

무엇보다도, 중경이라는 곳에 매력이 느껴지지 않는 것도 분명했다. 중경이라는 곳은 구도자(求道者)의 성지(聖地)이기는커녕, 아시아의 마드리드 같은 곳이다.

국가와 민족의 신성한 이익을 배반하고 투항과 퇴각의 일로(一路)를 걸어 만리의 오지 속에 숨어든, 내전 음모를 실현시키는 데에 여념이 없었던 반동정부(反動政府)의 수도. 이런 정부의 배후를 창녀처럼 맴돌면서, 장개석의 테러단으로 유명한 남의사(藍衣社)나 C·C단이 던져주는 푼돈으로 목을 축이고 있는, 셋방살이 임시정부 선생님들의 경영으로 세워진 '독립운동' 구멍가게를 찾아가기에는 산고갯길이 너무나 험했다. 기껏 거기서 배우는 것이 있다고 해봐야 장개석의 매국 흥정, 그리고 테러 짓거리 정도에 지나지 않을 것이니, 그야말로 어리석은 짓이라고 할 수밖에 없었다.

실제로 귀에 들려오는 소식들 또한 중경 임시정부 내부의 파벌 싸움이나 권력 투쟁에 관한 것 등등 비참한 것들 일색이었다. (「복마전의 북경반점」, 『노마만리』)

중경에 있는 '대한민국 임시정부'의 실체를 김사량이 이렇게 포착하고 있었다고 한다면, 과연 그것이 '매력'이 없는 것도 당연한 일이다. 그러나 이것만 가지고서는 그가 말하는 '조그만 신념'이라는 것이 무엇을 의미하는가를 이해하기가 쉽지 않다. 과연 그 '신념'이란 것은 어떤 것이었는가. 이에 대하여 김사량은 다음과 같이 술회하고 있다.

조선의 독립은 조선을 떠나서는 존재할 수 없으며, 조선 민족의 해방은 그 국토를 떠나서는 기대할 수 없다. 그러므로 해외의 왕성한 혁명 세력과 호응할 수 있는 세력이 국내에도 구축되어야 하는 것이다.

이를 위해서는, 국내에서 거주하는 것이 허락되지 않아 망명하게 되는 경우를 논외로 친다면, 나처럼 국내에서 발을 디디고 살아갈 수 있는 자가 일부러 망명한다는 것은 일종의 도피이며, 나아가서는 개인의 안일을 구하는 것이 아니겠는가, 나의 생각은 여기까지 미쳤다. 하물며 제1선에서 총이라도 들고 싸우는 것이라면 또 모르겠으나, 산 넘고 물을 건너 수천 리나 멀리 떨어져 있는 최후방 중경에까지 쫓아간다는 것은 더더욱 비열한 도피 행각이라고 생각하지 않을 수 없었다. (「복마전의 북경반점」, 『노마만리』)

김사량이 "조선의 독립은 조선을 떠나서는 존재할 수 없으며, 조선 민족의 해방은 그 국토를 떠나서는 기대할 수 없다. 그러므로 해외의 왕성한 혁명 세력과 호응할 수 있"는 것이 국내에도 만들어져야 한다고 생각한 그것은, 국내의 정치 상황을 그가 '국내 게릴라전'적 상황이라고 인식한 사실과 연결된다. 과연 당시의 상황이 '국내 게릴라전'적 상황이었는가의 여부를 차치하고 본다면, 조선의 독립 혹은 민족의 해방, 그것이 조선을 떠난 곳에서는 존재할 수 없다는 것은 틀림이 없다. 또 그런 의미에서는 그의 '조그만 신념'이 바른 것이었다고 할 수 있다. 김사량이 말하는 바와 같이 당시 국내에 "해외의 혁명 세력과 호응할 수 있"는 것이 일찍부터 존재하고 있었다고 한다면, 그도 '망명'을 생각하지 않았을 수도 있다. 그러나 현실적으로는 그와 같은 것이 국내에 존재하지 않았다. 상황은 그것을 허락할 만큼 달콤하지 않았던 것이다. 분명 현실 사회의 여러 모순들이 더욱더 심각하게 얽혀가고 있었다는 것은 의심할 여지가 없으나, 그가 판단한 바와 같은 '국내 게릴라전 전야'와는 거리가 멀었다고 할 수 있다. 바꿔 말한다면, 그의 상황 인식에는 정확성이 결여된 데가 다소 있었던 것으로 생각된다. 그로 하여금 중국 항일 지구로의 탈출을 결의하게 만든 요인 중의 하나는 분명히 그의 상황 인식에 있다고 생각되기 때문이다.

　이 지점에서 하나 주목해보고 싶은 것은 그가 '망명'이란 '도피'이며 '안일을 구하는 길'이라고 보고 있었다는 점이다. 즉 그는 그 행위 속에서 진흙 구덩이와 유사한 이미지를 느끼고 있었던 것이다. 무엇보다도 여기에는 "제1선에서 총이라도 들고 싸우는 것이라면 또 모르겠으나"라는 전제가 있다. 뭔가 뒤가 켕기는 듯한 생각이 있든, 그가 전제로 하고 있는 그 무엇이 또 있든간에, 이곳에는 분명히 좌절감을 안고 있음에도 불구하고, 저항에 실패한 자신을 반성하고 그 한계를 자각하면서 자신의 민족적 양심을 지켜나가려 애쓰는 김사량의 위상이 보인다. 즉 '주경야독'의 일상 속으로 가라앉지 않고, 희구하는 바를 추구하는 본래의 진지한 자세를 여기에서 엿볼 수 있는 것이다. 그렇다고 해서, 당시 시점에서 그가 "제1선에서 총이라도 들고 싸우는" 곳으로 '망명'할 결의를 안고 있었다고 보는 것은 아니다. 당시는 좌절감을 충분히 극복하지 못한 채 모색을 거듭하고 있는 김사량의 모습만이 존재하고 있었던 것이다. 그 좌절감을 완전히 극복하고 '총이라도 들고 싸우는' 중국 항일 지구로의 '망명'을 결의한 것은 그가 다시 조선에 귀국한 뒤부터의 일이었다.

　1944년 6월 중순에 시작한 중국 여행을 끝내고, 김사량이 조선에 돌아온 것은 8월이었다. 그 사이 국내 상황은 더욱더 험악해져 있었다. 그 위험성은 김사량의 신변에도 구체적으로 다가오고 있었다. 그 상황은 아래와 같았다.

　이렇게 생각을 고쳐먹고 귀국해보니, 정세는 날로 긴박감을 더하고 있었다. 펜을 꺾고 학교 잡무에 파묻혀 있는 것조차도 어려울 지경이었다. 〔……〕 게다가 중국에서 귀국했다는 사실 때문에 일본 경찰의 주목과 은밀한 탐색, 감시 따위가 한층 더 심해지고 있었다. 서주(徐州) 근교의 부대에 있었던 조카사위가 나의 위문을 받고 얼마 지나지 않아 탈출하고 만 것, 숙현(宿縣)에서의 헌병대 소동,[5] 그리고 상해에서 보낸 1개월. 이런저런 사실들 하나하나가 그놈들의 의혹을 불러일으키기 안성맞춤이었던 것이다. 하루는 중학 시절 스트라이크 때 배신한 적이 있던 동창생 한 명이 경성에서 내려와 독립운동하지 않겠는가 하고 권유해왔다. 뒤로 알아보니 경무국의 개였다. 또 어느 날은 생면부지의 사내가 공산주의 운동을 할 테니 힘 좀 빌려달라고 했다. 이건 헌병대의 끄나풀이었다. 이런 상황이었기 때문에, 시시각각 닥쳐오는 신변상의 위협을 느끼지 않을 수 없었다. (「복마전의 북경반점」, 『노마만리』)

실제로 이 당시 김사량이 처해 있었던 상황은 매우 심각했던 듯하다. 평양부 내가 아니라 조선의 그 어느 곳에 그가 있었다손 치더라도 그는 한 걸음도 자유롭게 내딛을 수 없었던 듯하다. 이태준의 소설 「해방 전후」에도, 경성에서 개최된 "결전 태세 즉응(卽應) 재선 (在鮮) 문학자 총궐기대회"에 출석하게 되었는데, 주재소(駐在所)에서 발행하는 여행 증명서가 필요했다는 묘사가 들어 있었다. 그러나 김사량의 경우는 이 이상으로 지독했던 것 같다. 유아사 가쓰에는 이 사실을 다음과 같이 입증하고 있다.

소화 19년 가을 경성에서 김사량을 만났다. 〔……〕 너무나도 오지 않기 때문에, 총독부에 부탁해서 문학자 대회 때문이라고 하고 전보를

---

5) 김사량은 서주에 있는 조카사위를 위문한 뒤에, 평양에 있는 지인(知人)인 A부인의 남편 J가 근무하는 숙현(宿縣)이라는 곳에 찾아가 위문을 하고 물건 등속을 전한 바 있다. 그가 J를 위문하고 성내로 돌아온 날, 그 부대의 조선 출신 학도병 3명이 탈주하였다. 원래 J 역시도 이들 3명과 함께 탈출하기로 되어 있었으나, 김사량의 면회 때문에 탈주 대열에 참여하지 못했다. 이와 관련하여 김사량도 헌병대에 끌려가 3인의 탈주와 관련하여 조사를 받은 바 있다. '헌병대 소동'이란 이 사건을 일컫는 말. (역주)

쳐서 불러냈던 것이다.[6]

이러한 상황에 처해 있었던 김사량이, 이제 행동을 통한 민족적 저항을 시도할 결심을 다지게 되었다. 그 계기는 그가 사랑하는 고향의, 그리운 사람들의 모습을 접하는 과정에서 태어난다. 김사량은 그것을 다음과 같이 묘사하고 있다.

이랴, 어서 가자 나귀야!
"타타, 타! ——"
나는 머릿속을 싸고도는 여러 가지 상념을 후려갈기기라도 하듯이 나귀 잔등에 채찍질을 하는 것이었다. 그러나 이런 생각은 어느덧 나를 멀고도 먼 유년기로 이끌고 갔다.
——어렸을 때 나는 가끔씩 배를 타고 이 동네 앞 두로(豆老)섬 고모네 집으로 놀러갔었다. 갈대밭에서 더벙게를 잡느라고 진흙투성이가 되기도 하고 옷을 벗어던지고 미역을 감으며 둑을 막아 고기잡이를 하기도 하였다. 때로는 흐뭇한 흙냄새가 떠오르는 풀 언덕에 누워 떠다니는 고깃배를 바라보면서 노래를 부르며 놀았다. 흰 돛을 올린 배가 물 위에 노래를 흘리며 대동강 한가운데를 달리는 광경도 못내 상쾌하였다. 나의 아름다운 회상은 차차 날개를 펴기 시작한다.
이 섬의 앞쪽에는 병풍을 세운 듯이 깎아지른 만경대의 절벽이 깊은 물 위에 그림자를 드리우고 있다. 멋들어진 노송이 그 잿등 위에 몇 그루 일어서서 바람에 흐느적거린다. 단애의 바위 사이에는 계절을 찾아 진달래, 개나리, 도라지, 산딸기 등 가지각색 초화가 돋아난다. 그리고 제철을 따라 이 푸른 하늘에는 종달새가 높이 뜨고 메추라기와 이름 모를 날개가 파란 새들이 지저귀며 노래하고 뻐꾸기도 산속에 숨

---

6) 유아사 가쓰에,「조선을 다룬 일본 소설과 일본에 소개된 조선 문학」.

어서 한나절을 운다.

——이렇게 꿈의 나라와도 같은 만경대 정상에서 우리의 장군[김일성을 가리킴: 인용자]이 햇살을 몸 가득히 받고 서서, 유유히 흐르는 물(水)나라(國)를 건너다보면서 성장했다는 사실도, 아득한 뒤에 이르러서야 알게 되었다. 이 정상을 오르내리시면서 장군은 진(陣) 뺏기 놀이, 술래잡기, 귀신 놀이, 전쟁 놀이 등을 즐기며 자라난 것이었다……

나는 이런 풍경에 지치면 자리를 털고 일어나서 꼬리를 휘저으며 풀을 뜯는 송아지와 적수가 되어보기도 하고 나무 위에 올라가 버들피리를 불기도 하였다. 배가 고플 때는 아무 밭으로나 기어들어가 참외를 따고 가지를 찢고 무우를 뽑으면 되었다. 한결같이 좋은 사람들이었기 때문이다.

집에 돌아가면 고모님과 사촌누이가 벌써 감자를 구워놓고 기다리고 있었다. 나는 감자를 입에 넣고 오무적거리며 사촌형이 겨울 한철 고기잡이를 나가려고 뜨는 그물 구경을 한답시고 연신 곁에 붙어 돌며 방해질을 했다. 사촌형은 시물시물 웃으면서 콧노래를 부르다가는 갑자기 으악 소리를 질러 나를 홀딱 놀라게 하고 나서는 "저리 가!" 하고 소리를 질렀다. 이 놀이도 싫증이 나면 동네의 벙어리 소녀 아빼 집으로 찾아가 둘이서 서로 손짓 몸짓으로 시늉을 하며 한참을 같이 웃었다. 나는 아빼가 너무 좋았다. [……]

달이 없는 밤에는 고모님의 무릎 위에 머리를 얹고 누워서 옛날 이야기를 들었다. 곱살한 얼굴에 조글조글 주름살이 진 고모님은 갖가지 목소리를 다 내면서 무섭고 슬프고 우스운 이야기를 얼마든지 할 줄 알았다. 때로는 어머니와 함께 채소밭을 가시면서 뼈가 부서지도록 고생하던 시절의 이야기도 옛날 이야기처럼 들려주었다. 고모님은 올케인 어머님의 품에서 자라나 이 섬동네로 시집을 온 것이다. 그래서 내 어머니를 친어머니처럼 여기고 좋아하였다. 하나 고모님은 밭일에 지

쳐서 몇 마디 안짝에 그만 잠이 들어버리기 일쑤였다. 〔……〕

　불현듯 옛날 일들이 생각나는 것은 웬일일까? 〔……〕 무엇보다도 내게 있어서 이 어렸을 때의 섬 생활은 유일한, 아름다운 동화의 세계였다. 그러나 오늘의 이 섬은, 내 자식들이 그 아름다운 세계를 똑같이 즐기기에는 너무나도 시달림과 서러움이 많은 곳이었다. 이 감미로운 목가를 어디의 누가 빼앗아갔으며 행복에 가득 찬 이 삶을 누가 짓밟아버렸던가?

　보름이 가고 한 달이 되어도 돌아오지 않으면 어머니가 고모의 저고릿감을 끊어가지고 배를 타고 섬으로 나오셨다. 고모님은 신발도 안 신고 뛰쳐나가 어머니를 얼싸안으며 어린애들처럼 좋아하였다. 본디 늙어도 애티가 떠나지 않는 그녀였으나 그것은 그리고 그리던 친어머니를 맞이하는 어린애의 그것과 다름없었다. 어머니도 고모님의 잔등을 두들기며 기쁜 마음을 드러내셨다.

　아아 그리운 고향, 그리운 사람들!

　고향에서 다시 그이들을 만날 날이 언제나 올까. 만약 이 기쁨이 이뤄지지 못한다면…… 그것은 내가 원수의 총에 거꾸러지는 날일 것이다. 어떻게 해서라도 싸움에 이기고 돌아가리라! 어머니를 껴안고 애들을 부둥켜안고 친구들을 다시 만나고 누이들과 고모님을 보게 되지 못하는 것이 과연 있어서 될 일인가. 너나 할 것 없이 그간의 우리들의 삶이란 것은 풍상(風霜)과 고난으로 가득 넘치는 것이었다. 〔……〕 평양의 거리에서 나는 우연히 섬마을에 사는 사촌누이를 만났다. 때에 절은 후줄근한 무명 저고리에, 등에는 젖먹이를 들쳐업고 있었다. 머리에는 짐까지 가득 이고 있었다. 그 옛날 처녀 시절에는 흘려버릴 정도로 매혹적이던 검은 머리도 색이 바래 있었고, 호수를 가득 채운 듯 맑았던 눈동자는 이제 생기가 없었다. 끊임없이 솟아오르던 미소도 흔적이 없었다. 도톰하던 입술은 핏기 하나 없었다. 고난에 찌들 대로 찌들어, 그 눈부시게 아름답고도 영민하기 그지없던 옛 모습은 어디에서도 찾아볼 수가 없었다.

사랑하는 그이까지 일본의 어딘가 모르는 탄갱에 끌려갔기 때문에, 더더욱 힘들어진 가계를 꾸려나가느라고 매일 밤을 새워 12사(絲) 무명을 짜서 갖다 주려고 집을 나선 길이었다. 그녀의 눈에는 이슬이 맺혀 있었다. 벙어리 아빼 가족은 벌써 옛날에 만주로 가버렸다고 한다. 어린 나를 놀려주기 좋아하던 쌍꺼풀눈의 처녀도 남편이 공출 소동으로 감옥에 들어가, 생고생으로 날을 지샌다고 한다. 아아, 어째서 이런 일이, 언제까지 이런 일이 계속되어야 하는가! 누이의 얼굴에 다시 미소가 떠오르고, 아빼 가족들도 옛날처럼 고향을 찾아오는 날이 돌아와야 한다. 쌍꺼풀눈 처녀의 남편도 감옥에서 나오고, 누이의 사랑하는 그이도 그 생지옥 탄광 속에서 살아 돌아올 날이 하루빨리 와야 한다. (「어서 가자 나귀야!」, 『노마만리』)

위 글은 김사량이 일본군의 봉쇄선을 뚫고 나귀를 달려 항일 근거지로 향하던 도중에 떠올랐던 상념 중의 일부이다. 그가 글 속에서 '우리의 장군' 김일성이 만경대에서 성장한 사실을 "아득한 뒤에 이르러서야 알게 되었다"고 쓰고 있는 것은 당연하다. 그 전기에 의하면 김일성의 생년은 1912년, 그리고 소년 시대에는 일찌감치 만주에 이주했었다고 한다. 이에 비해 김사량은 1914년에 태어났다. 앞에서도 본 바와 같이, 김사량의 귀국 뒤의 상황이든 위에 본 상황이든간에 그 모든 것은 그로 하여금 더 이상 내면적 좌절감에 빠져 있거나 '전향' 의식으로 번민하는 일을 허락하지 않았다. 그것을 뛰어넘어 중국 항일 지구 탈출을 본격적으로 결의하는 주체적 계기는 이렇게 하여 태어나는 것이다. 이때에 이르러서야 그는 겨우 좌절감을 극복할 수 있었다고 해도 좋을 것이다. 탈출을 결의하게 된 사정 역시도 마찬가지이다. 그 역시도 그 사정을 다음과 같이 밝히고 있다.

출국 결심은 이렇게 해서 다시 생긴 것이었다. 이 불안한 환경에서 탈출하여, 어떻게 해서든지 중국 땅으로 다시 가자, 연안에 잠입하여 싸울 수 있는 길을 찾아보자. (「복마전의 북경반점」, 『노마만리』)

이 당시 김사량이 '연안에 잠입하'는 것을 으뜸으로 생각한 것은 무리가 아닌 일이었다. 주로 북만주 일대에서 활동하고 있었다고 하는 김일성 항일 빨치산과의 연결 가능성은 당시 상황에서는 거의 불가능하였으며, 또 그 활동 상황에 대해서도 김사량은 상세하게 아는 바가 없었기 때문이다. 김사량의 조카사위의 탈주 등도 연안과 관련하여 생각할 수 있다. 그리고 그가 연안을 목표로 한 데에는, 그 나름의 이유도 있었다. 우선 김달수의 『현해탄』 속에서, 당시 연안에 있었던 조선인 항일 조직에 대한 설명을 들어보기로 한다.

이 김일성 장군이 직접 이끄는 유격대뿐만 아니라, 이 전투에 고무된 중국 관내 각지의 수십만에 이르는 이들도 투쟁을 시작했습니다. 처음에는 무한(武漢)을 근거지로 하여 조선민족혁명당 · 조선청년전위동맹 · 조선민족해방동맹 · 조선무정부주의자동맹 등이 결성되어 있었습니다만 1938년 무한에 적군이 공격해온 것을 계기로 집결하여 조선민족연합전선이 결성되고 이어 조선독립의용군이 결성되었습니다.

10월에 무한이 함락되자 이 청년들은 중국 연안에 집결했습니다. 더 나아가 이곳에서 김두봉 선생 등의 지도 아래에 1942년 〔……〕 7월에 조선독립동맹으로 발전하면서 결속을 보았습니다. 무정(武亭) · 박효삼(朴孝三) · 박일우(朴一禹) 등이 지도하는 조선독립의용군도 강화되었습니다. 이것은 중국 항일군정학교를 졸업하였거나 조선혁명군정학교 출신의 뛰어난 간부 · 전사들로서, 지금은 대(大)소비에트군(軍)에서 배운 우리 김일성 군(軍)과 함께 완전히 근대적인 군대로 성장하여 적을 격파하고 있습니다.

김사량이 탈출지로 연안을 선정한 것은, 그곳에 조선인들에게 무관심의 대상일 수 없는 위와 같은 조직이 있기 때문이었다. 정확히 말하자면 그곳에는 화북(華北) 조선독립동맹 본부가 있었으며, 이에 소속된 조선의용군 본거지가 있었다. 김사량이 이곳을 목표로 삼던 데에는 또 하나의 이유가 있었다. 남경에 살고 있었던 P군이라는 친구가 S라는 그의 친구를 동반하여 귀국했을 때의 일이었다. 그들이 김사량을 방문했을 때, "내[김사량: 인용자]가 도망가게 된다면, 서로 행동을 같이하기로 약속해"두었던 것이다. 그즈음의 그는 탈출 결심이 거의 확고하게 선 상태였다고 보아도 좋을 것이다. 물론 그 시기가 언제가 될 것이었는가는 상상을 동원하는 수밖에 없다. '평양의 거리'에서 사촌누이를 만났던 이후일 것으로 생각이 되나, 그것이 정확히 언제쯤이었는가는 알아낼 방법이 없다.

한편으로 여기서 김사량의 소설 「물오리섬」 관련 내용을 생각해본다면, 앞의 김사량의 유년기 회상 내용은 매우 흥미로운 사실을 제공해준다. 우선 앞의 회상문 내용 중 아래 부분을 보기로 한다.

그러면 나는 살금살금 빠져나와 사랑 쪽으로 건너갔다. 거기에서는 자수 일을 하러 모여든 섬 처녀들이 나를 맞아주었다. 방 하나인 사랑채에 촛대를 두세 개 세워놓고, 연등[제등을 켜고 부처님께 예불드리는 법회: 인용자]같이 불을 밝히고 삥 둘러앉아, 밤이 새는 것도 잊고 자수 일에 정성을 쏟는다. 붉은 비단천에 청사(靑絲)·황사(黃絲)·핑크빛·초록·연두색 등 각양각색의 비단실로 사군자[매란국죽: 인용자]에 사슴이니 소나무니 학·원앙 등을 수놓아 베갯모도 만들고 돌띠도 만들고 꽃주머니나 굴개(모자) 등도 만들었다. 그러면 이것을 어머니들이 장이 서는 날에 평양 성내로 가져가서 팔아다가 딸의 혼수 용품을 사는 데 쓰고 살림살이에도 보태는 것이었다.

이 처녀들은 보통때는 매우 유순하고 참해 보이지만, 친구들끼리 모이면 완전히 사람이 변한 것처럼 명랑하고 쾌활했다. 서로 쿡쿡 찌르거나 까불거나 웃어대거나 하는데, 매우 소란스러웠다. 그 곁에서 이 시끌벅적한 광경을 놀란 눈으로 말똥말똥 지켜보고 있던 일이 생각 난다.

처녀들이 번갈아가며 옛날 이야기를 들려주었던 일도 있다. 친절한 처녀는 내 버선에 꽃모양의 수를 놓아준 적도 있다. 모자에 턱끈을 달아주기도 했다. 때로는 시집갈 때가 다 된 처녀한테 들러붙어 장난을 치는데, 어디어디 사는 총각이 장가 간다지 뭐니, 하고 자못 의미라도 있는 양, 친구 처녀의 마음을 졸이게 만들어 울음을 터뜨리게 하기도 했다. 그러면 수다쟁이 처녀는 쩍쩍 입맛을 다시며,

"나야 이 꼬마나 장가 간다면 울지, 그것 말고 울긴 왜 울어?"
하고 웃음 도가니를 만들어놓았다.

나는 머리끝까지 붉어졌다. 처녀들의 얼굴은 등불빛에 빛나면서 사과처럼 붉게 보였다. 생생하게 빛을 발하는 검은 눈동자에, 손끝이 흰 생선처럼 민첩하게 넘나드는 모습은 어디에 비할 바 없이 화려한 볼거리였다. 그 중에서도 나는 사촌 누이가 제일 예뻤다. 일하는 모양새도 그렇거니와 능숙하게 일을 마무리하는 모습도 그만이었다.

우연한 기회에 처녀들이 나를 가지고 놀 양으로 얼굴을 들이대며— 그 중에서도 귀밑머리가 긴 쌍꺼풀 처녀는 이러기를 좋아하였다.

"애, 꼬마야, 너 섬 처녀한테 장가 안 들련? 색동 저고리를 입히고 꽃 굴개를 씌워갖구 매일 업고 다닐 테루다!"
그러면 다른 처녀가 낚아채듯이 나를 끌어당기며
"안 준다. 시러배 계집애한테는 못 주겠다!"
이렇게 해서 또다시 한바탕 까르르 웃음보가 터졌다.

그런데 이 묘사는 「물오리섬」의 제1절에 나오는 주인공 랑(娘)의 회

278

상과 매우 비슷한 데가 있다. 일부 내용을 비교해보자면 다음과 같다.

　유년기의 그에게는 고모댁이 있는, 하류의 배기섬〔碧只島〕에 내려 가 여름마다 꿈처럼 유쾌하게 보냈던 아름다운 추억이 있다. 하동(河 童)들과 함께 강물 속에 들어가 소라를 줍거나 버들피리를 삐리삐리 삐라라 하고 불거나 저녁 무렵이 되면 석양을 등에 업고 작은 소에 타 고 돌아오거나 했다. 밤이 되면 섬 처녀들은 봉구네 사랑에 모여서 램 프 밑에서 작은 토끼처럼 입방아를 찧으면서, 갖가지 색실로 수를 놓 으며 옛날 이야기로 밤이 새는 것을 잊곤 했다. 랑(烺)은 밤마다 그녀 들 곁에서 졸다가 옛날 이야기에 빠지는 것이 좋았다. 그녀들이 만든 자수품, 예를 들면 선명한 원앙 모양의 베갯모, 애들의 꽃굴개(모자), 색동주머니 등은 그녀의 어머니들이 평양이나 촌읍의 장날에 나가 팔 았다. 그 중 일부를 떼어 값싼 백분이나 거울을 사들고 오기도 하고 남 은 것은 오랫동안 모아두었다가 그녀들이 시집 갈 밑천으로 사용되기 도 한다. 그 중에서도 수는 순이가 제일 빠르고 솜씨가 좋았다. 이 섬 에서는 시집 갈 준비가 제일 튼실하게 되어 있다는 소문이었다. 그건 그렇고 그녀들도 역시 그를 마음에 들어했다. 작은 사슴을 수놓아주거 나, 졸면 깨워서 실 끝을 잡고 있게 하거나 해서 재미있었다. 생각해보 면 어떤 의미에서 그는 도시 도련님이라는 이유 때문에 그녀들 사이에 인기가 있었다고도 할 수 있다. 6, 7세 때는 서양풍으로 머리를 땋아 세일러복과 양복에 반바지를 입고 있었으며 초등학교에 올라가서는 양복을 입고 있었다. 그 때문이었을까. 그녀들은 그를 신기하게 여기 면서 천진난만한 애무의 정을 나누고 있었던 것처럼 생각이 된다. 순 이의 작은 물고기같이 빛나는 예쁜 눈매, 얼굴이 길고 눈썹이 짙은 칠 성녀(七星女)의 살짝 웃는 입가, 눈이 마주치면 곧장 얼굴이 발개지는 소분네의 둥근 얼굴, 살결이 하얗고 몸이 퉁퉁하고 복스러운 봉구네가 가끔씩 남경(南京)콩을 쥐어주었던 그 따끈따끈한 손의 감촉, 그런 것이 눈앞에서 아물거리든가 핏속으로 전해와서, 그는 부지불식중에 낯 뜨거운 생각이 나서 미소를 깨물었다. 언제끔의 일이었던가, 달빛이 환한 밤, 그때는 어떤 일이었는지 칠성녀가 혀를 빼죽 내밀면서

"나 같은 신부는 성내에서 못 얻어!"라 하며 머리를 쑥 내밀었던 것이다. 그러자 일제히 데굴데굴 구르며 웃어댔기 때문에 얼떨떨해 있는 그를 재빨리 익살맞게 끌어안고

"그래, 내 차지다!" 하고 외치면서 볼을 비벼준 처녀가 있었다. 그녀가 순이였던 것이다. 랑은 어린 마음에도 묘한 기분이 들고 얼굴이 새 빨갛게 되어 눈을 깜빡거렸다. 그것을 보고 처녀들은 한층 더 좋아하며 배를 잡고 웃어댔다.

"그러면 미륵이 울겠다"고 봉구네는 자지러지게 웃으면서 올려다본다.

그러면 순이는 얼굴이 새빨갛게 물들어 랑을 놓아주고는 봉구네를 자수로 때릴 듯하면서, 와아와아 들끓어오르는 속을 뒤쫓아가는 광경이 이상할 정도로 지금도 생생하게 떠올라왔다.

양쪽을 비교해보면 닮은 곳이 매우 많다는 것을 알 수 있다. 그도 그럴 것이 「물오리섬」에 묘사된 이 부분은, 김사량의 체험에 그 뿌리가 있는 것이다. 따라서 그가 회상 속에서 쓰고 있는 '쌍꺼풀 처녀'도 「물오리섬」에 나오는 처녀들 중의 하나라는 것은 의심할 여지가 없다. 혹은 그 반대로 순이·봉구네·칠성녀 들 중의 한 사람에게 그가 사랑하는 사촌누이를 투영했다고도 할 수 있을 것이다. 하여튼 감미로운, 김사량의 표현을 빌리면 '그리운 고향, 그리운 이들'이 지금은 불행의 밑바닥에서 신음하고 있었다. 중국 항일 지구로 탈출을 기도하는 그의 결의가, 이렇게 떠올라오는, 이 그리운 것들의 불행한 모습과 무관할 수 없는 것은 분명하다.

그러나 김사량의 결의는 어찌 되었건간에, 탈출 기회가 즉각적으

로 찾아온 것은 아니었다. 그런데다가 중국에 건너간다고 해서 즉각적으로 연안 탈출 루트가 발견될지 어떨지도 도저히 알 수 없는 일이었다. 때문에 중국에 건너갈 기회를 기다리는 수밖에 없었다. 대망의 그 기회가 찾아온 것은, 임종국의 「김사량론」에 의하면, 1945년 5월의 일이었다.

제7장

탈출, 귀국 그리고 죽음

김사량에게 대망의 중국 연안 지구로의 탈출 기회가 찾아온 것은 지금까지 보아온 임종국의 「김사량론」에 의하면 1945년 5월경의 일이었다. 국민총력조선연맹 병사 후원부가, 약 1개월 반에 걸친 '재지(在支) 조선 출신 학도병 위문단'의 파견을 결정한 것이었다. 연맹 병사 후원부로부터 이 위문단원으로 지명된 사람으로는 김사량 외에 여성 시인 노천명이 있었다. 즉 구성원은 이 두 명이었던 것이다. 이 것은 김사량의 탈출을 용이하게 만든 요인의 하나로서 그냥 지나칠 수 없는 일이다. 그 중에서도 특히 동행자가 노천명이었다는 점은 김사량이 그 행동의 자유를 어느 정도 확보하는 측면에서 매우 유리한 요인이 되었다. 실제로 김사량은 위문단원으로 활동하는 한편으로 연안 지구로의 탈출 루트를 마련하기 위해 거리를 돌아다니는 등, 그 자유를 십분 활용했다.

김사량의 동행자인 노천명은, 다나카 히데미쓰의 『취한 배』[1]에서 여러 모로 묘사된 바 있는 여성 시인 노천심(盧天心)의 모델이 된 인물이다. 이 다나카가 묘사한 바 노천심에 관해서는 노리다케 미쓰오도 다음과 같이 설명하고 있다.

---

1) 다나카의 소설 『취한 배』의 제목은 그가 노천심이라는 이름으로 등장시킨 노천명의 시에서 따온 것이다.

도쿄에서 대동아문학자회의가 열렸는데, 귀국 도중에 중국 대표가 구사노 신페이(草野心平)와 함께 경성에 들렀다. 행동의 자유가 허락되어 있지 않았다고는 하지만, 주작인[周作人, 이것은 周化人의 오식일 것이다: 인용자]이 있었다. 조선의 요정에서 환영회가 열렸는데, 내 앞에는 여배우 김소영(金素英)이 앉아 있었다. [······] 후일 『취한 배』의 배경이 되는, 마치 진짜 같은 성대[城大, 경성제국대학: 인용자] 교수가 있다. 『취한 배』는 일면 탐정 소설 같은 성격을 갖고 있다. 스파이 비슷한 것도 소설화하려고 했던 다나카군의 구상이 들어 있었는데, 경성 자체가 마치 쫓겨다니는 사내로 화해 있었다. 실명이 자주 등장하는데 여류 시인 노천심 등도 행동은 '허구,' 엉뚱한 화풀이 대상으로서 실명을 제공하고 있다.[2] [강조: 인용자]

다나카 히데미쓰에 의해 묘사된 노천심의 '허구'적 행동 중에서도 눈에 두드러지는 것을 들자면, 그것은 이른바 일본 통치 권력에 대한 스파이 행위였다. 노리다케 미쓰오의 설명을 기다릴 필요도 없이, 그것은 분명히 '허구'임에 틀림없었다. 그러나 모델이 된 노천명 본인의 행동은, 김사량과의 관계면에서만 본다면, 그에게 매우 협력적이었다. 김사량의 자유로운 행동을 감시하는 차가운 감시자로서의 역할을 한 것이 아니라, 오히려 그를 도와주는 역할까지 맡았던 것이다. 이에 대해 김사량은 아래와 같이 쓰고 있다.

이날 아침 일찌감치 일어나 R 여사에게 집으로 보내는 짐을 부탁할 겸 전송차 역에 나가려고 부시럭대는데 같은 방의 K가 눈을 부비며 일어나 고약한 꿈을 꾸었노라고 중얼거린다. [······]

---

2) 노리다케 미쓰오, 「조선 시절의 히데미쓰」.

양차(洋車)를 달려 역으로 나오니 발차 종 소리가 막 울리고 있었다. 기차가 움직이기 시작했을 때 나는 R 여사에게 짐을 맡기고 따라가며 귓속말로 이렇게 부탁하였다.

"나도 오늘 차로 남쪽으로 떠나오마는 우리 집에 들르시거든 어떤 일이 있어도 놀라지 말도록…… 그리고 오늘 나도 떠난다더라고 일러주시오."

R 여사는 눈을 깜빡거리며 말했다.

"되도록 빨리 귀국하세요."

기차는 차츰 속력이 빨라졌다. 나는 구보로 따라가며 부르짖었다.

"이 편지는 꼭 전해주시오. 믿습니다." (「회색 헬멧」, 『노마만리』)

위의 'R 여사'가 노천명이었다. 그리고 김사량이 말한 바 '그 편지'는, 후일 보게 되는 바와 같이 연안 지구로 탈출할 수 있게 되었다는 것을 가족에게 알리기 위한 것이었다. 뿐만 아니라 "나도 오늘 차로 남쪽으로 떠"난다고 한 바와 같이, 노천명을 보내고 수시간이 지난 뒤에는, 김사량도 지시에 따라 북경발 열차에 몸을 맡기고 연안을 향한 탈출의 제1보를 내딛었다. 다나카 히데미쓰의 『취한 배』에 나오는 노천심의 스파이 행위가 '허구'였다고 하더라도, 김사량과의 관계면에서 본다면 노천명의 행위는 도움을 주게 된 것이었다. 그러므로 스파이 행위라고까지는 할 수 없다 해도, 결과적으로 일본 통치 권력에 '배신 행위'를 한 것임에는 틀림이 없다.

김사량이 이 위문단 파견을 거부할 수 없었던 점에 관해서는 더 말할 필요가 없을 것이다. 임종국에 의하면 이 위문단은 5월 8일에 조선을 떠났다고 한다. 그러나 임종국의 이 기록에는 약간의 문제가 있다. 김사량의 항일 중국 기행 『노마만리』에는 다음과 같은 내용이 포함되어 있기 때문이다.

제국주의 일본의 금면류관(왕관: 인용자) 위에 해가 저물어가는 1945년 3월의 북경.

　　동양 사람으로는, 더구나 조선 사람의 신분으로는 발을 들여놓기조차 어렵다는 호사스러운 북경반점이 마치 조선인 합숙소처럼 되어 있었다.

　　화중·화북의 여러 도시와 오지로부터 안전 지대라고 찾아 몰려온 사람들로 들끓고 있는 것이다.

　　만약에 패전한다면 일본 제국주의와 운명을 같이해야 할 사람들, 옆구리에 피 묻은 돈이 수두룩한 사람들뿐이다. (……)

　　이와 같은 북경반점의 236호, 이것이 내 방이었다. 아니 그것도 숙객이 폭주하기 때문에 방 한 칸이 독차지되지 못하여 내가 생면부지의 K 방으로 굴러들어오게 되었던 것이다. (「복마전의 북경반점」, 『노마만리』)

　　그리고 이즈음 김사량은 이미 그 위문단에 맡겨진 일을 모두 끝낸 뒤였다. 그 일을 마치고 귀국하던 도중 북경에 들러 북경반점에 투숙했던 것이다. 따라서 김사량의 이 말에 따른다면, 그들 위문단의 파견은 임종국의 그것보다 빠르다. 역산해본다면 1월말부터 2월 초순에 걸쳐 조선을 출발했어야 한다. 무라야마 도모요시의 다음 회상은 이 추정을 입증하는 데 필요한 충분한 근거를 제공하고 있다.

　　1943년 초에 출옥한 나는 1945년(종전되던 해) 3월, 조선으로 돌아왔다. (……) 나는 커다란 기대감을 갖고 김(사량: 인용자)군과 만날 시긴을 기다렸다. 그러니 경성에 도착히지미자 니는 깜짝 놀리고 말았다. 김군은 황군 위문이라는 명목으로 북지(北支)로 갔으며 거기서 탈출하여 팔로군 소속의 조선의용군에 종군 기자로 참가하고 있다는 것이었다. 이것을 전하는 조선 사람들의 눈은 김군에 대한 존경심으로

빛나고 있었다. 그 점잖고 조심스러운 김군이! 나는 경악하였다.[3]

　　무라야마의 이 글로 판단한다면, 김사량 등 위문단의 조선 출발이 앞서 기술한 1월말 내지는 2월 초순의 일이며 3월에는 부여받은 임무를 마쳤다고 보아도 아무 문제가 없다. 그래도 몇 가지의 문제가 남기는 한다. 3월에는 위문 임무를 마쳤다고 하더라도 앞서 『노마만리』의 일절을 본다면 김사량은 아직 이 시점에서는 북경을 "탈출하여 팔로군 소속의 조선의용군에 종군 기자로 참가하고 있"을 수가 없기 때문이다. 따라서 "이것을 전하는 조선 사람들의 눈은 김군에 대한 존경심으로 빛나고 있었다"는 것이 과연 실제 사실이었는지 그 근거가 없어지게 되는 것이다. 특히 "재지(在支) 조선 출신 학도병 위문단"으로 파견됨에 이르자, 나중에 보는 바와 같이 김사량은 중국 연안 지구로의 탈출 계획을 가족 외에는, 예를 들어 가까운 친구라 하더라도 일체 비밀에 부쳐두었던 것이다. 이런데도 일찌감치 탈출 소식이 경성에 전해졌으며 "이것을 전하는 조선 사람들의 눈은 김군에 대한 존경심으로 빛나고 있었다"는 것은 이상하다. 그의 탈출 계획을 알고 있었던 사람은 가족, 그것도 그의 모친과 처, 그리고 조선총독부 황해도청 참여관(參與官) 겸 농상부장(農商部長)이라는 요직에 있었던 형 김시명뿐이었다고 한다. 그 자리를 금방 잃게 될지도 모르는 김시명이 동생 김사량의 탈출 계획을 가볍게 입 밖에 낼 리도 없다. 이것은 김사량의 모친이나 처의 경우에도 마찬가지일 터이다. 또 모친이나 처의 편에서 보더라도 탈출이 실현 가능한가의 여부는 전혀 예측 불가능한 것이었다. 김사량과 가족 사이에서는 탈출 루트를 발견했을 때 편지 문안 속에 섞어넣은 암호로 소식을 전하기로 되어 있었다. 아래와 같이.

---

3) 무라야마 도모요시, 「김사량을 생각한다」.

그날 밤 나는 어머니와 아내에게 무량한 감개 속에서 몇 장의 편지
를 쓰게 되었다. 떠날[조선을: 인용자] 때 약속한 대로 '여불비(餘不
備)'〔'餘'는 실례(失禮)라는 뜻: 인용자]라고 말미에 덧붙여서 드디어
떠나게 된 사정을 알게 한 것이다. 그리고 떠나는 날짜와 시간도 내박
았다. '여불비'라고 쓴 편지가 마지막 편지인 줄 알라고 아내에게 이
르고 떠난 것이었다. (「회색 헬멧」, 『노마만리』)

　R 여사, 즉 노천명에게 부탁한 김사량의 '그 편지'라는 것은 '여불
비'라는 글자가 섞여 있는 그것이었던 것이다. 김사량은 이 편지말고
도 형 김시명한테도 구두로 탈출 의사를 밝혔다고 한다. 저간의 사정
에 밝은 인사가 밝힌 바에 의하면 그 사실은 다음과 같다. 김사량은
경성에서 호출을 받은 뒤 위문단으로 파견된다는 결정을 받았다. 그
는 평양으로 돌아오는 야간 열차 속──경성에서 사리원에 이르는 구
간에서──에서 은밀히 김시명과 만나 그 결의를 털어놓았다는 것이
다. 이 에피소드는 해방 후 김사량이 경성에 돌아왔던 때, 즉 1945년
가을 김시명의 집에서 김사량과 가까운 친우들과 어울린 자리에서
본인이 털어놓은 것이었다. 그러나 야간 열차 속에서 은밀하게 만나
는 형과 동생, 동생은 항일 전선에 참가하겠다는 뜻을 열심히 밝히고
있다. 묵묵히 그것에 귀를 기울이고 있는, 총독부 소속의 고급 관리
인 형. 이 모습들은 매우 극적이다. 무한한 상상을 불러일으킬 뿐만
아니라 무슨 말이 그곳에서 오고갔는지 매우 궁금하다. 어쨌든간에
김시명을 포함한 그 가족 외에는 김사량의 탈출 의도를 알 수 있는
이가 없었다. 그럼에도 불구하고 한편에서는, 무라야마의 회상에서
도 볼 수 있는 바처럼, 그 탈출이 실현되지도 않은 시점에서, 조선에
서 그가 탈출했다는 소식이 입에서 입으로 전해지는 기묘한 현상이
발생하고 있었다. 김사량의 탈출은 어디까지나 비밀에 부쳐져야 할

성질의 것이었다. 김사량 본인이 그 점에 깊이 유의했을 것임은 물론 두말할 필요도 없다. 위문단으로 조선을 출발하기에 앞서, '전란을 피한'다는 구실로 가족을 장광도(長光島)로 이주시켜놓은 것은 바로 이것과 관련된 조치였다고 보아도 좋을 것이다. 그 사정은 다음과 같다.

애들의 얼굴이 새로운 광채를 띠고 나타난다. 애들이 꿈에 보이기는 이번이 처음이었다. 전란을 피하기 위해 짐을 옮겨놓은, 버드나무 우거진 장광도인 모양이다. 평양성 내로부터 30리 물길을 굽이쳐 내려온 꿈과 물과 태양의 나라. 별장섬·문바리섬·두로섬·두다니섬 이렇게 많은 섬들을 한 장의 액자에 모아놓은 듯한 다도하(多島河)로 아름답고도 장쾌한 풍경이다. [……] 이렇게 얻기 어려운 풍경을 사랑하여 연약한 몸을 이런 섬에서 보양하리라고 전부터 그리워하던 김이라 고국을 떠나며 늙으신 어머니와 처자를 이 장광도에 옮겨다 놓은 것이다. (「유격전의 一夜」, 『노마만리』)

위와 같이 김사량은 탈출 의도가 드러나지 않도록 하기 위해 끊임없이 세심하게 주의를 기울였다. 친한 친구들에게도 이것만은 결코 알리지 않았던 것이다. 그럼에도 불구하고 이미 탈출했다는 소식이 무라야마의 귀에까지 들려온 것은 어찌 된 연유에서였을까? 아마도 친구들의 추측이 우연히 진실을 포착해내서 그것을 전한 것이었음에 틀림이 없다. 즉 그들은, 중국 대륙에 위문단으로 건너가다니 이것은 틀림없는 탈출이다, 이렇게 생각하고 있었던 것이다. 김사량이 쓴 다음의 글은 이 추정이 정확함을 입증해주고 있다.

이렇게 행복하게 목적지를 향하고 있다는 것을 친구들에게도 알려주고 싶을 정도였다. 출발 시간이 다가오자 어떤 친구는 건강에 유의

하라고 약 꾸러미를 내주었다. 어떤 친구는 벙어리가 되면 곤란할 것 이라며 중국어 회화책을 빌려주었다. 한 친구는 거기 가면 문명의 이 기는 필요없을 것이라며 내 라이터를 접수하고서는 대신 마도로스 파 이프를 내주었다.

골동품을 좋아하는 친구는 개찰이 시작되자 '호신용이야' 하고 웃 으면서 장식이 달린 골동품 장도(粧刀)를 주머니에 넣어주었다. 이때 의 모습이 바로 어제 일처럼 눈앞에 떠올라온다.

끝까지 누구 하나도 이제 자네 떠나고 마는가 하고 말하지 않았다. 나 역시 그런 것은 내색도 하지 않은 채 이별하였다. 마음의 창과 창들 이 서로 통하고 있었던 나의 친구들.

아직도 그 친구들의 손길로부터 흘러들어온 피의 온기가 내 혈맥 속을 달리고 있는 듯하였다. 친구들이여, 나의 행복한 출발을 축하해 다오. (「공습받는 平漢路」, 『노마만리』)

무사를 기원하며 정거장에서 전송해준 그리운 친구들의 얼굴이 하 나하나 떠올라온다. 떠나기 전날 밤 모여앉아 이별주를 같이 나누던 친구들의 말소리가 들려온다. 모두가 진심으로 나의 출분을 축복하여 주던 선량하고도 우애 깊은 친구들이었다. 지금쯤 어디에 모여 앉아 나의 거취를 걱정하고 있지나 않은지! 이렇게 미더운 동지들의 따뜻 한 보호와 인도 밑에 일본군의 봉쇄선을 무사히 넘어 태항 산중을 나 귀를 타고 건들거리며 들어가고 있음을 어떻게든 알려주고 싶었다.

친구들이여! 잘 있거라!

나의 이 행복한 탈출행이 도리어 사랑하는 친구들의 신상에 불행을 가져다주지나 않았을까

이 친구들과 이 산중의 즐거운 길을 나란히 나귀를 타고 들어가고 있다면 얼마나 기쁘랴…… 심지어 이 기나긴 이국 산중의 노상에 올 라서며 보고 느끼고 들은 일이라도 이 친구들에게 고스란히 보여주고

들려주고 싶은 일이었다. (「어서 가자 나귀야!」, 『노마만리』)

　김사량에게 약 꾸러미를 건네준 친구란, 일찍이 감기에 걸려 고열
에 시달리고 있었던 히로쓰 가즈오, 마미야 모스케 두 사람에게 평양
호텔에서 진찰과 간호를 해주었다고 하는 의사 박영세가 아니었을
까. 무라야마 도모요시가 조선을 방문했던 때, 당시 경성에서, 중국
에 위문단으로 파견된 김사량이 연안으로 탈출했다는 소식이 은밀히
돌고 있었던 배후에는 이러한 친구들의 움직임이 밑바탕에 깔려 있
었던 것이라 보아도 좋을 것이다. 이외에도 김사량을 믿고 그 행동에
기대를 걸었던 이들이 적지 않게 있었다는 것은 앞에 든 무라야마의
글을 통해서도 추측이 가능하다.
　그런데 김사량이 탈출을 감행했던 시기에 대해서는 논의의 여지가
남아 있다. '연안으로의 탈출행 전야에' 김사량과 만날 수 있었던 나
카조노 에이스케가 당시의 모습을 아래와 같이 기술하고 있기 때문
이다.

　　나는 『취한 배』에 실명으로 등장하는 백철〔白哲 = 白鐵: 인용자〕이
라는 문예비평가와 함께 나중에 김사량을 만난 적이 있는데, 오늘 새
삼스럽게 두 사람의 작가가 짊어지고 있었던 과제라는 것을 생각해본
다. 〔……〕
　　그런데 『바다가 보인다』[4]의 김사량에 대해 쓰지 않으면 안 되겠다.
물론 바다를 본 그를, 내가 알 리가 없다. 그곳은 바다가 아니라 대륙
깊은 곳에 있는 연안이었는데, 그 연안으로의 탈출행 전야에 나는 그
를 만났다. 북경반점의 바에서. 전술한 바와 같이 세 사람이었다. 그는
반도인 지원병 보도반원이었으며, 조선어지의 『매일신보』 북경 지국장

---

4) 1950년 전선문고(戰線文庫)에서 간행된 김사량의 르포집. (역주)

으로, 당시 조선사설대사(朝鮮私設大使) 등으로 불리고 있었던 백철이 합석했던 것이다. 나는 현지 일본어 신문의 학예부에 적을 두고 있었기 때문에, "뭔가 써달라"고 했다. 김사량은 장발을 쓸어올리면서, 그 근육질의 큰 키를 흔들흔들하면서, "저는 인제 일본말로 쓰는 건 질색입니다" 하고 빈정거리듯 웃었다. 이젠 질렸어 하던 그 어린애 같은 표정. 그리고 잠시 생각에 잠기듯이 가늘어지다가 반짝 하고 빛나던 취안(醉眼). 그의 팽팽하던 광대뼈의 근육. 우리는 북경반점을 나와 목탄 자동차로 전문(前門) 밖에 있는 식당에 가서 마셨다. 그 자동차 안에 웬일인지 조선의 여류 시인이라 불리는 여성이 타고 있었던 기억이 막연히 떠오른다. 식당에 자리를 잡자마자, 바에 있었던 때와는 사람이 완전히 바뀐 것처럼, 태풍처럼 마시고 씹어댔다. 그는 물론 탈출 행과 관련된 이야기는 한 마디도 꺼내지 않았다. 그런데 팔로군과 팔로군 소속의 조선의용군 쪽으로 탈출하는 반도인(半島人) 지원병 이야기가 화제에 올랐다. 김사량과 백철은 때때로 뭔가 터지기라도 한 것처럼 격렬하게 조선어로 토론을 벌였다. 동시에 백간아주(白干兒酒)를 뒤집어쓰듯 털어넣기를 계속했다. 나는 어떤 예감이 들었다. 그러나 그뿐이었다. 예감한 그것에 격렬하게 응사해가는, 그 무엇도 나는 당시 갖고 있지 않았기 때문이었다.

그날로부터 얼마나 지났던가, 김사량은 아직도 왕부정대가(王府井大街)를 천천히 걷고 있었다. 황토색의 반소매 셔츠에 반바지. 당시 가는 곳마다 눈에 띄던 보도반원 행색이었다. 장발을 쓸어올리며 그 긴 정강이를 내차듯이 걷고 있었다. 그 정강이는 "한때 무용가가 되려는 생각으로 창작 무용을 시도했던" 미나미 선생(「빛 속으로」)을 연상케 했다. 1944년 초여름의 일이다.[5] 〔강조: 원문〕

---

5) 나카조노 에이스케, 『김사량 작품집』 평.

앞에 인용한 글 속에서 나카조노는 "그 자동차 안에 웬일인지 조선의 여류 시인이라 불리는 여성이 타고 있었던 기억이 막연히 떠오른다"고 썼다. 즉 김사량과 같이 "재지(在支) 조선 출신 학도병 위문단"의 일원이었던 노천명이 동석하고 있었다는 사실을 기억에 담아두고 있는 것이다. 그렇다면 나카조노가 '연안으로의 탈출행 전야에' 김사량과 만났다는 데에 의심을 품을 여지는 전혀 없다. 그러나 그렇다고 한다면, 그것은 나카조노가 말하는 '1944년'이 아니라, 1945년의 일이어야 한다. 나카조노의 기억상의 오류일 것이다. 그건 그렇다 치고 김사량이 왕부정대가를 걷는 모습이 발견된 것이 '초여름의 일'이라는 것은 어떻게 해석해야 할까. 김사량은 분명히 3월이라고 쓴 바 있다. 어딘가에 오류가 있음에 틀림이 없다. 가령 김사량이 쓴 바와 같이 3월이라고 한다면, 북경에서는 아직 추위가 매서운 계절에 해당한다. 이것을 초여름이라 부르는 것은 옳지 않다. 예를 들어 임종국이 쓴 바와 같이 김사량 등의 조선 출발을 5월 8일이라고 생각해보자. 그렇다면 1개월 반에 이르는 위문 여행 일정을 모두 마치고 북경에 돌아온 것이 6월말 내지 7월이 된다. 그즈음이라면 초여름이라기보다 한여름이라고 부르는 게 더 어울리는 것이 북경의 날씨다. 그러나 나카조노가 말하는 바와 같이 왕부정대가를 "장발을 쓸어올리며 그 긴 정강이를 내차듯이 걷고 있었"던 김사량의 행동이, 황토색 반소매 셔츠, 반바지라는 보도반원풍의 것이었다고 한다면, 이것은 분명히 초여름으로부터 여름에 걸친 시기의 몸차림에 해당한다. 이것을 김사량의 말대로 3월이라고 보는 것은 무리다. 추위 때문에 견디기 어려웠을 것이다. 나카조노는 이밖에도 김사량이 스타킹을 신고 있었다고 했다. 그렇다면 김사량의 북경 체재가 '초여름의 일'이었다는 것은 움직이기 어려운 사실이라고 생각된다.

억측을 무릅쓰고 말한다면 사실은 다음과 같았음에 틀림없다. 김사량 등 '재지 조선 출신 학도병 위문단'이 조선을 출발한 것은 1945

년 3월 중반을 넘긴 즈음이었다. 위문단이 예정된 일정을 마치고 북경에 돌아온 것이 4월말 내지 5월, 즉 '초여름의 일'이었다. 그것이 초여름의 일이었다고 보는 유력한 증거는 나카조노가 쓴 바와 같이 김사량의 몸차림이 황토색의 반소매 셔츠에 반바지 차림이었다는 것뿐만 아니라, 김사량 스스로도 『노마만리』속에서 일본군의 봉쇄선을 돌파하고, 중국 항일 지구의 상당한 오지까지 헬멧을 쓴 채 갔다고 쓴 바 있기 때문이다. 반소매 셔츠에 반바지, 스타킹에 헬멧이라면 이것은 바로 '보도반원 풍의 몸차림'이다. 아마도 김사량이 쓴 바 '1945년 3월의 북경'이라는 것은 '5월의 북경'의 오류임에 틀림없다. 이것이 단순한 억측이 아닐 수 있는 이유는 다음과 같다. 가령 이때 연안 지구로의 탈출의 단서를 발견해내지 못한다면 물론 그는 귀국하는 수밖에 없었을 것이다. 그리고 그 귀국을 당연한 일로 생각하고 있던 조선문인보국회는 새로운 일정을 짜서, 그 귀국을 기다리고 있었다. 즉 5월 11일부터 가야마 미쓰로(이광수), 조용만, 정인택, 김사량, 정비석, 아오키 교(홍종우), 이무영, 유진오, 유아사 가쓰에, 미야자키 신타로(宮崎愼太郎) 등 10여 명의 작가들을 새로 각 생산 노동 분야에 파견하여, '싸우는 조선 반도'의 생생한 현실을 소설화하여 '결전 문학 총서' 제1집을 편하여 동도(東都)서적출판주식회사에서 상재하도록 결정되어 있었던 것이다. 바꿔 말한다면, 김사량은 5월 11일까지는 귀국해야 했으며, 그의 생산 노동 방면의 파견도 당시까지 귀국하는 것이 전제가 되어 있었던 것이다. 위문단의 일정은 이에 대응이 가능하도록 짜여져 있었음에 틀림이 없다. 김사량의 북경반점 체재 시기를, 나카조노가 말하는 초여름, 보다 구체적으로는 5월 경으로 보는 이유도 여기에 있다.

이렇게 볼 때 김달수가 "김사량은『바다에의 노래』등 선전 소설을 써냄으로써 조선군 보도반원이 될 수 있었으며 '황군 위문'이라는 명목을 빌려 중국 대륙으로 건너가는 데 성공했다"고 쓴 그것은 정확성이 결여된 것이었음을 알 수 있다. 어쨌든 이상의 내용을 통해, 김사량이 북경에 체재했던 시기 문제가 거의 분명하게 해결되었다고 본다. 그러나 이 당시의 그는 연안으로의 탈출 루트를 찾아내는 것이 불가능한 상태였다. 아니 정확히는 그가 일찍이 평양의 자택에서 P군, S군 등과 "내가 도망가게 된다면 행동을 같이하자"고 약속했던, 그 원래 예정 루트가 우려했던 바대로 끊어져버리고 말았던 것이다. 처음 예정으로는 김사량은 남경(南京)에서 P군에게, 혹은 서주(徐州)에서 S군과 접촉하여 그들의 인도로 '서로 행동을 같이하'여 연안에 가기로 되어 있었다. 그런데 위문단의 일원으로 각지를 이동하는 사이에 P군과 S군 등이 신변의 위험 때문에 일찌감치 행방을 감춰버리고 말았던 것이다. 김사량의 중국행이 늦어졌던 것도 그 원인의 하나였을 수 있다. 이 사이의 사정에 관한 김사량의 설명을 들어본다면 아래와 같다.

사실 나는 서주와 남경에서 보기 좋게 실패하고 돌아오는[북경으로: 인용자] 길이었다.
남경의 P군과 대강 해둔 약속이 있었으나 너무 오래된 약속이었기 때문에 불안한 끝도 없지는 않았다.
그러나 P군이 내가 오기를 기다리다 못해 먼저 떠났다면 되돌아 올라오며 서주에 들르리라 하였다. 그러나 남경에 들러 P군이 근무하고 있는 상행(商行)으로 전화를 걸었더니 매우 대답이 의심스러운 것이, 세세한 것을 알려거든 찾아오라는 것이었다. 그래 양차로 달려가 주인—그는 조선인이었다—을 만나 물어보니 P군 이하 7, 8명의 젊은이가 거취 불명이라 한다. 그것이 겨우 10일 전의 일이었다. 여기서 나의 오작교가 끊어지고 말았다. 연 사흘 동안 헌병대와 경찰이 총출동하여 수색망을 쳤으나 종적이 묘연할 뿐 아니라 서주에 있던 S군 이하 3, 4명도 같이 없어진 듯하다는 말에 거듭 놀라게 되었다. 이 S군으로 말할 것 같으면 저번 귀국하여 P군과 나를 집으로 찾아왔을 때 내가 도망하게 된다면 행동을 같이하기로 서로 약속했던 사이이기 때문이다. (「복마전의 북경반점」, 『노마만리』)

김사량은 위문단의 일정을 끝내자 즉각 행동에 들어가 P군 혹은 S군과 연락을 취해 그들의 인도로 탈출에 돌입하려 했던 것으로 생각된다. 그런데 그 인도자를 잃고 말았던 것이다. 탈출에 필요한 유일한 단서를 잃어버린 김사량이 남경에 도착한 뒤 며칠간을 불안과 상심 속에서 보냈던 사정을 다음 글에서 쉽게 찾아볼 수 있다.

눈앞이 캄캄했다.
도착한 그날부터 매일 밤이었다. 날이 샐 무렵이면 공습 경보가 요란하게 울려대는 통에 노이로제에 걸릴 지경이었다. (「복마전의 북경반점」, 『노마만리』)

생각다 못한 김사량은 내친 김에 상해까지 가볼까 하는 생각까지 했다. 상해는 뭐니뭐니 해도 정치 공작의 중심지였다. 거기까지 간다면 혹시, 이렇게 막연한 기대가 생겼던 것이다. 작년 상해 여행 때 중경측 공작원이라고 칭하는 청년과 만났던 것도 크게 작용했음에 틀림이 없다. 그러나 결국 이것은 생각에 그치고 만다. 그 이유는 다음과 같다.

이렇게 떠나온 길이 남경까지 내려와서 오도가도 못하게 된 것이다.
여기까지 온 이상 상해로 나가면 무슨 좋은 수가 생겨도 생기리라…… 그러나 실제 문제로 상해까지 가서 여러 날 묵어야 된다면 적지 않은 숙박비를 어떻게 조달하느냐는 난제가 앞을 가로막았다. 하기는 불의의 경우에 이용하려고 홍삼 한 근에 시계도 두어 개 가지고 다니지만 그렇게 벌써부터 처분해서야 앞길이 매우 불안스럽다.

어리석은 생각에 지리적 관계로 상해에서는 연안과의 연락이 대단히 힘들리라는 추측도 들게 되었다. (「복마전의 북경반점」, 『노마만리』)

고민 끝에 김사량은 무조건 서주까지 가보는 길을 선택했다. 친구 S군 등의 실종을 확인하기 위해서였다. 이것을 확인하고 난 뒤부터의 행동은, 그 자신의 설명에 의하면 다음에 보는 바대로다.

이튿날 새벽 천진역에 닿는 참으로 이번은 일본 조계에 있는 친우 이 박사의 병원으로 찾아들어갔다. 나의 중학 동창으로 친족의 의업을 도와주면서 조선학 연구에 종사하고 있는 온후독실(溫厚篤實)한 호학이다. 지난해 중국 여행시에도 이 병원을 찾아와 한방에서 여러 날을 같이 지내며 심경을 토로한 적이 있다.

소년 시절부터 깊은 우정을 나눈 사이라 이심전심이었던지 내가 쑥 들어서니까 어떤 예감이 짚이는 모양으로 얼굴빛이 달라진다. 〔……〕

이군은 내 결심이 굳음을 알고 이날 밤부터 나의 떠날 길에 대해서 여러 가지로 머리를 앓게 되었다. 그러나 진찰실과 서재 속에만 묻혀 있는 그에게 좋은 길이 있을 리 만무하였다. 연안으로는 북경 방면으로 떠나는 이가 많다는 소문이 들린다고 하면서 그것도 자칫하면 횡행하는 가짜 공작원의 그물에 걸리기가 쉬운 모양이라고 염려한다. 여기서도 나는 늘상 하던 버릇대로 지도를 펴놓고 궁리에 빠져들었다. 그 중 연안에 가장 가까워 보이는 역들을 짚어가면서 동포선(同浦線)이라면…… 태원(太原) 근처에 혹 믿을 만한 이가 없을까…… 에라, 북경서 그냥 산을 넘어 들어갈까. (「복마전의 북경반점」, 『노마만리』)

결국 김사량은 일만 엔 남짓한 경제적 원조를 받았을 뿐, 다시 북경으로 되돌아오고 만 것이다. 그 시기를 지금까지 보아온 바와 같이 '1945년 3월의 북경'이라 쓴 것이다. 어쨌든 김사량으로부터 탈출 의도를 들은 것은, 가족을 제외하고 나면 친구로서는 이 이박사가 유일한 이였다. 그렇다고는 하나 이 이박사이든, 역두까지 전송해준 친구들이든간에, 좌절 상태에 빠져 있었던 김사량이 꼭 다시 일어나서 행동에 나설 것임을 끝까지 믿고 따뜻하게 지켜보아주었던 이들이 얼마나 많았던가. 김사량은 생애 내내 훌륭한 친구들의 덕을 본 이라고 생각하지 않을 수 없다.

김사량은 최악의 경우에는 도보로 산악 지대를 넘어 연안 지구로 찾아들어간다는 각오까지 했었다. 그 심정은 바로 "호랑이굴로 들어오는 심정으로 나는 이 북경반점에 짐을 풀어놓았다"(『노마만리』)고 쓴 데에서도 분명히 확인된다. 따라서 북경반점에 체재하는 사이 그가 혈안이 되어 탈출 루트를 찾아 헤맸을 것은 상상할 필요도 없다. 그런데 그가 이 정도로 연안 지구로의 탈출에 집착한 것은 무슨 이유 때문이었을까. 당시는 이미 북만(北滿) 일대에 걸쳐 김일성 항일 빨치산에 의한 격렬한 게릴라전이 전개된 지 오래된 시점이었다. 그리고 국내 조선 민중의 반일 감정과도 얽혀서 그 존재와 전투가 전설적인 것으로 알려져 있었다. 과연 김사량은 그 사실을 모르고 있었을까. 그의 설명에 의하면 그가 연안으로의 탈출에 집착한 것은 다음과 같은 이유에서였다. 즉

군이 연안 방면으로 들어가고자 하는 이유는 여기에 새삼스럽게 까놓을 필요조차 없는 것으로 생각한다. 이 중국 대지에는 새로운 태양이 섬·감녕변구에 떠올라 광대한 구역을 밝히기 시작한 지 이미 오래다. 장개석의 독재에 반대하고 그 내전 정책을 두들기며 혁명의 깃발을 높이 들고 적에게 무장 항변을 거행하면서 인민의 정부를 조직하여

농민을 해방하고 대중을 도탄 속에서 건져내고 있다.

이네들과 같이 우리 조선의 우수한 혁명가와 애국 청년들도 또한 총칼을 들고 싸우고 있는 것이다. 우리 조국의 깃발이 해방 구역의 산채에마다 퍼득이고 있다. 생각만 하여도 가슴 설레는 일이다.

조국을 찾으려 싸우는 이 전쟁 마당에 연약한 몸을 던짐으로써 새로운 성장을 얻어 나라의 조그마한 초석이라도 되고자 함이었다.

두번째로 해방 구역 내의 중국 농민의 생활이며 인민 군대의 형편이며 신민주주의 문화의 건설면도 두루 관찰하여 나중에 돌아가는 날이 있다면 건국의 장래에 조금이라도 이바지함이 있으려니 하는 것이다. 그리고 또 하나의 낭만으로는 이국 산지에서 조국의 광복을 위하여 적들과 싸워나가는 동지들의 일을 기록하는 일에 작가로서의 의무와 정열을 느낀 것이다. (「복마전의 북경반점」, 『노마만리』)

김사량의 이 글을 갖고 판단한다면, 그는 처음부터 김일성 항일 빨치산 부대로의 탈출은 염두에 두고 있지 않았다고 할 수 있다. 그것도 무리가 아니라고 생각되는 것이, 연안 탈출은 고사하고 김일성 항일 빨치산 부대로의 탈출이 매우 곤란한 일이었을 뿐만 아니라 그로서는 그 단서를 포착하는 것조차도 생각할 수 없었을 것이기 때문이다. 김사량이 연안 지구 탈출을 시도할 즈음은, 이미 김일성 항일 빨치산 부대가 근거지 활동으로부터 소그룹 활동으로 전략을 바꿔 각지로 분산된 뒤였다고 한다. 그러나 이유가 단순히 그것뿐이었을까. 사실을 말하자면, 이즈음의 김사량은 김일성 항일 빨치산 혁명 활동의 전모에 관한 구체적 지식을 거의 갖고 있지 못했던 것이다. 물론 김일성이라는 이름은 기억에 남아 있었을 것이다. 그러나 그 반일 빨치산 투쟁 사실 자체에 관해서 모르고 있었다고는 생각되지 않는다. 그러나 그가 쓴 것을 통해 미뤄본다면, 그가 김일성 항일 빨치산에 관하여 어느 정도의 지식을 얻게 되었던 것은 중국 항일 지구로 탈출한 뒤였다. 중국인들로부터 그것을 들었던 것이다. 그 경위는 아래에 보는 바대로다.

　최동무가 국내에서 새로 온 동무라고 나를 소개하자, 내 손을 굳게 쥐면서 김일성 장군을 알고 있느냐고 물었다. 잘 알고 있다고 답하자 나를 얼싸안으며 반가워했다. 나도 그 막하의 빨치산인 줄 오인한 듯 싶었다.
　——지금 김장군은 어디 있습니까?
　——별일은 없으신지?
　누구누구는 뭐하며 모모는 아직 건재한가? 아마도 김장군 막하의 장병들의 이름인 듯했다. 최동무가 미소를 띠면서 내 대답을 통역해주었다.
　——김일성이라는 이름 세 글자는 조선인이라면 누구나 모르는 이가 없다. 그런 의미에서 알고 있다고 답했다, 라고.
　군인[팔로군의: 인용자]은 빙긋 웃는다. 그래도 이런 이국의 산중에서까지 우리들이 의지하고 존경하는 영웅의 이야기를 듣게 되다니 생각하면 기쁘기도 하고 자랑스럽기도 했다. 9·18 사변[만주사변, 1931년: 인용자] 이후 자신도 동변도(東邊道)에서 빨치산 활동에 참여했었는데, 가끔 김장군 부대를 도와 행동을 같이했었다고 한다. 일본군의 공격을 견디지 못하고 전투에서 패배하여 쿨리[중국의 하층 인부: 역자]로 변장하여 이곳으로 온 것이다. 조·중 양국 유격전의 통일 전선 아래에서 김장군의 인도로 싸울 때의 이야기를 재미있게 늘어놓으면서 장군을 자꾸만 그리워하는 것이었다. (「유격전의 一夜」, 『노마만리』)

　김사량이 말하는 '이국의 산중에서,' 그것도 팔로군 병사로부터 그는 김일성과 그 빨치산에 관한 지식을 처음으로 얻은 것이었다. 그것은 바로 그의 로맨티시즘을 만족시키고도 남았다. 그리고 이것을 알았을 때의 감동이 얼마나 컸겠는가, 또 그가 얼마나 미칠 듯이 기뻐했는가는 다음 글 속에 잘 드러나 있다.

그 존재만 있다면 밀림 속도 대낮처럼 밝았으며, 천년 적설에 싸인 산악의 정상도 햇살을 뒤집어쓴 듯 따스하고, 쌓인 원한이 대하(大河) 속에 가라앉듯 오열하는 미친 듯한 밤에도 여명을 약속할 수가 있으며, 그 발걸음이 숨가쁘게 이르는 대지들도 환희에 몸을 떠는 우리 장군. 산악전에서는 하늘에서 춤추는 매가 되고, 밀림전에서는 호랑이였다. 열 겹 스무 겹으로 포위당해도 용맹하게 무쇠벽을 돌파하고 수천, 수만의 토벌대를 가볍게 격파하고 모든 회유책과 거액의 현상금을 빛을 잃게 만든 세기의 첨단을 가는 화제의 주인공, 우리 김장군.
밤하늘에 빛나는 별만이, 만고의 밀림만이, 시베리아에서 불어오는 눈보라만이 김일성 장군의 투쟁을 알며 고통을 기억하며 탄식을 들으며 기쁨에 떨며 슬픔에 눈물 흘리는 것이 아니다. 우리는 이곳 달도 없는 이향의 산협(山峽)에서 이름도 없는 한 사람의 중국인 병사로부터 장군의 장렬하고도 애국적인 투쟁과 탁월한 지모, 초인적인 용맹을 찬미하는 소리를 들으며 행복에 잠기었다.
이 더할 바 없는 흠모와 존경의 염을 안으면서 우리는 이 천재적인 혁명가에 대해 자꾸만 물었다. 호쾌하고 겸허할 뿐만 아니라 천진한 영웅성과 계관(桂冠), 그리고 잠을 모르는 그 전투 경력과 민중에 대한 뜨거운 정과 변함없는 사랑에 대해. (「유격전의 一夜」, 『노마만리』)

그의 감동이 얼마나 컸는가를 드러내고 있기 때문에 아무래도 표현에 과장된 면이 있다. 어쨌든 김사량이 '흠모와 존경의 염'을 아끼지 않은 김일성 항일 빨치산과 김일성에 대해 상세한 지식을 얻게 된 것은 이 글에서도 알 수 있듯이 중국 항일 지구에서였다. 따라서 북경반점에 투숙하는 사이, 그는 오로지 연안으로의 탈출을 위한 실마리만을 잡기 위해 부심하는 수밖에 없었던 것이다. 그러한 그가 그 희망을 실현할 수 있는 계기는 언제 찾아왔을까. 이에 대해서 그는 이렇게 말하고 있다.

  그러나 그야말로 천행으로 여기〔북경반점 : 인용자〕에 온 지 사흘째 되는 날 저녁에 비밀공작원의 손길이 나에게 뻗치게 되었다. 아침부터 비가 부슬부슬 내리고 있었다. 하릴없이 나는 이날도 로비에 앉아 책을 뒤적거리고 있었다. 궂은비가 하루종일 내리기 때문에 모든 박스가 거의 만원이었다. 더구나 이날 밤부터 호텔 지층 대홀에서 열리는 ××악단의 공연을 보려고 북경 시내의 조선 사람이 물밀듯이 몰려들기 시작하였다. 그 중 흔한 국민복을 비롯하여 양복·중국옷·심지어는 일본 유카타까지 뛰어들며, 부녀자는 너나없이 이방의 간고한 살림살이에 부대껴 얼굴이 싯누런 할머니, 어린애를 들쳐업은 아주머니, 양장이 어울리지 않는 창기들이며 호화로운 옷차림의 매춘부…… 모두 들어오며 떠들썩하니 고아댄다.
  "북경반점 생긴 이래 이런 고약한 손님들은 처음인걸!"
  옆에서 한 사내가 히히덕거린다.
  나는 뒤적이던 책을 덮어놓고 멀거니 이들의 광경을 바라보며 혼자 암연해지는 것이었다. 〔……〕
  이때 회색 헬멧을 쓴 셔츠 바람의 Y가 곰처럼 둥기적거리며 기린처럼 사방을 둘러보며 뚜벅뚜벅 들어온다. 들어오며 손에 든 살부채를 연신 흔들어 보이며 이리저리 인사를 하는 것이다. 모름지기 나는 북경의 거인들과 한자리에서 만나게 되는 모양이다.
  이 Y대인은 전문학교 시절에 명 스포츠맨으로 이름을 날리다가 신문사 생활을 거쳐 북경에 들어온 지 이미 7, 8년이 되는 사람이다. 지난해 상해로 내려갔을 때 어떤 친구로부터 소개장을 받기도 하였으나 북경에서 지내는 시간의 여유가 없어서 만나지 못하였다. 그러나 국내에서도 이모저모 여러 가지로 이야기를 들어 그의 인품이며 성격에 대하여 대강의 예비 지식이 없지 않았다. 거대한 덩치에 비해 대단히 부드럽고 상냥한 사람으로 이번이 겨우 두번째의 상봉이었으나 십년 지기처럼 악수를 하며 서로 농담까지 할 수 있었다.

Y대인은 내 옆자리에 듬직하게 그 거대한 엉덩이를 묻으며 살부채를 펼쳐들더니,

"언제 올라왔소? 최대 급행이구려. 그래 곧 귀국하시려오?"

"보아야 알겠습니다. 다만 며칠이라도 더 있어보렵니다."

"왜, 무슨 좋은 일이라도 있소?"

"글쎄요."

하며 마주 웃었다. 이때 홀에서 음악회가 시작되는 모양으로 박수 소리와 같이 현악 소리가 들려온다. 그때 우리들도 일어나 그리로 밀려가게 되었다. 〔……〕

홀 입구로 가까이 다가가니 사람떼가 들이밀려 어지간히 혼잡했다. 그때 나는 나중에 봐서 들어가기로 하고 창가의 조용한 티박스를 점령하고 앉아 담배를 피워물었다. 여기에 곰처럼 기린처럼 크고 긴 Y대인이 또다시 나타나더니 마주 앉으며 부채로 활활 바람을 일으킨다.

"작년에 오셨을 때 꼭 만나려 하였더니……"

"그땐 여기서 하룻밤밖에 쉬지 않았으니까."

"이젠 단단히 결심이 서신 모양이신가?"

"글쎄요, 어떨지요. 아무튼 중국에 관해 조금만 더 진지하게 공부하고 싶어서 말이죠. 어쩌면 이대로 북경에 눌러앉게 될지도 모르겠고……"

"호오, 그럼 이 중국 대륙에서 옥쇄하실 생각입니까……"

이렇게 말하자, 이번에는 부채를 두들기면서 빙긋 웃는다.

"그렇게 말씀하신다면, 그럼 선생께선 이 북경을 사수하실 생각이라 이 말씀이십니까? 가족만이라도 일찌감치 귀국시켜두시는 것이 어떻겠습니까?"

"쉬—"

"……"

"위험, 매우 위험하오. 그런 걸 입 밖에 내다니…… 그건 그렇고, 선생 같은 분이라면 좀더……"

하고, 슬쩍 말끝을 돌리며 헬멧을 벗어 옆에 내려놓았다.

"좀더, 라니요. 어떻게 하면 좋겠다는 말씀이신지?"

"그냥 가버리시는 건 어떠실까?"

가슴이 덜컥 내려앉았다.

"어디로?"

"글쎄요……"

순간, 두 사람의 시선이 날카롭게 부딪혔다. 불꽃이 튀는 것 같았다. 하지만 내 쪽에서 슬며시 웃어넘기려고,

"역시 북경이라는 곳은 듣기보다 굉장히 묘한 도시군요. 선생까지 그런 신분으로 전락하셨습니까. 나처럼 선량한 신민(臣民)의 마음속까지 수색하려 하시다니……"

"무슨 의미시오?"

"거 말이지요, 형편없는 직업을 가진 패들이 힘깨나 쓰고 있지 않습니까……"

"특무(特務)라 이 말이군요!"

고개를 끄덕이자, 그는 껄껄대며 한바탕 웃음을 터뜨렸다. 그러다가 갑자기 부채를 펼쳐 들고서는 자기 어깨를 탁탁 두들기며,

"어떻습니까. 저의 이 튼실한 어깨를 한번 믿어보시지 않겠습니까?"

"그럼, 말씀하신 대로 그 어깨에 한번 몽땅 걸어볼까요?"

이렇게 대답하자, 즉시 Y대인은 모자를 바로 쓰고 일어섰다. 나도

같이 일어섰다.

"언제 출발하지요?"

"내일이라도."

"그러면 내일 아침 일찍, 연락을 주시오. 전화 번호는 4국의 ×××
×. 남들 눈에 띄면 곤란하니 먼저 실례하겠소."

하며 다시 부채를 펴들고 아까와 같이 주변을 위압하는 모양으로 걸으
며 밖으로 사라졌다. 그야말로 20~30분 사이에 일어난 일이었다. 마
치 꿈속에서 일어난 일 같아 나는 그 자리에 멍하고 서 있었다. (「회색
헬멧」, 『노마만리』)

김사량은 이렇게 하여 탈출의 실마리를 붙잡게 된 것이었다. 하지
만 Y대인을 솔직하게 믿을 수는 없었을까. 결과적으로 본다면 그는
이 Y대인의 인도가 있었기 때문에 비로소 희망하고 있던 항일 근거
지에 가담을 수가 있었다. 따라서 Y대인을 믿고 모든 것을 그 '어깨'
에 맡긴 것은 잘못된 일이 아니었다. 그러나 그 역시도 처음에는 의
심투성이 상태였던 것이다. 그렇다면 이 Y대인이란 과연 누구였을
까. 아까 본 나카조노 에이스케의 회상문에서, 사설 조선대사(私設朝
鮮大使)라 불린 『매일신보』 북경지국장 '백철(白哲)'을 연상하지 않
을 수 없다. 그것은 Y대인 역시도 "신문사 생활을 거쳐 이 북경에 들
어왔"기 때문이다. 그러나 Y대인과 백철과는 아무 관계가 없었다. 이
Y대인은 본명이 이영선(李永善)으로서, 여운형의 지시에 따라 비밀
공작원으로 북경에 주재하고 있었던 이였다. 말하자면, 그는 연안에
본거지를 두고 있었던 화북조선독립동맹의 북경 주재원이었던 것이
다. Y대인——이영선——을 북경 주재원으로 파견한 여운형에 관한
사항은 일본 외무성 아시아국 감수 『현대조선인명사전』에서 인용해
둔다.

여운형(1885~1947), 정치가.

1914년 중국에 건너가 1917년까지 남경 금릉대학(金陵大學)에 재적. 동년 상해 재류 교민단을 조직, 동 단장을 지냄. 한인인성학교(韓人仁成學校)를 설립. 1918년 상해에서 신한청년당을 조직. 제1차 세계대전 직후 1919년 4월 대한민국 임시정부(상해) 외교 위원. 동년 11월 도일하여 일본 정부 요인에게 조선 독립의 필요성을 설파. 1920년 상해로 돌아가 조선학병회를 조직. 1921년 상해고려공산당에 입당. 동년 모스크바에서 열린 극동피압박민족대회에 참가. 1930년 상해에서 일본 관헌에게 체포되어 서울로 호송. 대전형무소에서 3년 간 복역, 1933년 중앙일보 사장, 1942년 치안유지법 위반으로 검거되어 예심 8개월 만에 석방. 1944년 8월 비밀결사 '건국동맹'을 조직, 동년 11월 고향 경기도 양평에서 '농민동맹'을 조직.

여운형에 관한 이 기록은 1945년 8월 조선 해방 이전의 것인데, 그가 조직한 비밀 결사 '건국동맹'이 연안의 독립동맹과 연결되어 있었던 것으로 생각된다. 하지만 김사량은 이런 사정 따위를 알 리가 없었다. 그저 그는 문자 그대로 지푸라기라도 잡고 싶은 심정이었던 것이다. 그리고 이따금씩 마주치곤 했던 Y대인이 직·간접적으로 면식이 있는 인물이었다는 것이, 그로 하여금 모든 것을 내맡기고 싶은 기회를 만들어주었던 것이다. 김사량이 Y대인에 대해 일말의 위구심을 갖고 있었으면서도 그 지시대로 행동하여 결국 탈출이 실현되는 것은 Y대인과 만나고 3일이 지난 뒤, 즉 김사량이 천진에서 돌아오고 나서 6일이 지난 뒤였다. 따라서 나카조노 에이스케가 김사량과 만났던 것, 왕부정대가에서 그의 모습을 발견한 것은, 이 사이에 일어났던 일이었음에 틀림이 없다. 그의 탈출이 실현되기까지의 과정을 글을 통해 따라가보자.

북경에서 사업가로서도 비교적 탐탁한 존재라는 이 Y대인이 과감스럽게도 지하 공작을 하고 있구나 하는 새삼스러운 놀람이지만 이렇게 수월히 단시간에 연락이 될 줄은 꿈에도 생각하지 못했다. 그러나 내가 혹시 너무도 경솔하게 믿고 들러붙지나 않았나 하는 의구심이 꼬리를 물고 일어난다. 하나 이미 운명은 결정된 것이니까. 약속한 곳으로 가게 되든지 혹은 헌병대로 끌려가게 되든지…… 천진에서 이군이 주의주던 이야기가 주문처럼 들려온다. 하여간 운명에 맡길 수밖에 없는 형편이었다. 방으로 올라와 짐을 정리하고 나서 침상에 드러누웠다. 짧은 밤이 깊어도 잠이 오지 않았다. 〔……〕

이튿날 새벽 전화로 연락되었다.

동안시장(東安市場) 안 어느 조그마한 중국 음식점에서 다시 만나기까지 안심이 안 되는 초조한 하룻밤이었다.

다섯 냥쭝 가량의 고량주를 나누며 출발을 하루 연기하여 내일 모레, 갈 수 있는 데까지는 기차로, 만날 장소는 역의 1, 2등 대합실, 떠날 시간은 내일 하오 1시에 다시 여기서 만나 결정하기로 하고 총총히 헤어졌다.

공작상 여러 가지 비밀도 있을 것이리라, 나는 상세하게 묻지도 못하였으며 Y대인도 필요 이상의 말을 하려 하지 않았다.

"어쨌든 동맹 본부로 직행하도록 할 터이니……"

"복장은?"

"입은 채로 가시오. 오늘 떠나는 일행이 있지만 두어 달 걸려야 될 게요. 형은 건강이 좋지 못해 보이니……"

"기차가 위험하지는 않겠소?"

고개를 설레설레 저으며 힘있게 단언한다.

"그럼 내일 다시 만납시다."

악수하고 헤어지기까지 주고받은 이야기라고는 이것이 전부였다. 틀림없는 이로 믿어지기는 하나 소상한 이야기를 들을 수 없어 역시 한 끝으로는 마음이 불안하였다. 그러나 반점으로 돌아와서는 아는 사람을 만나면 모레쯤 상해로 갈 생각이라고 미리 이야기해두었다. [……]

　다음날 오후 한 시에 우리는 다시 그 음식점 그 자리에서 만나게 되었다. 여기서 내일 만날 시간을 약속했다. 오전 아홉시 반 1, 2등 대합실에서——

　이른바 최후의 점심을 나눈 뒤에 헤어져 나오노라니까 Y대인이 허둥지둥 뒤따라오며 나를 불러세운다.

　"주머니에 있는 돈이 이것뿐이오."

　하며 지전 뭉치를 덥석 쥐어주는 것이다.

　"한 5천 원 될 거요. 애들한테 구두라도 사보내시오."

　다시 악수를 하고 돌아설 때 왠지 눈물이 핑 돌았다.

　인파 위를 회색 헬멧이 둥실둥실 떠가는 듯했으나 이윽고 인파 속으로 사라지고 말았다.

　김사량은 이렇게 하여 북경반점으로 돌아와, 앞에 기술한 바와 같이 '여불비'라 쓴 최후의 편지를 써서, 다음날 아침 북경역에 나가, 귀국하는 R 여사에게 그것을 부탁하는 것이다. 그때부터의 행동을 다시 그의 글을 통해 보기로 하자.

　전날 약속대로 9시 반에 1, 2등 대합실에 들어와 한가운데에 있는 기둥에 기대 앉았노라니 정각에 시커먼 화북 교통국 모자를 쓴 이가 나타나 눈짓을 하면서 돌아선다. 볕에 그을은 무뚝뚝한 얼굴에 몸매가 땅딸막한 것이 중국인이 아닐까 하고 생각되는 청년이었다. 그의 뒤를 따라나가 잠시 후 승차권을 건네받았다. 그의 안내대로 인파 속을 뚫고 나가 평한로(平漢路)의 플랫폼에서 남방행 열차에 몸을 실었다. 그는 나무 도시락 세 개와 담배 '전문(前門)'을 다섯 개 사서 들려주며

"거의 도착하게 되면 인사하는 이가 있을 테니 그 뒤를 따라가시오."

이렇게 일러준다.

"서로 모르는 것이 좋으니까……"

나는 웃으며 고개를 끄덕였다.

"고맙습니다."

"우리도 머지 않아 걷어붙이고 들어갈지 모르겠소."

"거기서 만나게 된다면 더욱 반갑겠습니다. Y선생에게 안부 잘 전해주시오!"

"부디 건강에 조심하셔야 합니다."

드디어 발차를 알리는 벨 소리가 요란하게 울려퍼지기 시작했다. 그와 나는 뜨거운 악수를 나누었다. 그리고 나는 승강구에 섰다.

"북경이여, 안녕!" (「회색 헬멧」, 『노마만리』)

이렇게 하여 김사량은 "시커먼 화북 교통국 모자를 쓴" "중국인이 아닐까 하고 생각되는 청년" 단 한 명의 전송을 받으며 북경을 뒤로하고 대망의 항일 지구로 향했다. 대망의 항일 지구를 향해 그 제1보를 내딛었을 때 차 안에 있었던 김사량의 마음은 흥분으로 끓어오를 뿐이었다. 연안으로의 탈출 루트를 찾기 위해 부심하던 나날들, 이것을 찾아 헤맸던 쓰디쓴 기억들도 이제는 지나간 꿈이었다. 그것이 기분 좋은 추억으로 남았을 것임은 상상하기 어렵지 않다. 바로 그대로였다. 좌석에 기대앉은 그는 창 밖으로 흘러가는 전원 풍경에도 무심할 수 없었다. 김사량의 마음속에 떠오른 것은 다음과 같은 감개였다.

세상에 이렇게 상쾌하고도 행복한 여행이 또 있을 수 있을까 생각되었다. 북으로 북으로, 또는 남으로 남으로 중국 대륙을 뚫고 달려가는 열차 속에서, 까마득한 지평선을 바라보면서, 때로 열차가 설 때마다 플랫폼에 내려서서, 설레는 가슴을 남몰래 얼마나 자주 쓸어내렸던

가. 저 마을까지 간다면, 아니 저 구릉을 넘어간다면, 아니면 저 산등 성이를 돌아간다면, 어쩌면 손을 내밀고 맞아주는 사람이 있지 않을 까, 이렇게 두근거리는 희망에 젖어서…… 그러나 지금은 흘러다니는 뜬 몸이 아니다. 이 기쁜 소식을 또한 동으로 내 나라를 향하여 질주하 고 있는 열차가 좋은 기별 오기를 이제나저제나 기다리고 있을 아내의 치마 위에 던지고 갈 것이었다.

영문은 모를지라도 R 여사는 탈출의 결행을 알리는 편지를 반드시 전해줄 것이다. (「공습받는 평한로」, 『노마만리』)

이곳에서 확인해볼 수 있는 김사량의 위상은 오로지 상승지향적인 그것뿐이었다고 해도 무방할 것이다. 그것은 당연한 일일 수밖에 없 다. 과거의 그의 작가 생활을 채워왔던 고뇌의 깊은 수렁, 특히 무엇 으로도 대신할 수 없을 정도로 컸던 탈출을 위한 고심과 그 실현을 위해 바친 시간의 무게, 그리고 이 속에서 지불해야 했던 노력 하나 하나를 생각할 때에 김사량의 이 글은 충분한 설득력을 갖고 있다. 매우 감동적이기까지 하다. 그러나 한편으로는 중국 항일 지구로의 탈출이라고 하는 행위에 대하여 다음에 보는 바와 같이 자기 비판을 하고 있는 사실도 간과할 수는 없다.

냉정하게 나 자신을 뒤돌아보면, 역시 무서운 현실로부터 도피하고 싶다는 것이 그 최초[항일 지구로의 탈출을 시도한: 인용자]의 동기였 을지도 모른다. (「복마전의 북경반점」, 『노마만리』)

그러나 이미 김사량을 태운 '남방행' 열차는 북경을 떠났다. 화살 은 이미 시위를 떠났던 것이다. 그를 태운 열차는 그때까지의 경과로 볼 때, 대략 오전 10시 전후에 북경역을 출발했던 것으로 판단된다. 그러나 그 날짜에 관한 사항은 확실하지 않다. 김사량의 『노마만리』

는 지금까지 인용해온 바를 통해서도 알 수 있듯이 P군·S군·Y대인·U대장 등 인명뿐만 아니라 지명에 이르기까지 명확한 것이 없다. 김사량은 탈출과 관련된 일체의 인명, 행동 일시, 그리고 중국 항일 지구 내의 화북조선독립동맹·조선의용군 본거지에 이르는 경로의 지명 등을 하나하나 소상하게 밝혀놓고 있지 않다. 다음과 같은 그의 배려가 있었기 때문이었다.

　만약의 사태가 발생하여 이 수기[『노마만리』: 인용자]가 적의 수중에 들어가게 된다면 우리가 통과해온 비밀 루트가 명명백백하게 노출될 것이 당연하기 때문. (「南風島 가는 길」, 『노마만리』)

따라서 항일 근거지에 이르는 그의 탈출 경로는 김사량의 행동 궤적을 쫓아가면서 그곳에 나와 있는 단편적인 사항을 종합하여 탐사해보는 수밖에 없다. 그리고 그의 탈출은 북경을 떠난 후부터는 전혀 예상치 못했던 사건에 휘말리기도 했다. 확인할 수 있는 한도까지 그 경로를 뒤따라가본다면 그 과정은 다음과 같았다.

이날 북경을 출발한 김사량은 "예정대로 오후 5시까지 정현(定縣)에 도착"(「공습당하는 평한로」)할 수 있었다. 그러나 이곳에서 최초의 장애에 부딪힌다. 이것은 그로서는 전혀 예상치 못한 사태였다. 그때까지 그는 차 안에서 헌병의 심문을 받고 있었다. 그럼에도 불구하고 새로운 장애에 직면한 것이었다. 그 하나는 목적지로 향하는 도중에 있는 석가장역(石家莊驛)이 미군 P51 폭격기의 공습으로 흔적도 없이 날아간 것이었으며, 석가장에 이르는 철교까지 끊어져버린 것이었다. 때문에 정현역에서 발이 묶여 있기를 일곱 시간 남짓. 그래도 "예정보다는 일찍 밤 11시 반에 발차"(「공습당하는 평한로」)할 수 있었다. 그런데 그를 실은 열차는 다시 같은 P51 폭격기의 공습을 받아 멈추고 말았다. 석가장역에서 다른 열차로 갈아탄 김사량의 열차가 순덕역(順德驛, 현재의 형태역〔邢台驛〕)에 도착하기 직전의 일이었다. 평야 한가운데에서의 일이었다. 기총소사 직격탄을 받은 기관차의 운행이 불가능하게 되었을 뿐 아니라, 화부까지 총탄을 맞고 죽었던 것이다. 때문에 구원 기관차를 기다리기 약 일곱 시간. 오후 3시에 다시 발차한 열차가 순덕역에 도착한 것이 4시 15분. 즉 "순조롭다면 밤중까지는 도착할 예정이었"(「봉쇄선 150리」)던 순덕을 십 수시간이나 늦어 거의 30시간 만에 닿은 셈이었다. 때문에 "거듭되는 사건 탓으로 대낮에 도착했기 때문에 나중에 알고 보니 공작원 쪽이 내심 불안을 느꼈"(「봉쇄선 150리」)을 정도로 곤란한 상황 아래에서, 일본군의 봉쇄선을 돌파할 수 있었던 것이다. 순덕이라는 곳은 김사량이 아래에서 설명하고 있는 것처럼 일본군의 요충의 하나이기 때문이었다.

　　이 지역은 일본군 부대가 주둔해 있을 뿐만 아니라, 길가마다 일본군 경비대의 토치카가 널려 있다는 사실을 나는 여기에 도착하여 비로소 알게 되었다. 〔……〕 이 성시(城市)가 바로 평원의 한복판에 자리잡고 태항산(太行山)계와 대치하고 있는 일본군 봉쇄선의 요충이었다. (「봉쇄선 150리」, 『노마만리』)

즉 김사량은 일본군 봉쇄선의 한가운데를 돌파하게 되어 있었던 것이다. 따라서 그 경계가 얼마나 삼엄했는가, 그리고 그가 얼마나 긴장하고 있었는가도 충분히 상상해볼 수 있다. 그런데 김사량과 그를 안내하는 공작원——그 성은 현(玄)모——과 또 하나의 "눈동자가 번쩍번쩍 빛나는, 수염 밑에 의지적인 입을 굳게 다물고 있는 청년"(「공습당하는 평한로」)——국내 조직에서 파견된 백(白)모라는 청년으로 연락 업무를 위해 독립동맹 본거지로 향하는 길이었다——과 함께 이 세 명은 순덕역에서 열차를 내렸다. 이때의 모습을 김사량은 이렇게 전하고 있다.

　여기서 내리리라고는 생각지도 않았는데, 다소 멀리 떨어진 곳에 자리를 잡고 있었던 젊은 공작원이 짐을 들고 일어나면서 눈짓을 하길래 따라나서니, 홈으로 내려서며
"따로 따로 나갑시다."
한다. 가슴이 심하게 뛰었다.
　창덕〔彰德, 현재의 安陽市: 인용자〕까지 승차권을 끊은 것이 일종의 트릭이었는지 혹은 도중의 사건으로 갑자기 예정을 바꾼 것이었는지 모를 일이었다.
　개찰역원 옆에 칼을 꽂고 총을 든 헌병이 서 있고 요소요소에 위병〔僞兵, 중국인병: 인용자〕들이 늘어서서 자못 삼엄한 경계였다.
　제일 먼저 나가기는 나──무사 통과. 힐끗 돌아보니 수염 청년──무사 통과. 다음엔 뒤돌아보지도 못했다. 〔……〕
　광장〔역전의: 인용자〕 한복판에 중국 옷을 입은, 첫눈에 알아볼 수 있는 일인이 그림자처럼 서서 나오는 사람들을 멀리서 살피는 눈치였다.
　날카로운 이 사내의 눈초리까지 무사히 넘기고 골목 안으로 들어서서 돌아보니 수염 청년, 공작원, 이런 순서로 적당히 간격을 두고 중국인들 틈에 끼어 이리로 오고 있었다. (「공습받는 평한로」, 『노마만리』)

　이렇게 하여 김사량 일행은 어느 작은 식당에서 쉬면서 저녁 식사를 한다. 이윽고 양차(洋車) 세 대에 나눠 타고는, 일본병이 주둔하고 있는 성벽을 옆으로 보아가면서 "더 이상 멀리까지 양차를 타는 것은 어렵다고 할 거리까지 가서 이것을 돌려보내"(「봉쇄선 150리」)고, 공작원의 안내에 따라 달리듯이 길을 서두른 것이었다. 그러나 순덕역

에 하차하고 난 뒤부터 그 발길을 구체적인 지명을 통해 뒤따라가는 것은 매우 어렵다. 아무것도 표시되어 있지 않기 때문이다. 겨우 말할 수 있는 것은 그들이 목표하고 있던 곳은 먼 저쪽에 보이는 태항산 등성이였다는 사실뿐이다. 이목을 피해 소로를 골라 전진하여, 양차를 내린 지점부터 걷기를 거의 5리. 그렇게 해서 어느 마을에 닿은 그들은 잠시 휴식을 취하게 되었다. 부근은 이미 어둠에 둘러싸여 있었다. 이에 관한 것은 김사량 자신의 설명을 통해 보도록 하자.

일본군의 토벌 침해가 얼마나 심했는지 무너진 담, 떨어진 지붕, 총탄 자리, 불에 꺼멓게 타죽은 나무, 너절하고도 스산한 마을이었다.

이따금 걸레처럼 말라빠진 개가 발 밑을 달아나며 짖는다.

우리 일행은 골목 안 어느 아늑한 집으로 새어들어갔다. [……] 얼마 안 되어 젊은 사내 하나가 나타나 공작원과 악수를 하는데 보니 허리에 삐죽 모젤을 찼다. 공작원의 소개로 그가 중국 공산당원으로 군공작을 하고 있음을 알 수 있었다. [……]

태양은 벌써 태항산계 속으로 떨어진 밤이었다. 하나 우리는 일군 경비대가 경계의 철망을 펴고 있는 곳인 만큼 일분 일초도 머뭇거릴 수 없었다.

저녁 식사가 끝날 무렵 어떤 중년 사내가 보따리를 들고 들어왔다. 헌 중국옷과 신발이었다. 우리가 옷을 갈아입으니 주인 영감과 통신원이 우리의 짐을 자루에 넣고 멜대의 양끝에 달아맸다.

"날이 밝기 전에 9리 정도 달립시다." (「봉쇄선 150리」, 『노마만리』)

이제부터 9리. 2백 미터 정도 떨어진 지점에서 빛나고 있는 일본군 경비대의 불빛을 바라보면서 그들은 발소리를 죽이고 숨을 죽이며 다시 전진한다. 이들을 안내한 것은 예의 그 군공작에 관계하고 있었던 중국 공산당원이었다. 도중의 어느 마을에서 또 다른 중국 옷으로

차림새를 바꾼다. 이렇게 하여 태항산에 발을 디딘 그들이 전초 기지에 닿은 것은 여름밤이 희미하게 새기 시작하는 무렵이었다. 그 사이의 경과를 김사량의 기록을 통해 보면 다음과 같다.

중간 휴식 세 번. 산속에서는 부엉이가 울고 있었다.
언덕 밑을 지나갈 때 한번은 '따웅' 하고 총 소리가 울렸다. 요란한 산울림을 일으킨다.
우리는 그 자리에 주저앉아 숨을 죽였다. 근처의 일본군 토치카에서 터지는 소리라고 한다. 다시 사방은 정적 속에 빠져들었다.
10여 분 뒤 우리는 다시 일정한 간격을 두고 행진을 시작했다. 어떤 일이 있어도 소리를 내지 말 일, 정신차리고 앞을 따라갈 일, 만일의 경우에도 반드시 지휘하에 움직이라는 명령을 받았다.
높은 산모퉁이마다 어둠 속에 우뚝우뚝 솟은 토치카 앞을 숨을 죽이고 돌파하면서 모래 언덕을 캬라반처럼 횡단하여 마침내 저 유명한 태항산 등성이까지 들어가게 되었다.
도보 9리, 그믐달이 뜨는 새벽 3시 15분. (「봉쇄선 150리」, 『노마 만리』)

이렇게 하여 산등성이의 바위 사이에 새집처럼 웅크려 있는 전초 기지에 그들은 무사히 안착했다. 순덕역으로부터 도보로 스물세 시간, 김사량이 북경을 떠난 지 50시간, 그리고 Y대인과 만난 그날부터 계산하여 닷새째 되는 날이었다. "호랑이굴로 들어간다는 심정으로" 천진에서 북경으로 돌아온 그날로부터는, 8일이나 지난 뒤의 일이었다. 그들이 도착한 전초 기지란 어떤 곳이었는가.

여기 있는 동무들은 적구(敵區)——우리가 살고 있었던 곳은 지금부터 이렇게 부르게 되었다——와의 연락 공작과 물자 교역 임무를 담

314

당하고 있었다. 군사적으로 본다면 전초 초소, 정치적으로는 연락 지점이라 불리는 곳이다. (「봉쇄선 150리」, 『노마만리』)

　그러나 이곳은 문자 그대로 전초 초소에 지나지 않았다. 말하자면 김사량의 여정은 겨우 본격적인 출발 지점까지 온 것이었다. 따라서 김사량이 전초 초소에서 겨우 하루만 피로를 풀고, 긴 여정을 단축시키기 위해 일각을 다투었던 것은 말할 필요도 없다. 그리고 앞에서 예를 든 그 글 속에서, 김사량은 전초 초소에 도착한 것이 "그믐달이 뜨는 새벽 3시 15분"이었다고 썼다. '그믐'이란 몇 월을 가리키는가. 이미 추정해온 바와 같이 그의 북경반점 체류 시기가 5월이었다고 한다면, 당연히 이것도 5월 '그믐'이어야 한다. 그리고 약 1개월을 소비하고 나서 그는 화북조선독립동맹 본거지에 도착했다. 6월말, 즉 일본군의 무조건 항복에 의한 패전과 조선인의 국토와 민족의 해방을 약 1개월 반 후로 앞두고 있던 때였다. 이것은 또한 이 사이의 사정에 밝은 인물이 말한 내용과도 일치한다. 역산해볼 때 김사량이 Y 대인과 맞닥뜨린 것은 5월 26일이 된다.

　전초 초소를 출발한 뒤부터의 김사량의 여정이 일본군의 봉쇄선을 돌파했다고 해서 즉시로 사정이 평탄해진 것은 아니다. 김사량은 소위 해방 지구라 불리는 지역을 통과해야 했을 뿐만 아니라, 유격 지구 내를 여행해야 했기 때문이다. 그 결과, 중국 인민과 일본군의 전투, 그리고 일본군에 의해 자행된 토벌 작전——기습 공격과도 맞닥뜨릴 수밖에 없었던 것이다. 이 과정에서 그가 일본군의 소위 '삼광정책(三光政策)'——소(燒), 살(殺), 창(槍)——의 잔학상을 상세하게 목도할 수 있게 되었던 것은 두말할 필요도 없다. 말하자면 그는 전초 초소를 출발한 뒤에도 사선을 넘나들어야 했던 것이다. 그의 여정은 바로 사선을 돌파하는 탈출행이었다.

　약 1개월에 이르는 탈출행의 경로는, 북경에서 전초 초소에 이르는 그 이상으로 포착하기 어렵다. 거의 기록되어 있지 않다. 따라서 여기서 그것을 소상하게 제시하는 것은 불가능하다. 그러나 김사량이 유격 지구를 무사히 통과하여 해방 지구 내의 목적지에 안착할 수 있었던 것은 틀림없는 사실이었다. 과연 목적지였던 조선의용군 본부의 모습은 그의 눈에 어떻게 비쳤을까.

"이제 다 왔소."

현 동무가 바람에 옷깃을 휘날리며 조각처럼 버티고 서서 중얼거린다. 사선을 넘나들기 몇 달 만에 임무를 마치고 무사히 돌아와 근거지를 바라보는 그의 감개, 적이 무량할 것이었다.

백양(白楊)나무와 호도나무·감나무 숲이 여기저기 흩어져 있는 그 사이로 백사장이 지도처럼 펼쳐져 있었으며, 그 가운데를 한 줄기의 강이 구불구불 흐르고 있다. 그 이름을 물으니, 구비구비 산골을 돌아 창덕(彰德)으로 흘러가는 맑은 강이라는 의미에선지, 그 이름도 청창하(淸彰河). 〔……〕 태항산중에서도 보기 드물게 맑고 깨끗한 강이라 한다. 청창하를 끼고 양쪽에 점점이 마을이 흩어져 있었으며, 그 주변에는 비옥한 밭들이 초록색 무명을 깔아놓은 듯 펼쳐져 있어, 바야흐로 오곡 백과가 여물어가고 있었다. 푸른 전원에 자수라도 놓은 듯이 드문드문 희게 빛나고 있던 것은 채전(菜田)이었다. 그 유명한 황국(黃菊) 재배 밭이라 한다. 이 분지 안의 골짜기와 산밑을 끼고 군구사령부(軍區司令部)가 구축되어 있었으며, 우리의 의용군·독립동맹군정학교(獨立同盟軍政學校), 그리고 일본인해방동맹지부(日本人解放同盟支部)가 위치해 있었다.

서남쪽 아득한 저편으로 석양이 기우는 가운데, 비상하는 대붕(大鵬)의 날개처럼 펼쳐진 거악(巨岳)이 바로 오지산(五指山)이었다. 〔……〕 동지들의 손으로 가시덤불을 잘라내고 바위를 깎아 화전을 일궈낸 곳, 감자를 심고 도토리를 줍는 곳이 바로 저 산 중턱, 저

산정일 터였다.

이 산밑에서 얼마쯤 물러나와 절벽처럼 단구를 이룬 둔덕 위에 저녁 놀로 물들어 아롱지게 빛나는 부락이 그림같이 아련하였다. 저녁 연기가 뿌야니 일어나 명주필이 걸린 듯하다. 여기를 가리키며 이 남장촌(南庄村)이 우리의 동맹과 의용군의 본거지라는 것이다. 우리는 잠시 나귀의 고삐를 쥐고 이런 산간 노정에서 비로소 대하게 되는 기름지고도 아름다운 산수의 조망을 즐겼다. 넉넉잡고도 20리 안짝이니 어둡기 전으로 닿을 수 있을 것이다.

이 전원으로 내려서면서부터는 의용군색이 아주 농후해진다. 두루두루 언덕 밑으로 돌아내려가니까 허물어진 성문이 있고 그 석벽에 한글로

'환영'

이렇게 씌어 있다. 영문(營門)을 찾아들어가는 신병과 같은 감개로 이 성문을 통과하였다. 이 전원에도 죽음의 그림자를 끌고 다니는 일군이 침입하였던 탓에 역시 촌락은 황폐하였다. 재작년 가을에도 일군의 소탕을 겪었다는 것이다. 집집의 담벼락에는

"총을 던지고 백성에게 이렇게 말하라. 나는 왜놈이 아니다."

혹은

"조국의 부모 형제는 너희들의 개죽음을 원치 않는다."

"일본 제국주의 타도의 길로 모두 전진하자."

등등의 호소문이 힘차게 씌어 있었다. 개중에는 일본인 해방 동맹의 이름으로 된 일문도 더러 보인다.

"팔로군은 절대 우리를 죽이지 않는다!"

"상관놈들에게 속지 말고 총을 버려라!"

"무엇 때문에 중국 인민을 죽이고 고향의 어머니를 슬프게 하느냐?"

침침한 이 거리를 지나 밭두렁길에 다시 올라서니 우리들의 발걸음은 자연 빨라졌다. 죄악과 허위와 노예의 세계를 두루 헤매기 30유여 년, 이

제 빛을 섬기는 투쟁의 길을 찾아 머나먼 노정을 끝내고서 몽매간에도 그리던 곳에 당도하게 되니 형용할 수 없는 감회 속에 가슴이 술렁거렸다. 난만히 꽃을 피운 황국밭 가를 지나노라면 그윽한 향기가 바람결에 흐뭇이 퍼져 흐른다. 멀리서 우리 의용군의 나팔 소리가 대기를 흔들며 유량하게 들려온다. 수수밭 사이 밭두렁길을 농부들이 연장을 메고 집으로 돌아가며 노래를 부르고 황국밭 속에서는 젊은 아가가 한아름 흰꽃을 안고서 우리 일행을 유심히 바라본다. 낙조가 물들기 시작한 전원에는 소리없이 저녁 안개가 내려덮이고 있다. 현 동무는 우리의 도착을 미리 알리기 위하여, [⋯⋯] 한발 앞서 내려갔다. 북경에서 온 일행도 기운이 나서 두 소년을 선두로 현 동무의 뒤에 바싹 달린다.

청창하의 맑은 물줄기는 우리 의용군의 본거지인 남장촌의 언덕 밑을 흐르고 있다. [⋯⋯] 남장촌과는 거의 2, 3리 될까말까한 고지 위에서 학원[學員, 군정학교 학생: 인용자]들이 배구를 하며 떠드는 광경이 멀리 바라보인다. 시냇가의 모래땅에 가꿔놓은 채소밭으로 내려와 토마토며 가지를 따고 있는 학원들의 그림자도 희끗희끗 보이고 호도나무 숲 사이를 산책하는 젊은이들의 그림자도 눈에 띈다. 저녁의 미풍이 산들거리고 물은 한량없이 차가웠다.

여기서 강을 건너면 바로 하남점(河南店)이라는 시가인데, 조선의 용군이 근방에 있으니 말하자면 군대 거리나 다름없었다. 이 거리 안에 들어설 때는 이미 어둑어둑해졌을 때였다. 앞서 보고하러 들어간 현 동무의 이야기를 듣고 마중내려온, 조직과장이라는 군복을 입은 젊은 여성 동무가 성문 가에서 해맑은 얼굴에 담뿍 미소를 띠며 손을 내민다. 그리고 그 뒤로부터 여러 동무들이 나타나며 반겨 맞아주는 것이었다. [「태항 산채」, 『노마만리』──강조: 인용자]

일찍이 그는 소설집 『빛 속으로』의 후기에서 "빛 속으로 빨리 나아가고 싶다"고 쓴 적이 있었다. 그 날이 오기를 대망하면서, "언제나

318

명암 가운데를 헤매면서 긍정과 부정의 사이를 오가며 언제나 타오르는 빛을 찾기 위해 절치부심"했던 것이다. 그 기간이 즉 "죄악과 허위와 노예의 세계를 두루 헤매기 30유여 년"이었던 것이다. 그가 이 빛에 예배드리기 위하여 30여 년을 어둠 속에 엎드린 채 눈동자만 빛내고 있을 수밖에 없었던 사실에 대해서는 이제 더 언급할 필요가 없다. 그가 일념으로 회구해온바 "이제야말로 빛을 찾아"낸 것이 이곳 항일 근거지에서였다. 더구나 그것은 사선을 돌파한 뒤였으며, 또 전투의 길에서였다. 이 당시 그의 감회가 "필설로 다할 수 없는" 것이었음은 상상할 필요조차 없다. 과연 그 감회를 표현할 만한 어떤 언어가 김사량에게 있을 수 있었을까. 김사량의 감회는 하룻밤을 지낸 뒤 이렇게도 깊어가는 것이었다.

이튿날 새벽 문앞에서 우렁차게 울려나오는 나팔 소리에 놀라 일어났다. 나의 숙사로 지정된 집이 바로 군정 학교의 뒷골목으로 접어들면서 대문이 마주 보이는 첫쨋집이었다. 간밤에 이 남장촌 본부로 도착한 후 이리로 안내되어 근거지에서의 첫날밤의 꿈을 맺을 수 있었던 것이다.

ㄷ자로 생긴 농가의 남향채 두 칸이 이제부터 내가 거처할 방이다.

문설주며 들창문이 시꺼멓게 탄 것을 보니 이 집도 역시 소탕전에 몇 번이고 왜놈의 불을 뒤집어썼던 모양이다. 주섬주섬 옷을 갈아입노라니 훈련장 쪽으로부터 구령 소리와 번호 부르는 소리가 활기차게 들려온다. 새벽 훈련이 시작된 모양이었다. 이윽하여 한 대열이 소리 높이 행진곡을 부르면서 집 옆을 지나간다. 창문으로 내다보니 삐죽삐죽 곡괭이니 호미를 둘러메고서 행렬을 지어 오지산(五指山)을 향하여 가는 것이었다. 개간을 하러 가는 듯했다. 용솟음치는 파도와도 같이 술렁거리며 또는 격류와도 같이 움직이는 발짝 소리가 지축을 흔드는 듯하였다. [……]

여러 채로 나뉘어 있는 옛사원이 군정 학교가 되어 있었으며, 강당·교무청은 별동으로 분리되어 있었다. 군대 막사도 여기저기 흩어져 있었으며 조직도 또한 부서별로 부락 안에 흩어져 있었다. 6백호가량 되는 오붓한 마을이었다. 오지산을 등지고 앞으로는 토층(土層)이 뚝 떨어져 널찍한 벌을 안고 있는 구릉이었다.

수건을 들고 우물을 찾아가는 길에 학교 마당으로 나왔다. 대원들의 군사 훈련이 시작되어 분대장의 지시 밑에 여기저기 널려서 행진하는 법식이며 사격 태세, 총검술 등을 열심히 훈련하고 있었다. 우리 말로 하는 씩씩한 구령에 맞춰 총대가 숲처럼 일어나고 총부리를 앞세우고 일제히 함성을 지르며 몰려가는 광경, 어느 것 하나 새로운 감격이 아닌 것이 없었다. 담벼락 같은 가슴을 내어밀고 넘쳐흐르는 투혼과 적개심을 함성 속에 터뜨리며 말없는 총대 속에 증오와 분노를 내뿜으며 조국의 선두에 서서 싸우는 우리의 군인들이다. 백두산의 최고봉에 높이 걸린 장군[김일성: 인용자]의 봉홧불을 받으며 빛나는 눈동자, 눈동자들……

낭떠러지 위에서는 기관총 부대가 산개하여 아래쪽을 향하여 일제 사격을 하고 있었다. 벼랑 밑에 있는 넓은 수수밭 가운데에서는 일개 중대쯤 되는 병력이 개미떼처럼 흩어져 사격을 하며 기어오르고 있었다. 오른편에서 수류탄이 까마귀같이 하늘을 날며 또 한편에서는 서로 함성을 지르며 격돌하여 소규모의 육박전이 벌어진다. 기관총 부대도 옆으로 전진하며 민가를 의지하고 다시 사격을 개시하였다. 성문 옆에서는 나팔 소리가 울려나오고 지휘관 밑으로 뛰어내려가며 무엇이라고 소리소리 고함을 지른다. 출동 명령만 내리면 왜놈 군대를 족치며 조국을 향하여 진격할 우리 군인들이 이곳에서 배양되고 있는 것이다.

학교 근방 이곳저곳에 널려 있는 채소밭에서는 생산 부대의 동지들이 벌써부터 나와 물통을 메고 돌아다니며 밭이랑에 물을 대고 있었다. 강당에서는 학습이 시작된 모양으로 학원들이 그득히 모여 앉아 필기를 하는 가운데 강의하는 여성 동무의 아름찬 목소리가 들려온다.

　나는 한참 동안 이 훈련장의 주변을 거닐면서 이 꿈 아닌 줄기차고도 통쾌한 현실 속에서 격동하는 마음을 진정시킬 수 없었다. (「태항산채」, 『노마만리』)

　김사량은 "아마도 이 하루는 나의 일생에서 가장 잊지 못할 감격의 날이 될 것"(「태항산채」)이라고 쓰고 있다. 그것은 이른 아침부터 감동적인 광경을 목격했기 때문만은 아니었다. 그 개인 사정과 관련된 일로서, 조카사위 A군의 소식을 알 수 있었기 때문이었다. 이 A군은 작년, 협구(夾溝)에 있는 부대에 김사량이 위문차 들렀던 때가 있었는데, 그는 그후 숙현(宿縣)의 수비대로 전속되었다가 탈주한 뒤 소식이 묘연해졌던 것이다. 뿐만이 아니다. 김사량이 사랑하는, 같이 탈출하고 싶은 생각까지 갖고 있었던 A군을 위문한 뒤에 A군의 친구 J군이 있는 숙현 수비대를 그는 방문한 적이 있었다. 이 때문에 그는 헌병대로부터 모든 혐의를 받고 하룻밤 구류되었던, 쓰디쓴 기억이 있었던 것이다. 이 일 후에 김사량도 쓴 바처럼 "A군의 일, 헌병대에서 겪은 일 따위가 귀국한 뒤 나를 심한 곤경에 빠뜨"렸으며, 또 이것이 그로 하여금 연안으로의 탈출을 결의하게 만든 원인의 하나가 된 것을 생각할 때, 그 소식을 접한 그의 기쁨이 얼마나 컸겠는가는 상상할 필요조차 없다. 김사량이 A군의 소식을 들은 것은 다음과 같은 경위에서였다.

　등뒤에서 별안간 내 이름을 부르는 소리가 들려 돌아다보니 대원 한 명이 디기의 똑비로 서서 경례를 붙인다.

　"저를 모르시겠습니까?"

　훈련은 중간휴식중이었다. 설명을 들어보니, 지난해 여름 진포연선(津浦沿線)의 경비대로 조카사위 A군을 찾았을 때 만난 청년이었다.

A군과 함께 숙현 부대로 넘어갔다가 한 달쯤 뒤에 탈주했다고 한다. 나는 환성을 지르며 그를 끌어안았다.

"A군은 어찌 되었소?"

다급히 물었다. 가뜩이나 그 후의 소식이 궁금하여 어젯밤 도착하는 길로 알아보았더니 아직 여기 오지 않은 모양이어서 매우 불안하던 차였다.

"물론 무사히 탈주에 성공했습니다. 다음날 새벽에 벌써 백 리 가까이 되는 해방 부락에 나타났다는 정보가 들어왔으니까요."

"그럼 어디 있을 모양이오? 동맹의 조직에서는 신사군(新四軍) 구역에서 공작을 하고 있는 중이라고 했는데……"

"네, 분명히 그럴 겁니다."

청년은 이렇게 단언하였다. 그도 이제는 늠름하고도 씩씩한 우리의 군인이었다.

"신사군이 근방에 있었습니다. 거기 우리의 강제 징병자가 사오십 명가량 집결하였는데 곧 이리로 옮겨온다고 합니다. 그때 올 테니까 보시도록 하세요."

A군 역시 죽지 않고 거기서 활약중이라면 얼마나 기쁘랴.

"틀림없습니다."

그는 자신만만하였다.

"왜 우리가 개죽음을 당합니까?"

나도 그 말을 따라 웃었다. 호각 소리가 들리자 그는 경례하고 다시 훈련장으로 달려갔다. A군이 무사히 탈주에 성공했다는 사실만이라도 확실히 알게 되었으니 고마운 일이었다. (「태항 산채」, 『노마만리』)

감격의 하루는 바로 이렇게 시작되었다. 이어 김사량은 본부로부터 호출을 받는다. 오후에는 근거지의 구성원답게 임무에 관한 여러 가지 설명을 듣게 된다. 즉,

본부에서 부른다고 하여 구락부실로 가니 여러 간부·선배들이 식탁 주위에 둘러앉아 있었다. 여기서 비로소 인사를 나누고 굳은 악수를 하였다. 담벽에는 중국 깃발과 함께 우리의 깃발이 장식되어 있었다. 조국의 깃발 아래에서 존경하는 선배 동지들의 따뜻한 환영을 받는 기쁨으로 나는 눈물을 자아내야 했다. 이 우리의 깃발을 눈앞에 버젓이 걸고 우러러보기는 나의 반생에서 처음 있는 일이었다.

여기 모여 앉아 있는 이들은 모두가 이 이역 산채에서 전방 전선이나 적구 안의 조직을 장악하고 밤낮으로 조국의 독립 해방을 위하여 싸우고 있는 지도 간부들인 것이다. 의용군의 다채로운 선전 공작을 지도하고 있는 선전부장 김창만(金昌滿) 동지를 만나게 된 것도 이 자리에서였다. 조직부장 이유민(李維民) 동지를 비롯하여 중요한 간부들이 대개는 선전 공작을 지휘하기 위하여 출동하고 없었다. 서휘(徐輝) 동지는 바로 연안으로 향하였다. 청창하에서는 학원들이 잡아온 물고기를 끓여놓고 대추술을 큰 잔으로 한 잔씩 부어 돌리며 즐거이 담소가 계속된다. 공방전 연습을 지휘하던 이익성(李益成, 음역) 대장은 중간에 나타나 합석하였다. 〔……〕

12시부터 1시 사이가 휴식 시간이었는데 이 시간이 끝난 뒤 선전부로 찾아갔다. 부장(部長) 동지가 중국 민중과 이주 동포〔조선인: 인용자〕들 사이에 항전 사상과 조직을 깊이 뿌리내리기 위해 대내·외적으로 전개되는 구체적인 선전 방향·방법 등에 대해서 차근차근 설명해준다. 여러 동무들이 선전문을 등사하고 있었다. 부대로부터 구락부 관계의 간부들이 자주 찾아와 공작과 관련된 지시를 받고 돌아간다. 또 몇 동무는 마지(麻紙)를 4·6판 크기로 잘라서 색잉크를 찍어가며 깨알같이 잔 글로 신문 원고를 쓰고 있었다.

"차차 아시게 되겠지만 이것을 보십시오."

하며 부장 동지는 벽에 붙은 조직 분포도를 가리켰다. 거기에는 적구 안에 배치된 팔로군 지하 군사 조직이 붉은 깃대로 세밀하게 기입되어 있었다. 위로는 동북(만주)의 열하(熱河)에서 밑으로는 해남도(海南島)의 운남(雲南)에 이르기까지 조직은 감자 덩굴처럼 박혀 있다. 그리고 이 지하군 조직이 있는 곳에는 대개 우리들의 조직도 깔려 있어 우리 깃발로 표시되었다. 그것만으로도 가슴이 울렁거리고 또 대견하였다.

"오늘날 가장 중요한 임무는 무장 투쟁의 전개입니다. 동북에서는 밤낮으로 유격전이 벌어지고 있는 걸 아시지요? 여기서도 무장 역량을 확대·강화하며 싸우는 동시에 적구 내에 이렇게 백방으로 지하군을 조직해야 합니다. 관내의 20만 교포〔조선 동포: 인용자〕를 묶어세워야 합니다. 우리의 선전도 이 방침에 따라 구상되고 실천되고 전개되고 있습니다."

하더니 두 팔을 모두어 지도 위로 밀어올리며,

"때만 오면 우리는 총공격을 개시하여 격류처럼 내달릴 것입니다. 각처에 있는 동맹의 하부 조직의 군대도 적을 쳐부수며 올라갑니다. 이 조직 하나하나가 또한 불을 떠뜨리며 호응하여 일어나겠지요."

나는 얼굴이 뜨겁게 달아오르는 것을 느꼈다.

"어쨌든 잘 오셨습니다. 마음껏 능력을 발휘해주십시오."

그의 말에 의하면 물론 팔로군도 전선에서 대진격을 시작할 것이고 여차하면 붉은 군대〔소련군: 인용자〕도 결하(決河)의 기세로 진격할 예정이었다. 우리들은 올라가며 이주 동포들을 해방하고 조직하며 자원병들을 이끌고 압록강으로 압록강으로──이리하여 조국으로 개선하게 될 것이다.

그의 눈은 빛나고 목소리는 열을 띠어 떨렸다. 나는 고개만 수없이 끄덕일 뿐이었다. 이윽고 일어나 다시 힘있게 그의 손을 잡았다.

"많이 많이 배워주시오. 국내의 동포들도 일어날 것입니다."(「태항산채」, 『노마만리』)

이렇게 김사량의 새로운 하루는 시작되었다. 그때까지 지속되어온 그의 생활 하나하나를 그 밑바닥까지 변화시키는 형태로 그것은 시작되었던 것이다. 말하자면 김사량에게 있어서 "거침없이 흐르는 탁류의 한가운데를 헐떡이며 맴돌았던 생활이라든가, 그야말로 도시 인텔리의 습성인 무사안일을 꾀하는 데에 급급했던 태도와, 양심의 날개 그 어두운 그림자 밑에서 언제까지나 살그머니 숨어지내려 하는, 움켜쥐면 곧바로 부서질 정도로 연약한 유리 구슬과 같은 정신, 이런 것 모두와 나 자신과의 결별"이 행해진 것이다. 과연 김사량을 이렇게 혁명을 지향하는 쪽으로 채찍질하여 자기 혁명을 결의하게 한 화북조선독립동맹·조선의용군이란 어떤 존재였던가. 이에 관한 것은 일단 김달수의 『현해탄』을 통해 설명해왔다. 그러나 김사량의 설명은 그것과는 약간의 차이가 있는 듯해서 여기 인용해둔다.

1939년 여름까지 중국 공산당 영도하의 항일군정대학을 마친 조선 혁명 청년들의 수만 해도 근 40여 명에 이르게 되었다. 이밖에 또 이 항전 지대에는 본래 홍군(紅軍) 시대 때부터 내려오는 선배 동지들도 적지 않았다. 이에 항일군정대학을 마친 청년들이 곧 선배·동지들의 뒤를 따라 팔로군과 신사군의 유격 지대로 출동하여 연래의 숙원이던 항일 전투에 직접 참가하게 되었다. 단적으로 말하면 이것이 위성 부대인 조선의용군이 화북의 산야에서 장군의 태양 부대와 호응하여 본격적인 전투를 전개한 최초의 예였다.

드디어 1941년 1월 10일 재화북·화중 조선 인민들의 혁명 세력을 총집결하여 조선청년연합회가 진동남(晉東南) 태항 지구의 전투 상황 속에서 결성되었다. 결성된 지 반 년도 못되어 이번에는 대후방 중경과 낙양 방면에서 또한 일제와 투쟁하던 다수의 청년 동지들이 연달아 대오를 이루고 넘어왔다.

이로써 1942년 7월 10일 조선청년연합회는 확대되어 그 세력에 어울리게, 제2차 대회를 소집하고 조선독립동맹이라 개칭함과 동시에 조선민족독립운동선상의 일익을 담당하게 되어, 조국 독립을 위해 활동할 것을 중외에 선포한 것이다.

이후 전선 공작을 전면적으로 확대하고 20만 전후에 이르는 조선 교포에 대한 선전, 조직 공작 등도 점차 대규모로 전개되고 있었다. (「夜話」, 『노마만리』)

김사량의 새로운 생활, 그것은 항일 투사로서의 생활이었으나 나아가서는 작가로서의 그것이기도 했다. 즉 그의 생활의 새로운 개막은 그 생애에 있어서 제3시기의 작품 활동을 의미하는 것이었다. 무엇보다도 이것은 그가 항일 중국으로 탈출을 결심한 그 순간부터 이미 시작되었다고 보아야 마땅할지도 모른다.

그런데 이 시기 최초의 작품이, 의외에도 혁명에 대한 지향을 품은 김사량의 새로운 작가 생활에 어울리는, 항일 중국 기행이라는 부제가 붙은 장편 르포 『노마만리』였다는 것은 상징적이다.

그러나 김사량이 쓴 이 시기의 작품 활동은 필설로는 다하기 어려운 곤란을 동반했다. "여기는 이식제(二食制)다. 오전 10시에 아침 식사, 저녁 식사는 오후 4시에 끝내도록 되어 있었다"(「태항 산채」)라는 말이 드러내고 있듯이, 우선 물자 사정이 궁핍했다. 창작 활동을 하면서 겪어야 했던 곤란에 대해서도 그는 이렇게 쓰고 있다.

첩첩 산악 지대의 오지에 도착하고 보니 우선 종이가 없었다. 양지(洋紙)류의 종이는 눈을 씻고 봐도 찾을 수 없었다. 겨우 남아 있는 것이 마지(麻紙), 즉 마로 만든 종이였는데, 잉크가 번지고 금방 구멍이 나버린다. 그래도 연필로 쓰면 안 될 것도 없겠기에 한참을 써내려가면, 다음날은 문자가 깨끗하게 사라져버려 무엇을 썼는지도 모르게 되어버린다.

다른 동지들은 이 마지와, 이보다 더 지질이 부드러운 유광지(油光紙)에 중요한 내용을 써가면서 자기들을 보고 빨리 배우라고 놀려댄다.

생활 그것부터 제일 먼저 혁명해야 한다는 노력도 이만저만한 것이 아니었지만, 이 기행문도 겨우 회중 시계를 주고 손에 넣은 편지지 두 권에 기록한 것이다. 이 편지지 두 권을 구해서 석양을 등에 지고 개선 장군처럼 의기양양하게 숙사로 돌아오던 일이 바로 어제 일처럼 떠오른다. (『노마만리』, 서)

악조건은 물자의 부족에만 그친 것은 아니었다. 해방 지구의 근거지라고는 하나, 어떤 사태와 맞부딪치게 될지 모르는 심각한 상황에 놓여 있다는 사실에는 변함이 없었다. 근거지 내의 모든 현실은, 내일을 알 수 없는 심각한 전투 상황에 있다는 사실을 김사량 스스로가 뇌리 속에 계속 각인해두지 않으면 안 되었다. 이즈음 김사량은 살아서 다시 조국의 땅을 밟는다는 것은 꿈도 꿀 수 없다고 생각하고 있었다. 이 때문에 심각한 비장감에 사로잡혀 있었을 것이라는 점은 상상하기 어렵지 않다. 『노마만리』의 집필에 쏟아부어진 그의 정열은 바로 이것과 표리를 이루었다. 당시의 심정을 다음의 글 속에서 알아보기로 한다.

이 기록이 언제 끝나게 될지, 혹은 언제 중단될 것일지 필자 역시도 알 수 없다. 이것은 우리 의용군이 폭악한 적을 무찌르며 압록강을 건너 조국의 수도 경성을 향하여 진격하는 장정의 시기까지 계속 써내려갈 예정이나, 그날이 언제라고 기약할 수 없다. 동시에 언젠가 우리 의용군의 뒤를 따라 펜과 총을 들고 조국으로 돌아가는 날을 기다리는 필자의 목숨도 또한 포연탄우(砲煙彈雨) 속의 것이라 추측하기 어렵다.

만약 불행히도 조국 독립의 향연에 참례치 못하는 일이 있더라도, 필자 대신 이 기록만이라도 우리 용사들이 채찍질하며 내달리는 병마(兵馬)의 등에 실려 경성에 입성할 수 있게 되기를 바라마지 않는다.

이는 우리 조국의 자유 쟁취와 민족의 해방을 위하여 별빛과 하늘조차도 아스라한 머나먼 이역의 산야에서 싸우는 애국 열사들의 위업을 사랑하는 국내의 동포들에게 전하고 싶기 때문이다. (『노마만리』, 서)

이미 이것은 단순한 심정의 표현이 아니라 유서라 해야 마땅할 것이다. 이러한 비장한 각오를 품은 채 쓴 『노마만리』는 이미 앞에서 보아온 대로 김사량이 "중국을 향해 조국을 출발하여 거의 한 달 반만에 일본군의 봉쇄선과 유격 지구를 돌파하여 우리 조선의용군의 본거지인 화북의 태항산중으로 향하는 노상기(路上記)부터 시작되는"(『노마만리』, 서) 것이었다. 이것은 다음과 같은 순서로 구성되어 있다.

제1부 탈출기
1. 복마전의 북경반점
2. 회색 헬멧
3. 공습받는 평한로
4. 봉쇄선 150리

제2부 유격 지구
1. 초소의 피오닐
2. 세퍼드 소동
3. 유격전의 일야(一夜)
4. 학도병 S의 도망

그런데 이상에서 보아온 바로부터 알게 되는 것은, "연안에 숨어들어 투쟁의 길로 나아가려"고 결의하고 탈출했던 김사량이 목적지로 삼았던 그 연안에는 가지 않은 사실이다. 이미 분명해진 바와 같이 그는 목적지를 연안에서 태항 산채로 바꿨다. 이것은 그가 유격 지구 내의 어떤 지점까지 와서 상황을 상세하게 파악하게 되자, 구태여 연안으로 향할 필요성을 느끼지 않게 되었기 때문이었다. 그러면 그 상황이란 어떤 것이었는가. 김사량에 의하면 그것은 이러했다.

이 불꽃 같은 만주 빨치산의 전투에서 김일성 부대를 위시한 조선인이 민족연합통일전선을 영도하고 있는 것이다. 이 사실이 중국 인민들에게도 커다란 감명을 주고 있는 것으로 생각되었다.
"동북으로!"
조선의용군도 이런 구호를 내걸고 기동(冀東)을 거쳐 동북으로 진출하여, 〔……〕 합류하여 싸우기로 한 시기도 있었다. 그러나 최근에는 긴박한 정세에 비추어 눌러앉아 항전 세력의 육성에 주력을 기울이고 있었다.

이와 동시에 적구 속에 깊이깊이 손길을 뻗쳐 지하 조직을 공고히 하며 전투진을 지휘하기 위하여 전방 본부가 이 태항산중에 나와 있었다. 수십 리 첩첩산중의 험로를 걸어들어가면 우리 독립동맹과 의용군의 본거지에 도착하리라 한다. 이 말을 듣고 나니 구태여 연안까지 들어갈 필요를 느끼지 않게 되었다. 적들이 소위 대토벌전 감행 운운하며 여러 번 훤전(喧傳)되고 있던 이 태항산계다. 이 속에 정치·군사상의 우리 제1선 본부가 진출해 있는 이상 비전투 구역으로 들어가느니 모름지기 한 손에 펜을 쥐고 한 손에 검을 쥐고 싸우리라 결심하였다. 다행히 우리 의용군에 종군만 할 수 있다면 중도에서 쓰러져 못 돌아가는 한이 있더라도 내 평생 영예로운 소망이 이뤄지는 것이다. (「초소의 피오닐」, 『노마만리』)

얼마 전에 연안에 다녀왔다고 하는, 그 이름만 들어 알고 있었던 백연(白淵, 金斗奉) 선생을 위시하여 최창익(崔昌益)·허정숙(許貞淑) 등 선배들의 동정도 알 수 있었으며, 그 외에 모두 처음 듣는 이들이었는데, 한빈(韓斌)·박효삼(朴孝三) 등 많은 지도 간부들의 이야기, [……] 국내에서 그 행방이 주목되었던 김태준[金台俊, 국문학자: 인용자]도 애인과 함께 수개월 전에 무사도착했다고 한다. [……] 지금까지는 봉쇄선을 넘어오면 연안으로 데리고 들어갔으나 후방에 있는 이들도 차차 전진해나와야 할 형편이기 때문에 얼마 전부터는 태항산에 집결하도록 되어 모두 태항산 근거지로 모이고 있는 중이었다. (「호가장 전투」, 『노마만리』)

이상과 같은 이유에서 김사량도 역시 태항 산채를 향했다. 태항 산채에서 보낸 매일이 매우 험한 상황을 반영하는 것이었다고는 하나 작가인 그에게 있어서는 한편으로 매우 충실했다고 할 수 있을 것이다. 김사량이 앙양된 감정을 펜에 기탁하여 혼신의 정열을 『노마만리』의 기록에 쏟은 것은 바로 그것을 드러내고 있다. 그는 우선 근거지에 이르는 노상(路上)의 견문을 빠짐없이 기록하려고 노력했다. 관헌의 박해가 미치지 않는 근거지에서 그를 방해하는 것이 있을 리 없었다. 당시 김사량의 감정은 『노마만리』 서문의 다음 일절에 잘 드러나 있다.

특별 배급이라 해봐야 금방 증발해버릴 듯한 양만큼 지급된 호도기름 등잔 아래에서, 심지를 돋우는 일도 잊고, 동트는 것마저 잊고 써내려간 일, 대추나무 그늘에 나귀를 매고 풀섶에 주저앉아 수첩을 꺼내던 일, 조(粟)가 쌓인 마구간, 그 찬 서리가 내리던 밤 눈을 찔러오는 달빛을 의지하여 써내려갔던 일기, 일본군과 염석산(閻錫山) 군대가 잠복해 있는 낭자관(娘子關)의 험준한 산들을 앞에 두고, 강을 건너며 이 기록과 일기와 수첩을 배낭 속에서 꺼내 가슴속에 집어넣던 일 등등, 그 어느 것 하나 그립지 않은 것이 없다.

김사량의 이 감정에 대해서는, 조선이 해방된 1945년 가을 경성에서 그와 만난 무라야마 도모요시도 이렇게 회상하고 있다.

이윽고 놀라운 보고가 들어왔다. 김군이 최전선에 나와 참호 속에서 희곡을 척척 써내고 있다는 것이었다. 거기에서는 도저히 노트북 같은 것은 갖고 다닐 수 없다. 작은 종이쪽지에 짧은 연필로 개미 대가리만한 글로 쓰고 있는 것이라 한다.[6]

---

6) 무라야마 도모요시, 「김사량을 생각한다」.

무라야마의 회상은 결코 과장이 아니었다. 물자 결핍 속에서 회중시계를 넘겨주고 손에 넣은 편지지 두 권. 그 한 장 한 장에 근거지 생활의 모든 것, 견문과 체험 내용들을 정성스럽게 써넣었기 때문에, 그것을 간수해넣는 순간이야말로 작가 김사량에게 있어 그 생애에서 가장 보람있는 한때였을 것임에 틀림없다. "이것은 아마도 나의 일신상의 최대의 로망 중의 하나라 해도 될 것이다. 이런 용기를 용케도 낼 수 있었구나 하고 나 자신도 놀라지 않을 수 없"(『노마만리』, 서)었다고 하는 그 말이야말로 바로 이 사실을 입증하는 것이다.

김사량은 태항 산채에 있는 중에 탈출 도중의 기록, 산채 생활의 기록을 썼고 귀국에 즈음해서는 귀국일록(歸國日錄)을 썼다. 그러나 "기록을 이런 식으로 했기 때문에 그것을 그대로 보관해 갖고 오는 데에는 말할 수도 없는 곤란"(『노마만리』, 서)이 수반되었을 것은 말할 필요도 없다. 김사량은 귀국한 후에 이를 상하 두 권으로 모을 예정이었으나 일단 탈출 도상의 그것만을 『노마만리』 상권으로 하여, 1947년 10월, 양서각(良書閣)에서 출판했다. 내 수중에 있는 것은 김사량의 사후, 1955년 6월에 국립출판사에서 나온 『김사량 선집』에 재록된 것이다. 그러나 산채 생활의 기록, 귀국일록 등이 수록된 『노마만리』 하권이 출판되었는지의 여부는 알 수 없다.

김사량은 이상의 기록 외에 몇 편의 희곡을 썼다. 「호접(胡蝶)」 「더벙이와 배뱅이」 등이 그것이다. 모두 유격 지구에서 해방 지구에 걸쳐 거주하는 조선 동포와 중국 민족, 그리고 근거지 내에 살고 있는 모든 이들에게 철저 항전을 호소하는 내용으로서, 문화 계몽과 선전을 목적으로 한 것이었다. 그는 태항 산채에 도착한 뒤에 선전부장 김창만이 극작가 출신이라는 사실을 동지들로부터 들은 바 있었던 것과 관련하여 그에게 지도를 받을 수 있기를 기대하고 있었다. 그가 곧바로 희곡 창작에 돌입했다 해서 이상할 것은 없는 것이다. 작가의 능력을, 항일전에 유효하게 사용할 수 있는 수단으로서, 대중 계몽 선전의 강력한 무기로서 소설보다는 희곡 창작이 강력하게 요구되었던 것이다. 그가 이에 응했을 것은 당연하다.

1945년 8월 15일, 일본이 전쟁에 패하고 조선은 해방되었다. 이 소식을 접하자마자 김사량은 화북조선독립동맹이 파견하는 선발대에 소속되어 즉각적인 귀국길에 올랐다. 장가구(張家口)로부터 열하성(熱河省) 승덕(承德)을 거쳐 3천 리, 40~50일을 요하는 긴 도정이었다. 그에게 있어 이것은 바로 꿈을 꾸는 듯한 상황이었다.

솔직하게 말해서, 당시 나는 이 기록을 가슴에 품고 귀국할 수 있으리라고는 꿈에도 생각하지 않았다. (『노마만리』, 서)

위의 짧은 글 속에 당시 김사량의 심정이 절실하게 표현되어 있다. 이런 상태로 귀국한 김사량이 해방 후 조선의 현실에 정면으로 도전하는 자세를 드러낸 것은 당연하다. 경성에서 그와 만날 기회를 얻었던 무라야마 도모요시의 글도 그것을 잘 보여주고 있다.

전쟁이 끝나고 조선이 38도선으로 갈라졌을 즈음, 김군이 평양으로 돌아왔다는 소문이 이남인 경성에도 전해졌다. [……]
나도 남한의 진보적 연극 재건 운동과 관련하여 조그만 역할을 맡고 있었기 때문에 매우 분주했다. 그러던 어느 겨울날, 김군이 38도선을 넘어서 어느 조직상의 일 때문에 경성에 와 있다, 나와 만나고 싶어 한다는 소식을 들었다. 나는 기쁨에 들떠 약속을 하고 어느 인가에서 그를 만날 수 있었다. 헤어진 지 5년이 넘었으나 그는 조금도 변한 것이 없었다.
들려오던 소문은 모든 것이 사실이었다. 그는 진흙과 손때로 가득 절은 사방 두 치짜리 종이 뭉치를 내밀었다. 잘디잔 글로 또박또박 눌

러쓴 한글 뭉치였다.

이제야말로 그의 희곡을 일본에서 상영할 수 있다고 생각하고 있던 나는 그 희곡 내용에 관해 꼭 들어보고 싶었다. 그가 전선에서 쓴 것은 희극이 한 편, 그렇지 않은 것이 두 편이었다. 그가 희극 내용을 우선 들려주게 되었다. 그 방을 빌려준 친구가 내온 호의의 술을 홀짝홀짝 마시면서 김군은 자기가 쓴 것이라고 하면서, 매우 읽기 어려운 조선 어로 쓴 그 원고를 일본어로 번역하면서 들려주었다.

그것은 「호접」이라는 제목이 달린, 세 시간 반 정도의 희극이었다. 팔로군에 참가한 조선의용군 병사 4인을 중심으로, 특히 그 중에서도 유모러스한 '호접'이라는 이름의 농민 출신 병사를 주인공으로 한 희 곡이었다.

낭독 중간중간에 설명이나 에피소드 따위가 들어가기 때문에 낭독 이 끝난 것은 새벽이 다 되어서였다.

나는 희곡 작가로도 성장한 그의 모습을 뚜렷하게 드러내고 있는 그 작업에 박수를 보냈다. 경성 상연이 예정되자, 나는 의상과 무대 세 트 스케치에 착수했다.

그는 북조선의 문인 조직에서 꽤 비중있는 위치에 있었기 때문에, 경성에 머물 수 있는 기간이 제한되어 있었다. 그는 그 희곡의 복사본 을 만들어 누군가의 편으로 나한테 보내주겠다고 약속하고 헤어졌 다.[7]

무라야마의 위 글에 의하면 김사량은 이 당시 "38도선을 넘어 어느 조직상의 일 때문에 경성에 와" 있었다고 한다. 과연 이 '어느 조직 상의 일'이란 어떤 성질의 일이었던가. 그즈음 동대문 낙산 밑에 있는 형 김시명 댁에서, 김창만과 동행한 김사량을 만났다고 하는 인물의

---

7) 같은 글.

이야기로는, 무라야마가 말하는바 '어느 조직상의 일,' 즉 그들 선발대의 임무란, 김무정의 명령으로 태항 산채에 감금되어 있었던 독립동맹 최고 간부의 한 명인 김찬(金燦)의 구출을 여운형에게 요청하기 위한 것이라고 했다. 김찬은 오랜 혁명 투사인데, 노선의 차이 때문에 김무정에 의해 감금되어 한방약을 쓰는 일을 맡고 있었으나, 조선 해방에 따라 김무정 등의 귀국이 임박하자 생명이 위태로운 상황에 처해 있었다는 것이다. 이 김무정에 관한 사항을 외무성 아시아국 감수 『현대조선인명사전』에서 인용하면 다음과 같다.

김무정(金武亭)(1904~)
　　함경북도 생. 하남(河南) 군관학교 포병과 졸업. 염석산 부대 근무, 포병 중위. 1926년 중국 공산당 입당. 1931년 서금(瑞金) 중화 소비에트 정부 수립에 참가. 서금에서 연안 대이동에 동행함. 연안 공산군 포병대 총사령. 중일전쟁 발발 후 항일 의용군을 조직, 1942년 7월 조선 독립동맹 간부, 조선 의용군 총사령. 1945년 12월 평양으로 돌아옴. 1950년 한국 전쟁 당시 제2 군단장.

사정에 정통한 인물의 이야기로는, 실은 김찬뿐 아니라 김사량도 태항 산채 도착 당초에는 김무정에 의해 있을 수 없는 혐의를 받고 연금 상태에서 조선 인삼을 쓰는 일을 하고 있었다고 한다. 그때까지 아무런 조직상의 관계도 갖지 않고 있다가, 불쑥 옆에서 지하 공작원을 통해 탈출해온 프티 부르주아 출신 문화인이라는 것 때문에 오해를 받았던 듯하다. 그것이 이유라면 김사량의 연금설도 있을 수 없는 일은 아니라고 할 수 있겠다. 지금 그 연금설을 확인해볼 수 있는 길은 없으나, 달리 말한다면 이것은 당시 국내에 있었던 김사량이 지하 운동과 그렇게도 멀리 떨어져 있었다는 것, 동시에 그럼에도 불구하고 탈출에 대한 희구가 도저히 참을 수 없는 정도의 것이었다고 하는,

그 탈출 동기의 순수성을 입증하는 증거가 될 수 있다. 그리고 김사량의 탈출에 동행했던 국내 조직의 연락원 — '수염 청년' 백(白)동지는 본명이 박승환(朴承煥)이라고 하는, 여운형의 밀사로서 김무정에게 조선 의용군의 상해관 진출을 명령한 지시를 전하기 위해 이 당시 태항 산채를 향했던 것이라 한다. 그러나 이 문제 역시도 현재는 그 사실 여부의 확인이 불가능하다.

김사량이 무라야마 도모요시에게 '일본어로 번역하면서 들려준' 희곡「호접」, 별명「호가장 전투」에 관해서 말해본다면, 이것은 무라야마의 '의상과 무대 세트 스케치를' 근거로, 김사량이 경성에 머물렀던 11월부터 다음해 2월까지의 3개월 가운데 어느 3일간, 경성의 극장에서 상연되었다고 한다. 출연자는 현재 조선민주주의 인민공화국에서 활약중인 황철(黃徹), 김학철(金學哲), 소기영(蘇基英, 음역) 등 아랑극단 멤버들이었다. 이 당시 유일한 여성 출연자로서 소년역을 맡았던 김복자(金福子)는 한국 전쟁 때, 오키나와로 연행되어 소위 국련군(國連軍) 아나운서로서 대 한국 방송 일을 하고 있었다고 한다.

그런데, 김사량이 11월부터 다음해까지 경성에 체류하고 있었다면, 그의 '어느 조직상의 일'과 관련없이 하나 더 생각해보아야 할 일이 있다. 당시 경성의 문인들의 동향과 김사량과의 관계가 그것이다. 문인들의 동향에 관해서는 이태준의 소설「해방 전후」에도 상세하게 나와 있는데, 이 문제를 1946년 2월 8~9일 양일에 걸쳐 경성에서 개최된 제1회 전국문학자대회 회의록에 있는 '경과 보고'에서 확인해보기로 한다.

8월 15일 역사적인 민족 해방을 맞아, 우리 문학 운동도 속박되어 있었던 쇠고랑을 끊고 일어섰습니다.
8월 16일 조선문학 건설본부가 결성되고, 9월 17일에는 조선 프롤레타리아 문학동맹이 결성되어, 민족 문학의 자유와 건전한 발전을 위한 위대한 전망에 근거하여 적극적인 활동을 통해 그 노력을 행하는 가운데, 활동 주체의 분립에 유감을 느낀 양 단체는 성실한 자기 비판을 통해, 즉각 12월 3일 양단체 대표로 구성된 공동 위원회를 열고 구체적인 방법을 검토하여 12월 6일 합동에 관한 공동 성명서를 발표하였습니다.

김사량의 소설 「천마」에도 그 이름이 등장하는 경성의 '장안(長安) 빌딩,' 여기에 설치되었다고 하는 조선문학 건설본부와 조선 프롤레타리아 문학동맹, 그리고 이들에 대항하는 조선청년 문학자협회 등의 성격에 대해서는 오무라 마스오가 아래와 같이 정리한 바 있다.

조선 인민이 40년에 걸친 일본의 식민지 지배로부터 탈피하여, 해방의 환희에 차 있었던 8월 15일, 그 다음날에는 일찌감치 조선문학 건설본부(약칭 '문건')가 서울에 출현했다. 임화 · 이원조 · 김남천 · 김기림 등이 그 중심이었다. [······]

그 뒤 한 달 남짓 늦게, 이기영 · 한설야 · 송영 등을 명목상의 지도자로 하여(실제는 이들 모두 북한에 있었다) 조선 프롤레타리아 문학동맹(약칭 '프로문맹')이 성립을 보자, [······] 함께 카프에 소속되어 있었던 작가들이 문건과 프로문맹 두 개로 나뉘어 할거하게 되었다. [······]

스스로 단체명을 '프롤레타리아'라 한 것으로 볼 때 문화적으로 프롤레타리아트 지도를 지향한 것이었음에 틀림없다.

정치 정세는 하루하루 험악해지고 있었으며, 각 파의 정치적 움직임이 뒤얽히는 가운데, 미군정이 시행되었다. [······] 이 군정을 앞두고 문건과 프로문맹이 통합된 결과가 조선문학가동맹이었다. 조선문학가동맹의 중심은 임화였다.

한편, 해방 전에 일본에 협력하고 있었던 우익 문인들은 해방 직후

엔 완전히 숨을 죽이고 있었다. 그러나 1946년 3월에는 신탁 통치 문제를 계기로 하여 "정치적 관심보다도 우선 문화적 성실성을 갖고 건국 사업에 참가하자" 등등의 슬로건 밑에 모여 숨을 되돌렸다. 1946년 4월 4일에는 조선청년 문학자협회가 생기고, 다음해 2월 12일에는 우파의 결집체인 전국 문화단체 총연합회(약칭 '문총')가 조직되어, 전성기를 구가하게 된다.[8]

오무라의 기술 속에 다소 애매한 데가 없는 것은 아니다. 예를 들면, "군정을 앞두고 문건과 프로문맹이 통합되었다"고 하는 부분이 그것이다. 미군에 의한 군정 실시는 9월에 시행되었는데, 양단체의 통합은 12월 6일에 시행된 일이었다. 당시의 김사량 문제로 화제를 돌린다면, 우선 그의 형 김시명은 미 군정 아래에서 전매청 장관에 취임해 있었다. 특히 오무라의 기록을 통해서 당시 문인들의 동향이 어떠했는가를 개략해보는 것이 가능할 것이다. 이것을 김사량에게 국한해서 본다면, 항일 진영으로 내달렸던 그가 우파 집단에 참가했을 리는 만무하다. 그렇다면 더 말할 필요도 없이, 어떤 형태로든 '문건'이나 '프로문맹'과 관련하고 있었을 것으로 생각되는데, 그 흔적이 전혀 보이지 않는다. 전기한 두 단체의 통합은 12월 6일에 거행되었다. 경성에 있었던 그가 이 조직과 관련을 맺는 데에 지장이 있었다고는 생각되지 않는다. 또 조선문학자대회는 2월 초순에 열렸다. 따라서 그가 이것을 알고 있었음에도 불구하고 참석하지 않았다는 것도 이상하다. 같이 항일 지구에서 귀국한 김태준은 대회 의장을 역임했으며 여운형도 연일 이 자리에 참석하고 있었던 것이다. 그럼에도 불구하고 대회 참가자 명부 속 어디에서도 김사량이라는 이름을 찾아볼 수가 없다. "이번 대회에 38도선 이북에 있는 이기영 · 한설야

8) 오무라 마스오, 「해방 후의 임화」, 와세다대학, 『사회과학 토구』 제35호, 1966년 6월.

〔둘 다 대회 의장으로 선출되어 있었다: 인용자〕· 최명익 · 정영택 제
씨로부터 교통 사정 때문에 출석하지 못함을 사과하는 동시에 축하
를 한다는 내용의 전보 및 전언이 있었습니다"는 보고가 있었으나,
김사량의 이름은 이러한 형태로도 나온 적이 없다. 그가 이즈음 무엇
을 생각하고 어떻게 행동하고 있었는가에 대해서는 분명한 것이 없
다. 해방 후 김사량의 활동을 확인하는 데 있어 이 언저리의 사정을
금후에도 분명하게 정리해둘 필요가 있다고 생각한다.

어쨌든 경성에서 '어느 조직상의 임무'를 마친 김사량은 다시 평양
으로 되돌아갔다. 1946년 2월경이었다고 한다. 귀향한 그가 "이국의
산야에서 조국의 광복을 위해 적과 싸우는 동지들에 관한 기록을 남
기는 일에"(「복마전의 북경반점」) 로맨티시즘을 느낀 것과 같이, 해방
후의 민주 건설을 위해 일어선 조선 인민의 투쟁 속에서 다시 이것을
확인하고, 스스로도 적극적으로 참가했을 것이라는 점은 상상하기
어렵지 않다. 그러나 이것이 정신적 고뇌를 동반하는 일이었을 것이
라는 점은 쉽게 추측이 가능하다. 항일 진영으로 내달렸던 김사량은
물론 그의 가족, 그의 일족에게도 여러 가지 고통을 수반하는 일이었
음을 충분히 상상해볼 수 있다.

그의 집안은 평양의 양반으로 부르주아다. 모친은 미국에서 교육을
받았다. 그즈음의 조선에서는 상류 계급은 미국 교육을, 중류의 상
(上)계급은 일본에서 교육을 받는 관습이 있었다고 그는 말한 바 있
다.[9]

『문예수도』를 주재한 야스티키 도쿠조의 부인인 미사코는 이렇게
쓴 바 있다. 김사량의 생가와 처가가 모두 부르주아 계급이라는 것은

_____

9) 야스타카 미사코, 『꽃과 열매의 숲──소설 문예수도(花實の森──小說文藝首都)』,
입풍서방(立風書房).

이미 쓴 바 있다. 소설 「코」(『지성(知性)』, 1941년 10월호)의 무대인 평양의 고무 공장은 처가가 경영하는 것이었다고 한다. 그가 부르주아 계급에 소속되어 있었던 사실은 부정할 수 없다. 그런데 해방 후의 38도선 이북의 민주 건설은 '토지 개혁'(1946년 3월), '중요 산업 국유화'(1946년 9월) 등 삼엄한 계급 투쟁을 동반하면서 진행되었다. 따라서 이 때문에 김사량과 그 일족은 혹독한 자기 변혁을 감당하지 않을 수 없었으리라 생각된다. 그랬으면서도 김사량이 이것을 잘 견디내고 자기 변혁을 훌륭하게 성취해냈을 것이라는 사실은 의심의 여지가 없다. 그의 문학적 자질인 낭만주의는 혁명적인 성격도 띠고 있기 때문에, 이를 견뎌나갈 수 있는 커다란 뒷받침이 되었을 것임에 틀림이 없다. 뿐만 아니라 항일 지구의 생활, 그리고 귀국 후의 그것들을 거치는 와중에서 그가 공산주의자로 멋지게 변모할 수 있었을 것도 생각할 수 없는 일이 아니다. 어쨌든 그가 민주 개혁에 참가하여, 작가로서 새로운 길을 걷기에 이르렀다는 사실은 김달수의 다음 글을 통해서도 입증된다.

　　김사량은 전후 해방된 북부 조선으로 돌아가자 그가 일본에서 데뷔했을 때에도 그러했던 것처럼 여기에서도 일찌감치 작품을 발표했다. 그리고 조직상으로는, 처음에는 그 수도가 평양인 평안남도에서 책임 있는 자리에 있었는데, 북조선 전체의 문학 · 예술 조직이었던 북조선 문학예술가 총동맹 부위원장이 된 한편으로 김일성 대학에서 그의 전공인 독일 문학을 강의하고 있었다고 한다.[10]

1946년 2월 북한에서는 통일적인 인민 정권으로서 북조선임시인민 위원회가 탄생하여 자연발생적이었던 지방인민위원회를 통일 · 지도

---

10) 김달수, 「김사량, 그 인간과 작품」.

하게 되었다. 이에 대응하여 지방적 · 분산적이었던 당시까지의 예술 문화 운동도 3월 25일 북조선 예술 연맹의 결성에 따라 통일적인 예술 문화 운동으로 조직되었다고 『조선중앙연감』(1949년판)은 기록하고 있다. 그리고 10월에는 협의체 조직에 지나지 않았던 이것이 재차 강화 · 확대되어 중앙집권적인 문학예술 총동맹으로 개편되었던 것이다. 아마도 이 개편은 당시 남한에 있었던 조선문학자동맹으로부터 월북자들이 밀려든 것과도 관련된 일이었을 것임에 틀림이 없다. 그러나 김사량에 관해서는, 김달수가 말한 바와 같이 그가 "북조선 문학예술가 총동맹 부위원장이 된 한편으로 김일성 대학에서 그의 전공인 독일 문학을 강의하고 있었"음을 입증할 만한 확실한 근거를 발견하기 어렵다. 부르주아 출신이라는 계급 성분으로 미뤄볼 때, 그런 일은 우선 있을 수 없다는 의견도 제시하면서, 김달수는 다른 곳에서 이렇게 쓴 바 있다.

그리고 작년 여름[1951년: 인용자]의 일이었다. 나는 중국 · 북경을 거쳐 이 일본으로 흘러들어온 조선 문학예술 총동맹 기관지 『문학예술』 1951년 4월호를 어느 출판사로부터 한 권 입수할 수가 있었다. 저 전란의 와중에서 나와 머나먼 대륙을 돌아 바다를 건너온 이 순문학 잡지를 나는 눈물과 함께 돌렸던 것이다. [……]
이 잡지의 35쪽에, 남북 조선의 문화 단체가 통일되었다고 하는 기사가 나와 있었는데, 조선예술 총동맹 및 산하 각 동맹의 중앙 위원 명단이 발표되어 있었다. 나는 한번 더 그 이름들을 더듬어보았다. 한설야 · 이기영 · 이태준 · 김남천 · 임화 · 안막 · 조기천…… 내가 이름을 알고 있는 작가 · 평론가 · 시인은 거의 다 들어 있었다. 그러나 김사량의 이름만 빠져 있는 것이다.
문인이라 해서 꼭 무슨 간부가 되어 이름을 올려야 할 이유는 없으나, 지금까지 북조선 문학예술 총동맹 부위원장이었던 이가 위원 중에 없을 뿐만 아니라, 완전히 거기서 사라져버린 것은 이상하다. 종군중?
그래도 이상하다. 그만이 종군하고 있는 게 아니지 않은가.[11]

결국 김달수는 김사량의 이름이 '사라져버린' 사실을 두고, 한국
전쟁의 인민군 후퇴 당시 "빨치산에 참가했든가 포로가 되었음에 틀
림이 없다"고 보고, 후에 그의 사망을 알고 나서는 그것과 관련지어
본 것이었다. 그러나 그 이름이 '사라져버린' 것은 이 당시에 시작된
일이 아니었다. 즉 앞의 『조선중앙연감』에 기재된, 북조선 문학예술
총동맹 중앙상임위원 11명 속에서 일찌감치 '사라져버'렸기 때문이
다. 원래 이 총동맹에는 산하 단체로서 문학동맹이 있었다. 그래도
이것은 위원장 이기영, 각 전문 분과위원장에 이정구(李貞求, 시), 이
태준(소설)·박영호(朴英鎬, 희곡)·안함광(평론)·송창일(宋昌一,
아동문학)·정률(鄭律, 외국문학) 등의 이름만 보여줄 뿐이었다. 김사
량의 조직상의 지위는 그렇게 높은 것이 아니었다고 보아야 할 것이
다. 이것이 그의 작품 활동에 지장을 초래하는 것이 아니라는 것은
말할 필요도 없다. 그리고 그 역시도 의연히 작품 활동을 계속하고
있었다.

전후, 중국 연안에서 해방된 북조선으로 돌아온 김사량은 계속 작
품을 발표했다. 연안에서는 조선 독립 의용군에 투신하고 있었다고 하
는데, 그 참호 속에서 썼다고 하는 희곡「호접」을 위시하여, 그 자신의
중국 연안까지의 잠행을 쓴 것으로 생각되는 장편 소설(?) 『노마천
리』, 그리고 소설로는 조선 인텔리겐차의 혁명적 형성을 묘사한 것이
라는 중편「풍진(風塵)」(이것은 북조선의 2대 신문의 하나인 『로동신
문』에 연재되었다고 하는데 이 제목의 소설집이 나와 있다)이 있으며,

---

11) 김달수, 「전사한 김사량」.

노동법령의 발포에 의해 그 생활 면모가 완전히 일신된 노동자를 묘사한 「차돌이의 기차(汽車)」 등이 있다.

희곡으로는 「호접」 외에, 1944년 무렵의 서부 지역 조선 농민의 생활과 저항 실상을 그린 「복돌이의 군복」, [……] 김일성 장군의 빨치산 전투를 그린 것으로 알려져 있는 「뇌우(雷雨)」, 시간 배경을 50년 전으로 한 희극 「더벙이와 배뱅이」 「지열(地熱)」 등이 있는데, 물론 이것은 이쪽에서 간신히 알게 된 내용에 국한되어 있다. 이밖에도 더 많이 있을지도 모른다.[12]

여기 기록되어 있는 '풍진(風塵)'은 '풍상(風霜)'의, '뇌우(雷雨)'는 '뇌성(雷聲)'의 오류다. 또 "이밖에도 더 많이 있을지도 모"르는 것이 아니라, 김사량에게는 이상의 작품 외에도 소설 「E 기자」 「남에서 온 편지」 등이 있다. 그러나 그렇다 해도 그가 일본 문단에 등장해서 작품 활동을 행한 2년 남짓의 그것에 비한다면 해방 후에 나온 작품들은 결코 많다고는 할 수 없다. 그 이유가 무엇일까. 창작에 임할 여유가 없을 정도로 김사량의 사회 활동이 다망했을 것이라는 점도 그 이유로 들 수가 있을 것이다. 그러나 식민지적 잔재를 일소하고 민주 건설을 추진하는 사회 환경에서 급격한 변혁을 치러가는 민중의 의식을 작가로서 십분 포착하여, 이것을 형상화하는 데까지는 그가 이르지 못했다고 보아야 할 것이다. 김달수의 다음 기술은 바로 그 사실을 입증한다.

김사량은 한때 일본에 있을 때에도 그랬지만, 전후에는 이에 정력적으로 달려들었던 것 같다. 그리고 그 정력적인 작업이 어느 때에는 다소 안이한 방향으로 흘렀던 때도 있었던 것으로 보인다. 북조선 문

---

12) 같은 글.

학예술 총동맹에서 발행한 1947년 2월의 『문화전선』 제3호, 안함광, 「북조선 창작계 동향」에 의하면 그에 대한 다음과 같은 비평이 있다.

이 논문은 그때까지의 '북조선'의 '창작계'를 개관하고, 그 작품들을 하나하나 검토하면서 상당히 극명하게 비평을 가한 것이다. 부정적인 면으로서는 주로 인간이 묘사되어 있지 않다는 점, 개념적·추상적이라는 점 등이 비난과 경고의 대상이 되었다. 김사량의 작품 중에서는 앞에 쓴 「차돌이의 기차」와 희곡 「호접」이 거론되어 있었다. 전자는 그 창작이 안이한 점, 후자는 그 관념적 내지 비현실적인 점이 '지적'되고 있다. 그리고 마지막으로 이렇게 첨가되어 있다. "지금까지 본 바로서는 이 작가의 뛰어난 재능이 왕년처럼 높은 예술화를 성취하지 못하고 있는 것을 나는 안타깝게 생각하는 한 사람이다."[13]

김사량이 해방 후 북조선의 새로운 현실을 직접 체험하면서 그의 정열이 향하는 대로 새로운 작품 세계를 창조해가기까지는 다시 얼마간의 시간이 필요했던 것이다.

1950년 6월 25일, 한국 전쟁이 발발했다. 조선 민중에게 조국 해방 전쟁이라 불리는 그것이다. 일찍이 중국 항일 지구로 탈출하여 그 투쟁의 길 위에서, 내내 갈구해왔던 '빛'을 찾아내었으며, 이것을 묘사함으로써 낭만적 정신을 맛본 그 김사량이었다. 또한 해방 후에는 민주 건설의 와중에서 '빛'을 발견하고 낭만적 정신을 만끽한 김사량이 다시금 전쟁의 승리 속에서 이것을 구하며 정열을 불태웠을 것이라는 것은 충분히 추측이 가능하다. 하물며 이 전쟁에서 조선 민중이 거둔 승리는 단순히 조국의 해방을 의미하는 데에 그치지 않고 남북으로 분단된 조국의 통일로도 이어지는 것이었다. 따라서 그의 종군

---

13) 같은 글.

은 이른바 낭만주의의 가장 극단적 표현이었던 것이다. 이것은 김달수의 다음 글 속에서 충분히 확인해볼 수 있다.

　이 전쟁이 시작된 후, 김사량은 즉시 평양을 나왔다. 이제는 인민군에 종군하고 있는 중이다. 나는 동경의 어느 친구 집에서 우연히 그의 종군기가 역재되어 있는 일본어 팸플릿을 읽었다. 「지리산을 넘으며」——지리산은 남한 경상남도에 있는 산으로서 전쟁 전부터 빨치산이 진을 쳤던 것으로 유명하다——라는 르포였는데, 인민군 부대장과 함께 지프차를 타고 전장 속을 달리는, 그의 생생한 활동상이 기록되어 있었다.

　춘하추동을 산속에 진을 치고 투쟁한 젊은 빨치산들에게 상상력을 첨가한 것으로서, 인민군의 보급을 위해 산허리에 줄지어 서 있는 사람들의 모습을 묘사한 것이었다. 그것이 이 산에서 희생물이 되어 쓰러진 빨치산들의 영혼이 일제히 도열해 있는 모습으로 보인다고 하는 것이었는데, 인민군의 튼튼한 뒷받침을 묘사해낸 것이었다.[14]

　그러나 김사량은 이 종군중에 쓰러졌다. 전쟁은 소중한 그의 생명을 빼앗아가버렸던 것이다. 그의 죽음에 관한 소식이 일본에 알려진 경위를 김달수는 이렇게 쓰고 있다.

　5월 말쯤으로 생각되는데 김원기(金元基)와 나는 요코스가에서 돌아오는 중에 친구인 이은직·허남기·박원준 등이 있는 요코하마의 조선인 중학교를 찾았다. 세 명 모두 직원실에 있었는데, 분명히 박원준의 입에서 나온 것이었다고 생각된다. 거기서 처음으로 김사량이 전사했다는 이야기를 들었던 것이다. "전사? 그걸 어떻게 알았어!" 깜짝

---

14) 같은 글.

놀란 나에게 그는 다음과 같은 이야기를 들려주었다.

중국 신문에 중국인 문인(기자?)이 조선 문학 현상을 보고한 글이 실렸는데, 그것이 일본어로 번역되었다. 거기에 김사량을 위시하여 극작가 함세덕 등이 전사했다는 내용이 씌어 있어서, "그 원고가 『인민문학』쪽에서 이쪽으로 빙 돌아온 거야" 하고 박원준은 대답했다. "어떻게 된 거야. 보여줘." "『해방신문』에 실려 있어."

이런 대화가 계속되었는데. 그 중에도 나는 김사량의 느긋하고도 둥근 얼굴, 흰칠하고 큰 키를 떠올려가면서 깊은 생각에 빠져들어가지 않을 수 없었다. [⋯⋯] 김사량은 얼굴도 알고 있었고 또 친하게 지냈던 탓일까. 새삼스럽게 한국 전쟁의 현실이 급격하게 또 더 한층 가깝게 신변에 느껴졌다. [⋯⋯]

거기서 나는 우선 읽고 있는 그의 「지리산을 넘으며」가 씌어진 장소와 시간, 그 뒤의 행동 등에 대해 이러저러하게 생각해보았다. 그것이 씌어진 것은 맥아더의 인천 상륙 작전 이전의 일이었다. 그렇다면 그는 저 제1차 후퇴 때 후퇴했어야 할 터인데, 그렇지 못했던 것이 아닐까. 그렇다면 그는 빨치산에 참가하고 있든가, 아니면 포로가 되었을 것임에 틀림이 없다.

나는 이렇게 추측했다. 다른 이에게 김사량 일을 들으니 이렇게들 설명해주었다. 이러했기 때문에 박원준에게서 '전사'라는 말을 듣고 나는 이미 그것을 인정하지 않을 수 없었던 것이다. 당연히 조선민주주의인민공화국 정부 · 인민군사령부 혹은 문학예술 총동맹에서는 발표가 되어 있을 터이나, 그것을 알 방법이 없다. [⋯⋯]

그 원고가 도착했다고 하는 『해방신문』을 [⋯⋯] 간신히 손에 넣을 수가 있었다. '투쟁하는 조선문학 오매(吳邁)'라는 제목과 서명이 있는 상당히 긴 논문으로 1952년 3월 22일자 『광명일보(光明日報)』에서 번역 · 전재한 것임이 표시되어 있었다.

"시인 조기천(趙基天)이 미군기의 맹폭격 아래에 눈부시게 희생되었

으며, 작가 함세덕도 전투에서 장렬하게 희생되었다. 소설가 김사량·
고일(高日)·이동규(李東奎)도 1차 후퇴시 그 생애를 마감하였다.″
논문은 마지막 부분에서 이렇게 전하고 있었다. 그리고 나는 김사량이
「지리산을 넘으며」 외에도 「우리는 바다를 보았다」라는 르포를 썼다
는 것도 이 논문을 보고 처음으로 알았다.[15]

앞의 인용 중 「우리는 바다를 보았다」는 나중에 '바다가 보인다' 로
제목이 바뀌어, 1953년 『중앙공론』 추계 문예 특집에 완역·게재되었
다. 김사량에게는 이외에도 르포 「우리 이렇게 이겼노라」가 있는데,
이것들은 앞의 「바다가 보인다」와 함께 1952년 4월 문학예술총동맹
출판사에서 간행되었다.

그런데 앞의 인용문에 의하면 김사량은 "제1차 후퇴시 그 생애를
마감하였다"고 한다. 조선인민군의 제1차 후퇴, 이것은 미군의 인천
상륙에 대응하기 위해 1950년 10월에 감행되었다. 당시 일본의 신문
도 하룻밤새에 갑자기 자취를 감춰버린 조선인민군의 행방에 대해
보도했던 것이다. 이 후퇴 과정에서 김사량은 어떻게 그의 '생애를
마감하였'을까.

수년 전, 아시아·아프리카 작가 회의의 일본 위원회 대표로서 북
한의 초청을 받았던 시모다 마사쓰구(霜多正次)는, 개성의 어느 중학
교 교사로부터 김사량이 '생애를 마감'했을 때의 모습을 소상하게 들
었다고 한다. 그에 의하면 후퇴 수일 전부터 병상에 있었던 김사량은
인민군의 급속한 후퇴를 따라갈 수가 없어서 낙오했던 것이다. 인민
군은 당시, 부상자·병자 등을 버려두고 가지 않을 수 없을 정도로
긴박한 상황에 놓여 있었다. 즉 인천에 상륙하는 미군에 의해 퇴로를
차단당할 위험이 있었던 것이다. 김사량은 가족에게 남긴 유품으로

15) 같은 글.

서 만년필과 창작 노트를 당시 후퇴하는 동지에게 전했다고 한다. 10월이라면 겨울이 가깝다. 이 겨울을 막 맞이하고 있었던 산중에 낙오된 김사량의 소식은 전혀 알 수 없게 되었던 것이다. 오로지 민족의 해방과 조국의 독립을 염원하며 '빛 속으로' 나와 걸어가기 위해 먼 중국 태항 산채까지 가서 고뇌를 뚫고 환희를 쟁취해낸 김사량이었다. 그런 그가 해방된 조국의 주권과 민족의 자유를 수호하기 위한 전쟁터에서 쓰러졌다고 하는 이 사실은, 실로 그에게 어울리는 일이었다고 할 수 있을 것이다. 비통한 죽음이라고 할 수밖에 없다. 향년 36세였다. 형 김시명은 이.무렵 인민군에 연행되었다고 전한다.

김사량은 막 전성기를 맞이하던 때에 생애를 마쳤다. 때문에 몇 개의 문제가 해결되지 않은 채 남아 있다. 우선 정치적인 면에서 본다면, 그의 해방 전의 사상적 태도는 적지아니 임화의 그것과 연결되어 있었다. 그런데, 1947년 7월 북조선에 들어간 임화는, 후일 마쓰모토 세이초도 『북의 시인』에서 묘사한 바와 같이, 미국 스파이로 국가반역죄에 처해져, 1953년 7월에 처형되었다. 김사량에게 이런 화가 미쳤을지 어땠을지의 여부, 그 점이 그 하나의 문제다. 그리고 중국 항일 근거지에서 스스로도 쓴 바 있지만, 김사량은 그를 직접 지도해준 김창만을 비롯하여 최창익·김두봉·이유민·서휘 등의 영향하에 있었다. 이 간부들이 귀국 후 북조선에서 각각 국가 및 당의 요직을 점했던 것은 두말할 필요도 없다. 예를 들어 김두봉(최고인민회의 상임위원회 위원장)·김창만(조선노동당 부위원장·부수상)·이유민(최고인민회의 부의장)·최창익(부수상)·서휘(조선직업 총동맹 위원장) 등의 형색이었다. 그러나 그들 대부분은 1956년부터 1960년 전후에 걸쳐 반당 활동 명목으로 정치적·물리적으로 그 생명이 끊어졌다. 작가인 김사량은 이들과 직접적으로 관계된 바가 적지 않았던 것으로 생각한다. 그러나 경우에 따라서는 그 문학 작품의 평가에 적지 않게 영향을 미칠 것이라는 점을 생각할 수 없는 것도 아니다. 가령 정치적 동향의 영향을 받는 일이 전혀 없다고 한다면, 문학사적으로 보아 김사량의 작품이 어떻게 취급되어야 하며 또 어떤 위치에 놓여져야 할 것인가 하는 것이 문제로 남는다. 특히 해방 후라는 조건 아래에서, 해방 전 일본어로 씌어진 작품을 어떻게 취급해야 할 것인가 하는 문제는 지금까지 미해결 상태 그대로 남아 있다. 남과 북은 아예 이것을 문제삼고 있지도 않다. '친일'적인 것이 아닐 뿐만 아니라, 이미 보아온 바와 같이 그 지점에서 극적인 저항이 행해졌음에도 불구하고, 단순히 일본어로 씌어졌다는 그 이유 때문에 문제되지 말아야 할 이유는 없다고 생각한다.

이 책에서 나는 김사량을 평전적인 입장에서 고찰하면서, 작품 활동을 중심으로 한 행동의 궤적을 더듬어왔다. 한마디로 말해 그의 문학 활동에 대한 지금까지의 이해가 단편적이며 정확성이 결여되었기 때문이다. 그 결과, 김사량에게 좌절이라는 사실이 존재하고 있었다는 점을 밝혀냈다. 그것이 그에 대한 정확한 평가를 손상시키지 않는다는 것은 두말할 필요도 없다. 오히려 조선 문학계나 일본 문학계에서 김사량과 그의 작품이 의미하는 바를 거의 연구한 적이 없는 그 나태야말로 추궁의 대상이 되어야 할 것이다. 따라서 금후에도 김사량에 대한 작가론적 연구, 작품론적 연구 등이 과제로 남아 있다고 생각한다.

김사량 연보

1914년(대정 3년)

3월 3일, 조선 평안남도 평양부(平壤府) 인흥정(仁興町) 458의 84 번지의 부유한 가정에서 태어남. 현재 부모의 성명은 알 수 없음. 부친에 관한 사항은 "어머니와 달리 절벽처럼 보수적이고 완고하기 때문에 몇 번이나 어머니가 간청을 했는데도 불구하고 결국은 누나조차도 소학교밖에는 나오지 못했다. 여자에게 신교육은 허락할 수 없다는 것이었다"(「고향을 생각한다(故鄕を想ふ)」)라는 기록만 남아 있음. 모친에 관한 사항은, 당시 조선에서 극히 드문 '미국 교육을 받은 재녀'였다는 기록(야스타카 미사코 저, 『꽃과 열매의 숲〔花實の 森〕』)이 있으며, 모친과 누이는 기독교인이었음. 형은 시명(時明), 누나는 특실(特實), 누이동생은 오덕(五德). 4남매 중 차남으로 본명은 시창(時昌)이었음. 그의 소학교 시대에 관해서는 거의 언급된 내용이 없음. 소학교부터 대학까지 관학(官學)을 다녔다는 회고담이 있는 것으로 미뤄볼 때, 그는 공립보통학교(소학교)를 졸업한 것으로 생각됨. 또 보통학교 졸업식에서의 "예행 연습 때는 우등상을 받는 연습을 했습니다만, 결국 그날은 오지 않았습니다"(「어머님께 드리는 편지(母への手紙)」)라는 것을 볼 때, 성적은 나쁘지 않았던 것으로 보임.

1928년(소화 3년, 14세)

평양고등보통학교(중학교)에 입학.

1929년(소화 4년, 15세)

11월 3일, 전라남도 광주시에서 반일 학생 투쟁(보통 광주 학생 사건이라 불림)이 발생하여 다음해까지 전국으로 파급됨.

1930년(소화 5년, 16세)

1월, 광주에서 발생한 학생 반일 투쟁에 호응하여, 평양에서도 숭실전문학교를 중심으로 평양고등보통학교 · 평양상업학교 · 평양여학교 학생들의 반일 항의 데모가 일어남. 여기 참가한 일로 경찰에 쫓기는 신세가 되나 동포의 도움으로 화를 면함.

1931년(소화 6년, 17세)

가을, 평양고등보통학교 5학년 재학중 "해주 · 평양 · 신의주와 이 세 중학교가 거의 동시에 스트라이크에 돌입했"(『노마만리』)던 동맹 휴교 사건이 발생. 배속 장교 및 일본인 교사 그리고 그들 편에 선 조선인 교사를 배척한다는 명분을 걸고 있었으나, 실은 광주에서 일어난 반일 학생 투쟁 2주년에 맞춰 일어난 것임. 이 때문에 주모자 중의 하나로 지목되어 논지(論旨) 퇴학 처분을 받게 됨.

12월, "남의 이목을 피해가며" "어느 작은 역까지" 모친의 전송을 받고, "5년 간이나 다녔던 중학교의 단추를" 다 떼고, "모자도 쓰"지 않은 채로, 도항증명서도 없이 일본에 건너가려고 부산으로 향함. 현해탄을 밀항해서라도 일본에 건너가기 위해 부산에서 고심함. 이를 알고 도시샤(同志社) 대학의 제복 · 제모 · 학생증 일체를 준비해서 달려온, 당시 교토(京都) 제국대학 법학부 재학중이었던 형 시명의 도움으로 일본에 건너감. (이 김시명은 대학 졸업 후 고등문관 시험에서 사법 · 행정 양과에 합격하고, 강원도 홍천군 군수(郡長) 및 평창군 군수를 거쳐, 황해도청 농상부장(農商部長) 겸 도참여관(道參與官)을 역

임하고, 조선총독부 마지막이자 조선인 최초의 전매국장[專賣局長]이
되었다. 1945년 8월 15일, 조선이 해방된 후에도 남한에 진주한 미군정
하에서 전매국장직을 계속 유지하고 있었으나 후에 사임하였음. 대한민
국 정부 수립 후에는 대학 교수, 중앙산림조합 연합회 이사장[장관급]을
지냈으나, 한국 전쟁중에 소식이 끊어졌다고 함)

1932년(소화 7년, 18세)
10월, 시「시정초추(市井初秋)」를 김시창이라는 이름으로『동광(東
光)』에 발표.

1933년(소화 8년, 19세)
4월, 구제 사가(佐賀) 고등학교 문과 을류(乙類)에 입학. 후에 도쿄
제국대학에 진학한 뒤에 같은 학년으로 지냈으며 같은『제방(堤防)』
동인이었던 쓰루마루 도시오(鶴丸辰雄), 나카지마 요시히토(中島義
人) 등과 알게 됨.

1934년(소화 9년, 20세)
"나의 최초의 작품이며 명실공히 처녀작이라고" 할 수 있는, "고등
학교 2학년 때" 쓴, "언어에 자신이 없어 책상 속에 처박아" 두었었다
는「토성랑(土城廊)」(일본어) 창작.

1935년(소화 10년, 21세)
가을, 신협(新協) 극단의 지방 공연작이었던 체호프 작「곰[熊]」,
오사나이 가오루(小山內薰) 작「아들[息子]」을 처음으로 관람. 이날
밤, 극단원이었던 다키자와 오사무(瀧澤修), 신 킨조(信欣三), 미요시
히사코(三好久子) 등과의 좌담회에 참가.

1936년(소화 11년, 22세)

2월, 『사가 고등학교 문과 을류 졸업 기념회지』에 장편 소설 『짐 〔荷〕』을 게재함.

4월, 도쿄 제국대학 문학부 독일문학과에 입학. 도쿄 시외 미타카무라(三鷹村), 미타카 아파트에 하숙을 정함. 잠시 후 홍고쿠(本郷區) 오이와케초(追分町)의 오이와케 아파트로 이사함.

6월, 이마이 교헤이(今井京平: 鶴丸辰雄), 우메사와 지로(梅澤次〔二〕郎), 신다니 도시오(新谷俊郎), 사와카이 스스무(澤開進), 나카지마 요시히토(中島義人) 등과 '제방' 동인을 만들고 잡지 『제방』(격월간)을 발행함. 이 창간호에 구민(具珉)이라는 필명으로 수필 「잡음(雜音)」을 발표함. 또 이 동인 잡지는 도쿄시 혼조쿠(本所區) 히라카와바시(平川橋) 5-4 니이야마가타(新山方) '제방사(堤防社)'가 발행소로 되어 있다. 이것은 편집 겸 발행인이었던 신다니 도시오의 하숙이 여기 있었기 때문이며, 그가 소속되어 있었던 히라카와바시의 제국대학 세틀먼트와도 가까웠다.(신다니 도시오는 후일 경찰에 체포된 적이 있다. 세틀먼트와 관계가 있었던 김사량도 모토후지〔本富士〕 경찰서에서 구류를 살았다. 때문에 두 사람은 동일 사건 때문에 구류형을 받은 것으로 간주되어왔다. 김사량의 구류 이유는 최근에 분명하게 밝혀진 바 있으나, 신다니 도시오 건은 아직 불명확한 상태였다. 그러나 『사회운동의 상황(社會運動の狀況)』에 기록되어 있는 다음과 같은 사실로 미뤄볼 때, 그는 아래 사실과 관련된 이유 때문에 검거되었던 것으로 생각된다.

전 일본 공산당 전협 도쿄 지부 협의회 조직원 이창정(李昌鼎)은, 전향을 표명하고 소화 10년 5월 8일 출소했다. 그러나 여전히 공산주의의 정당성을 확신하고 〔……〕 은밀히 재전향의 기회를 엿보고 있었던 중 〔……〕 그러나 고토(江東) 지방에서는, 고토 독서구락부 밑에 결집한 이들의 영향 아래, 분자들 사이에 지도 체제 재건의 기운이 축적되어 있다고 판단하고 '당과 전협(全協) 재건'을 목표로, 합법적 단독 노동 조합 결성을 결의하기에 이르렀다." 이렇게 하여 "이창정은, 전선 통일 간담회를 통해 고토 지방 의식분자들의 의견의 통일을 꾀하는 한편, 그해(1936) 6월 1일 오후 7시경부터 9시경까지, 혼조쿠 요코가와바시(橫川橋) 제국대학(帝國大學) 세틀먼트 부근 제국대학생 신다니 모(新谷某) 집에서, 이토 켄이치(伊藤憲一: 전 共靑 중앙위원), 야마가 진스케(山我仁助), 니라사와 케이코(韮澤慶子) 세 명과 만나, 공산주의 이론 및 전술 연구회를 개최하였다.

『사회운동의 상황』이 기록하고 있는 바에 의하면 신다니 모가, 『제방』 동인이었던 신다니 도시오를 가리키는 것으로 보아 거의 틀림이 없을 것이다. 그렇다면, 그의 검거 원인이 이창정 등의 그것과 관계가 있을 것은 두말할 필요도 없다. 신다니 도시오가 조선인과의 관계 문제로 검거되었으며, 또 그 시기가 거의 같다는 것이, 김사량의 그것과 동일 사건이 원인이었던 것으로 오인되어 해석되었던 것이라고 생각된다.

이즈음, 친구인 안영일(安英一: 禎浩)이 연출 관계로 신협극단에 소속되어 있었던 이유로 해서, "큰 키에 마른 체구의 그는 도쿄대의 금단추가 달린 제복을 입고" "희곡을 쓰고 싶다고" 무라야마 도모요시(村山知義)를 찾아와 면식을 얻음.

9월, 『제방』 2호에 소설 「토성랑」을 발표한다. 이즈음 무라야마 도모요시의 소개로 『신조(新潮)』 편집자인 나라사키 쓰토무(楢崎勤)를 방문하여 "2백 매 가까운 중편 소설을 보자기에서 꺼내 읽어봐주셨으면 한다"고 밝힘.

10월 28일, 조선예술좌에 대한 일제 검거에 의해, 안영일 · 김용제 등이 검거됨에 따라 모토후지(本富士) 경찰서에 미결 구류됨.

12월 중순, 모토후지 서에서 미결 상태로 석방, 재차 나라사키 쓰토무를 "불쑥 찾아와서는 유치장에 들어갔다가 2~3일 전에 나왔다"고 했으나 곧 귀향함.

1937년(소화 12년, 23세)
3월, 『제방』 4호에 「빼앗긴 시(奪はれの詩)」를 발표함. 『도쿄 제국대학신문』 20일자의, 학내 동인 잡지 대표들의 '신인 콩트' 특집에 소설 「윤참봉(尹參奉)」을 발표함. 이것은 「짐」을 개작·개제한 것임.
4월, 누이동생 오덕과 함께 도쿄로 돌아옴. 누이동생이 제국여자전문학교에 입학했기 때문에, 고이시가와쿠(小石川區) 히나타다이초(小日向台町)에 자리를 잡음. 누이가 전문학교까지 들어간 것으로 보아 '절벽처럼 보수적이고 완고한' 아버지는 꽤 일찍 사망한 것으로 추정됨.
11월, 누이가 서울의 이화여자전문학교로 전학했기 때문에, 함께 귀향함. 이즈음 향리의 주소는 평양부(平壤府) 상수리(上需里) 38의 1번지. 다시 도쿄로 돌아와 한때 하숙을 홍고쿠 다이초(台町) 62번지, 노지마(野島) 댁으로 이사하고, 다시 다이초 41번지 쓰노다칸(角田館)으로 이사함.

1938년(소화 13년, 24세)
8월, 신협극단의 「춘향전」(장혁주 각색)의 조선 공연 계획을 듣고 공감하고, 이 순회 공연 준비차 선발대로 조선에 간 무라야마 도모요시를 안내하여 귀향함. 극단의 순회 공연에도 협력함.

1939년(소화 14년, 25세)
1월 6일, 평양 계리(鷄里) 산정현(山亭峴) 교회당에서 김관식 목사 주례로 최창옥(崔昌玉)과 결혼. 또 졸업 논문 "Heinrichi Heine, der

letzte Romantiker"를 사가 고등학교 시절부터 친구로 지내온 나카지
마 요시히토를 통해 제출.

2월부터 3월 사이의 어느 날, "김사량군이 나의 처소를 방문한 것
은 소화 14년 봄이었다. 아직 도쿄대 독문과 학생"이었다고 쓴 바 있
는『문예수도(文藝首都)』주간 야스타카 도쿠조(保高德藏)를 장혁주
의 소개장을 갖고 방문. 이때부터『문예수도』동인으로 참가함과 동
시에, 개인적으로도 야스타카 도쿠조에게 사숙하는 형태로 친교가
시작됨.

3월 25일경부터 졸업식에 출석하게 되어, 약 1주간 예정으로 북경
에의 '소위 만유(漫遊)'를 시도함.

4월 5일, 조선일보사의 전보로 서울행, 학예부 기자가 됨. 도쿄 지
국 근무를 희망하고 있었음. 이즈음 서울의 하숙에서 소설「빛 속으
로」를 집필. 27일, 도쿄 제국대학 대학원 입학을 허가받음.

6월 6일, 아내와 함께 도쿄 도착, 곧장 쓰루마루 도시오 부처를 방
문. 시부야쿠(澁谷區) 요요기(代代木) 우에하라(上原)의 아파트에 살
림을 마련하고, 요요기 니시하라(西原)로 이사함. 평론「조선문학풍
월록(朝鮮文學風月錄)」을『문예수도』에,「극연좌의 '춘향전'을 보고
(劇研座の春香傳を見て)」를『비판(批判)』에 발표함. 이즈음부터『모
던 일본(モダン日本)』조선판 편집에 참여하는 한편으로, 여기에 발
표하기 위한 조선 문학 작품의 선정 및 번역에 임함.

8월, 수필「북경왕래(北京往來)」를 김시창이라는 이름으로『박문
(博文)』에 발표.

9월, 수필「에나멜 구두의 포로(エナメル靴の捕虜)」를『문예수도』
에 발표. 평론「독일의 애국 문학」(조선어)을『조광(朝光)』에 발표함.

10월, 소설「빛 속으로」를『문예수도』에, 평론「독일과 대전(大戰)
문학」(조선어)을『조광』에, 평론「조선 문학 측면관」(조선어)을 4일
부터 6일까지『조선일보』에 각각 발표. 수필「밀항」(조선어)을『문

장』에 김시창이라는 이름으로 발표함.

11월, 평론「조선의 작가를 말한다(朝鮮の作家を語る)」를 『모던 일본』 조선판에, 이광수의 소설「무명」을 번역, 같은 책 조선판에 발표함.

1940년(소화 15년, 26세)

2월 『조광』에 최초의 장편 『낙조(落照)』(조선어) 연재를 시작함. 상반기 아쿠타가와 상 후보작에「빛 속으로」가 뽑힘. 고향에 있었던 김사량은 야스타카 도쿠조의 전보를 받고, 곧장 도일길에 오름. 『제방』에 발표한「토성랑」을 개작하여 『문예수도』에 전재함.

3월 6일, 도쿄 레인보 그릴에서 열린 문예춘추사 주최의 아쿠타가와 상 수상식에 참석.「빛 속으로」가 『문예춘추』에 실림.

4월,「어머님께 드리는 편지」를 『문예수도』에 발표. 이즈음 귀향하여 강원도 홍천군 두촌면(斗村面) 가마 연봉(連峰)을 중심으로 화전민 부락의 실태 조사에 임함. 당시 형 시명이 홍천군 군수직에 있었던 것이 계기가 되었던 것이 아닌가 함.

6월, 소설「천마(天馬)」를 『문예춘추』에, 소설「기자림(箕子林)」을 『문예수도』에 발표함. 소산서점(小山書店) 간 『일본소설대표작전집 4』 소화 14년 후반기 판에「빛 속으로」가 수록됨.

7월, 소설「무성한 풀섶(草深し)」을 『문예(文藝)』의 조선 문학 특집호에 발표함.

8월, 수필「현해탄 밀항(玄海灘密航)」을 『문예수도』에 발표. 이것은 앞의「밀항」(조선어)과 거의 같은 내용임.

9월, 소설「무궁일가(無窮一家)」를 『개조』에, 평론「조선 문화 통신」을 『현지 보고』에 각각 발표.

10월, 기행문「산가 세 시간(山家三時間)」(조선어)을 국내 잡지 『삼천리(三千里)』에 발표. 이것은 다음해 '화전 지대를 가다(火田地帶を

行く」라는 제목으로 번역됨(일본어). 평안남도 양덕(陽德) 온천에 감. 소설「산의 신들(山の神神)」의 창작 소재를 얻음.

11월, 서간「평양에서(平壤より)」를 『문예수도』에 발표함. 누나 특실 사망.

12월, 도쿄 적총서방(赤塚書房)에서 간행된 『조선 문학 선집』 3권에 「무궁일가」가 수록됨. 또 이 제1권(3월간)에는 이광수작 「무명」(김사량 역)이 수록되어 있음. '빛 속으로'라는 제목의 제1소설집을 도쿄 소산서점에서 냄. 여기 수록된 「뱀〔蛇〕」, 「곱단네(コブダンネ)」 등 작품의 최초 수록지는 미상.

1941년(소화 16년, 27세)

1월, 평론「조선 문학과 언어 문제」(조선어)를 『삼천리』에 발표. 이것은 게재 사실만 알려져 있으며 현재는 입수가 불가능함. 장편 소설 『낙조』 연재 끝냄.

2월, 소설「광명(光冥)」을 『문학계』에 발표. 소설「유치장에서 만난 사내」(조선어)를 조선의 대표적인 순문예지 『문장』의 창작 특집으로 발표함. 이것은 훗날 작자 자신에 의해 'Q 백작'이라는 일본어 제목으로 제2소설집에 수록됨.

3월, 기행문「화전 지대를 가다」를 『문예수도』에 5월까지 연재함. "출산 때문에 부인을 평양으로 보낸 뒤에도 다시 창작 삼매에 푸욱 빠"(야스타카 도쿠조)짐.

4월, 가마쿠라시(鎌倉市) 오오가야쓰(扇ヶ谷) 407번지, 여관 '요네신테이'(米新亭)의 별채로 이사함. 소설「지기미」를 『삼천리』에 발표.

5월, 소설「도둑놈〔泥棒〕」을 『문예(文藝)』에, 수필「고향을 생각한다」를 『지성(知性)』에 각각 발표함. 마미야 모스케(間宮茂輔)를 방문하여 "조금은 신경질적인 얼굴로, 문학과 민족과 혁명에 관한 이야기들을" 나누고 "일본에서 공부하던 당시의 조선인으로서의 그 꺼림칙함에 대해 정직하게 말했다. 그리고 그것과 소설과의 관계 때문에 발버둥치고 있는 자신의 속마음을 감추지 않았다." 잠시 후 귀향, 조선·만주 여행을 하고 있었던 히로쓰 가즈오(廣津和郎), 마미야 모스케를 평양에서 환대한다. 이때 "이번 탄압은 기독교 신자를 목표로 한 것이었기 때문에 저의 어머니와 누이도 당했습니다"라고 히로쓰 가즈오에게 말함.

7월, 소설 「벌레〔虫〕」를 『신조』에, 소설 「향수(鄕愁)」를 『문예춘추』에, 스케치 「산의 신들」을 『문예수도』에 각각 발표함. '조선 여행'에서 집으로 돌아와, 우메사와 지로, 쓰루마루 도시오 등의 소집을 알게 됨. 누이동생 오덕(五德) 결혼.

9월, 도일하여 사가(佐賀), 사세이호(佐世保) 등을 방문하여 쓰루마루 야에코(鶴丸八重子)와 만남.

10월, 소설 「코〔鼻〕」를 『지성』에 발표함.

11월 초순, 전해의 '용지규격통제령' 공포에 이어 동인 잡지의 통폐합 완료됨. 이에 따라 김달수가 소속되어 있던 『창원(蒼猿)』『산맥(山脈)』이 『문예수도』와 통합됨. 히비야(日比谷) 로터리 가까운 모리나가(森永) 그릴에서 열린 통합 집회 석상에서 김달수와 지기가 됨. 19일부터 28일 사이의 어느 '일요일 1시'경, 김달수의 초청으로 요코스가(橫須賀)를 방문, 소설 「곱사왕초(親方コブセ)」의 모델이 된 이수섭(李守燮)을 만나고 그들이 개최한 운동회에 참가함. 소설 「며느리〔嫁〕」를 『신조』의 지방 문학 특집호에 발표함.

12월 9일, 이 전날 태평양전쟁이 발발함. 이날 새벽 사상범 예방구금법에 의해 가마쿠라 경찰서에 구금됨. "남방군(南方軍)을 순회하면서 '황군(皇軍)'을 찬양하고 전첩을 ㅂ도하"도록 강요받으나 거절함. 김달수로부터 김사량 구금 소식을 들은 야스타카 도쿠조, 시마기 겐사쿠(島木健作), 구메 마사오(久米正雄) 등이 그의 석방을 위해 진력함.

1942년(소화 17년, 28세)

1월 29일, 가마쿠라서에서 석방됨. 소설 「곱사왕초」를 『신조』에, 소설 「물오리섬(ムルオリ島)」을 조선에서 나오고 있었던 일본어 잡지 『국민문학』에 발표함.

2월, 귀향하여 평양부 인흥정(仁興町) 458의 84번지에 거주함.

4월, 제2소설집 『고향(故鄉)』을 교토 갑조서림(甲鳥書林)에서 냄. 여기 수록된 「윤주사(尹主事)」는 『도쿄 제국대학신문』에 발표된 「윤참봉」의 제목을 바꾼 것이며 또한 「산의 신들」은 『문예수도』에 발표한 스케치를 소설화, 전면 개작한 것이다. 그 외에 「천사(天使)」 「월녀(月女)」는 최초 발표지명 미상.

8월, 소산서점 간 『일본소설대표작전집 8』 소화 16년도판 후반기판에 「벌레」가 수록됨.

12월, 조선 시찰 여행을 한 유아사 가쓰에(湯淺克衛), 야스타카 도쿠조, 나라사키 쓰토무, 미우라 이쓰오(三浦逸雄) 등을 평양에서 영접·환대함.

1943년(소화 18년, 29세)

2월, 장편 역사 소설 『태백산맥』을 『국민문학』에 연재하기 시작함.

8월 28일, 국민총력 조선연맹의 지시에 의해 해군견학단의 일원으로 진해경비부(鎭海警備府), 사세이호(佐世保) 해병단, 해군병학교, 오오다케(大竹) 해군잠수학교, 해군성, 쓰지우라(土浦) 해군항공대 등에 파견됨. 이것은 조선인에 대한 해군 특별 지원병 제도의 실시에 따른 것으로서, 조선의 문화 관계자에 의한 해군 사상의 보급·계몽 등에 그 목적이 있었다. 그리고 이를 위해 서울을 방문한 김사량은, 이즈음 경성일보사 기자였던 김달수와 해후함. 그리고 견학단으로 방문한 동경에서 재회한 야스타카 도쿠조를 향해, "시기가 시기였으

360

니만큼, 주변에 헌병이나 특고들이라도 있었다면 체포되는 것은 시간 문제"였을 만큼 격앙된 채로 탁자를 내리치며 일본의 통치 권력에 대한 불만을 토로함.

10월, 해군견학단으로 방문한 일본에서 귀향하자마자, 르포 「해군행」(조선어)을 10일부터 23일에 걸쳐 『매일신보』에 연재함. 두 번의 휴재(休載)가 있었던 『태백산맥』 연재 마침.

11월, 수필·「날파람(ナルパラム)」을 『모던 일본』의 후신 『신태양(新太陽)』의 '투쟁하는 조선 특집·징병 제도 실시 기념'호에 발표함.

12월 14일부터 『매일신보』에 장편 소설 『바다에의 노래』(조선어) 연재를 시작함.

1944년(소화 19년, 30세)
1월 초순, 서울 중앙공회당에서 김사량 작 희곡 『태백산맥』이 상연됨.

4월, 평양 대동공업전문학교 교사가 됨.

6월 중순부터 8월에 걸쳐 중국 여행을 감. 이 사이 서주(徐州)의 내구(來溝)·숙현(宿縣) 등에 학도병으로 동원되었던 조카사위·지인 등을 위문. 천진(天津)의 지인 이박사를 방문하고, 7월 내내 상해에서 지냄.

10월 초순, 193회에 걸친 『바다에의 노래』의 연재를 마침.

1945년(소화 20년, 31세)
2월, 국민총력 조선연맹 병사후원부로부터 '재지(在支) 조선 출신 학도병 위문단'원으로 중국에 파견됨. 이에 앞서, 전란을 피하기 위해 노모와 처자, 가재도구를 장광도(長光島)로 옮김.

5월 23일, 위문단 임무를 마치고, 연안 지구로 탈출하기 위해 일찍부터 동행을 약속해두었던 남경의 P군, 서주의 S군 등을 찾았으나 모두 탈출한 뒤였으므로, 망연자실한 채 천진에 있는 프랑스 조계로 이 박사를 방문했다가 다시 북경으로 돌아가 북경반점에 투숙함. 26일, 화북조선독립동맹과 연결되어 있는 Y대인(이영선)과 북경반점에서 해후함. 이즈음 나카조노 에이스케와 만남. 29일 오전, 북경역 평한로(平漢路) 플랫폼에서 남행 열차에 올라, 창덕(彰德: 현재의 安陽市)으로 향함. 30일 오후 4시 15분, 순덕(順德: 현재의 邢台)역 하차. 즉각 자동차·도보 등으로 일본군의 봉쇄선 돌파. 31일 오전 3시 15분 화북조선독립동맹·조선의용군의 "군사적으로 본다면 전위 초소, 정치적으로는 연락 지점"에 도착.

6월 2일, 태항산(太行山) 근거지로 향함. 6월 말부터 7월 초순에 걸쳐 하남점(河南店) 근처 태항산 속 남장촌(南庄村)에 있었던 근거지에 도착함.

8월 15일, 일본 패전 소식을 접하고 화북조선독립동맹·조선의용군 선발대에 참가하여 장가구(張家口), 열하성(熱河省) 승덕(承德) 등을 거쳐 귀국길에 오름.

11월, 귀국 후 '어떤 조직상의 일'로 서울을 방문함. 이때 무라야마 도모요시와 재회하고, 희곡 「호접(胡蝶)」(별명 「호가장(胡家莊) 전투」)을 '일본어로 번역하면서 들려'줌. 「호접」은 그의 협력을 얻어, 아랑극단에 의해 서울의 극장에서 상연됨. 후일 이 작품은 문고본으로 간행되었다 하나, 출판 연월 및 출판사명은 미상.

1946년(소화 21년, 32세)
2월, 서울에서 평양으로 귀환함.
3월, 장편 희곡 『더벙이와 배뱅이』(이하 작품은 조선어)를 『문화전선』 제1집에 사량(士亮)이라는 이름으로, 2·3집에는 김사량(金史良)으로 연재함. 그리고 5일 공포된 '토지개혁'에 관한 법령 실시에 따라, 약동하는 농민의 의식과 생활의 변화 등을 작품화하기 위해 지방에 파견됨.

6월, '노동법령'의 실시에 따라, 평양 시내 10대 공장의 하나인 특수 화학 공장에 파견됨. 3·1 극장에서 개최된 '축하 모임'에 출연하여 자작 콩트를 낭독함. 소설 「차돌이의 기차」를 집필. 최초 발표지명은 미상. 29일, 평안남도 예술연맹의 재조직에 따라 이 위원장에 취임함.

12월, 소설 「마식령」을 집필. 최초 발표지명은 미상.

1947년(소화 22년, 33세)

1월, 희곡 「복돌이의 군복」(태항산 근거지에서 집필)이 일본에서 발행된 잡지 『민주조선(民主朝鮮)』에 김원기(金元基) 역으로 전재됨. 이것은 서울에서 발행된 "『적성(赤星)』이라는 잡지에 실려 있던 것을 역재할 수 있었"(김달수)던 것임.

4월, 르포 「동원작가의 수첩」을 『문화전선(文化戰線)』 제4집에 발표함.

8월, 조선 해방 2주년을 기념하여, 장편 르포 『려마천리(驢馬千里)』를 평양 양서각(良書閣)에서 냄. 그 외에 김사량에 의하면 태항산 근거지에서 쓴 「산채 생활기」 「귀국일록」 등이 있다고 하나 발표된 흔적은 없음.

1948년(소화 23년, 34세)

1월, 소설 「마식령」 「차돌이의 기차」를 모아 '풍상(風霜)'이라는 제목을 붙인 작품집을 조선인민출판사에서 냄.

9월, 문화선전성에 의해 편집된 『8·15 해방 3주년 기념창작집』에 소설 「남에서 온 편지」가 수록됨. 최초 발표지명은 미상. 그리고 이 때부터 12월에 걸쳐 희곡 「뇌성(雷聲)」을 집필, 나웅(羅雄) 연출로 상연됨. 그외에 소설 「E 기자(記者)」가 있으며 역시 최초 수록지명은 미상.

1949년(소화 24년, 35세)
이해 후반에 희곡 「지열(地熱)」이 집필되었다는 것 외에 동향은 알
려져 있지 않음.

1950년(소화 25년, 36세)
6월 25일, 한국 전쟁이 발발하자, 종군 작가로 조선 인민군과 함께
남하함. 그리고 종군 기간중에 르포 「지리산 유격 지대를 가다」 「바
다가 보인다」 「우리는 이렇게 이겼다」 등을 『로동신문』 『민주조선』
등 지상에 연재하다. 최초 발표지명은 미상.
10월부터 11월에 걸쳐, 미군의 인천 상륙 이후 조선 인민군의 후퇴
시, 지병인 심장병으로 강원도 원주 부근에서 낙오, 이후 오늘에 이
르기까지 소식이 끊어짐. 사망한 것으로 판단됨. 또한 이해 「바다가
보인다」가 『전선문고』에 수록 · 간행됨.

1951년(소화 26년)
극동시사연구소 간 연구자료 제1집 『인민군과 함께』에 「지리산 유
격 지대를 가다」가 동 연구소 역으로 수록됨.

1952년(소화 27년)
4월, 르포집 『바다가 보인다』가 문예출판사에서 나옴. 이 속에 「바
다가 보인다」 「우리는 이렇게 이겼다」가 수록됨.

1953년(소화 28년)
『중앙공론(中央公論)』 추계문예특집에 「바다가 보인다」(김달수 역)
가 게재됨.

1954년(소화 29년)

6월 20일, 김달수 편 『김사량 작품집』이 도쿄의 이론사(理論社)에서 간행됨.

1955년(소화 30년)

조선작가동맹출판사에서 간행된 단편소설집 『개선(凱旋)』에, 「남에서 온 편지」가 수록됨. 국립출판사에서 『김사량 선집』이 나옴. 수록 작품은 「려마천리」를 개제한 「노마만리」 「더벙이와 배뱅이」 「남에서 온 편지」 「바다가 보인다」 「우리는 이렇게 이겼다」 등.

2월, 삼일서방(三─書房) 간 『일본 프롤레타리아문학대계 8』에 「빛속으로」가 수록됨.

11월, 삼일서방 간 『일본저항문학선』에 「곱사왕초」가 수록됨.

1969년(소화 44년)

1월, 강담사(講談社) 간 『일본현대문학전집 69 · 프롤레타리아문학집』에 「빛 속으로」가 수록됨.

5월, 맥서방(麥書房) 간 『비오는 날 문고(雨の日文庫)』 제5집에 「빛속으로」가 수록됨.

1970년(소화 45년)

9월, 중앙공론사(中央公論社) 간 『일본의 문학 · 명작집 3』에 「빛속으로」가 수록됨.

10월, 학예서림(學藝書林) 간 『현대세계문학의 발견 12 · 이상한 세계』에 「천사」가 수록됨.

1971년(소화 46년)

5월, 『문예(文藝)』에 「물오리섬」이 재수록됨.

9월부터 다음해 6월까지 『아시아 리뷰』에 『노마만리』(안우식 역)가 연재됨.

1972년(소화 47년)

3월, 김달수 편 『김사량 작품집』이 도쿄 이론사(理論社)에서 신장판(新裝版)으로 출판됨.

8월, 조일신문사(朝日新聞社)에서 안우식 역 『노마만리』가 간행됨.

1973년(소화 48년)

1월, 김사량 전집 편찬 위원회에 의해 『김사량 전집 Ⅱ』가 하출서방신사에서 간행됨.

2월, 『김사량 전집 Ⅰ』 간행됨.

4월, 『김사량 전집 Ⅳ』 간행됨.

1974년(소화 49년)

9월, 『김사량 전집 Ⅲ』 간행됨.

발문

　이 책은 십수 년 전 잡지 『문학(文學)』(1970년 11월～1971년 8월)이 기획한 '조선문학 특집'에 10회에 걸쳐 연재한 『김사량——그 저항의 생애』를 한 권으로 묶은 것이다. 『문학』 연재를 마친 후, 그것을 묶어서 1972년 1월 동명의 책을 암파신서(岩波新書)로 출간했다. 당시까지 수집 가능했던 새로운 자료들을 기초로 하여, 사실 차원의 문제에 정확성을 기하는 데 힘을 기울였다. 따라서 초풍관(草風館)에서 간행된 이번 책은, 말하자면 신서판(新書版)의 모형(母型)이라고 할 수 있겠다. 그러나 신서라는 판형에 수반되는 지면상의 제약을 고려에 넣는다고 할 때, 보다 정확한 김사량 상(像)에 접근하기 위해서는 신서와 이 모형을 함께 참고하는 것이 좋지 않을까 생각한다. 『문학』에 연재한 것을 한 권으로 모은 이유 중의 하나는 여기에 있다.

　내가 김사량이라는 이름을 처음 들은 것은 전후 얼마 지나지 않았던 때, 내가 아직 중학교에 다니던 때였다. 당시는 해방된 조국으로 귀국하는 준비의 일환으로, 일본 각지에 조선인의 손으로 '민족학교'가 설립되었다. 자제들에게 모국어와 역사 등 이른바 민족적 교양을 심어주기 위해서였다. 그 '민족학교'에서, 평양 출신의 역사 교사가, 그에게는 이마도 동향 선배쯤에 해당할 김사량과 그의 작품에 관한 이야기를 들려주었다. 그때 들은 김사량의 작품 중의 하나였던 「곱단네」, 이 어휘의 즐거운 울림이 나의 귓전을 언제까지나 떠나지 않았다.

김사량의 작품을 실제로 읽을 수 있었던 때는, 1954년 김달수(金達壽) 편 『김사량 작품집』(理論社)이 출판된 뒤였다. 이것을 읽고 난 뒤 아쿠타가와 상 후보작이라는 「빛 속으로」에 우선 마음이 끌렸다. 그것은 이 작품이 아쿠타가와 상 후보작에 뽑혔다든가, 작품의 완성도가 다른 작품보다 높다든가 하는 이유에서가 아니었다. 거기에는 보다 개인적인 이유가 있었다. 이 작품의 무대가 된 후카가와(深川), 긴시초(錦系町), 오시아게(押上) 등 당시의 혼조쿠(本所區), 현재의 고토쿠(江東區)로부터 스미다쿠(墨田區) 일부에 이르는 지역은, 말하자면 내가 '태어난 곳'이기도 했던 것이다. 엄밀히 말하자면 현재의 료고쿠 고교(兩國高校), 당시의 후리쓰(府立) 제3중학교로부터 몇 분 정도 걸리는 데에 내가 '태어난 곳'이 있었는데, 당시 이주 조선인이라 불리고 있었던 조선인 거리의 말단에 자리잡고 있었던 나의 집에서도, 이 일대에 살고 있었던 조선인 가정 대부분이 그랬던 것처럼, 아버지의 벌이만으로는 부족해서 어머니가 메리야스 제품 마무리 등 가내 부업을 하며 생계를 이어야 했다. 그 덕분에 어린 나도 어머니의 손을 잡고 메리야스 도매상 등 많은 이주 조선인 댁에 발을 들여놓을 수 있는 기회를 얻었다. 바꿔 말한다면, 「빛 속으로」의 세계는 어린 시절 내가 걸어온 길과 겹치는 것이었으며, 이 작품에 등장하는 사람들과 그들의 일상·분위기는, 나의 어린날의 기억 그것이기도 했다.

　　내가 나름대로 김사량 상(像)에 다가가려고 생각한 이유는, 그러나 여기에만 있는 것은 아니었다. 위에 쓴 것들이 그 동기 중의 하나임에는 틀림이 없으나, 그에 못지 않게 식민지 치하라는 더 어찌해볼 길 없는 극한 상황 속에서 삶을 영위했던 조선 지식인의 모습 하나를, 그의 생애 속에서 보았기 때문이었다. 이에 대해서는 암파신서에서 나온 책의 서장에 써둔 게 있으므로, 여기에 재인용하는 것으로 설명을 대신하고 싶다.

식민지 치하의 조선 작가들 앞에 펼쳐져 있었던 길은 결코 평탄한 것은 아니었다. 김달수가 소설 『현해탄(玄海灘)』에서 적절하게 지적한 바 있듯이, "그들에게는 세 갈래 길이 주어져 있었다. 고개를 쳐들고 앞으로 나아갈 것이냐, 눈을 감고 절망에 빠져버릴 것이냐, 굽신거리며 타협하고 '항복하고 배반'할 것이냐, 이 세 가지가 그것이었다."

그렇다고는 하나, 식민지 지배 체제에 대항·대결하였다든가 자기가 처한 운명에 절망하였다 하더라도, 또한 굽신거리며 타협하고 '항복하고 배반'하였다고 하더라도, 이 '세 갈래 길' 중의 어느 하나를 선택할 수밖에 없었던 한국의 작가들에게 있어서, 현실 상황은 실로 혹독하기 짝이 없는 것이었다. 그 가혹한 환경 속에서 그들은 때로 절망 속에서 투지의 불씨를 다시 불러일으켰으며, 혹은 좌절하고 굴복하였으며, 그리고 또다시 절망의 나락 속으로 빠져들어가는, 무수한 굴절 과정을 거치지 않으면 안 되었던 것이다.

이 인용문에서 보이는 '작가'를 지식인으로 바꾸는 것만으로도 충분하겠지만, "무수한 굴절 과정을 거치지 않으면 안 되었던" 조선 지식인의, 식민지 통치하의 삶의 모습의 전형 하나를 김사량에게서 찾아보는 것이 이 책의 동기이기도 했다.

잡지 『문학』 연재 이후 암파신서에서 책을 낸 뒤에도, 나와 김사량의 연은 끊어지지 않았다. 『김사량 전집』(河出書房新社)을 출판하는 작업에 몰두해야 했기 때문이다. 그리고 그 과정에서 장편 소설인 『낙조』『태백산맥』『바다에의 노래』 등 적지 않은 양의 새 자료들을 입수할 수가 있었다. 그리고 최근까지도, 생전의 김사량과 교분이 있었던 이들로부터 귀중한 이야기들을 들을 수 있었다. 예를 들어, 해방 이후 독립운동가 여운형의 비서를 오랫동안 지낸 것으로 알려져 있는 이동화(李東華) 옹으로부터 들은 에피소드도 그 중의 하나다.

이 옹은 해방 직후 어느 시기, 고향인 평양에서 신문 발행 일을 보았던 적이 있다. 또 취리히에서 살고 있는 김일식(金一植)씨가 보내온 「김사량의 추억」도 그 중의 하나이다.

이렇게 새로 수집한 자료들을 첨가하여 보다 충실한 내용의 책을 내고 싶었으나, 현재는 여러 가지 사정 때문에 그것이 허락되지 않는다. 최근 북경에서 살고 있는 지인 역시도 김사량을 아는 이가 중국에도 적지 않다고 전해온 바 있다. 적극적인 노력을 기울인다면 아직도 새 자료를 입수할 수 있는 여지가 있는데다가, 지금까지 입수한 자료들도 이 책의 세부 내용들을 사실적 측면에서 뒷받침해주는 것이라고 생각된다. 이 자료들을 밑바탕으로 해서 추가·개정의 기회가 있을 것을 기약하면서 『문학』 연재분을 한 책으로 묶기로 하였다. 이 책을 묶으면서 연재물이라는 조건 때문에 중복될 수밖에 없었던 내용 등을 수정·삭제한 점, 일부 문장 표현을 고친 점 등을 양해해주시기 바란다.

저자

옮긴이 후기

　세대에 따라 다소간의 차이는 있지만 재일 한국인 작가들의 작품 속에서 공통적으로 목격되는 소재가 있다. 불행한 가족 관계, 그리고 이와 맞물려 있는 재일 한국인의 정체성 확인과 관련된 문제가 그것이다. 이것은 민족 교육 방면에서 상당한 성과를 올려온 것으로 알려져 있는 총련계 작가들의 경우도 절대적인 차이는 없는 것이 아닌가 생각된다.
　이런 종류의 작품들 속에 등장하는 가족 관계는 대개 부정적인 이미지를 갖고 있는 아버지와 가족간의 갈등 문제로 집약되는 경우가 많다. 이 아버지들은 식민지 시대에 일본에 건너오게 된 이들로서 상처투성이의 삶의 이력을 갖고 있으며 현재에도 불행한 시간을 보내고 있다. 그들은 자신이 역사 속에서 받은 상처를 가정내에서 해소하려고 시도한다. 이 소설들 속에 심심찮게 등장하는 폭력적인 가부장상은 이런 의미에서 당연한 귀결이다. 이런 아버지들 밑에서 자라는 2세와 3세 아이들 역시 온전한 삶이 기대될 수 없다. 만성적 공포와 우울, 그리고 억압된 증오 속에서 일그러진 청년으로 성장해간다. 그리고 이 불행한 이들이 집 밖에 나서면 이번에는 국민적 규모의 불안에 기초한 베타 의식, 즉 차별이 기다린다. 숨을 쉬며 살아가는 공기 자체가 불안과 우울로 가득 찬 재일 한국인들의 이러한 존재 의식의 핵심을 어느 평론가는 '불우'라는 용어로 규정하였지만, 내게는 이 용어만으로 이들의 영혼 속에 간직되어 있는 신음 소리를 대변하기에는 아직도 부족하다는 느낌이 든다.

왜 이런 이야기를 서두에 올렸느냐 하면, 평양의 대부르주아 가계 출신으로서 혈기방장하고 극적인 생애를 보낸 이이며, 암흑기의 한국 지성사를 구원한 이들 중의 한 사람인 '신화적 작가' 김사량이 바로 이런 이들의 마음을 너무나도 섬세하게 포착했던 작가이기 때문이다. 「빛 속으로」가 바로 그 대표적인 예이다.

이 소설은 야학 교사인 남(南)선생과, 한국인과 일본인 혼혈 가정에서 태어나 일그러진 인간형으로 자라나고 있는 야마다 하루오라는 소년 사이의 관계를 그린 작품이다. 물론 작품은 남선생이 야마다 하루오의 상처를 끌어안는 데 성공하는 방식으로 귀결되고 있다. 그러나, 이 작품이 성공을 거둔 진짜 이유는, 이 작품 속의 남선생이 하루오에게 일방적으로 애정을 주면서 성공을 거두는 식으로 이야기가 전개되는 데 있는 것이 아닌 듯하다. 자신이 한국인이라는 사실을 밝히기를 두려워하는 남선생은 남선생대로, 하루오는 하루오대로 각자의 상처를 확인하면서, 즉 '불우'한 자들끼리 서로의 상처를 보듬어 가는 방식으로 이야기가 전개되고 있는 데 성공의 이유가 있는 것이 아닐까 생각된다. 특히 자신이 한국인이라는 사실을 숨기고 살아가는 이들의 내부에 자리잡고 있는 불안 의식과 그 심리적 갈등상에 대한 묘사는, 현대의 어느 재일 한국인 작가들 못지 않게 생생하고 예리하다. 그리하여 작품의 결말은 이 불행한 이들의 마음에 피어난 희미한 봄과 그 주변을 채우고 있는 압도적인 폭력성을 선명하게 대조시키면서 결말을 열어놓고 있다.

재일 한국인들의 마음속에 자리하고 있는 이 문제는 바로 이런 지점에서 한.일 양국의 문제를 떠나 인류의 보편적인 문제로 부상해가는 것이 아닐까. 이 작품의 창작 배경과 관련하여 김사량 자신은 묘한 흥분과 함께 단숨에 써내려갔다는 말만 남겼지만, 어떤 의미에서건 이 작품은 계급과 사회 구조와 인간 심리의 저 깊은 곳을 저도 모르게 깊이 파고 들어가 그 실상 하나를 꽃피워낸, 마치 기적과도 같은 작품으로 생각된다. 「빛 속으로」라는 작품명은 그런 의미에서 매우 적절했던 것 같다.

그는 이 외에도 많은 작품을 남겼지만, 아무래도 신화적 차원에 존재하기 쉬운 김사량을 역자가 개인적으로 신뢰할 수 있는 이유는 바로 이 작품 때문이다. 이 작품 속에 스며 있는 작가의 존재 속에서는, 집단적 고통을 개인적 고통의 차원으로 깊이 각인하면서 살고 있는 선택된 존재로서의 인간, 자신의 현재적 삶의 기반에 안주하며 살 수 없는 열린 영혼의 힘, 혹은 세상의 슬픔을 향해 뻗어나가는 커다란 슬픔의 힘 같은 것이 느껴진다. 김사량이 특히 재일 한국인들의 열광적인 관심을 모을 수 있었던 이유, 그리고 그의 극적인 생애의 이면에 숨어 있는 에너지의 원형은 이런 것이 아니었을까.

이 책의 저자는 '재일' 즉 '불우'라는 이름으로 불리는 그 가시밭길을 직접 몸으로 걸으면서 그 극복의 길을 행동으로 문필로 타개해오신 분이다. 실례를 무릅쓰고 말해본다면, 저자가 김사량 연구와 전집 출간 작업에 혼신의 힘을 기울여온 데에는, 무엇보다도 저자 개인을 비롯한 '재일'인 모두의 상처와 그 극복을 위한 노력이 그 밑바닥에 자리하고 있었던 것이 아닐까 생각해본다. 식민지 시대의 상흔을 여전히 여러 방면에서 재생산하면서 살아가고 있는 '본국'인 역시도 이 속에 포함되어 있는 것은 물론이다. 이 책이, 김사량이 갖고 있는 온갖 모순된 면모들과 갈등들을 스스로 극복해가는 과정을 정밀하게 추적해가는 기술 방식을 취하고 있는 것도 위와 같은 점과 밀접한 관계가 있을 것이다.

김사량 전공자가 아닌 입장에서 이 이상의 문제에 대해 언급하는 것은 피하고 싶다. 역자의 미숙한 번역 실력과 불성실함이 어디에나 배어 있을 것이나, 그래도 이 책이 한국에서의 김사량 연구에 조그만 기여가 될 수 있었으면 하는 소망을 품어본다.

번역 작업과 관련하여 많은 분들의 도움을 받았다. 번역을 허락해주셨으며 인명과 지명을 포함한 많은 부분들에 대한 질의에 조언을주신 저자 안우식 선생님, 와세다 대학의 호테이 토시히로 선생님, 그리고 문학과지성사의 김병익 선생님, 채호기 선생님께 깊이 감사드린다.

2000년 5월
심원섭

374